한반도와 동아시아의
안보와 평화

이 도서의 국립중앙도서관 출판예정도서목록(CIP)은
서지정보유통지원시스템 홈페이지(http://www.seoji.nl.go.kr)와
국가자료공동목록시스템(http://www.nl.go.kr/kolisnet)에서 이용하실 수 있습니다.
(CIP제어번호: CIP2014020112)

불 가 능 주 의 에 서   가 능 주 의 로

한반도와
동아시아의
안보와 평화

임혁백 지음

Peace and Security in Korea and East Asia: From Impossibilism to Possibilism

한울
아카데미

한반도 평화와 통일을 위해 수고하시는 통일 일꾼들께 이 책을 바칩니다.

차례

제2부 한미 동맹의 성찰과 미래 비전

제3부 남북 평화와 통일의 이론과 전망

감사의 글

제2차 세계대전의 종전 이래 한반도와 동아시아는 '예외주의exceptionalism'와 '불가능주의impossibilism'가 지배해왔다. 제2차 세계대전 이후 서유럽에서는 수평적인 다자주의 안보 체제가 수립된 반면, 동아시아에서는 미국이 일방적으로 주도하는 수직적인 '중추中樞와 부챗살hub and spokes' 체제가 들어섰다. 냉전기에 유럽은 글자 그대로 '차가운 전쟁cold war'으로 파멸적 균형에 의한 평화를 아슬아슬하게 유지했으나, 한반도는 냉전기에 '한국전쟁'으로 불리는 열전熱戰을 치루고 나서야 잠정적 평화를 찾을 수 있었다. 냉전이 종식된 후 동구의 사회주의 국가들은 도미노처럼 무너졌으나 동아시아의 사회주의 국가들은 잔존했다. 서유럽에서는 기능주의functionalism적 교류·교환·교역의 파급spill-over효과가 정치적 지역 통합으로 이어져서 유럽연합EU: European Union 이라는 거대한 초超국가연합confederation이 탄생했으나, 한반도에서는 기능주의적 대화·교류·협력이 파급효과가 아니라 역류spill-back 효과를 초래해 남북 대치 상태가 계속되고 한반도는 현존하는 마지막 냉전의 섬으로 남아 있다. 지구상에서 가장 민주화가 일어나기 어려운 지역으로 모두가 인정했던 북아프리카와 중동의 가산주의 독재국가들에서도 '아랍의 봄'에 민주화의 바람이 불었으나, 북한과 중국의 사회주의 정권들은 여전히 민주화의 예외주의 지대로 남아 있다. 국경 없는 세계화globalization의 시대에 다른 지역, 특히 유럽에서는 민족주의가 약화되고 탈영토적인 국가연합이 등장하고 있으나, 경제의 세계화가 가장 활발히 일어나고 있는 동아시아에서는 오히려 민족주의가 부활해 영토와 국경을 둘러싸고 민족국가 간에 심각한 불화와 반목이 계속되고 있다. 21세기에 들어와서도 한반도와 동아시아는 '전쟁의 20세기, 평화의 21세기'라는 세계 시간의 흐름에서 예외이고, 동아시아 지역 안보 공동체와 한반도 평화를 구축하는 문제에 관해서는 불가능주의와 숙명론fatalism이 지배하고 있다.

이 책은 동아시아와 한반도의 안보와 평화에서 예외주의, 불가능주의, 숙명론을 극복하는 것을 목표로 하고 있다. 필자는 한반도와 동아시아에서 불가능한 평화를 어떻게 가능하게 할 것인지, 한반도와 동아시아의 예외주의 시간을 세계정신이 지배하는 세계 시간의 주류에 어떻게 합류시킬 수 있을 것인지, 선택과 기회 포착으로 비관주의적 숙명론을 낙관주의적 희망론으로 어떻게 바꿀 수 있을 것인지를 오랫동안 천착해왔고, 다수의 논문을 발표해 국제 학술지에 게재했으나 책으로 묶어 필자의 견해와 주장을 일목요연하게 보여주지 못했다. 그런데 2012년 12월에 작고한, 20세기의 가장 독창적이고 도발적인 사회과학자(경제학자, 정치학자, 철학자, 사회학자)인 앨버트 오토 허쉬만Albert Otto Hirschman을 추모하는 글과 책[대표적으로 Jeremy Adelman, *Worldly Philosopher: The Odyssey of Albert O. Hirschman*(Princeton University Press, 2013)]을 보며 불가능성에서 가능성을 찾는 가능주의possibilism야말로 비관주의와 숙명론을 낙관주의와 희망론으로 바꿀 수 있는 방법론이라는 것을 알았다. 허쉬만은 희망과 절망이 교차하는 바이마르 시기를 보내고 나치를 피해서 독일을 탈출해 스페인에서 파시스트에 대항하는 투쟁을 했으며 파리, 런던, 트리에스테를 전전하다가 마침내 미국으로 망명해 프린스턴의 고

12

등연구소Institute for Advanced Study에 정착할 때까지 희망을 버리지 않고 '가능주의'를 고수했다. 허쉬만은 1960년대와 1970년대에 남미에서 쿠데타와 군부독재가 횡횡하는 가운데에서도 브라질, 아르헨티나, 칠레의 연구소에서 사회과학자들을 모으고 독재하에서 민주개혁을 음모하는reform-mongering '가능주의' 행동을 계속했다. 절망 속에서 희망을 찾고, 불가능한 민주주의 풍토에서 민주주의의 가능성을 찾은 허쉬만의 노력은 마침내 결실을 맺어 페르난두 엔히크 카르도주Fernando Henrique Cardoso와 기예르모 오도넬Guillermo O'Donnell과 같은 세계적인 저개발국의 발전 이론가와 민주화 이론가들이 탄생했고, 남미에서는 불가능한 민주주의가 가능한 민주주의가 되었다. 카르도주는 1995년에 민주화된 브라질의 대통령으로 선출되기도 했다.

한국은 허쉬만이 겪은 고통, 비극, 절망보다 더한 '희망이 없는 나라', '민주주의를 기대하기란 쓰레기통에서 장미가 피기를 바라는 것과 같은 나라', '분단과 전쟁의 고통을 겪은 나라'였으나 산업화와 민주화에 성공한, '가능주의'의 성공 사례이다. 그런데 대외적으로 평화와 안보, 남북통일에 관해서는 여전히 비관주의, 예외주의, 불가능주의가 지배하고 있다. 이 책에서 필자는 한반도에서도 평화·안보·통일 문제의 해결이 불가능한 것도 아니고 예외적인 것도 아니며, 불가능한 상황과 조건하에서도 가능성을 찾을 수 있다는 낙관론을 제기한다.

불가능한 평화의 조건하에서 평화의 가능성을 찾고, 분단국가 중 예외주의적인 남북의 적대 관계와 대치 관계를 화해, 협력, 통합, 통일로 바꿀 수 있다는 '가능주의'를 음모하는mongering 이 책이 나오기까지는 필자의 애제자들의 헌신적인 도움이 있었다. '친절한 주디nicejudy'라는 필명을 갖고 있는 이주희 박사과정생은 이 책의 구조 전반을 조정했고, 참고문헌을 통합해 정리했다. 그리고 용어 사용에서도 매우 적절한 지적을 해주었다. 그리고 항상 나를 도와준 이성우 박사, 신희섭 박사, 신혜현 박사과정생, 박상운 박사과정생, 최유정 석사, 이혜민 석사과정생이 오탈자 정리, 참고문헌 정리, 색인 작업을 해주었다. 특히 박상운, 이혜민, 최유정은 전·현직 연구 조교들인데 그들의 몸을 아끼지 않는 조력 없이 이 책이 세상에 나올 수는 없었을 것이다.

그리고 항상 책을 낼 때마다 반복해도 넘침이 없는 감사를 김종수 도서출판 한울 사장님께 드린다. 김종수 사장님께서는 어려운 출판계 사정에도 불구하고 잘 안 팔리는 사회과학 책을 기꺼이 출판해주시면서도 저자들에게 고맙다고 인사하시는 출판계의 아름다운 사람이시다. 이렇게 얼개만 만들어 제출한 원고를 아름다운 건축물 같은 책으로 만들어준 도서출판 한울 기획실의 윤순현 과장님과 편집부의 이황재 님께도 진심으로 감사를 드린다.

또한 이 책이 나오기까지 원천 논문을 쓸 기회를 준 국내외의 연구소와 학자들께도 '감사의 글' 지면을 빌려서 고마움을 표한다. 필자의 지도 교수이신 아담 쉐보르스키Adam Przeworski 교수, 캘리포니아 대학교 버클리University of California, Berkeley의 동아시아연구원 원장인 로웰 디트머Lowell Dittmer 교수, 스탠퍼드 대학교Stanford University 아시아태평양연구소APARC: Asia-Pacific Research Center의 신기욱 소장, 스탠퍼드 대학교 후버연구소Hoover Institution의 래리 다이아몬드Larry Diamond 교수, 터프츠Tufts 대학교 플레처 법학외교대학원The Fletcher School of Law and Diplomacy의 이성윤 교수, 존스 홉킨스 대학교Johns Hopkins University 국제관계대학원SAIS: School of Advanced International Studies 한미연구소USKI: U.S.-Korea Institute 소장인 구재회 박사, 도쿄 대학東京大學의 이노구치 다카시猪口孝 전前 교수, 게이오기주쿠 대학慶應義塾大學의 고쿠분 료세이國分良成 교수, 국립 타이페이 대학國立臺北大學의 주원한朱雲漢 교수, 베를린 자유 대학교Freie Universität Berlin 한국학연구소Institut für Koreastudien 소장 이은정 교수, 히로시마 대학広島大學의 김성철 전前 교수(현 서울대학교 교수)와 히로시마 대학 경영학과의 김태욱 교수, 상하이 푸단 대학復旦大學 행정대학원의 징이쟈敬义嘉 교수와 궈딩핑郭定平 교수, 조지타운 대학교Georgetown University의 데이비드 스타인버그David Steinberg

교수, 홍콩 침례 대학香港浸會大學 주옌화朱燕華 교수, 홍콩 과기대학香港科技大學의 조혜지 교수, 부다페스트 중부유럽대학Central European University의 김영미 교수, 독일 드레스덴 공과대학교Technische Universität Dresden의 베르너 파첼트Werner J. Patzelt 교수, 연세대학교 국가관리연구원 양승함 전前 원장, 연세대학교 박명림 교수, 필자의 은사님이신 구범모 선생님, 국방대학교 황병무 명예교수, 서울대학교 아시아연구소 임현진 교수님과 강명구 소장, 그리고 베이징 포럼, 상하이 포럼, 중동 포럼, 파리 정치 대학Science Politique, 싱가포르의 난양 과기 대학南洋理工大學, 상파울루 대학교Universidade de São Paulo, 브라질리아 국립대학교Universidade de Brasília, 타이완 국립 정치 대학國立政治大學, 와세다 대학早稻田大學 행정대학원, 경남대학교 북한대학원, 고려대학교 아세아문제연구소, 고려대학교 평화와민주주의연구소, 한일협력위원회, 한국국제협력재단, 한국정치학회, 한국국제정치학회 관계자들께 고마움을 표한다.

그러나 무엇보다도 필자를 국제적인 정치학자로 키워주시고 후원해주신 어머님께 감사를 드려야 하는데 지금 이 세상에 계시지 않아 마음이 아프다. 어머님께서는 이 책의 출판 과정 중에 심근경색으로 중환자실에서 한 달여를 투병하시다가 돌아가셨다. 밝고 따뜻한 하늘나라에서 아들의 책을 보면서 즐기시기를 바라는 마음으로 이 책을 어머님 영전에 올린다. 그리고 어머님을 잃으시고 아직 몸과 마음의 안정을 찾지 못하시는 아버님께도 이 책이 다시 평상심과 건강을 되찾으시는 데 도움이 되기를 빈다. 또한 같이 보낼 시간을 많이 가져야 하는데 연구실과 서재에서 '방콕'하며 원고를 쓰는 동안 환갑을 넘겨 혼자서 외로운 시간을 보냈을 집사람에게 위로를 보내고 미안하다는 말을 이 지면을 통해 전하고 싶다. 항상 필자를 응원하며 인터넷에서 필자에 관한 기사를 매일 체크하시는 형님께도 감사드린다. 그리고 두 여동생 부부에게도 지면을 빌려 안부를 전하며 이제 자주 만나 회포를 나누기를 희망한다. 노령화가 진행되어 예전 같지 않으신 장모님의 건강을 염려하며 곁에서 보살피는 처제와 동서에게도 감사를 전한다. 그러나 무엇보다도 이 책은 한반도 평화와 통일을 위해 수고하시는 모든 아름다운 통일 일꾼의 것이라고 생각하며 그분들께 이 책을 헌정한다. 이 책은 한국연구재단의 지원과 고려대학교 연구비 지원을 받아 나온 것임을 밝힌다.

2014년 여름

안암동 연구실에서

임혁백

갑오년에서 바라본 한반도와 동아시아

갑오년甲午年 청마靑馬의 해가 60년 만에 다시 찾아왔다. 120년 전 갑오년 청마의 해(1894년)에는 동학농민혁명으로 시작해 외세에 의한 갑오개혁이 일어났고, 1954년 갑오년은 한국전쟁이 휴전으로 종료되고 새로운 국가 건설에 들어가는 희망의 해로 시작했으나 사사오입 개헌으로 이승만의 독재 체제를 완성한 해이기도 하다. 청마가 정적이기보다는 동적이라 그런지 청마 갑오년은 혁명, 개혁, 전쟁, 평화를 위한 도약이 일어나는 역사적 격변의 해인 경우가 많다. 이러한 격변의 해이자 청마의 해인 2014년에 청마가 좋은 방향으로 빠르고 동적이기 위해서는 진취적인 청마로 만들어야 하고 그렇게 청마를 순치해야 한다. 카를 마르크스Karl Marx가 이야기한 바처럼 '인간이 역사를 만든다'(『루이 보나파르트의 브뤼메르 18일』)는 것을 믿고 청마가 자기 마음대로 날뛰게 하지 말고 순화해서 청마의 해를 희망의 해로 만들어야 한다.

　1894년 갑오경장 이래 두 번째로 맞이하는 청마 갑오년 2014년에서 바라본 한반도와 동아시아의 국제 정세는 어떻게 흘러가고 있는가? 먼저 한반도를 살펴보면 120년 전과 마찬가지로 동북아의 관문이자 동아시아의 십자로라는 지정학적 요충지인 한반도는 열강이 세력을 경쟁하는 각축장이 되고 있으나, 한국에서는 박근혜 정부가 국내문제를 '정상화(비정상의 정상화)'하는 데 집중하면서 대외 문제에 대한 관심과 준비를 소홀히 하는 사이에 동북아 정세가 급변하고 있어 이에 대한 초당파적인 대응이 시급한 상황이다. 북한에서는 젊은 지도자 김정은이 아직 가산주의적patrimonial 세습 체제를 완결하지 못하고 북한 주민들의 눈을 대외 문제로 돌려 정통성의 결함을 메꾸려 하고 있다.

그렇다면 한반도와 동북아를 둘러싼 열강과 한반도의 두 당사자인 한국과 북한에 주어진 안보와 평화의 전략적 선택지는 무엇인가? 이를 규명하기 위해 중국, 일본, 남북한이 대면하고 있는 구조적 제약과 행위자에게 주어진 기회를 살펴보고 나서 우리 대한민국이 선택할 수 있는 최적의 대외 전략을 모색해볼까 한다.

1. 동아시아 가산주의와 안보 불안정성 증가

1) 2013년: 동아시아 세습 체제의 등장

지난 2013년은 근대화된 동아시아에 전근대적 세습 체제(가산제patrimonialism)가 복원된 해로 기록되어야 할 것이다. 북한은 역사상 유례가 없는 김정은 3대 세습 체제(김일성-김정일-김정은)를 완성하는 데 몰두했다. 북한에서는 자신들의 체제를 유일 주체사상에 근거한 사회주의 체제라고 공언하지만, 사실은 사회주의적 가산주의 독재 체제patrimonial dictatorship라고 불러야 한다. 중국에서도 시진핑習近平 정권으로 승계가 순조로이 이루어져 태자당 세습 정권이 유지되었다. 중국에서는 태자당이라는 지배 집단 내에서 빌프레도 파레토Vifredo Pareto가 주장한 '엘리트의 순환'이 이루어지는 가산제적 사회주의가 유지되고 있다. 동아시아의 두 모범적인 민주주의 국가에서도 가산주의적 세습 체제가 선거를 통해 등장하고 있다. 한국의 국민들은 2012년 12월 고故 박정희 대통령의 딸을 선거를 통해 대통령으로 선출함으로써 박정희에서 박근혜로 선출을 통한 2대 세습이 이루어졌고, 이로써 일종의 가산제적 민주주의가 등장했다. 일본도 마찬가지이다. 일본에서는 태평양전쟁과 전후 일본의 지도자인 기시 노부스케岸信介의 외손자 아베 신조安倍晉三를 총리로 선출함으로써 기시에서 아베로 이어지는 일본형 가산제적 민주주의가 기반을 굳히고 장기 집권에 들어갈 태세이다.

2) 가산제와 세습 체제의 특징

동아시아에서 등장한 가산제는 다음과 같은 특징을 갖고 있다. 첫째, '유훈 통치' 현상이 나타나고 있다는 것이다. 유훈 통치란 아버지(박정희). 할아버지(김일성, 기시 노부스케), 태자당 선임 지도자(덩샤오핑鄧小平, 장쩌민江澤民)가 구축한 프레임 내에서 통치하려는 경향을 말한다. 특히 사회주의 세습 지도자들은 항상 아버지와 할아버지가 구축한 '위대한 사회주의 지도자', '위대한 수령'의 후광으로 자신이 지닌 정통성의 결핍을 메꾸고 자신의 정책을 정당화한다. 북한의 김정일과 김정은은 자신의 브랜드를 만들려 하지 않고 '위대한 수령' 김일성이 보유하고 있었던 주석직을 공석으로 두어 아버지와 할아버지의 후광에 기대려 한다.[1]

둘째, 권력 독점과 사유화 현상이 나타나고 있다는 것이다. 세습 권력은 권력의 사유화를 특징으로 하고 있다. 세습 권력은 권력 공유에 무지하거나

---

1 북한의 김정일과 김정은은 김일성이 가졌던 주석직을 맡지 않음으로써 북한 주민들을 여전히 그들의 영웅인 김일성이 북한을 통치하는 듯한 환상에 빠지게 한다.

익숙하지 않아 2인자를 허용하지 않으며(북한의 장성택 사건), 견제와 균형의
다원주의 프레임에 익숙하지 않다. 가산제적 민주주의(한국, 일본)하에서 권
력자는 야당과 시민사회를 상대로 타협하거나 포용하는 것을 좋아하지 않는
다. 가산주의 아래에서 행정부와 군대는 세습 권력자의 사적인 지배 도구이
고 공포fear와 보상reward으로 통치한다(Chehabi and Linz, 1998; Linz, 1975; Max
Weber, 1978). 셋째, 가산주의는 가부장주의patriarchism의 특성을 띤다. 세습
권력자는 자신을 나라의 아버지 또는 어머니로 동일시하고 국민들도 그렇게
받아들여주기를 희망한다.

셋째, 가산주의에는 권력에 대한 민주적 책임성democratic accountability의 개
념이 없다. 사회주의의 가산주의 독재자는 물론이고 한국과 일본의 가산제
적 민주주의 정부에서 민주주의와 민주적 책임성이라는 말이 지도자의 입에
서 거의 거론되지 않음을 목격하고 있다. 한국의 경우 이러한 현상은 북한을
상대로 한 정통성 우위 경쟁에서 중요한 자산을 상실하는 결과를 초래할지
도 모른다는 우려를 낳고 있다.

3) 국내정치와 국제정치의 상호 결정

한국에서 가산제 정치(예를 들자면 종북 몰이 정치)는 대외 정책에 영향을 미쳐
대북 강경 정책으로 흐르게 함으로써 한국의 전략적 선택지를 줄이고 있다.
동북아 안보 체스판의 급격한 변동은 가산제 권력자로 하여금 냉전 시대(아
버지 시대)의 '안보 딜레마security dilemmas'를 해소하기 위한 대미 동맹의 강화
를 선택하게 함으로써, 동북아 국제 질서의 안정성을 더욱 해치고 안보의 불
안정성과 불확실성을 증대시키고 있다. 그러므로 동북아 안보 체스판의 변
화는 국내정치와 국제정치의 상호 결정론co-determination 시각에서 보아야 한
다. 오토 힌체Otto Hintze는 대외적 갈등과 전쟁이 국가를 형성shape하고, 국가

의 헌정 체제를 결정한다면서, 동시에 국가의 대외적 모습은 국내정치의 권력투쟁을 반영한다고 함으로써 국내정치와 대외 관계의 상호 결정론을 주장했다(Hintze, 1975: 157~178; Von Clausewitz, 1832).[2]

2. 중국의 21세기 안보 전략: G2 시대의 딜레마

1) 중국 대외 전략의 변화

1949년에 중국 대륙을 통일한 후 중국공산당CCP: Chinese Communist Party은 중국 대외 정책의 근간을 시대의 변화에 맞추어 바꾸었다. 마오쩌둥毛澤東은 '심알동 광적량 불칭패深挖洞 廣積糧 不稱霸(굴을 깊게 파고, 식량을 비축하며, 패권자라 칭하지 말라)'를 이제 갓 중국을 통일한 신생 사회주의 대국인 중국 외교의 생존 전략으로 삼았다. 이러한 마오쩌둥의 방어적 대외 전략은 덩샤오핑으로 이어진다. 덩샤오핑은 도광양회韜光養晦를 중국 대외 정책의 근간으로 삼았다. '빛을 감추고 은밀하게 힘을 기른다'는 도광양회는 삼국시대에 제갈량諸葛亮이 삼국 중 가장 약한 촉한의 생존 전략으로 제시한 것이다. 천천히 힘을 키우며 때를 기다리라는 도광양회 전략은 제갈량이 유비劉備를 만났을 때 제시한 삼국정립, 삼국 통일 전략이었다. 덩샤오핑은 '검은 고양이든 흰 고양이든 쥐만 잡으면 된다不管黑猫白猫 捉到老鼠'는 흑묘백묘론黑猫白猫論의 현실주의realism

---

2 "전쟁은 정책 행위일 뿐만 아니라 다른 수단에 의한 정치 행위의 연장이다(We see, therefore, that war is not merely an act of policy but a true political instrument, a continuation of political intercourse carried on with other means)"(Von Clausewitz, 1832).

로 중국을 개방하고 경제 발전을 꾀하면서 1989년 톈안먼天安門 사태를 무력으로 진압한 이후 1991년에 미국을 비롯한 외부 세력과 충돌을 피하고, 종합 국력을 발전시키며, 안정적 발전을 추진했다. 덩샤오핑의 도광양회는 20년 넘게 중국 외교의 '기본 틀'이 되었다.

장쩌민으로 세대교체가 이루어졌을 때 장쩌민은 '책임 대국론責任大國論'을 제시했다. 장쩌민은 1997년에 "대국으로서 책임지는 자세를 보이겠다"라는 선언을 함으로써 중국이 좀 더 적극적으로 대외 활동에 나설 것임을 천명했다. 그러면서 나온 정책은 '유소작위有所作爲'였다. 이는 덩샤오핑의 오랜 도광양회 기조에서 벗어나 중국은 더 이상 숨을 죽이고 기다리지 않고 필요한 때에 '필요한 역할은 한다'는 적극적 행위자로 변신한다는 선언이었다.

신세대 지도자인 후진타오胡錦濤는 좀 더 적극적인 대외 정책을 천명했다. 후진타오는 2003년에 화평굴기和平崛起를 선언하고 '화평발전和平發展(평화로운 발전)'과 '화해세계和諧世界(세계와 조화롭게 발전)'를 결합해 세계 속의 중국을 만들어나가겠다고 선언했다. 후진타오는 좀 더 대담하고 과감하게 중국의 국가이익을 국제사회에 실현하고 중국의 국가이익을 지키기 위해 이제까지 쌓아온 중국의 국력을 사용하는 것을 주저하지 않겠다는 '돌돌핍인咄咄逼人'의 정책을 2011년에 선언하고 보여주었다. '거침없이 상대를 압박한다'는 돌돌핍인은 2011년 12월에 열린 중국의 반체제 인사 류샤오보劉曉波에 대한 노벨 평화상 시상식에 17개국 100여 개 국제단체를 불참시켜 세를 과시함으로써 표출되었으며, 2011년 9월의 센카쿠尖閣 열도 영유권 분쟁 때에는 희토류 수출을 중단하고, 간첩 혐의를 받은 일본인을 억류하는 등 무차별 공세로 일본의 항복을 받아냄으로써 중국의 국력과 영향력을 그늘에서 양지로 쏟아냈다.

차차세대 지도자인 현 중국 주석 시진핑은 후진타오보다 더 멀리 나가고 있다. 시진핑은 '해야 할 일을 주도적으로 한다'는 주동작위主動作爲 정책을 근간으로 한다고 선언했다. 시진핑은 권력 장악 후 동중국해에 방공식별구역을 선포하면서 '중국의 외교 전략이 도광양회에서 주동작위로 바뀌었다'는 것을 행동으로 보여주었다. '주동작위' 정책을 가지고 시진핑은 중국이 글로벌 스탠더드의 수용자에서 설정자가 될 것임을 선언했다. 말하자면 글로벌 스탠더드 설정에 중국의 국익을 반영하겠다는 새로운 대외 정책을 천명한 것이다. 시진핑은 "미국은 더 강대해졌으나", "중국은 세계 규칙(글로벌 스탠더드)의 추종자에서 제정자로 바뀌고 있다"라고 선언함으로써 중국이 대국으로 일어섰음을 선포했다. 시진핑은 현재 대국굴기大國崛起의 강도를 완화해 '평화를 위해 일어섰다'는 '화평굴기'로 중국 외교정책의 기조를 완화하고 있다. 그러나 이러한 평화 제스처에도 불구하고 일본의 아베 신조는 기시 노부스케의 군국주의를 세습해 중국과 영토 분쟁을 일으키고 미국으로 하여금 미일안보조약에 규정된 '자동 개입 조항'에 따라 중국과의 분쟁에 개입해줄 것을 요구하고 있다. 시진핑과 중국은 이러한 미일 동맹 강화 움직임에 대해 강력하게 반발하며 동중국해상에서 공격적 군사행동의 수위를 높이고 있고, 한국의 이어도를 아무런 사전 협의도 없이 자국의 방공식별구역권CADIZ: China Air Defense Identification Zone으로 공포해 한국과 외교 마찰을 일으키고 있다.

2) 중국 대외 전략의 방향과 능력: 패권 국가의 야망과 능력

그렇다면 중국은 미국에 대항할 수 있는 패권 쟁탈 능력이 있는가? 이 질문에 대한 필자의 답은 '없다'이다. 현재 중국의 GDP는 8조 2,000억 달러(2012년 국제통화기금IMF: International Monetary Fund 기준)로 미국의 2분의 1에 해당하고 1인당 국민 총생산은 6,250달러이며 국방비는 600억 달러 정도인데 구매력을 고려하면 1,000~1,200억 달러, 즉 미국의 4분의 1에 달한다. 그러나 중국의 젠-20 스텔스 전투기, 동풍 대함탄도미사일은 시제품이며 중국 항공모함에는 탑재할 전투기가 없다.

　로버트 게이츠Robert Gates 전前 미 국방 장관은 중국은 스마트하다고 이야기하면서도 미국이 압도하는 위성에 대해 중국은 인터셉트 능력이나 통신 교란과 같은 사이버 공격 능력의 강화로 대응할 수 없는 방어적·수동적 대국이지 패권 국가는 아니라고 주장했다. 반면에 미국은 68개국과 동맹을 맺고 45개국에 미군을 전진 배치하고 있으며 세계에서 유일하게 대양 해군을 보유하고 있는 국가이다. 미국은 대양 해군을 가지고 전 세계에 신속히 군사력을 배치할 수 있는 유일한 글로벌 군사 제국(American Imperium)이다.

　이에 반해 중국은 공식적으로 동맹국이 없다. 북한과는 중조우호협력상호원조조약을 맺고 있으나, 조약을 체결한 1961년 이래 양국 간에 단 한 차례의 연합 군사훈련도 없었고 무기 제공도 없었다. 중국의 우호국인 파키스탄과는 상호방위조약은 없고 무기 공여와 군사 지원은 미미한 수준에 머물러 있다. 요약하자면, 중국은 아직 미국과 패권 경쟁을 할 수 있는 경제력과 군사력을 갖추고 있지 않다.

　그럼에도 불구하고 중국은 패권 야망이 있는가? 이 질문에 대한 필자의 답은 '당분간은 없다'이다. 중국공산당은 계속 지배하기 위해서 13억 인구를 먹여 살리고 삶의 질을 향상시켜야 하며, 8억에 달하는 절대 빈곤층 문제를 해결해야 하고, 부정부패와 계층·지역·성별 간 양극화 문제도 해결해야 하는 심각한 국내적 도전을 맞고 있으므로 당분간은 국내문제에 치중할 수밖에 없고 공격적 패권 전략으로 가기보다는 현재 이룩해놓은 G2Group of Two 체제를 유지하는 것을 목표로 하는 '방어적 현실주의defensive realism'를 고수할 수밖에 없기 때문이다.

　그래서 중국은 지속 가능한 경제 발전을 위해 대외적으로는 평화를, 대내적으로는 사회적 조화를 강조하고 있다. 경제력에 걸맞는 군사력을 증강하자는 주장은 아직 소수파이다. 칭화 대학淸華大學 옌쉐퉁閻學通 교수는 "중국은 내치 국가이다. 미국과 경쟁은 하지만 능가할 의도는 없다"라고 고백한다. 게다가 티베트, 위구르 등의 분리주의 운동separatist movements을 대비하는 데 치중하고 내부 단속을 우선하면서 공세적 대외 정책을 펴는 데는 소극적일 수밖에 없다. 그러므로 시진핑의 유소작위를 중국이 패권 경쟁국으로 부상하려 하는 것으로 보는 데는 무리가 있다고 할 수 있다.

3) 중국의 현상 유지와 균형 전략

반핵(No Nuke)

중국은 한반도 평화와 안정, 한반도 비핵화, 대화를 통한 평화적 해결이라는 북핵 관련 3원칙에서 한반도의 비핵화를 강조하고 있다. 북한의 핵 개발 및 보유에 대해서는 명백히 반대한다. 그것이 중국의 국익에도 부합하기 때문이다. 그러나 중국에 한반도의 평화와 안정은 자국의 경제 발전을 위한 선결 조건이기 때문에 북핵 문제의 강제적·강압적인 해결을 바라지는 않는다. 더구나 북핵 문제로 말미암은 미국의 한반도 직접 개입이나 마찰을 원치 않기 때문에 중국은 미국과의 타협을 통해 북핵 문제로 발생하는 불확실성과 불안정성을 관리하려 하고 있다.

1990년대의 1차 핵 위기 당시 중국은 단지 당사자와의 대화 원칙을 되풀이하면서 북핵 문제에 적극적인 개입을 자제하고 북미 간 합의를 종용했다. 비록 이 시기에 중국이 상대적으로 소극적이고 심지어 방관자적인 역할을 했지만, 미국의 직접적인 개입으로 한반도 군사 충돌 가능성이 커지자 중국은 북한에 대해 적극적인 압력을 행사해서 북한으로 하여금 제네바 회의에 나가도록 했고 1994년 10월 21일의 제네바 합의Agreed Framework에 일조했다.

2차 북핵 위기(2002)가 발생하자 중국은 위기의 초기부터 개입해 북미중 3자 회담을 제의했고 스스로 6자(미국, 북한, 한국, 일본, 중국, 러시아) 회담sixparty talks의 초청국을 자청했다. 후진타오의 대북 정책은 장쩌민 시기부터 주장해온 북핵 3원칙, 즉 한반도의 평화와 안정, 평화적 해결, 한반도 비핵화에 근거를 두었지만 국제 무대에서 중국의 적극적인 역할과 책임을 강조하는 이른바 책임 대국론, 유소작위를 강조하고 있었던 것이다.

　　조지 W. 부시George W. Bush 정부 초기에 미국에서는 중국을 잠재적 도전 국가이자 전략적 경쟁자strategic competitor로 간주했다. 「핵 태세 검토 보고서NPR: Nuclear Posture Review」에서는 중국과 북한을 핵무기 선제공격 가능 대상국으로 선정하고, 북한이 한국을 공격하거나, 타이완해협Taiwan Strait에 분쟁이 일어날 경우 미국은 핵무기를 사용할 수 있음을 언급하기까지 했다. 그러나 2001년 9·11 테러를 기점으로 미중 관계의 변화가 감지되었다. 미국은 대테러 전쟁을 위해서 안보리 상임이사국인 중국의 공조가 필수적이었고, 중국도 대미 관계의 개선이 안정적 국제 환경을 조성하고 이를 기반으로 경제 발전을 이루려는 국가 전략과 부합된다고 생각했다. 이러한 흐름 속에서 중국이 북한에 대한 실질적인 경고성 제재 조치로 2003년 2월에 대북 송유관을 잠시 폐쇄해서 원유 공급을 중단했다. 1961년에 체결된 중조우호협력상호원조조약 중 군사동맹 부분의 삭제를 주장하기까지 했다. 그러나 북한이 중국의 반대에도 불구하고 1차 핵실험을 단행하자 중국은 국제연합UN: United Nations 안보리에서 대북 제재 결의안 1718호에 동의했고, 2009년 2차 핵실험에 대한 UN 대북 제재 결의안 1874호에 동의했다.

현상 유지와 균형: 중국, 미국, 북한

중국은 북한의 도발적 행위에 대해서는 강하게 비판하면서 한반도 사태에 대해서는 그 무엇보다 평화와 안정을 중시하고, 무력 방식보다는 평화와 대화의 방식을 선호하며, 일방에 의한 사태 악화 혹은 충돌이 증가하는 것을 피하고 싶다는 메시지를 계속 보내고 있다. 북한 문제로 말미암아 미국이 한반도에 개입하거나 미국 주도의 동맹 체제가 강화되면 현상 유지status quo가 타파되기 때문에 북한의 지정학적인 전략적 가치를 활용하는 행보를 계속하고 있다. 특히 미중 관계에서 미국의 중국 견제가 강화되면 북한을 전략적 완충지대로 활용하는 사례가 자주 등장한다.

이는 천안함 사건 이후 중국이 북한을 비호하는 행보를 늘리는 데서도 발견된다. 미국이 중국을 잠재적 도전 국가로 간주하고 관여engagement 정책과 동아시아 동맹국에 대한 재보장reassurance 전략의 확대를 통해 중국에 대한 견제를 본격화하면서 전 방위적인 영역에서 미중 간의 갈등이 본격화되자, 중국은 공격적 방어 전략으로 대응하고 있다. 천안함 사건 이후 한미 군사동맹과 미일 군사동맹의 강화, 중국의 남중국해 영향력 확대에 대한 미국의 경고, 타이완을 상대로 한 미국의 군사 장비 수출 승인, 중국과 일본의 댜오위다오釣魚島(일본 이름: 센카쿠 열도) 갈등, 더 나아가 중국을 대상으로 한 미국의 환율 전쟁, 류샤오보의 노벨 평화상 수상 등 미국과 중국의 갈등을 야기하는 사건들이 연이어 발생하는 것은 기본적으로 이러한 구도 속에서 일어나고 있다. 중국은 이러한 일련의 사건들이 중국의 부상을 억제하고, 동북아에서 중국을 봉쇄하려는 미국 주도의 안보 프레임이 강화되는 연장선상에 있다고 이해하고 있다. 따라서 중국은 미국의 안보 프레임 틀 속에서 문제에 접근하지 않겠다는 전략적 판단에 근거해 북한의 전략적 가치를 환기하고, 북한에 대한 각종 정치적·경제적 편의를 제공하고 있는 것이다.

중국은 안정적인 경제 발전을 위해 미국과의 협력 구도를 유지하고 싶어하지만, 미국 일방주의unilateralism에 의해 현재의 질서가 무너지는 것을 절대 원하지 않는다. 따라서 북한이 개혁개방의 길에 들어서건, 3대 세습을 하건간에 북한의 생존은 중국에 필요조건이라는 인식하에 북한에 대한 지원을 계속하고 있다.

결론적으로 북한이 개혁개방이라는 시대의 흐름에 역행하고, 북핵 문제 등으로 중국에 골칫거리를 가져다주더라도 중국이 북한 체제를 유지시킬 수 있는 경제원조는 끊지 않고 해주는 이유는 북한의 전략적 가치가 G2 시대에 더 높아졌기 때문이다. 중국의 북한에 대한 강한 비판과 발언들이 일부 분석가들에게는 중국의 대북한 정책 변화로 분석되기도 했으나, 장기적 관점에서 평양과의 관계를 지속적으로 유지한다는 베이징의 원칙에 변화가 있었다고 보기는 어렵다. 중국은 북한의 군사 도발에 대해 강하게 비판하고, 좀 더 국가적 관계를 강조하고 있는 듯 보이지만, 경제적으로는 북한 체제를 유지시키는 데 주력하고 있다. 중국의 북한에 대한 원조 규모의 정확한 수치는 알려지지 않았지만, 중국의 전체 대외 원조의 3분의 1에서 4분의 1이 북한에 대한 지원으로 추정되고 있다. 1990년대 중반까지 북한의 원유와 식량 수입의 4분의 3이 중국을 통해 이루어졌고 2000년대까지도 상당량의 원유와 식량이 중국으로부터 제공되었다. 양국 간 경제협력도 확대되었다. 2차 북핵 위기 시기인 2003~2004년 사이 중국 중앙정부는 중국 기업들의 북한 투자를 독려했고, 중국의 투자가 그 기간에 거의 열 배 이상 증가하기도 했다. 그 이후 두 차례의 핵실험에도 불구하고, 양국 간 무역 규모는 끊임없이 확대되었고, 북한의 대중 경제 의존 역시 증가했다. 북한의 대외무역에서 중국이 차지하는 비중은 점차 증가해서 2005년에는 38.9%였으나, 2010년에는 57%까지 증가했다. 이러한 과정을 보았을 때, 중국은 의도하건 의도하지 않건 간에 북한 체제 생존에 깊게 관여했고, 결정적인 역할을 직간접으로 해왔다고 볼 수 있다. 결국 중국은 북한이 가지고 있는 지정학적 완충지대로서의 전략적 가치 때문에 북한의 돌출 행동을 저지하지 못하고 있다.

중국의 대북한 제재가 낳는 부정적 효과

중국의 강력한 제재는 북한의 불안정, 심지어 체제 붕괴와 직결되고 북한의 붕괴는 큰 재앙이 될 수 있다. 북한의 붕괴는 동북 3성 지역에서 한족韓族의 독립운동을 유발할 수 있다. 또한 북한의 핵무기 통제를 위해 미국에서 개입할 수 있고 이는 동북아 질서에 지각변동을 일으킬 수 있다. 중국의 외교 안보 전략의 초점은 동북아 질서가 미국에 의해 일방적으로 주도되는 것을 방지하는 데 있기 때문에, 미국이 군사동맹을 강화하고 중국의 부상을 견제하는 것을 막는 데 외교 역량을 집중하고 있다. 이러한 흐름 속에서 중국이 생각하는, 북한의 완충지대로서의 전략적 가치는 올라간다.

중국의 딜레마

중국의 부상에 대한 미국의 견제가 강화된다 하더라도 중국은 경제성장을 위한 주변부의 안정이 여전히 국가의 최상 목표이기 때문에 미국과의 협력적 관계를 유지하고 불필요한 충돌을 최소화하는 것이 전략적으로 유리하다. 경제적·군사적으로 우월한 미국과의 패권 경쟁은 승산이 없고, 주변부 국가들에 대한 '중국 위협론'을 확대시킬 수 있다. 따라서 중국은 미국을 지역 내 관리자로서 인정하고, 미국 주도의 질서를 존중하고 주변부 국가들에는 선린 우호 정책을 통해 중국의 부상에 대한 견제를 최소화하려 했다. 이를 위해 2002년 후진타오 정부는 평화로운 중국의 부상 혹은 평화를 존중하는 발전을 강조하는 '평화굴기', '평화 발전론'을 내세운 바 있다. 또한 중국은 국제사회에서 책임 있는 역할을 하겠다는 '책임 대국'을 제시하기도 했다. 중국은 실제로 국제사회에서 이미지 개선을 위해 노력했고, 세계무역기구WTO: World Trade Organization 가입과 올림픽 개최 등을 통해 중국 발전 모델의 우수성과 책임 대국의 이미지를 선전했다. 또한 아세안ASEAN: Association of South East Asian Nations 및 중앙아시아 국가들과 경제협력을 강화하는 한편, 전 세계를 대상으로 한 문화 외교와 공공 외교public diplomacy(타국 국민들을 상대로 한 외교)를 강화해오고 있다. 더구나 중국의 주요 무역 파트너인 한국, 미국, 일본 모두 북한발 위기의 당사자이기 때문에 경제 관계 차원에서도 북핵 및 북한을 보호한다는 이미지는 사실 좋을 것이 없어, 북한의 도발과 북한 문제 해결에 대해 국제사회에서 적극적 역할을 해주어야 한다는 딜레마에 빠지고 있다.

중국의 안정적인 경제 발전을 위해서는 미국과의 관계를 정상화하는 것과 주변부인 한반도의 안정이 절대적으로 필요하다. 그러나 중국의 부상은 미국의 중국 견제를 강화하고 그럴수록 북한은 중국에 사활이 걸린 전략적 가치를 갖게 되므로 중국으로서는 북한을 포기할 수도 없고 제재를 가할 수도 없다. 따라서 이러한 딜레마에 빠진 중국으로서는 아무것도 해결되지 않은 현상 유지가 최선의 전략이다.

3. 북한의 3대 세습 정권의 딜레마

김정일 정권에서 고난의 행군이 계속되고 있는 가운데 천명한 '강성 대국強性大國'은 중국이 내세우는 대국굴기의 북한판이다. 그러나 중국의 대국굴기가 도광양회로 쌓은 실력을 바탕으로 양지에서 일어서겠다는 선언이라면, 북한의 강성 대국은 약자의 허세 전략이고 경제 위기를 군사 국가로 극복하겠다는 전략이다. 알렉산드로스 대왕Alexander the Great의 부왕父王인 마케도니아의 필리포스 2세Philip II처럼 전쟁과 무력을 통해 경제적 부국을 약탈해 경제문제를 해결하려 하는 전략이다. 그러나 그러한 군사주의 전략은 현대와 같은 상호 연결된 세계에서는 유효하지 않다. 실제로 북한의 강성국가는 미국의 제지로 억제, 지체, 지연되고 있다.

1) 초유의 3대 세습 군주, 김정은의 전략적 선택지

김정은은 기본적으로 세습 군주이다. 그는 부왕의 정책을 계승할 수밖에 없다. 그것이 유훈 통치이다. 김정은의 '선경제 전략'은 부왕인 김정일의 정책을 계승한 것이다. 김정일은 생전에 "핵을 가졌으니 이제는 경제이다"라고 이야기했다. 그리고 경제 회생을 위해 핵 문제를 양보할 수 있다고 암시했다. 강성 대국, 선군 정치 시기의 강경한 대외 정책을 온건한 대외 정책으로 바꾸고 남북 관계, 북미 관계의 선순환 구도를 만들려 하고 있다. 다자 협력과 평화 공존의 구호가 나오고 있다.

그러나 김정은의 선경제 전략의 약점은 미국에 있다. 비교적 진보적인 미국 버락 오바마Barack Obama 정권은 예상과는 달리 부시 정권의 대북 정책을 계승하기로 결정하고 대중 견제와 봉쇄를 동아시아 기본 전략으로 삼고, 북핵 문제에 대해서도 대북 강경 정책을 계승하고 있다. 이러한 대외적 상황하에서 '선경제 전략'은 어려움에 봉착할 수밖에 없다.

미국은 유럽에서 중국과 동아시아로 외교정책의 초점을 옮긴다는 '아시아로의 중심축 이동pivot to Asia' 전략을 천명했다. 내용은 중국의 부상을 견제하기 위해 중국에 대항하는 패권 블록을 구축한다는 것이다. 이러한 아시아로의 중심축 이동 전략을 통한 대중 견제와 봉쇄로 북한은 경제 우선 전략으로 가려고 해도 못 가는 난관에 봉착했다. 왜냐하면 경제 우선 전략은 미국의 패권질서하에 북한이 편입되어야 실현 가능한데 미국이 대중 봉쇄 전략과 견제 전략을 구사하는 한 중국은 북한이 미국 주도 질서 체제로 옮기는 것을 용인하지 않을 것이기 때문이다.

2) 선군 전략

북한은 중국의 입술이다. 이러한 순망치한脣亡齒寒의 전략적 가치 때문에 중국은 북한을 포기하지 않는다. 더구나 미국이 중국을 포위, 견제하는 한 순망치한의 논리는 더욱 강화될 것이다. 중국이 북한의 선군 전략과 핵 보유

전략을 용인하는 것은 바로 이러한 북한의 전략적 가치 때문이다. '중국은 북한에 대한 영향력이 높고, 북한은 중국에 의존적이며, 중국과 북한 관계는 비대칭적이다'라는 명제는 북중 관계를 착시하게 하는 기본적인 명제이다.

오히려 북한의 지정학적인 전략적 가치 때문에 북한은 매우 효율적이고 효과적인 '약소국 외교'를 펼치고 있다. 북한에 대한 중국의 영향력은 제한적인 반면에 북한은 중국에 대해 상당한 자율성을 누리고 있다.

핵 보유 문제에서도 북한은 핵실험 및 미사일 발사에 대해 중국을 상대로 협의하거나 양해를 얻지 않고 독자적으로 행동한다. 그러나 중국은 북한 핵 도발에 대해 국제사회가 제재 조치를 할 때 직간접적으로 북한을 돕는다. 군사 협력 성격이 강한 중조우호협력상호원조조약은 여전히 유효하고 군사 도발을 포함한, 동북아 안보에 영향을 주는 주요 사건이 등장할 때마다 중국은 북한에 대한 정치적 비호자 역할을 해주고 있다. 중국은 북한에 대해 강한 영향력을 갖고 있음에도 불구하고 북한의 비행에 대해 강력한 처벌 의지가 없는 것으로 판명되고 있다.

선군 전략과 핵무장은 경제력이 약한 북한 체제와 정권이 생존할 수 있는 유일한 길이다. 선군 전략은 체제 생존의 위기를 극복하기 위한 극단적인 군사적 모험 전략이자 현상 타파 전략이다. 선군 전략의 단기적 효과는 주변국의 군사력과 미국 주도의 동맹 체제를 강화하게 해서 중국의 부상에 대한 견제를 확대하게 함으로써 단기적으로 북한이 중국에서 차지하고 있는 전략적 가치를 높이고 있다.

3) 중국의 대북 정책 딜레마

연루 딜레마

중국이 북한에 연루entrapment되는 시나리오는 다음과 같다. 북한이 장거리 미사일 및 핵 프로그램을 개발하고 핵 보유를 선언하면서 한국, 일본, 타이완에서 핵무장론이 제기되고 미국 주도의 동북아 군사동맹이 강화되며 미국의 군사적 개입을 유도하는 움직임이 일어난다. 결국 미국의 북핵 시설 선제공격이 시작되면 한반도에 전쟁이 발발하고 중국은 제2차 한반도 전쟁에 연루되고 동북아 지역 세력 균형balance of power의 재조정이 일어난다.

방기 딜레마

방기abandonment 딜레마의 시나리오는 다음과 같다. 북한 핵에 대한 중국의 강력한 제재는 북한의 불안정과 체제 붕괴로 이어지고 이는 중국에 재앙을 가져다준다. 북한 붕괴를 방기할 경우, 조선족이 집단 거주하는 동북 지역에 탈북자가 대량 유입될 것이다. 동북 지역은 북한과 민족적·문화적 동질성이 강하기 때문에 중국 소수민족 사회의 독립 분위기가 조성되고 사회 불안정이 야기될 것이다. 중국이 사태 수습을 위해 들여야 할 각종 경제적·사회적 비용은 현재 진행되고 있는 중국의 경제성장을 충분히 방해할 만큼 크다. 북한 붕괴가 현실화된다면 핵무기 및 화학무기 통제를 위해 미국이 직접 개입할 가능성도 커진다.

현상 유지의 딜레마

현상 유지 딜레마의 시나리오는 다음과 같다. 중국의 안정적인 경제 발전을 위해서는 한반도 안정이 절대적으로 필요하다. 그러나 북한은 체제 생존의 위기를 극복하기 위해 극단적인 군사적 모험 전략이라는 일종의 현상 타파를 시도한다. 현상을 타파하려는 북한의 시도에 대해 중국이 북한의 비행을 저지하면 지정학적 완충지대로서의 북한의 전략적 가치를 포기하게 되고, 강한 제재 역시 잘못하면 북한의 불안정(탈북 사태, 체제 붕괴)과 돌출 행동(전쟁 확산)을 야기할 수 있어 중국의 경제 발전 및 주변부의 불안정 야기 등 중국의 현상 유지에 큰 타격을 줄 수밖에 없는 상황이 된다.

4. 한국: 냉전 시대의 '공세적 현실주의'로의 회귀

현재 2014년의 한국은 복지국가 건설을 통해 선진민주국가로 부상을 시도하고 있는데 이는 글로벌 경제 위기로 지체되고 있다. 이에 더해 중국과 일본의 불화와 북한 문제 해결의 지연으로 한국의 대외적 환경이 불안한 상황으로 변하고 있다. 다시금 동아시아의 십자로 국가인 한국은 동아시아 국가 간의 패권 경쟁의 각축장이 될 가능성이 커지고 있다.

1) 한국의 전략적 선택지

외적 균형 전략

외적 균형external balancing 전략이란 대중국 견제를 위해 한미 동맹을 강화하고 미국의 힘을 빌려 중국, 일본과 균형을 이루려는 동아시아 삼각 균형East Asian Triad 전략이다. 외적 균형 전략의 약점은 중국의 강한 반발을 불러일으킨다는 것이다. 미국과의 동맹을 강화하기 위해 일본과의 관계를 군사동맹 수준으로 격상하도록 양보해서 한미일 삼각 동맹 체제를 형성하게 되면 중국과 북한(그리고 러시아)이 강력히 반발할 것이고, 국내적으로 뿌리 깊은 강한 반일 민족주의 감정이 이를 허용하지 않을 것이다.

편승 전략

편승bandwagoning 전략은 한국의 최대 교역국이자 G2이며 20년 내에 세계 패권 국가로 등극이 예정된 중국에 편승해 북한 핵을 억제하고 안보 딜레마를 해소하려는 전략이다. 그러나 이 전략의 약점은 여전히 미국은 패권 국가이고 20년 후에도 패권 국가일 가능성이 거의 확실하다는 것이다. 중국이 군사적으로 경제적으로 기술적으로 미국을 따라잡을 가능성은 21세기에는 거의 없다. 따라서 미국을 버리고 중국의 품에 안기는 전략은 안보 전략으로 가장 나쁜 전략이다.

내적 균형 전략

내적 균형internal balancing 전략 또는 홀로서기stand alone 전략은 북한처럼 자력갱생 전략으로 힘을 길러 중국, 일본과 균형을 이루려는 전략이다. 이 전략의 약점은 한국이 단시일 내에 스스로 힘을 길러 중국, 일본과 군사적·경제적으로 균형을 이루는 것은 불가능하다는 것이다. 따라서 이 전략은 소망스러울지는 모르나 실현 가능한feasible 전략이 아니다.

줄타기 외교 전략

줄타기 외교 전략 또는 양다리 걸치기double dipping 전략은 경제 교류는 중국에 의존하고 안보는 미국에 의존하는 전략이다. 이 전략의 약점은 경제와 안보는 밀접하게 연관되어 있고 중국은 한국이 실리만을 챙기도록 허용하지 않을 것이기 때문에, 중국으로서는 한국이 미국에 안보를 의존하는 것을 허용하지 않을 것이라는 점이다. 중국은 북한이 중국에 제공하고 있는 순망치한 역할을 한국도 해주지 않으면 경제 교류에서 한국에 특혜를 주지 않을 것이다.

다자 안보 협력 체제

현재 '6자 회담'이 동아시아에서 시도되고 있는 가장 초보적인 다자 안보 대화 기구이다. 그러나 6자 회담은 현재 정체되어 있고 다시 열릴 기약이 없다.

다자 안보 협력 체제는 이질적인 동아시아가 동질적인 유럽과 다르기 때문에 실현하는 데 상당한 문제가 있다. 따라서 이 전략의 약점은 유럽과는 달리 동아시아에 다자 안보 공동체의 출현은 머나먼 길이라는 것이다.

5. 일본: 아베의 군국주의 일본 재건의 꿈

기시 노부스케의 외손자인 극우 성향의 아베 신조가 정권을 잡으면서 동아시아에 풍랑이 일고 있다. 아베는 일본의 군사 대국화를 시도하고 미국과의 유대를 강화하고 과시함으로써 동북아의 패권을 노리며 군사 대국으로 치닫고 있다. 역사적 사실인 '일본군 위안부comfort women'[3]도 부정하고 있다.

그러나 일본은 두 차례의 '잃어버린 10년lost decades'을 겪고 난 뒤 새로운 경제 위기에 들어가 있는 반면 중국은 G2로 부상하면서, 동아시아의 맹주가 되기에는 이제 힘이 벅찬 상태에 있다. 따라서 아베의 극우 군국주의 부활 움직임은 세계 대공황의 여파가 일본에 도달했을 때 일본 극우 세력이 위기를 타파하기 위해 극우 군국주의 운동을 벌인 상황과 비슷하다. 아베의 군국주의 부활 움직임은 강한 일본의 힘이 대외적으로 팽창하려는 움직임이라기보다는 위기에 처한 일본이 국내적 곤궁에서 벗어나기 위해 외부에서 해결책을 찾으려는 움직임으로 보는 것이 타당하다.

일본은 미국을 등에 업는 외적 균형 전략 외에 다른 전략이 없다는 것이 중국을 상대로 한 패권 경쟁에서 또 다른 약점이다. 일본은 미국의 충견으로

---

3 힐러리 클린턴(Hillary Rodham Clinton) 전(前) 미 국무 장관은 미국 공식 문서에 종군 위안부라는 표현을 쓰지 말고 성 노예(sex slavery)로 표현하라고 지시함으로써 아베의 역사 왜곡에 제동을 걸었다.

서 동아시아에서 미국의 대리인 역할을 하고(군대 파견), 미국의 방위비를 대신 대주는 역할에 만족하면서 동아시아 이웃 국가들에 대해서는 강압적이고 공격적인 외교를 하고 있다. 이런 상황에서 일본이 동아시아에서 이웃 국가들의 동의에 기초한 헤게모니 국가가 된다는 것은 꿈일 뿐이다.

6. 미국: 아메리칸 임페리움은 계속된다

1) 미국의 대중국 견제의 두 시각

미국의 대중국 전략은 두 파로 나뉜다. 하나는 헨리 키신저Henry Kissinger를 중심으로 하는 상하이 학파이고 다른 하나는 20세기 초 영국 외무 장관이었던 에어 크로우Eyre Crowe의 이름을 딴 크로우 학파이다(Kissinger, 2011).

키신저와 상하이 학파는 기본적으로 중국과 선린 관계를 유지할 것을 주장한다. 상하이 학파는 중화사상은 기본적으로 평화 지향적이라고 보고 있으며 따라서 중국은 화평 전략을 고수할 것이라고 주장한다. 즉, 중국은 견제와 포위의 대상이 아니라 협력 대상이고, 중국과의 공진화 co-evolution를 추구하고 중국과 협력해서 아시아·태평양 공동체 건설을 주도해야 한다고 주장한다.

반면에 크로우 학파는 중국의 부상을 공격적으로 견제해야 한다고 주장한다. 중국에 대항하는 패권 블록을 구축하고, 대중국 개입 정책을 강화해야 한다는 것이다. 크로우 학파의 주도적인 학자로는 시카고 대학교의 존 미어샤이머John Mearsheimer 교수, 하버드 대학교의 스티븐 월트Stephen Walt 교수와 같은 '공세적 현실주의자offensive realists'가 있다.

현재 미국의 대중국 전략 디자인 경쟁에서 크로우 학파가 상하이 학파보다 우세한 것으로 나타나고 있다. 오바마 정권은 '아시아로의 중심축 이동'을 통해 미국의 아시아·태평양Asia Pacific 지역에 대한 개입 정책을 강화하고 역내의 미 군사력을 증강하고 있으며, 미국의 대중 포위는 이미 가시화되고 있다. 자유 항해권이라는 명분을 내세워 남중국해를 핵심 이익vital interest 수역으로 설정한 워싱턴에서는 베트남, 필리핀과의 군사 협력을 강화하는 한편 중국의 뒷마당이나 다름없는 미얀마와의 관계를 개선하고 있고 호주 다윈에 2,500명 규모의 해병대 병력과 해군함정, 전투기를 배치했다. 그리고 핵연료 기술 제공을 빌미로 인도와의 관계를 강화하고 여기에 더해 기존의 한미 동맹과 미일 동맹을 강화해 군사적으로 중국을 포위하는 구도를 형성하고 있다. 경제 분야에서 미국은 한국과의 자유무역협정FTA: Free Trade Agreements 체결, 일본을 포함하는 환태평양 경제 동반자 협정TPP: Trans-Pacific Partnership 구축을 통해 중국을 견제하려 하고 있다. 따라서 중국을 가상의 적으로 하는 대중국 포위망을 구축하려고 한 1950년대의 딘 애치슨Dean Acheson 국무 장관과 9·11 테러 이후 부시 정권의 전략을 거의 그대로 답습하고 있다는 점에서 오바마는 키신저보다는 크로우의 손을 들어주었다고 볼 수 있다.

2) 미국의 대중국 견제 전략과 봉쇄 전략의 한계

오바마 정부 초기에는 대중 견제라는 표현을 쓰지 않고 중국과 미국 간 '핵심 이익의 상호 보완 관계'와 '전략적 보장strategic assurance'이라는 용어를 사용했다. 이는 미국이 중국을 봉쇄하는 데는 한계가 있다는 것을 보여준다. 더구나 최근 미국은 자국의 국방비를 감축(10년간 4,500억 달러)하면서 동맹국을 상대로 방위비 분담률을 늘려줄 것을 요구하고 있다. 만약 미국이 주둔비를 동맹국에 의존하는 비중이 커진다면 궁극적으로 아시아·태평양 지역에서 현재의 미군 전력을 유지할 수 있느냐 하는 것에 회의가 일어날 수 있다. 미국은 자국의 국방비를 감축하면서 동맹국의 분담률을 인상하라고 요구하고 있는데, 경제 위기하에 있는 동맹국들(한국, 일본)이 과연 그렇게 인상된 분담금을 낼 수 있는 능력과 의사가 있을 것인지는 확실하지 않기 때문이다.

한국의 경우 미국은 방위비 분담금 인상, 미군 기지 이전, 국방비 증액을 요구하고 있다. '방위 부담의 공유defense burden sharing'와 '방위비 분담defense cost sharing'의 경우 GDP 대비 국방비 비율(현재 2.6%)을 미국과 같은 수준(5%)으로 올리고 방위비 분담금을 7억 달러 정도로 올리라고 요구하고 있다. 그런데 이러한 미국의 요구가 실현되기 어려운 장애물이 나타나고 있다. 한국에서 복지정치가 등장하고, 이명박 정부의 5년간에 걸친 대북 강경 정책에 대한 국민들의 피로 증후군이 나타나고 있다. 또한 야당과 지식인 사이에서 남북 관계와 한중 관계를 개선하라는 요구가 증대하고 있으며, 한미 동맹의 가치가 약화되는 현상도 나타나고 있다. 이런 상황에서 방위비 부담을 증대하는 정책이 국민의 동의를 받기는 어려울 것이다.

방위 분담의 다른 장애물은 2010년 우리의 대중국 교역량이 2,010억 달러이고 대중 무역 흑자가 690억 달러에 달해 중국에 대한 경제적 의존도가 높아져가고 있다는 점이다. 이러한 상황에서 중국을 견제하기 위한 한미 동맹을 강화할 수 있을지, 방위비 분담에 찬성하는 국민적 합의를 이끌어내어 북한 위협론과 중국 견제론에 동참시킬 수 있을지 의문이 든다.

7. 한국은 어디로(Quo Vadis, Korea)?

한국은 가산제적 민주주의로 회귀함으로써 대외 정책의 유연성, 다원성, 전략성을 상실하고 있다. 미국은 오바마 시대에도 전임 부시 정권의 공세적 현실주의 정책을 버리지 않고 대중국 견제와 봉쇄를 계속하고 있고, 이에 따라 북한의 전략적 가치는 올라갔다. 일본은 군국주의 회귀를 꿈꾸고 있으나 일본의 역량은 중국보다 현저히 떨어져 지역 헤게모니 국가가 될 수 있는 가능성도 멀어지고 있다. 그래서 국내적으로는 군국주의적 파시즘의 분위기를 조성하고 국제적으로는 미국과의 군사동맹을 강화해 호가호위로 주변국을 자극하고 있다. 북한의 김정은은 세습 체제가 안정되지 않고 있음에도 불구하고 미중 패권 경쟁으로 북한의 전략적 가치가 상승한 행운으로 3대 세습 체제를 유지하고 있다.

이렇게 격동하는 동아시아 안보 체스판에서 한국이 취해야 할 최선의 선택지는 무엇인가?

첫째, 한미 동맹을 강화해야 한다. 한미 동맹은 외적 균형 전략의 주 자원이자 원천이다. 한국은 동아시아에서 일본을 능가하는 제1의 미국 동맹국이 되어야 한다.

둘째, 북한과의 대화를 재개해야 한다. 북한 주민을 포함한 7,000만 한반도 경제권 형성을 형성해야 중국, 일본과 경쟁할 수 있는 규모의 경제를 실현할 수 있다.

셋째, 그러기 위해서 철저한 정경분리에 입각해 대북 문제에 접근해야 한다. 북한 핵 문제는 6자 회담과 북미 회담에 맡겨야 한다. 경제문제는 기업에 맡겨야 한다. 대신 정부는 기업을 적극 지원해 7,000만 경제권을 조속히 구축해야 한다.

넷째, 중국을 상대로 선린 관계를 강화해야 한다. 현재 최대의 경제 교역국인 중국을 상대로 동맹국인 미국이 주도하는 봉쇄에 동참해야 하는 딜레마를 해결하기 위해서는 한국이 적극적으로 중재에 나서는 수밖에 없다. 이를 위해서 중국과 미국을 포함한 동아시아 다자 안보 공동체를 구상하고 실천에 옮겨야 한다.

다섯째, 일본과는 경쟁과 협력을 병행해야 한다. 미국의 제1안보 동맹국이 되기 위해서 일본과 경쟁해야 한다. 그러기 위해서 우리가 실제로 일본보다 미국에 줄 수 있는 것이 많다는 것을 미국에 보여주어야 한다. 그러나 경제 부분은 정경분리 원칙에 따라 꾸준히 일본과 경제협력을 계속해야 한다.

제 1 부

21세기 한국의 대국가 전략

제**1**장

한반도와 동아시아 평화 구축 방법론

가능주의와 분석적 절충주의

1. 허쉬만의 '가능주의'

그렇다면 어떻게 한반도 평화와 동북아 삼각 균형 체제를 구축해 우리의 평화, 안전, 풍요, 자유를 지속시킬 수 있을 것인가? 지금까지 한반도 평화와 안보 연구는 지나치게 '예외주의'[1]에 경도되었다. 예외주의자들은 남한과 북

---

1 대표적인 예외주의 저작은 Seymour Martin Lipset, *Why No Socialism in the United States*(Boulder: Westview Press, 1977)이다. 시모어 마틴 립셋은 미국이 카를 마르크스가 이야기한 사회주의의 전제 조건인 최고도로 산업화된 선진 자본주의경제를 가지고 있음에도 불구하고 사회주의혁명이 일어나지 않고 사회민주당도 부재한 이유를 미국 예외주의로 설명했다. 미국은 유럽이 겪은 봉건제를 경험하지 않았고, 미국의 평등, 자유, 평등주의를 선호하는 이념의 존재가 사회주의가 필요하다고 미국인을 설득하기 어렵게 했으며, 서부로 프런티어를 개척, 확장해 새로운 일자리를 창출하고 새로운 기회를 제공함으로써 미국은 유럽에 비해 매우 유동적인 사회가 되었으므로 계급적인 호소가 먹히지 않았기 때문이라는 것이다. 그리고 노동자들은 언어적으로 인종적·종족적으로 너무 다양해 계급으로 조직하기 어려웠고 급속한 경제성장으로 부유한 노동자들은 사회주의적 호소에 귀를 기울이지 않았으며 양당제의 고착

한이 1991년에 국제연합UN에 독자적으로 가입함으로써 사실상 서로의 주권을 인정하고, 1991년에 기본합의서, 1994년에 제네바에서 북한 핵에 관한 기본합의Agreed Framework를 이루어냈고, 2000년 6월에는 남북 정상회담까지 개최했으나 아직까지 상대방의 주권을 인정하지 않고 공식적인 대화가 한 번도 없었던 중국과 타이완보다 교류와 교역이 훨씬 뒤떨어지는 것은 한반도가 지닌 예외성의 한 예라고 주장한다. 또한 1989년에서 1991년 사이에 동구와 소련의 사회주의 국가들이 몰락하고 민주주의와 시장경제로의 이중적 전환이 일어났으나 북한은 아직 지구상에 유일하게 남은 스탈린주의적인 자급자족 사회주의경제로 남아 있는 것이 또 다른 예외성이다. 냉전 체제 붕괴 이후 지구상의 분단국가들이 어떤 방식으로든 통일을 한 것에 반해 한반도는 여전히 분단국가의 섬으로 남아 있는 것도 예외적이다. 서독과 동독은 기능주의적 교환, 교류, 교역이 누적되어 일어난 파급효과로 통일을 이룩했는데 남북한은 기능주의적 교류와 교환을 1990년대부터 시도했으나 아직도 파급효과는 일어나지 않고 오히려 역류 효과가 일어나 남북 간의 불신만 가중되고 있는 것이 또 하나의 예외주의이다.

한반도의 평화와 안전에서 발견되는 예외주의는 부정할 수 없는 사실이다. 그러나 예외주의를 지적하는 것만으로는 예외적으로 어려운 한반도 평화와 안보에 대한 해답을 찾을 수 없다. 해답은 예외성의 발견에서 찾을 수 있는 것이 아니고 예외주의의 틀을 벗어나 새로운 한반도 평화 구축 방법론을 구축함으로써 찾아야 한다. 필자는 한반도 평화와 안보의 해답을 찾을 수 있는 틀로 얼마 전 작고한 앨버트 허쉬만의 '기능주의'를 발견했다(Hirschman, 1971: 1~37; 1988: 5, 9, 11; 1998; Lepenies, 2008; Adelman, 2013: 451~454 참조).

허쉬만은 문제를 해결하는 접근법은 확률로 예측 가능성을 높이려고 하

으로 사회주의 제3정당이 발을 붙이기 어려웠다는 내생적 요인도 있다고 주장한다.

는 '확률주의probabilism'에서가 아니라, 다양한 방법론을 동원해서 문제 해결의 가능성을 모색하는 '가능주의'에서 찾아야 한다고 주장했다. 가능주의는 구조 결정론적인 전제 조건 이론(Hirschman, 1988)이 아니라 행위자의 내생적인endogenous 전략적 선택과 '의도하지 않은 결과unintended consequence',[2] 일방적이지 않은 '전도된 연쇄성inverted sequences', '위장된 축복blessing in disguise', '숨은 합리성hidden rationalities'의 특성을 지니고 있다. 그러므로 가능주의 방법론은 일반적이기보다는 독특한 해결책을 찾으려 하며, 예측한 것보다는 예측하지 못한 것을 찾으려 하고, 확률적 확실성보다는 가능성을 찾는다(Hirschman, 1971: 28). 가능주의자들은 전임자에게 실패의 모든 것을 전가하는 프라스코마니아frascomania가 아니다. 그렇다고 해서 '모든 것에 다 들어맞는 사이즈one size fits all'의 보편적인 해결책을 찾으려 하지도 않는다. 가능주의자들은 어떤 특정한 패러다임과 벤치마킹bench-marking에 집착해 지방적이고 특수적인 환경에 적합한 해결책을 찾는 데 실패하는 우를 범하지도 않는다. 그리고 가능주의는 여러 환경적 제약하에서 행위자들 스스로 전략적 선택을 하는 내생적 이론이다. 가능주의는 외부적 강제, 강압, 제약에 의해 결정이 내려지는 외생적 이론이 아니기 때문에 특정한 외부 행위자의 선호가 일방적으로 결정되고 선택되지 않는다. 가능성 이론은 어떤 전제 조건prerequisites도 없이 자유롭게 문제 해결에 적합한 결정을 찾는 데 유용하다.

가능주의는 이데올로기적 확실성을 추구하지 않는다. 대신 끝없이 열린 개방주의와 회의주의적이며 절충주의적eclectic 탐구를 선호한다(Hirschman,

---

2 애덤 스미스(Adam Smith)가 『국부론』에서 이야기한 "푸줏간 주인, 양조장 주인, 제빵업자의 자비로부터 우리의 저녁 식탁이 풍성해지기를 기대하지 말고 그들의 이기적인 자기 이익 추구로부터 우리 식탁이 풍성해지기를 기대하라"라는 명구는 자기 이익의 추구가 공적 이익으로 화하는 '의도하지 않은 결과'이자 '전도된 연쇄'의 대표적인 예라는 것이다.

1971). 허쉬만의 가능주의는 역사는 예측 가능하지 않을 뿐 아니라 예측 불가능성 없이는 변화도 없다고 주장한다(Adelman, 2013: 450). 허쉬만에 의하면 확실성과 예측 가능성의 추구는 프랑스의 사실주의 작가인 귀스타브 플로베르Gustave Flaubert의 '*la rage de vouloir conclure*(성급히 결론을 내리려는 데 대한 분노)' 언술을 상기시켜준다고 한다. 성공적인 결과를 위한 전제 조건에 대한 지나친 강박관념은 불가능주의와 확률주의로 가기 쉽다. 허쉬만은 가능한 경로, 기이성奇異性, oddities, 변칙성anomalies, 예측하지 못하고 의도하지 않은 효과, 전도된 연쇄inverted sequences에 초점을 맞추는 '가능주의'를 채택해야만 불확실한 정치·경제·국제 문제를 분석할 수 있다고 주장한다(Adelman, 2013: 451).[3]

예를 들면, 자본주의하에서는 수많은 '의도하지 않은 결과'가 양산되어 강력한 지배계급도 허약한 농민들과 노동자들을 통제하지 못한다. 이렇게 수많은 의도하지 않은 결과, 불확실성, 다양한 경로, 기이성과 변칙성이 존재하는 세계에서 한 가지 원리로는 세계를 관통하고—以貫之 세계를 해석할 수 없을 뿐 아니라, 무엇보다도 세계를 변화시킬 수 없다. 마르크스는 「포이에르바흐 테제」 말미에서 "이제까지의 철학자들은 단지 세계를 다양하게 해석했을 뿐이다. 그러나 중요한 것은 세계를 변화시키는 것이다"라고 기존의 세계를 수동적으로 받아들이고, 게오르크 빌헬름 프리드리히 헤겔Georg Wilhelm Friedrich Hegel의 '미네르바의 부엉이'처럼 사후 해석만 하는 사회철학자는 진정한 사회철학자가 아니며, 진정한 사회철학자의 사명은 세계를 변화시키는 것이라고 주장했다. 그렇다면 어떻게 세계를 변화시킬 것인가? 좀 더 구체적

---

3 구조 결정론의 대표적인 저작은 Barrington Moore Jr., *Social Origins of Dictatorship and Democracy*(1966)이고 전제 조건 이론의 대표적 논문은 Seymour Martin Lipset, "Some Social Prerequisites for Democracy," *APSR*(1959)이다.

으로 말하면 이 책의 목적인, 평화가 불가능한 동아시아와 한반도에서 평화를 어떻게 실현할 수 있도록 하는지, 확률상probability으로 평화를 만들기가 거의 불가능한 평화의 불모지에서 평화를 만들 수 있는crafting 방법론이 무엇인지를 찾아야 한다.

평화의 불모지에서 평화를 만들 수 있는 길을 가르쳐주는 이론은 확실성을 추구하는 확률 이론, 전제 조건 이론, 구조 결정론이 아니다. 그리고 숙명론과 불가능주의론도 아니다. 평화의 불모지에서 실현 가능한 평화를 구축할 수 있는 이론은 소망스러우나 상호 적대적인 요소들을 최적으로 결합하는 결합 이론combination theory이고 통합 이론integrative approach이며 분석적 절충주의analytical eclecticism 이론이다(Adelman, 2013: 453). 가능주의 이론에서는 일반성generality보다 독특성uniqueness을 강조하며, 예상 가능성expected보다 예상 불가능성unexpected에 주목하고, 확률probability보다는 가능성possibility에서 해답을 찾으려 한다.[4] 허쉬만은 혁명이나 개혁을 위해 가능한 모든 것들을 불러와야 한다고 주장했다. 허쉬만은 사소하고 변칙적인 요소들이 통일된 이론화를 어렵게 하지만 작은 아이디어로 거대한 문제를 해결하는 방안을 찾지 않고서는 통합 이론을 구축하는 것은 어렵다고 주장한다.

---

4 필립 슈미터(Philippe C. Schmitter, 2012)는 민주화 연구에 허쉬만의 '가능주의' 이론을 적용했다. 슈미터와 기예르모 오도넬은 구조와 예측 가능성(확률주의), 외생적 선택(exogenous choice)보다 행위자와 우발성과 불확실성(가능주의), 행위자의 내생적 선택(endogenous choice)이라는 틀을 갖고 민주화가 불가능한 것으로 간주되었던 남미의 군부 권위주의에서 민주화의 가능성을 발견했고, 실제로 1980년대에 민주화가 일어났다.

2. 평화 연구의 '가능주의' 이론으로서 '분석적 절충주의'

가능주의 이론은 보편적 이론을 세우고 연역적으로 사물, 행위자, 사건을 설명하는 연역법이 아니라 개별 사건의 독특성을 설명할 수 있는 가설들을 세우고 검증해 전체를 조망할 수 있는 일반 이론에 도달하는 귀납법을 사용한다. 따라서 개별 가설을 검증할 때 거기에 맞는 절충주의적 이론들을 사용하는 '분석적 절충주의'를 택한다. 이러한 분석적 절충주의는 '예외주의' 또는 예외적인 사건들을 설명하는 데 유용한 가능주의 이론이다.

분석적 절충주의는 어떤 특정한 이론이나 가설에 특권적 지위를 부여하지 않으며 동시에 다양한 경쟁적·이론적 전통을 통일하려 하지도 않는다. 피터 카첸스타인Peter J. Katzenstein과 루드라 실Rudra Sil에 의하면 분석적 절충주의는 경쟁적 거대 이론과 거리를 두며 경험적 관찰의 클러스트에 의존해 현상과 사건을 설명하려 한다(Katzenstein and Sil, 2004: 16~20). 절충주의eclecticism는 서로 다른 연구 전통에서 추출한 결과물들을 연결하는 데 관심이 있으며, 적어도 두 개 이상의 이론 전통으로부터 도출된 데이터, 해석, 인과 논리를 종합해 설명을 시도한다.

분석적 절충주의는 기존의 연구 전통을 유연하게 받아들이며 그러한 연구 전통들로부터 선택적으로 결과물을 도입해 다양한 이론을 가로지르는 연구 여행을 한다. 전통적인 분석적 연구 시각들이 어떤 유형의 분석 메커니즘에 초점을 맞추면서도 다른 유형의 분석 메커니즘을 배제하거나 무시하는 특정한 본체론적이고 인식론적인 가설을 갖고 있는 데 반해, 분석적 절충주의는 다양한 분석적 메커니즘을 종합한 복합적 인과관계 이론을 제시한다. 분석적 절충주의는 특정한 인과 가설에 특권적 지위를 부여하지 않으며, 다양한 연구 가설을 동원해 서로 다른 다양한 사회 영역을 가로지르는 문제 특수적problem-specific인 경로를 추적한다(Sil and Katzenstein, 2010: 419).

분석적 절충주의의 가장 중요한 장점은 이슈를 설명하고 분석하려는 다양한 이론의 기본 가설들에 의문을 던진다는 것에 있다(Midford, 2002: 11~16; Kawasaki, 1999; Heginbotham and Samuels, 1998). 그러므로 분석적 절충주의는 다양한 연구 전통이 이성적으로 경쟁하는 기존 연구 간의 토론과 전략적으로 부딪침으로써 경쟁하는 연구 전통에 의해 설명된 스케치에 내장된 가설, 개념, 해석, 방법론의 새로운 조합과 결합을 모색한다.

말하자면, '분석적 절충주의'는 기왕에 검토된 연구 퍼즐 간의 연계성을 강조하면서 상이한 연구 전통에서 사용하고 있는 자료, 해석, 인과적 논리를 통합한 설명의 틀을 구축하려 한다. 분석적 절충주의는 다양한 개념들을 선택적으로 차용해 상이한 문제 해결적problem-solving, 문제 특수적 개념 유형들을 종합해 설명하려 하는 '하이브리드'적 분석 틀이다.

한반도의 평화 구축에서 나타나는 한국적 예외주의를 설명하고자 분석적 절충주의는 일방주의, 양자주의uni-bilateralism, 다자주의라는 삼각 연구 틀의 모든 측면을 분석하면서도, 남북한 평화의 실현 불가능성이라는 경험적 퍼즐을 풀고자 현실주의, 자유주의liberalism, 기능주의, 신기능주의neo-functionalism, 구성주의constructivism, 정부 간 관계주의inter-governmentalism, 민주적 평화 이론의 일반적 적실성 또는 부분적 적실성을 모두 검토해 현실적으로 실현 불가능한 남북한 평화 또는 한반도 평화를 구축할 수 있는 방법을 찾아보려 한다.

현실주의는 냉전기에 안보 딜레마, 외적 균형과 내적 균형, 헤게모니 국가에 대한 영합band-wagoning이라는 개념을 가지고 남북한 갈등을 분석하는 주류 분석 틀로 군림해왔다. 그러나 현실주의는 현상 유지가 지속되기를 바라는 헤게모니 국가인 미국의 반대에도 불구하고 남북한이 간헐적으로 대화에 들어가는 것을 예측하지 못했다. 동구 사회주의 붕괴 이후 현실주의는 남북한 간에 일어난 대화, 협정, 정상회담, 협약 등(1991년의 남북 기본협정, 1994년의 제네바 합의, 2000년과 2007년의 남북 정상회담, 다자주의적 6자 회담 등)을 예견하지 못한 것으로 드러났다.

기능주의와 신기능주의는 김대중 대통령이 정권 교체를 이룩한 이후 10년간 한국의 진보 세력에 의해서 '햇볕 정책'이라는 이름으로 꽃을 피웠다. 그러나 보수적인 이명박 정부가 햇볕 정책을 계승하지 않고 안보 딜레마, 외적 균형, 한미 동맹 강화를 강조하는 현실주의로 복귀함에 따라 비핵화와 경제 개방을 하지 않으면 대화할 수 없다는 조건부적 포용론을 내세우면서 남북대화는 단절되었다. 그러므로 기능주의(신기능주의)와 자유주의가 이야기하는 경제적 교류 협력의 정치적 확산이라는 파급효과는 한반도에서는 일어나지 않았다. 오히려 대화, 경제 교류, 협력, 이산가족 상봉의 증가가 파급효과보다는 '역류 효과'를 가져와 교환, 교류, 대화의 축적이 오히려 상호 불신, 증오, 배신, 적대라는 (신)기능주의의 가정과는 반대의 결과를 가져왔다.

구성주의는 한반도 갈등 해소와 평화 구축에 적용된 적이 거의 없다. 동남아시아에서는 'ASEAN-way'라는 이름으로 이질적인 동남아시아 국가들이 지역적 정체성을 확립하려 하는 구성주의적 시도가 계속되고 있으나, 동북아시아에서는 구성주의가 거의 적용되지 않았다. 한반도의 경우 구성주의는 해방 이후 '민족 파괴nation-destroying'와 1948년 이후 분단국가 수립 이후 동질적 민족 정체성ethnic identity을 상실하는 과정을 분석하는 데 매우 유용한 개념이 될 것이다. 그리고 미래의 한반도 평화 구축과 통일국가 건설에서 한국 민족을 재건설rebuilding Korean nation하는 데 매우 유용한 분석 틀이 되는 동시에 상상력의 원천이 될 것이다.

탈냉전 이후 한반도 평화 구축의 예외주의는 어떤 단일 메커니즘도 한반도 안보 지형을 배타적으로 지배한 적이 없다는 것이다. 다자주의의 물결이 정점을 지나자마자 보수 정권의 등장과 함께 현실주의가 부활했고, IT 유목 소통 기구를 잘 다루는 젊은 한국인들 사이에 구성주의가 일어나 소셜 네트워크 서비스SNS: Social Network Service를 매개로 하는 한류韓流가 전 세계적으로 번져나가고 있으나 북한의 젊은 세대에게는 튀니지의 재스민혁명이나 '아랍의 봄'이 아직 오지 않고 있다.

둘째, 민주화 물결에 면역력을 가진 북한 민주화의 예외주의는 국내정치적 요소와 국제정치적 요소가 상호 결정한다는 상호 결정론, 그리고 SNS-매개 민주화 이론(또는 신유목적 민주주의론), 민주화와 경제 발전에 관한 신근대화 이론neo-modernization theory, 권위주의의 지속성sustainability에 관한 제도화 이론, 신가산주의적 사회주의 독재 체제의 민주화에 관한 이론들을 절충적으로 종합해 북한 민주화의 실현 가능성을 검토하고 북한에서 민주화를 이끌어내기 위한 '가능주의'로 그 해결의 실마리를 찾아야 한다.

또한 한국이 다양한 예외주의를 극복하고 동북아의 명실상부한 허브로 부상하기 위해서도 현실주의, 자유주의, 기능주의, 구성주의를 분석적으로 절충한 '절충주의'가 필요하다(Katzenstein and Okawara, 2001/2002).

3. 분석적 절충주의를 통한
   한반도 평화 구축과 북한 민주화 모색

1) 한반도 평화 구축에 관한 기존 가설들

1989년에 국제적 냉전은 종식되었고 다른 여러 곳에서 평화가 회복되었으나 한반도는 여전히 남북 분단국 간의 갈등이 계속되고 있는 섬으로 남아 있다. 한반도 평화 구축에서 풀어야 할 주 퍼즐은, 한반도에서 평화 구축은 한반도 평화에 대한 주요한 국제적·국내적 장애물이 사라졌음에도 불구하고 두 개의 한국two Koreas의 재통일을 위한 기초를 쌓는 것이 왜 그렇게 어려우냐 하는 것이다. 한반도에서 평화 구축은 아마도 동아시아뿐 아니라 세계에서 가장 어렵지 않은가 생각된다. 당사자들이 한반도에서 평화를 구축하는 데 제기되는 문제들, 즉 북한 핵 문제, 남북 대결, 동아시아에서 미국과 중국의 헤게모니 경쟁 등에 대한 실현 가능한 해결책을 찾지 못하고 있기 때문이다. 남북 관계는 중국과 타이완 간의 양안 관계cross-strait relations와 상당히 대조적이다. 중국과 타이완은 상대방의 주권을 인정하지 않고 공식적인 대화가 거의 없음에도 불구하고 엄청난 규모의 무역 거래, 투자, 통신, 인적 교류가 일어나고 있다. 반면에 남북한은 상대적으로 많은 공식적 대화, 협정, 공동선언, 정상회담이 있었고, 1991년에 UN에 동시 가입하면서 사실상de facto 상대방의 주권을 인정하고 있음에도 불구하고 교육, 인적 교류, 방문, 교환은 급속히 늘어나지 않았고, 남북한 간의 대화와 교류가 기능주의적 '파급효과'를 일으켜 경제적 교환이 정치적 협력과 화해로 확산되기보다는, 오히려 '역류효과'를 초래해 남북한 간에 불신, 증오, 적대가 심화되고, 심지어는 군사적 대결까지 치닫고 있다.

따라서 분석적 절충주의 이론을 적용해 한반도 평화의 해법을 찾기 위해서는 한반도 평화의 실현 불가능성infeasibility을 설명하는 가설들을 검증한 뒤 이러한 실현 불가능성 속에서 실현 가능한 절충적 방법을 모색해야만 한다.

한반도 평화의 실현 불가능성을 설명하는 가설로는 주로 다섯 가지가 있다. 첫째, 심각한 '안보 딜레마'를 안고 있는 분단국은 기능주의적 또는 신기능주의적 대화, 협력, 교류, 방문의 수단에 의해 평화를 달성하는 것이 어렵다. 둘째, 분단이 지속된 기간이 길수록, 그리고 과거 동질적이던 나라가 분단된 이후 정치적·경제적·사회적·문화적 이질성이 커질수록 그 분단국이 평화를 회복하고 궁극적인 통일을 달성하기 어렵다. 셋째, '민주주의 국가들은 거의 또는 절대로 서로 전쟁하지 않지만'(민주적 평화론), 민주주의 국가도 이웃 나라이거나 같은 민족임에도 불구하고 독재국가와는 전쟁할 수 있다. 넷째, 비록 분단국 사이에 존재하는 경제적 비대칭성asymmetry은 기능주의적 통합과 파급효과를 촉진함으로써 분단국 사이의 평화 구축에 기여하나, 군사적 비대칭성은 분단국들로 하여금 평화를 구축하게 하기보다는 헤게모니 국가와 동맹을 강화하게 하고 군비경쟁을 촉진한다. 다섯째, 분단국 국민들 내의 동질적인 종족적 정체성의 의식은 평화와 궁극적인 통일을 촉진하나, 이질적인 종족적 정체성 의식은 평화를 촉진하기보다 분리주의 또는 영구적인 민족 분단을 촉진한다.

2) 북한 민주화 불가능성에 관한 기존 가설들

한반도의 또 다른 예외주의는 북한의 '민주화 면역론'이다. 북한의 민주화 면역론이라는 예외주의를 검토해야 하는 이유는 한반도 평화 불가능론과 북한 민주화 면역론이라는 두 예외주의가 별개의 에피소드가 아니기 때문이다. 북한의 민주화 없이 한반도의 평화와 통일은 생각하기도 어려울 것이다. 한반도와 동북아에 평화가 구축되지 않고 군사적 대치 상태가 계속되면 북한의 독재자들은 신가산주의적 사회주의 독재 체제의 지속성을 늘리는 방법을 찾을 수 있을 것이고 북한의 민주화는 요원해질 것이기 때문이다.

북한의 독재가 어떻게 근대적 또는 탈근대적post-modern 민주화의 물결에 면역성을 갖고 있는가를 설명하는 가설은 다섯 가지가 있다. 첫째, SNS나 소셜 미디어가 발달할수록 신가산주의적 사회주의 독재국가에서 탈근대적 민주화가 일어날 가능성이 높다. 둘째, 북한의 전략적 가치 때문에 후견국인 중국이 북한을 보호하는 한 북한의 독재 정권은 SNS를 매개로 한 민중 봉기, 대량 아사, 핵 위기에도 불구하고 생존할 것이다. 셋째, 핵무기의 개발과 보유는 북한의 신가산주의적 사회주의 독재 정권을 국내의 반체제 시위, 항의, 궁정 쿠데타로부터 보호해줄 것이다. 넷째, 독재 정권의 장기 지속성longevity은 독재의 제도화에 달려 있다. 북한의 독재는 가산주의patrimonial 독재가 아니라 신가산주의neo-patrimonial 독재로 불린다. 왜냐하면, 북한의 독재는 가산주의 지배와 법적-합리적인 관료적 지배의 혼합형hybrid이고 이 점에서 전통적인 가산주의 독재와 구별된다. 또한 북한의 독재는 공산당이 나라를 지배하는 데 핵심적 역할을 수행하는 사회주의 독재 체제이다. 다섯째, 전반적인 경제 위기, 특히 대량 아사와 빈곤으로 비롯된 위기가 반드시 혁명 또는 독재 정권의 붕괴를 보장하지는 않는다.

3) 분석적 절충주의를 통한 한반도 평화와 북한 민주화의 가능성 모색

분석적 절충주의의 장점은 불가능성의 먹구름이 가득하지만 햇볕의 가능성을 모색하는, 허쉬만이 이야기한 가능주의 이론이라는 데 있다. 분석적 절충주의는 경제 근대화 이론이나 전체주의 모델에 근거해서 궁극적인 북한의 민주화에 대해 낙관주의적 전망이나 예측을 내리는 이론들과 북한의 독재 체제의 장기 지속성, 생존 가능성, 내구성durability에 관한 비관적 이론들을 모두 절충적으로 결합해 불가능한 민주화의 조건을 갖고 있는 북한의 독재 체제로부터 민주화를 이끌어낼 수 있는 가능성을 탐구할 수 있는 장점이 있다.

분석적 절충주의는 현재 북한의 정치체제가 소비에트 유형의 전체주의 체제도 전통적인 가산주의 체제도 아니고 가산주의적·인치주의적·가부장주의적 관계가 관료적·익명적·법적-합리적 관계와 공존하는 신가산주의 독재 체제라는 가설에서 도출된 북한 독재 체제의 장기 지속성을 검증할 수 있다. 분석적 절충주의는 북한 독재 체제의 장기 지속성과 생존력을 공산당의 존재와 역할과 같은 북한 가산주의 체제의 제도화에서 찾으려는 가산주의 독재 이론의 북한 사례 특수적case-specific 성격을 검증한 뒤, 최근 중동에서 일어난 가산주의 독재의 민주화에서 북한 가산제 독재 체제의 민주화의 실마리를 찾을 수 있다.

분석적 절충주의는 중동의 가산제 독재를 무너뜨린 '아랍의 봄'과 비교해서 북한을 살펴봄으로써 북한에서도 SNS를 매개로 한 민주화 운동이 일어날 가능성을 탐구할 수 있다. 북한 민주화 불가능성 이론은 북한에서의 SNS의 저발전과 중국의 북한 독재 정권 보호가 북한에서의 SNS 혁명을 실제적으로 불가능하게 만들고 있다고 주장한다. 그러나 분석적 절충주의는 다른 이론과 가설을 동원해 북한에서 소셜 미디어 또는 SNS를 매개로 민주화 혁명이 일어날 수 있는 가능성을 탐구한다. IT 혁명, 인터넷 민주주의, SNS의 선두 주자인 한국인과 같은 민족인 북한 주민들도 같은 한국인으로서 일차적 조건이 주어지면 사이버 유목민적 기질과 새로운 IT 유목 기구를 사용하기를 즐기는 '얼리 어댑터early adapter'가 될 수 있는, 이른바 토머스 프리드먼Thomas Friedman이 이야기하는 '사이버 부족cyber tribe'이 될 수 있을 것이고, 그때는 북한에서도 SNS 매개 혁명이 가능할 것이라고 보는 것이 분석적 절충주의가 도출할 수 있는 북한 민주화 가능주의이다.

이와 같이 분석적 절충주의의 방법론적 장점은 '예외적으로' 어려운 남북 갈등 해결과 한반도와 동북아 지역에 평화를 재구축하는 데 '불가능한' 작업을 '가능한' 작업으로 바꾸기 위해 필요한 것이 무엇인지를 탐구할 수 있다는 것이다. 그러한 '불가능한 미션impossible mission'의 '가능한' 해결책을 찾는 데 분석적 절충주의의 장점이 있다. 분석적 절충주의는 상이한 연구 전통에서 도출된 개념과 가설들을 결합하고 종합해 문제의 분석 틀을 개발하고, '예외주의'가 가득한 한반도 문제의 복잡성을 설명하며, 당사자들을 위한 '문제 특수적' 행동과 상호작용을 건의해서 한반도의 갈등 해결과 평화 구축을 위한 '문제 해결적' 처방을 제시할 수 있다.

분석적 절충주의는 한반도와 동북아의 '예외적으로' 어려운 갈등 해소와 평화 구축에 관한 일반 이론을 개발하는 데 '발견적heuristic' 함의가 크다. 19세기 이래로 한반도는 갈등 해결과 평화 구축에 관한 이론을 시험하는 무대가 되어왔다. 많은 이론과 접근, 시각이 한반도에서의 전쟁과 평화의 경험에 비추어 시험되었다. 비록 한반도의 경험을 분석한 많은 사회과학자가 한반도 갈등 해결과 평화 구축의 '불가능성'과 '예외주의'라는 부정적인 결론을 내리고 있지만, 분석적 절충주의는 '불가능성', '예외주의', '실현 불가능성'으로 가득한 한반도 평화 지형의 장애물들을 타개, 제거할 수 있는 분석적이고 실제적인 '절충주의적' 이론과 방법론을 개발할 수 있을 것이다. 절충주의적 사고와 분석 틀을 가지고 한반도와 동북아의 갈등을 해결하기 위한 양자주의적 또는 다자주의적 제도를 디자인하고, 평화를 위한 인식론적인 지적 공동체를 구축하고, 평화를 위한 사회자본을 형성해야 한다는 것을 보여준다면, 한반도의 평화 구축의 '불가능성'을 제거하고 '예외주의'를 해결해 갈등 해결과 평화 구축의 일반 이론을 구축할 수 있을 것이다.

분석적 절충주의는 갈등 이후post-conflict의 한반도 안정 촉진과 발전에 기여할 것이다. 분석적 절충주의 방법론을 가지고 남북한 갈등이 해결된 이후 한반도와 동북아시아 지역의 안정과 발전으로 보장하는 국제적·지역적 제도 디자인을 할 수 있는 방법을 찾을 수 있기 때문이다. 갈등 이후의 안정과 발전 메커니즘을 탐구하기 위해서 분석적 절충주의는 현실주의로부터 무정부anarchy(무질서)적 국제사회에서 질서를 구축하는 방법을 배울 것이고, 부정적 구성주의negative constructivism를 긍정적 구성주의positive constructivism로 변환해 통일 이후 사회 통합social transformation을 성공적으로 수행한 통일 독일의 경험으로부터 교훈을 얻을 것이다. 김대중 정권과 노무현 정권의 기능주의적 통합의 실패 경험으로부터 왜 기능주의적 교류와 대화가 자동적으로 정치와 안보 영역으로 '파급효과'를 일으키지 않는지를 보여줄 것이고, 왜 기능주의적 대화와 교류가 신기능주의적 갈등 해소, 평화 구축, 민족 공동체 건설을 위한 정치적 일괄 타결package deal로 업그레이드되기 위해서는 사회자본, 사회적 신뢰, 구성주의적 정체성 형성이 필요한지를 보여줄 것이다.

제2장

한국의 대국가 전략의 변환

동아시아 삼각 균형 체제

1. 머리말

현재 글로벌 자본주의의 메인 스트리트라고 할 수 있는 월 스트리트에서 발발한 금융 위기는 글로벌하게 전 세계로 번지고 있다. 어떤 나라도 전염성이 강한 글로벌 금융 위기로부터 면역되어 있지 않다. 일본과 같은 펀더멘털이 튼튼한 나라도 금융 위기의 진원지인 미국보다 더 심한 경제적 타격을 입고 있다. 한국은 말할 것도 없다.

한국은 이미 1997년에 외환 금융 위기를 경험한 바가 있고 그때는 글로벌 자본주의의 본점인 미국과 국제통화기금IMF에서 구제금융으로 한국을 구원해주었다. 그러나 구제금융은 조건이 붙어 있었고 그 조건은 워싱턴 컨센서스로 불리는 신자유주의적 경제구조 개혁을 단행하라는 것이었다. 위기 시에 정권 교체로 들어선 김대중 정부는 이러한 IMF의 조건을 받아들였고 4대 구조 조정이라는 이름하에 금융, 기업, 공공 부문, 노동에 대한 신자유주의적 '개혁'에 들어갔다. 그 개혁은 진보적이라는 노무현 정부에까지 이어졌다. 한국은 자의 반, 타의 반으로 전 세계에서 가장 신자유주의적인 구조 개혁을 단행한 나라가 되었다. 그 구조 개혁의 한 부분이 자본시장의 자유화와 개방이었다. 한국은 상당히 폐쇄적인 자본시장을 가지고 있던 나라에서 어떤 투기 자본도 아무런 장벽 없이 자본시장에 들어오고 나갈 수 있는 나라가 되었던 것이다.

그 결과 2008년 말에 글로벌 금융 위기가 글로벌 금융자본의 본점에서 발생하자 글로벌 금융자본의 본점은 수단을 가리지 않고 해외에 투자한 자본을 본점으로 회수하려 했고 투자한 자본을 회수하는 데 아무런 장벽이 없는 한국에서 대량으로 자본 유출이 일어난 것이다. 그래서 반도체, 자동차, 철강, 조선, 가전, LCD, 모바일 폰과 같은 제조업 부문에서 세계 선두에 서 있고, 강한 IT 서비스 부문을 갖고 있음에도 불구하고 한국은 글로벌 금융 위기에 가장 악성으로 전염된 나라가 되었다. 원화 대비 달러 환율이 1.5배로 급상승했고 원화 대비 엔화 환율은 더 가파르게 상승했다. 주식은 폭락하고, 펀드는 빈 깡통이 되고 말았다. 세계화의 진면목을 1997년에 경험했음에도 불구하고 한국은 그동안 자본 이동 통제와 무역 자유화에 관한 건전한 거버넌스good governance를 확립하지 못했다. 새로 들어선 보수적인 이명박 정권은 미국에서도 이미 회의하고 있는 신자유주의적 세계화를 더 근본주의적으로 밀어붙이고, 거기에 더해 박정희 시대의 토건 국가를 복원하려는 복고주의로 향했다. 다른 나라들이 글로벌 금융 위기에 대응하는 방향과는 거꾸로 가는 이명박 정부의 역주행 정책은 경제 위기의 한파 속에 있는 대다수의 국민을 더욱 불안하게 만들었다. 한국만 글로벌 금융 위기에 전염된 것이 아니다. 세계 척강의 제조업과 높은 저축률을 자랑하는 일본도 버블 경제의 붕괴 때보다 더한 경제적 하락을 경험하고 있다. 세계화는 생산, 금융에서 국경의 장벽을 제거함으로써 펀더멘털이 튼튼한 나라조차도 위기로부터 면역될 수 없다는 것을 일본의 사례가 보여주는 것이다. 신자유주의적 세계화의 현실은, 이득은 글로벌 자본으로 집중되면서, 비용과 손실은 전 세계가 나누어지는 불평등성, 불공정성을 보여주고 있다는 것이 이번의 글로벌 금융 위기로 다시 한 번 드러났다.

그러므로 세계화의 시대는 초국적supranational 지역 협력을 요구하고 있다. 세계화가 심화될수록 세계화로 힘을 잃은 영토 국가들 간에 지역공동체를 형성해 지역적인 차원에서 세계화의 충격에 대응하는 집단행동을 할 수 있는 제도, 규범, 수행 계획action plans이 필요한 것이다. 그런데 동아시아 국가들은 세계화가 진행되고 있음에도 이러한 지역적인 집단행동, 협력, 조정의 필요성을 인식하지 못하고 있을 뿐 아니라, 위기가 도래했을 때 지역적 차원의 대응은 부재했고, 전염된 나라별로 서로 다른 대응을 했다. 동아시아에서 일어나고 있는 민족주의의 부상, 북핵 문제를 중심으로 하는 '북한 문제', 동아시아 국가 간의 높은 이질성heterogeneity이 동아시아의 지역적 협력의 증진, 지역공동체의 출현을 가로막고 있는 것이다(Im, 2008). 따라서 글로벌 금융 위기를 맞이하면서 우리는 21세기 한국의 대국가 전략을 재조정할 필요가 있다는 것을 실감하고 있다.

지난 냉전 시대에는 물론 민주화 이후에도 우리는 한미 동맹의 보호하에 안전과 번영을 취하는 대외 전략을 채택해왔다. 그것은 냉전 시대의 동아시아 국제 환경하에서 불가피한 선택이었다. 말하자면 냉전 시대 미국이 동아시아에 구축한 양자적 군사동맹(한미상호방위조약, 미일안보조약, 미-필리핀 상호방위조약, 호주-뉴질랜드-미국 태평양 안전보장조약 등)을 바탕으로 단일 중추 국가hub와 다수의 부챗살 국가spokes 간의 일방주의적이고, 수직적이고, 위계적인 지역 질서 체제가 민주화 이후까지 지속되었고, 중추와 부챗살 체제는 동아시아에서 지역주의와 지역공동체의 출현을 가로막았다.

그러나 세계화가 진행되면서 미국에 일방적으로 의존해 우리의 생존을 도모할 수 있는 시대가 지나가고 있다는 것을 1997년의 금융 위기, 그리고 지금 진행되고 있는 글로벌 금융 위기가 보여주고 있다. 그러므로 세계화 시대의 새로운 국가 전략은 한미 동맹을 자산으로 해서 중국, 일본과 '삼각 균형 체제'를 이룩하는 것이다. 한중일 삼각 균형 체제가 구축되었을 때, 중국과 일본에 대한 우리의 협상 능력이 올라갈 것이고, 동북아와 동아시아 전반에서 지역 경제 공동체뿐만 아니라, 지역 평화 안보 공동체와 지역 문화 공동체의 조직이 쉬워질 것이며 미국에 대한 우리의 협상력이 올라갈 것이다.

2. 글로벌 삼각 균형 체제와 동북아 삼각 균형 체제

세계화 시대에는 글로벌 생산 네트워크, 무역, 기술이전, 금융 부문이 북미, 유럽연합EU, 동아시아 이 세 지역에 집중되는 '삼각화triadizaion'가 이루어지고 있다. 경제적 세계화는 이 세 지역에서 생산, 무역, 금융 구조의 수렴 현상을 강화한다(Axtmann, 1996: 119). 이 세 지역에서 기술적·경제적·사회적 문화의 통합은 이들 세 지역과 저발전 국가 사이 혹은 저발전 국가 사이에서의 통합보다 더 광범위하고, 집중적이며, 특징적이다. 그래서 리카르도 페트렐라Riccardo Petrella는 오늘날의 세계화는 '삼각화', '밑둥치가 잘린 세계화truncated globalization'라고 결론 내렸다(Petrella, 1996: 77).

동북아 지역으로서 한국은 지정학적으로 혹은 지리경제학적으로 글로벌 삼각 체제를 형성하는 세 지역에 포함되는 행운fortune을 가졌다. 동북아 지역은 세계 생산의 5분의 1을 차지하고, 공산품 생산의 세계적인 중심이며(세계의 공장으로서 중국), IT 혁명의 선도자(한국)이다. 게다가 유럽 인구의 네 배에 달하는 16억의 인구가 동북아시아 삼각 체제NEAT: Northeast Asian Triad에 살고 있다.

동북아 삼각 균형 체제를 구성하는 세 국가 중에서, 한국은 대국인 중국과 일본에 비해 작고 약한 국가이다. 지역 내 힘의 균형에 의해 동북아시아

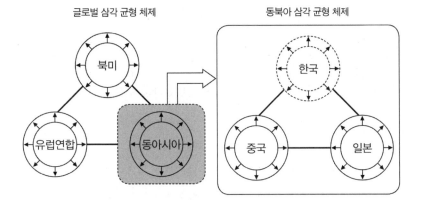

〈그림 2-1〉 글로벌 삼각 균형 체제와 동북아 삼각 균형 체제

삼각 체제가 유지되는 데서 한국은 중국, 일본과 균형을 이룰 만한 충분한 경제적·군사적 힘을 갖추고 있지 못하다.

많은 한국인은 한국이 급속한 성장을 하는 중국과 제조업 부문에서 가장 높은 기술과 경쟁력을 가진 일본 사이에서 샌드위치 국가 혹은 완충 국가buffer state가 될 위기에 처해 있다는 점에 공감하고 있다. 타니샤 파잘Tanisha Fazal이 "State Death in the International System"에서 보여주고 있는 것처럼, 완충 국가는 비완충 국가에 비해서 안보 측면에서 취약하다(Fazal, 2004). 한국은 중국, 일본이라는 거대한 경쟁 국가 사이에 있는 전형적 완충 국가라고 할 수 있는데, 한국은 이 두 경쟁국 사이에서 안보 딜레마 상황을 겪고 있다.

게다가 '북한 문제'는 한국으로서는 또 다른 안보 문제이다. 따라서 중국, 일본이라는 두 거대한 경쟁 국가 사이에서 완충 국가로서 살아남고, 평화와 번영을 유지하려면, 한국은 내적 균형과 외적 균형에 의한 효과적 생존 전략을 구축해야 한다.

여기에서는 한국, 중국, 일본이라는 세 동북아시아 삼각 체제 국가 사이의 삼각 균형을 만드는 비전과 전략을 검토할 것이다. 그 전략은 전통적 '하드 파워hard power', 즉 군사력과 경제력과 '내적 균형'에 의지하기보다는 '소프트 파워soft power', '스마트 파워smart power', '연성 균형soft balancing', '외적 균형'에 기반을 두는 것이다. 남한의 대국가 전략으로서 '연대의 세 가지 전략'은 ① 대륙 정책으로서 캄보디아에서 몽골에 이르는 초승달 동맹 구축, ② 7,000만 한반도 경제 공동체 구축, ③ 한미 동맹의 강화를 통한 한미 간 새로운 파트너십 구축이다.

3. 동북아시아 삼각 체제 구축 방법론: 연성 균형과 외적 균형

1) 연성 균형

동북아시아 삼각 체제 지역에서 삼각 균형을 형성하기 위해서 한국은 중국, 일본과 동등한 파트너가 되기 위한 힘을 내부적·외부적으로 모아야 한다. 동북아시아 삼각 체제를 구축하기 위해서, 한국은 '하드 파워'(군사 증강, 전쟁 동맹, 또는 동맹을 위한 기술이전)에 의지하기보다는, '소프트 파워'('탈영토성, 외교 부문과 경제 부문 강화, 연합의 균형에 참가하고자 하는 신호'와 같은 비군사적 방법을 통한 균형 형성)에 기반을 두어야 한다(Pape, 2005: 36).

왜 한국은 힘의 삼각 균형trilateral balance of power을 형성하기 위해서 연성 균형의 전략을 채택해야 하는가?

첫째, 중국과 일본을 자극하기보다는, 연성 균형 전략으로 몽골, 우즈베키스탄, 카자흐스탄, 캄보디아를 상대로 남한과의 느슨한 비군사적 연합에 동참하도록 설득해야 한다.

둘째, 한국은 지역 내 강대국인 중국, 일본과 경성 균형hard balancing을 형성할 수 있는 힘을 갖고 있지 않다. 중국은 미국 다음으로 크고 강한 군대를

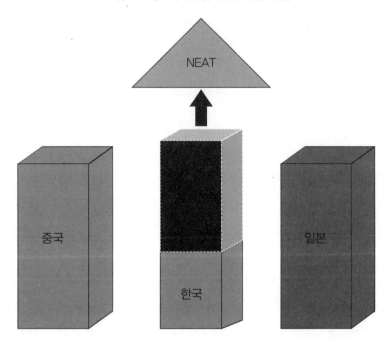

보유하고 있으며, 일본 역시 미국 다음으로 많은 방위비를 지출하고 있다. 한국의 무기, 기술, 군사력은 중국, 일본과 경쟁할 만한 수준이 아니다. 따라서 한국은 중국, 일본과 균형을 이루기 위해서 중앙아시아, 동남아시아와의 경제적 협력을 강화하는 것과 같은 비군사적, 소프트 파워에 의한 전략이 필요하다.

조지프 나이Joseph Nye에 의하면, 하드 파워는 군사력과 경제력을 의미하고, 소프트 파워는 외교에서 설득을 할 수 있는 힘, 문화적 영향력, 도덕적 권위를 의미한다. 반면에 스마트 파워는 하드 파워와 소프트 파워의 합성으로 군사적·경제적 힘과 문화적·이데올로기적 매력을 합친 것이라고 할 수 있다(Nye, 2004). 월터 러셀 미드Walter Russell Mead는 더 나아가 하드 파워를 군사적인 힘으로서 '날카로운 무력sharp power'과 경제적인 힘으로서 '점성 권력sticky power'으로 분류했고, 소프트 파워를 문화적 힘으로서 '달콤한 매력sweet power'과 미국의 의제 설정 권력의 전체성으로서 '헤게모니 권력hegemonic power'으로 분류하고 있다(Mead, 2004).

2) 외적 균형

한국은 국내적 권력 자원에 의지한 내적 균형만으로 중국, 일본과 균형을 이루어낼 수 없다. 경제적으로나 군사적으로나 한국이 가진 힘은 중국과 일본에 비해 크게 뒤떨어진다. 따라서 한국은 국내적 권력 자원에서 눈을 돌려, 군사 동맹, 전략적 협력, 다른 국가와의 합작 투자를 통해 외적 균형을 이루는 것이 중요하다. 내적 균형이 '재무장 또는 궁극적인 재무장을 지원하기 위한 경제성장의 촉진'을 통해 만들어진다면, 외적 균형은 균형 세력 간 동맹 형성을 통해 만들어진다(Pape, 2005: 15). 내적 균형은 국가의 상대적 힘에 의존한다. 내적 균형의 경우, 영토 국가는 내부적 권력 자원을 키워 경쟁국과 균형을 이루어내려고 한다. 반대로 외적 균형의 경우 완충 국가가 다른 국가와의 동맹 형성을 통해 외부적 권력의 자원을 동원해 균형을 이룸으로써 경쟁국의 위협에 대응한다(Fazal, 2004: 315~316). [1]

미국의 입장에서는 한미 동맹 강화가 미국과 중국, 중국과 일본 사이의 안보 딜레마를 해결할 수 있는 것이면서, 동북아의 힘의 균형을 형성하고, 동북아의 안정을 유지하기 위한 핵심적 역할을 수행할 수 있게 하는 것이다. 따라서 강한 한미 동맹은 장기적으로도 양국의 국익을 위해서 도움이 되는

---

1 전통적인 현실주의는 내적 균형을 강조한 반면, 신현실주의는 외적 균형의 핵심적 역할을 강조한다(Fazal, 2004: 315).

것이다.

미 제국American empire은 19세기의 유럽 제국주의 국가와 비교할 때 비영토적 제국이라는 특징이 있다. 미 제국은 '제국의 근거지'로서 전 세계적으로 700~1,000개의 군사적 근거지가 있지만, 이는 해외 영토에 대한 지배를 위해 건설한 것이 아니다. 군사 근거지는 미국의 안보 이익, 군사적 협력, 미국의 안보 동맹을 보호하고 안전하게 하기 위한 군사적 네트워크의 일부이다. 따라서 미 제국은 '네트워크 제국'이라고도 불린다(임혁백, 2006).

중국의 입장에서 보면, 한국은 미국과 일본에 비해 안보 문제에서 덜 적대적인 나라이다. 따라서 한국은 미국, 일본, 중국 사이에서 중재자의 입장을 취할 수 있으며, 결과적으로 지역 내의 평화와 안정을 지향하는 한국, 일본, 중국 간의 친밀한 관계가 형성될 수 있을 것이다.

4. 연대를 이루어내는 세 가지 전략: '3연 전략'

1) 아시아 대륙의 연성 동맹 체제: 평화와 번영의 아시안 초승달 지역

한국은 중국을 둘러싸고 있는 아시아 대륙 국가인 베트남, 캄보디아, 미얀마, 우즈베키스탄, 카자흐스탄, 몽골로부터의 외교적 지지가 필요하다. 이들 국가는 중국을 둘러싸고 있는 전략적 위치에 있다. 이들 국가와 연성 동맹을 이루고, '평화와 번영의 아시아 초승달 지역Asian Crescent of Peace and Prosperity'을 형성하는 것은, 한국이 중국과의 경제적·문화적·정치적 교류와 협력을 확장하는 데 큰 힘이 될 것이다.

더욱이 이들 국가는 풍부한 에너지 자원과 광물 자원을 가지고 있기 때문에 이들과의 관계 강화는 한국으로 하여금 에너지와 원자재를 수입할 수

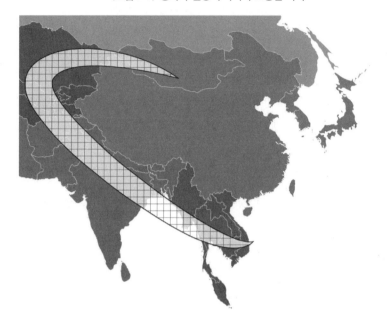

있는 국가를 다양화할 수 있게 한다. 그리고 이러한 이전 사회주의 국가와의 경제적 교류를 확대하는 것은 북한과의 관계에도 긍정적 영향을 미친다. 이 국가들이 사회주의경제에서 자본주의경제로 전환한 경험은 북한의 경제개혁개방 전략 및 체제 이행 전략을 수립하는 것과 남북 경제 공동체를 형성하는 데 좋은 모델이 될 수 있다.

'평화와 번영의 아시아 초승달 지역'을 형성하기 위해서는 우선, 한국은 현재의 ODAOverseas Development Aid와 EDCFEconomic Development Cooperation Fund 프로그램을 확장해야 한다. 그리고 이 자금을 가지고 이 국가들에서의 개발에 관한 전문적 지식 교육, 인프라 건설, 소프트웨어 개발, 시스템 구축 등을 조력할 수 있을 것이다. 또한 한국은 에너지와 광물자원 개발, 고속도로, 항만, 철도, 공항과 같은 사회 기반 시설의 건설에 참여할 필요성이 있다.

둘째, 이 국가들은 대부분 미국과 친밀하지 않으므로, 이 국가들에 대해 문화적 교류와 경제적 원조를 늘리는 방법으로 스마트 파워를 구축하면, 한국이 이 국가들에 매우 매력적이고 점성적인 국가가 될 수 있다. 이러한 소프트 파워, 매력(스마트 파워), 점성 권력에 기반을 둔 전략으로 한국은 이 지역에서 헤게모니의 전초지를 건설하려는 미국에 레버리지leverage를 구축할 수 있게 된다.

마지막으로, 이들 국가 사이에서의 교류와 협력에 기초해, 한국은 안보, 경제 개발, 문화 교류에 대한 협력을 통치·관리하는 역내 국가 간 협력기구인 가칭 OSCOrganization for Seoul Consensus를 설립하는 데 주도적 역할을 담당해야 한다. OSC는 상하이 협력 기구SCO: Shanghai Cooperation Organization와 균형을 이루고, 경쟁하는 기구가 될 것이다. 카자흐스탄, 우즈베키스탄, 러시아, 몽골과 같은 OSC의 후보 국가들은 상하이 협력 기구의 회원, 옵저버이다. 여기서 한국은 OSC의 리더가 될 수 있다. 한국은 이 국가들에 대해 위협적이기보다, 경제적 근대화와 정치적 민주화의 과정에 있는 이 국가들을 도울 수 있는 경제력, 기술, 문화적 자원을 가지고 있기 때문이다. 또한 미국을 상하이 협력 기구의 회원국 또는 옵저버로 참가할 수 있게 후보로 추천할 수 있는 나라는 한국뿐이다.

2) 7,000만 한반도 경제 공동체 건설

연성 균형의 두 번째 전략은 한반도를 통합된 경제 공동체로 만들어 중국, 일본과 경쟁할 수 있는 경제 대국으로서 한국을 업그레이드하는 것이다.

북한과의 '3통'(사람의 자유로운 통행, 상품·서비스의 자유로운 통행, 인터넷과 휴대전화를 포함한 남북한 간의 통신 허용)에 대한 합의를 형성하는 것으로, 남한은 현재의 개성공단을 확장하고 신의주, 남포, 해주, 나진에 산업 단지를 더 건설할 수 있을 것이다. 이러한 산업 단지가 성공하기 위해서는 첫째, 제품이 그 지역 공단에 진출한 남한 기업이 생산한 것인지의 여부를 떠나, 남한의 생산품으로 취급되어야 하고, 한미 자유무역협정FTA에서 체결된 특혜적 관세율이 적용되어야 한다. 둘째, 이러한 산업 공단의 성공은 남북한 간의 철도와 고속도로 연결이 이루어져야 성공할 수 있다. 철도 연결은 한반도를 철의 실크로드라고 불리는 유라시아 철도(시베리아 횡단철도TSR: Trans Siberia Railroad, 중국 횡단철도TCR: Trans China Railroad, 몽골리아 횡단철도TMGR: Trans Mongolia Railroad)의 허브이자 관문이 될 수 있게 할 것이다.

7,000만 한반도 경제 공동체를 건설하기 위해서는 북한이 중국의 경제에 동화되는 것을 막아야 한다. 미국은 국제사회에서 패권을 노리고 있는 중국을 억제하고자 하는데, 남북한 간 경제 공동체의 형성은 이러한 미국의 한반도에 대한 전략적 가치를 높일 수 있다.

또한 북한 핵 문제를 비롯한 '북한 문제'는 7,000만 한반도 경제 공동체를 건설하는 데 필수 조건이다. 북한 문제는 미국, 러시아를 포함해 동아시아 지역 내 국가들 내에 불화와 반목의 원천이었고 동아시아의 지역 협력이 다른 지역의 지역공동체 단계로 올라가는 것을 막아온 장애 요인이었다. 그러나 위기가 기회인 것처럼, 북핵 문제의 악화가 대북 강경 정책을 고수해온 조지 W. 부시 정부로 하여금 동아시아에서 최초로 중추와 부챗살 체제가 아닌, 다자주의적 대화 협의체인 '6자 회담'을 출현시켰던 것이다.

실제로 북한 핵 문제를 해결하기 위해 설립된 6자 회담이 정치 분야와 안보 분야에서 지역주의 공동체의 인큐베이터 역할을 하고 있다. 북한 문제는 2000년 남북 정상회담과 빌 클린턴Bill Clinton 정부의 연착륙 전략으로 해결의 실마리를 찾았으나, 미국은 부시 정권이 들어서면서 강경 정책으로 돌아서서 북한을 '악의 축axis of evil', '깡패 국가rogue state', '폭정의 전초기지outpost of tyranny'라고 조롱했다. 그러나 북한에 대한 강경 정책이 오히려 북한의 미사일 발사와 핵무기 실험으로 이어져 사태를 더욱 악화시키자 부시 정부는 대화로 문제를 해결하는 방향으로 키를 틀었다. 6자 회담은 동아시아의 다자주의적 대화 공동체 실험이다. 6자 회담에도 불구하고 북한 문제는 해결의 실마리를 찾지 못하다가 2005년 9월 19일에 열린 제4차 6자 회담에서 6개항 공동선언6 Point Joint Statement의 합의를 이루어낼 수 있었다. 그 주요 내용으로는 ① 한반도의 검증 가능하고 평화적인 비핵화, ② 국제 원자력 검증 기구인 핵확산금지조약NPT: Nonproliferation Treaty과 국제원자력기구IAEA: International Atomic Energy Agency에 대한 북한의 복귀, ③ 미국의 북한에 대한 불가침, 주권 존중, 한반도의 영구적 평화를 위한 협상 의지 표명, ④ 북한 경제 발전을 위한 북미, 다자적 6자 협력 등이 있다. 그 후 미국의 방코델타아시아BDA: Banco Delta Asia의 북한 계좌 동결을 둘러싼 북미 간의 갈등 등 여러 가지 우여곡절 끝에 2007년 2월 13일 북핵 문제와 한반도 문제를 해결하기 위한 중요한 합의가 이루어졌다. 2·13 합의는 기본적으로 북한의 영변 핵 시설을 폐쇄, 불능화하는 조건으로 미국은 북한과의 외교적 관계를 정상화하기 위해 노력하며, 북한을 테러 지원국 명단에서 삭제한다는 것이 주 내용으로 되어 있다. 이에 따라 북한의 영변 핵 시설을 불능화하기 위한 열한 단계 중 아홉 단계가 완료되었으며, 그 대가로 미국은 북한에 중유를 공급했다. 2·13 합의는 다자주의적 또는 양자주의적 대화체를 마련하기 위한 다섯 개의 실행 그룹working groups을 탄생시켰는데 실행 그룹의 아이디어 중에는 6자 회담을 발전적으로 해체하고 동북아 평화 안보 공동체를 설립한다는 것이 들어 있다. 6자 회담은 위기를 기회로 바꾸어 동북아에서 최초로 다자주의적 안보 공동체의 인큐베이터 역할을 하고 있다.

3) 한미 동맹 강화: 새로운 시대의 새로운 파트너십

마지막으로, 그러나 가장 중요한 전략은 체결 이후 지난 50년간 한반도와 동북아의 평화와 안정을 유지해준 한미 동맹을 강화해, 세계화의 시대에 한미 간에 새로운 파트너십을 구축하는 것이다.

동아시아에서 미국의 헤게모니는 역사적으로 압도적인 것이었다. 냉전 기간의 동북아시아 지역 내 질서는 유일한 중추로서의 미국과 부챗살로서의 동북아 국가들로 구성된 수직적 일방주의vertical unilateralism였다(Cumings, 2002: 167; Calder, 2004; Im, 2006). 특히 한국은 중국, 일본과 경쟁하는 데 부족한 부분을 채우기 위해 미국의 헤게모니에 상당히 의지했다.

한미 동맹이 위기에 처했다고 해도, 한국과 미국의 관계는 강화되어야 한다. 미국의 일방적 헤게모니가 유지되는 동안에, 한국이 미국과의 동맹을 강화하기 위해 필요한 외교 전략은 '신현실주의'이다.

무엇보다 한미 동맹은 중국, 일본과 균형을 이루기 위한 외적 균형 전략의 중요한 자원이 되어왔다. 기본적으로 미국은 제2차 세계대전 이후 동아시아 지역에서 '중추와 부챗살 체제'를 유지하고자 하나, 지금은 좀 더 유연성과 민첩함을 가진 양극 '중추와 부챗살' 체제로의 수정이 이루어지고 있다. 미국은 미국과 동아시아 국가 간의 양자 간 동맹 관계를 좀 더 높은 이동성과 네트워킹networking을 가진 다중적 양자 동맹 체제multiple bilateral alliance system로 전환하고 있다. 미국은 중국의 군사력이 증강되고 있는 점을 인지하고 일본, 필리핀, 호주, 한국과의 동맹을 강화하고 있다(Lampton, 2004).

주한 미군의 가치는 남북한이 통일된 이후에도 지속될 것이다. 통일된 한국에서 주한 미군은 북쪽 국경에서 중국의 위협을 억지할 수 있고, 한일 간의 긴장 관계를 완화할 수 있다. 그리스와 터키, 이스라엘과 이집트 관계에서 보여준 미군의 역할에서 볼 수 있듯이, 한국과 일본처럼 분쟁이 발생하는 지역에서 미군을 유지하는 것은 미국의 영향력을 각국에서 유지하는 것뿐만 아니라, 한일 간의 평화를 유지할 수 있게 할 것이다(O'Hanlon and Mochizuki, 2003: 150~152).

따라서 9·11 테러 이후에 다자간 안보 협력의 가능성이 희박해진 안보 상황하에서, 한국에는 미국과의 관계 개선과 한미 동맹 강화를 통해 안보 환경을 바꿀 것이 요구된다. 미국과 협력하기 위해서는 북핵 문제를 평화적으로 해결해야 하고 통일 후 한반도의 영속적인 평화를 확립해야 하며 동북아 평화와 번영의 중추 국가로서 한국이 등장해야 할 필요가 있다.

그럼에도 불구하고, 냉전 시대 수준의 한미 간의 동맹으로 돌아가는 것은 매우 어렵다. 미국의 동북아에 대한 안보 정책이 변화했기 때문이다. 과거 한미 간의 군사동맹이 미일 간의 정치적 동맹과 대칭적 균형을 유지하는 동안, 이 두 가지 양자 동맹 사이의 균형을 유지하는 것이 어려워졌고, 한미 동맹은 미일 동맹에 비해 부수적인 위치가 되었다. 21세기 미국의 동아시아 전략은 포괄적인 안보 전략이다. 미국은 미일 동맹을 동아시아에서의 '전력 투사 중추PPH: Power Projection Hub'로 향상하고, 많은 동아시아 국가에 '주요 작전기지MOB: Main Operating Bases'를 건설해 한반도에서 인도양에 이르는 신속한 군사력 배치 역량을 발전시키고자 한다. 따라서 한미 동맹을 기존의 북한의 위협에 대한 저지 수단, 중국에 대항하는 안보 수단으로서의 성격에서 21세기 양국의 국가 전략과 비전에 적합하도록 재편된 목표와 비전을 가진 포괄적 동맹으로 새롭게 전환해야 한다.

그렇다면, 앞으로 한미 동맹 강화를 위해 무엇을 해야 하는가? 한국에는 한미 동맹의 수준을 미일 동맹의 수준과 동등하게 강화하기 위해 다음과 같은 전략이 필요하다.

첫째, 한미 동맹은 포괄적 동맹으로 변화해야 한다. 지난 50여 년 동안, 한미 동맹은 북한의 군사적 공격을 저지하는 데 국한되었다. 미래의 한미 동맹은 공동의 위협을 저지하기 위한 위협에 기반을 둔threat-based 동맹에서 벗어나, 공동의 이익과 가치를 지향하는 가치에 기반을 둔value-based 동맹이 되어야 한다. 미래의 한미 동맹은 북한의 위협에 대항하는 동맹에 국한될 것이 아니라, 지역 내 분쟁 예방과 국제적 테러, 마약 매매, 인권 침해, 핵 확산에 대항한 안보 협력, 그리고 한미 양국 사이의 경제적 협력을 촉진하는 새로운 안보 협력으로 그 목표를 확대해야 한다.

특히 포괄적 동맹의 새로운 목표 중에서, 한미 간의 경제협력을 강조하고자 한다. 한국은 세계 11위의 경제 대국으로서 미국의 일곱 번째로 큰 수출 시장이며, 미국은 한국의 두 번째로 큰 수출 시장이다. 재화와 서비스의 양자 간 무역은 왕성하게 성장하고 있으며, 한미 간 경제협력과 교류에 대한 열망은 한미 간 FTA 체결 이후 급속도로 증가하고 있다. 한미 FTA가 양국에서 비준이 될 경우 미국과의 경제협력의 수준이 상품 중심 무역에서 서비스 무역과 FDIForeign Direct Investment로 업그레이드 될 수 있을 것이다.

수출 증가의 측면에서 미국이 한국보다 FTA로 말미암은 이득이 더 많을 것임에도 불구하고, 한미 FTA는 일본, 중국과의 FTA 협상에서 중요한 지렛대로 작용할 것이며 한국이 동북아의 자유 무역 공동체를 형성하는 데 주도적 역할을 할 수 있게 할 것이다. 또한 한미 FTA는 미국이 현재의 한반도 주둔을 유지한다는 미국의 약속을 강화할 것이고, 한국인들 사이의 미국으로부터 '포기abandonment당할지도 모른다는 두려움'을 줄일 수 있다.

또한 한국은 오로지 군사동맹에만 국한된 한미 동맹의 이미지를 탈피할 필요가 있으며 정치적 측면에서 한미 동맹을 강화해야 한다. 군사동맹에서 포괄 동맹으로 변화하기 위해서는 양국의 정치적 리더가 새로운 파트너십과 연대를 구축하고 민주주의, 시장, 인권에 대한 보편적인 가치를 공유해야 한다. 더 많은 문화적 교류 및 사업가, 학자, NGO의 활발한 공적 외교 활동은 양국의 이해 수준을 높이는 데 도움이 될 것이다.

둘째, 한미 동맹은 비대칭적asymmetrical 동맹에서 좀 더 균형이 잡힌 대칭적symmetrical 동맹으로 바뀌어야 한다. 미래의 한미 동맹은 탈냉전 시대의 변화한 힘의 관계를 반영해야만 한다. 대부분의 한국인들이 한미 동맹의 가치와 중요성을 믿고 있지만 동시에 미국이 그들을 동등하게 취급하지 않는다고 생각하고 있다. 미국으로부터 제대로 대우받고 있지 못하다는 생각은 한국에서 2002년과 2003년에 일어난 반미 운동의 불길이 되었다. 주한 미군 지위 협정SOFA: Status of Forces Agreement은 한국과 미국 사이에 좀 더 평등한 관계를 확립할 수 있도록 개정되어야만 한다. 연합군Combined Forces Command에서 한국으로의 전시 작전 통제권 반환은 반드시 좀 더 균형 잡히고 대칭적인 한미 동맹을 만든다는 의미에서 이해되어야 한다. 비록 한국은 1994년 이래로 평화 시의 작전 통제권을 가지고 있지만, 전시 작전 통제권은 한국전쟁 이래로 여전히 미국이 가지고 있다(Miles, 2005).

셋째, 한미 동맹은 앞으로 동북아의 다자간 안보 레짐security regime을 확립하는 데 핵심적인 역할을 해야 한다. 동북아의 다자간 안보 레짐에서, 남한은 한미 동맹을 이용해 선도적인 역할을 수행할 수 있다. 주한 미군은 다자간 안보 레짐에서 균형자 혹은 안정자의 역할을 할 수 있다. 따라서 북핵 문제를 해결한 이후 한미 동맹은 북한을 단념시키는 것이 목표였던 집단 방어 체제에서 동북아의 평화와 안정을 도모하고 유지하는 데 기여하는 지역 협력 안보 레짐으로 변환해야 한다. 주한 미군은 북대서양조약기구NATO: North Atlantic Treaty Organization와 같이 다자간 평화 공동체를 보장하기 위해 유럽에 주둔한 미군과 유사한 역할을 수행할 수 있다. 미국과 동북아 국가들 간의 양자 동맹은 다자간 안보 레짐을 보완하는 것뿐만 아니라, 느슨한 지역 안보 네트워크를 엮는 역할도 할 수 있을 것이다.

대부분 현재의 동아시아에서 미국이 맺고 있는 양자 동맹이 동북아의 다자간 대화의 장벽으로 작용할 것이라고 본다. 그러나 필자의 생각은 이와 반대로, 현재의 양자 동맹이 다자간 안보 협력을 보완할 수 있으며, 그 반대의 경우도 마찬가지이다. 강한 양자 동맹은 동맹 파트너들이 다자간 대화에서 함께 행동하도록 유도할 수 있다. 그리고 다자간 안보 협력에 대한 강한 필요성을 느끼는 동북아시아 국가들은 현존하는 양자 동맹을 보완하고자 다자간 안보 대화를 창출해내는 방법을 찾으려고 할 것이기 때문이다(Han, 2005).

마지막으로, 한미 동맹은 이전보다 좀 더 제도화되어야 한다. 1954년 체결된 한미상호방위조약은 한미 동맹을 지지해오던 핵심적인 틀이었다. 한미 동맹을 둘러싼 정치·경제·안보 환경이 1954년 이후 변화되어왔음에도, 동맹의 제도적 틀은 그대로 남아 있다. 따라서 한미 동맹은 한국과 미국의 동맹을 재정의하고, 21세기의 새로운 한미 동맹의 변화된 우선순위, 목표, 가치, 비전을 포함하는 내용으로 새로운 제도화가 필요하다.

한미 동맹의 제도화를 계속해서 실행해나가는 데 미일 동맹은 좋은 모델을 제공한다. 일본 ≪아사히 신문≫ 주필이었던 후나바시 요이치船橋洋—가 그의 저서 『표류하는 미일동맹(Alliance Adrift)』에서 지적했듯이, 1990년대 중반에 일본 역시 미국과의 동맹이 표류하게 되는 문제가 발생했다. 일본이 경제 대국이 되면서 무역마찰이 심화되고, 오키나와 주둔 미군의 문제가 발생하면서, 일본인들은 방위를 위해 미군에 절대적으로 의지하고 있는 것에 의문을 품기 시작했고 미국과의 동맹을 재조정할 것을 요구했다. 하지만 일본과 미국은 표류하고 있는 동맹의 문제에 동맹의 제도화를 통해 성공적으로 대처했다. 1996년 4월, 클린턴 대통령과 하시모토 류타로橋本龍太郎 총리는 아시아·태평양 지역의 변화한 정치·안보 환경에 적합하도록 '미일 안전보장 공동선언: 21세기를 향한 동맹'이라는 새로운 안보 협정을 체결했다. 이 선언은 방위 협력의 중요성을 재확인했고, 일본이 국경 밖에서 군사적 역할을 확대하는 것을 허용했다. 선언 이후에 일본과 미국은 1997년 9월 '일본-미국 방위 협력 가이드라인'을 만들었다. 그 후 미일 군사 협력의 틀을 바꾸기 위한 새로운 방위 가이드라인을 준비하고 있는데, 이는 부시 행정부에 의해 추진되고 있는, 외국에 주둔하고 있는 미군의 군사적 변환과 재배치 정책과 일맥상통하는 것이다(김우상, 2005).

한국과 미국은 새로운 시대의 한미 동맹이 직면한 새로운 도전과 기회에 부응하기 위해서 양국 정상의 합동 선언 또는 합동 방위 가이드라인과 같은 것에 의한 양자 간 동맹의 제도화를 이루어내야 한다. 그러한 선언이나 가이드라인은 한미 동맹의 새로운 정체성, 비전, 가치, 한미 동맹의 새로운 목표를 반드시 포함해야 하는 동시에, 한국군, 전략적 계획, 동맹의 새로운 명령 구조에 대한 개혁 역시 포함되어야 한다(Choi, 2004).

5. 동북아시아 삼각 체제 구축을 위한 접근법

1) 탈영토적 평화 이익에 기초해야 한다

정치적 측면에서는 탈영토적 지역 평화 체제 구축을 목표로 해야 하며 이를 위해 미국을 이용하는(용미用美) 원교근공遠交近攻의 전통적인 동양 고전의 외교 전략을 구사해야 한다. 미국은 19세기의 유럽 제국과 달리 영토적 병합을 우선적 목표로 설정하지 않는 '탈영토 제국'이었다. 미국은 25만의 해외 주둔군을 전 세계에 배치하고 있는 '기지의 제국empire of bases'이나 이는 미국의 해외 영토를 관리하기 위해서가 아니라 전 세계적으로 미국의 안보 이익과 군사적 협력, 공동의 안보 이익을 지키려는 일종의 군사 네트워크이다. 따라서 미국을 '네트워크 제국'이라고 부르기도 한다(임혁백, 2006). 그러므로 주한미군을 등에 업고 한미 동맹을 강화함으로써 한국은 동북아 평화 공동체의 중추가 될 수 있으며, 나아가서는 한반도 통일을 위한 국제적 지지 기반을 확대할 수 있다.

그러나 국가 간 영토 분쟁에서 알 수 있듯 중국과 일본은 탈근대 시대에
도 여전히 영토적 야심이 큰 나라라 할 수 있다. 따라서 한미 동맹의 강화는
한국의 안보 딜레마를 해소해 동북아의 세력균형과 안정의 유지에 결정적인
역할을 할 수 있으며 이는 결국 각국의 영토적 야심을 자제시켜 지역적 평화
이익peace interests의 달성을 촉진할 수 있다.

경제적 측면에서 삼각 균형 체제는 평화 이익에 기초해야 한다. 특히 '동
북아 에너지 공동체'는 각국 모두에 이익을 안겨줌으로써 한반도의 평화와
번영을 보장할 수 있다. '시베리아 가스 프로젝트'는 가스관이 통과하는 북한
은 물론, 공급자인 러시아, 미국(개발자: 엑슨모빌)의 경제적 이익과 부합하며
소비자인 한국과 일본, 중국 모두에 이익을 가져다줄 것이다. 유럽 통합이
장 모네Jean Monet의 유럽석탄철강공동체ECSC: European Coal and Steel Community로
부터 시작되었다는 사실을 상기할 필요가 있다. 유럽 통합에서 유럽석탄철
강공동체가 수행했던 역할을 '동북아 에너지 공동체'가 수행할 수 있다.[2]

2) 절충주의 전략에 기초해야 한다

한국이 이러한 과제들을 달성하고 동북아시아의 명실상부한 허브로 부상하
기 위해 채택해야 할 전략은 '절충주의'이다(Katzenstein and Okawara, 2002).

기본적으로 한국이 타국과 힘을 모아 허브 국가로 부상한다는 계획은 현

---

2 통합 이론의 세계적 권위자인 필립 슈미터는 유럽 통합을 설명하는 신기능주의 이론,
   즉 경제 공동체 효과가 넘쳐흘러 정치와 안보 공동체로 확산된다는 통합 이론이 동아
   시아에서도 적용 가능하다고 보았으며, 그 경제 공동체의 가장 실현 가능한 형태를
   에너지 공동체라고 지적했다(Schmitter, 2002b).

실주의적인 구상이나, 무역 및 투자를 통해 정치적 영향력을 확보하며 한국이 주도하는 국제기구를 창설한다는 구상은 대체로 자유주의에 뿌리를 두고 있는 반면, 북한과의 경제 교류를 증진해 정치적 협력의 기반을 마련한다는 것은 기능주의적인 접근이다. 또한 중소국들과의 교육 및 인적 교류를 통해 일종의 인식 공동체epistemic community를 만들어낸다는 계획은 구성주의적 요소를 담고 있다.

이와 같이 한국의 대국가 전략은 특정한 이데올로기에 바탕을 둔 교조주의dogmatic적인 전략이 되어서는 안 되며, 앨버트 허쉬만이 이야기한 감정과 이익passions and interests 중 기본적으로 이익에 바탕을 두되(현실주의, 기능주의) 한반도 평화, 더 나아가서 동북아 평화를 구축하려는 원대한 이상과 비전을 추구해야 한다(Hirschman, 1997).

3) 소프트 파워, 스마트 파워, 점성 권력의 혼합적(heterarchical) 사용

한국이 중국, 일본과 어깨를 겨루는 동북아시아 삼각 체제의 일원이 되기 위해서는 이제까지와는 달리 원조의 수혜국에서 원조의 지원국으로, 하드 파워를 과시하기보다는 소프트 파워를, 그리고 수혜국을 영원한 친구로 만드는 점성 권력을 키워야 하고 수혜국들에 넓은 가슴이 되어주어야 한다.

개발도상국, 후진국에 대한 원조는 인도주의, 수혜국과의 상생의 번영, 한국의 경쟁력 강화, 이 세 가지 원칙에 따라 이루어져야 한다. 미국, 일본, 중국 등은 이미 무조건 원조unconditional aids 혹은 비구속성 차관untied loans을 내세우면서도 실질적으로는 자국의 이익을 추구하는 국익과 연계된 원조를 하고 있다. 이라크 사태 이후 범세계적으로 증가하는 반미 감정anti-American sentiment을 완화하고 자국의 이미지 개선을 위해 미국 내 외교 전문가들은 이른바 '하드 파워', 특히 경제 원조와 가치, 문화 등 '소프트 파워'를 결합한 '스마트 파워'의 중요성을 강조하고 있다. 일본의 경우 아베 정권은 일본-동남아시아-중앙아시아-동유럽에 이르는 지역을 이른바 '평화와 번영의 호'로 지칭, 연대를 강조하고 있으며, 소프트 파워와 경제 원조를 주 전략적 수단으로 보고 있다. 중국의 경우 동남아시아, 아프리카 등 개도국, 후진국에 대한 이른바 '묻지마' 원조를 통한 '매력 공략charm offensive'으로 외교적·전략적 연대를 강화해오고 있다.

경제 원조는 국가 이미지를 고양하고 수혜국과의 관계를 증진하는 외교적 수단이 되는 반면, 직간접적인 수익 창출만을 추구하는 원조는 장기적으로 한국 상품 배척, 어글리 코리안 이미지 등 역효과를 불러일으킬 수 있다. 따라서 경제 원조는 국가의 소프트 파워를 증진하는 방향으로 이루어져야 한다.

4) 스마트 파워의 강화 필요성

외교는 크게 안보, 경제 이익을 추구하는 실용주의적 외교와 특정 아이디어, 가치 문화를 추구하는 가치 외교로 분류해볼 수 있다. 실용주의 외교와 가치 외교는 대칭적 개념이 아닌 조합적 개념corporate concept으로 실용주의가 회사의 세일즈 담당이자 투자 담당 부서라면, 가치 외교는 마케팅 담당 부서라 할 수 있다. 즉, 실리 추구는 가치 추구를 통해 그 정당성을 확보할 때 중장기적 지속성을 유지할 수 있고, 가치 추구는 물질적 이익이 어느 정도 충족될 때 그 필요성을 인정받을 수 있다.

외교적 수단으로는 크게 하드 파워와 소프트 파워 둘로 구분할 수 있다. 하드 파워는 군사력, 경제력 등을 사용해 위협threat, 강압coercion, 혹은 물질적 이익이라는 유인inducement을 통해 자국의 목표를 달성하는 것이다. 반면에 소프트 파워는 외교 정책의 타당성, 가치, 문화, 이념 등 비물질적 요인을 사용해 상대국을 설득persuasions하거나, 자발적 참여attraction를 이끌어냄으로써 목표를 이루는 것이다. 특히 경제원조는 수혜국으로 하여금 탐닉indulgence 혹은 중독적인 의존성addiction을 유발하는 경향이 있어 점성 권력이라 불리기도 한다. 따라서 점성 권력을 지나치게 사용할 경우 수혜국의 장기적 발전을 저해할 수 있다.

또한 경제력이 중국, 일본 등에 미치지 못하는 한국은 경제적 원조만으로는 수혜 지역에서 양국에 대한 상대적 입지를 높이기가 어렵다. 따라서 경제 원조와 소프트 파워를 결합한 '스마트 파워'를 전략적으로 입지 조건에 맞게 활용함으로써 상대적 경쟁력을 증진해야 한다. 하드 파워(경제 원조)와 소프트 파워를 결합하면 스마트 파워가 된다.

미국은 제2차 세계대전 이후 마셜플랜Marshall plan에서 보듯이 경제 원조와 민주주의 가치라는 소프트 파워를 전략적으로 결합해 국제사회에서의 대소련 입지를 강화해왔다. 또한 클린턴 행정부 당시 국방부 차관보를 지낸 나이는 국가 안보 회의 내에 스마트 파워를 담당하는 안보부 보좌관직을 설치해, 국가 전략적으로 스마트 파워를 활용하고 민간 차원에서 스마트 파워 증진 기금을 형성해 공공 외교를 지원해야 한다고 주장하는 등 스마트 파워의 유용성과 중요성은 범세계적으로 인정되고 있다.

외교는 타국의 국가와 정부 기관을 상대로 하는 공식 외교와 그 국가의 국민과 사회를 상대로 하는 공공 외교로 분류할 수 있는데, 글로벌 시대의 문화상대주의와 다양성의 충돌은 국제사회에서 공공 외교의 비중을 크게 높여왔고, 민간 차원에서 경제 교류, 문화 교류, 지적 교류가 확대되어가는 상황에서 그 중요성은 더욱더 증대되고 있다. 공공 외교 전략은 크게 다음처럼 분류해볼 수 있다. ① '프로파간다propaganda': 자국의 정책이나 가치를 선전하는 것, ② '국가 브랜드nation branding': 자국의 이미지를 브랜드화해 경제·문화 분야에서 자산으로 활용하는 것, ③ '네트워킹networking': 지적·인적 네트워크를 형성해 수혜국 내에 자국의 입장을 지지하는 세력을 형성하는 것, ④ '틈새 외교niche diplomacy': 수혜국 민간 차원에서의 필요한 요구 사항을 찾아 지원국의 정부, 민간단체, 기업 등이 협력해 충족시켜주는 것. 특히 중소 국가들의 해외 경제 지원 시 그 효과를 극대화할 수 있는 전략이다.

5) 상생과 공영, 인도주의의 원칙을 바탕으로 한 실리 추구

개도국과 후진국에 대한 경제 원조는 수혜국과 지원국 양국 국민들에게 이익을 가져올 수 있는 상생의 협력체 구성을 목표로 중장기적 차원에서 계획, 실행됨으로써 지원국의 스마트 파워를 높이며, 이를 통해 중장기적으로 이익을 증대할 수 있는 전략적 지원이 필요하다. 개도국과 후진국의 경우 수혜국의 요청에 의해서 경제 원조가 이루어지나, 흔히 집권층의 부정부패로 실질적으로 수혜국 국민들에게 주어지는 혜택보다는 집권층의 이익을 위한 프로젝트에 지원되는 경향이 있다. 따라서 틈새 외교로 수혜국의 중장기적 발전에 필요한 사업을 지원하는 것이 필요하다.

첫째, 이를 위해 수혜국 정부와의 네트워킹으로 틈새 외교에 근거해서 수혜국 국민에게 중장기적으로 필요한 사업 프로젝트를 선정하고, 지원국의 EDCF 및 ODA로 사업 도로, 철도, 통신 시설, 발전 시설 등 사업 프로젝트에 필요한 인프라를 구축해 민간 투자의 초기 위험을 줄이며, 수혜국 국민들에 대한 한국의 국가 브랜드를 높여야 한다.

둘째, 지원국 기업의 수혜국 투자 진출을 장려해 수혜국 기업과의 협력 하에 수익성 사업을 추진하고 중장기적으로 국제 투자 자본 유치 환경을 조성해 지원국의 국가 이미지를 고양함으로써 수혜국 정부 및 시민 사회와 네트워킹을 강화하고, 중장기적으로는 상생의 경제 공동체를 형성함으로써 사업 수익 창출 효과와 동시에 지원국의 인력 수출 효과, 그리고 수혜국에서의 레버리지를 구축해, 그로 말미암은 국제사회에서의 입지를 강화해야 한다.

한국형 개발 모델이 갖고 있는 장점은 많다. 한국형 개발 모델은 동남아시아, 중앙아시아 지역에서 경제 개발 모델의 벤치마킹 대상이 되고 있고 역사적으로도 한국은 동남아에서는 중국, 일본에 비해 착취적·제국주의적 이미지가 적어 상대적으로 유리한 부드러운 국가 브랜드를 갖고 있다. 여기에 더해 한국의 한류 열풍은 한국 현대 대중문화에 대한 친밀성을 높이고 한국의 국가 이미지를 고양하고 있다. 또한 한국은 원천 기술은 부족하나 선진국 기술이 맞지 않은 개도국의 현지 상황에 필요한 기술력을 보유하고 있다.

6. 맺는말: 21세기 한국의 평화, 번영, 자유를 보장하는 한중일 삼각 균형 체제

이와 같이 한중일 삼각 균형 체제 전략의 이론과 방법론을 살펴보았다. 한반도 반만년의 역사에 중국, 일본과 대등하게 삼각 균형 체제를 구축한다는 구상은 흔하지 않았다. 고구려 광개토대왕廣開土大王의 꿈이 있었고, 고려의 서경파들이 있었으며, 효종孝宗과 송시열宋時烈의 북벌론이 있었으나, 광개토대왕의 사례를 제외하고는 현실성이 결여된 공리공론의 수준을 벗어나지 못했다. 이제 남방 방어선southern defense line의 핵심 국가인 미국과의 동맹을 강화하고, 북방 프런티어의 두 지역인 중앙아시아의 우즈베키스탄과 동남아시아의 캄보디아 지역과의 연대를 강화함으로써 중국에 대한 외적 균형을 확보할 수 있게 되었다. 우리의 연대 전략은 중국, 일본과 비교가 안 되는 하드 파워가 아니라 소프트 파워에 근거한 외적 균형 전략이어야 하고 ODA, EDCF 등을 통해 끈끈한 유대(점성 권력)를 강화하는 연성 균형 전략이 되어야 할 것이다.

제 2 부

한미 동맹의 성찰과 미래 비전

제3장

한국 민주주의와 안보에서 미국의 경계*

미국 외교정책이 동아시아 지역만큼 지정학적 환경을 형성하는 곳은 전 세계 어느 곳에도 없다. 제2차 세계대전 이후 한국, 중국, 베트남 등 동아시아에서는 혁명적 민족주의 운동이 출현했고 이에 대한 반응으로 미국은 동아시아 지역 전체를 냉전의 양극체제에 부합하게 분할했다. 미국은 38도선을 기준으로 한반도를 분할했고 16도선을 기준으로 베트남을 분할했다. 중국은 타이완해협을 기준으로 분할되었다. 냉전 시기 동안 미국은 서유럽에 대해서는 다자주의적·협력적 정책을 추구한 반면, 동아시아에 대해서는 서유럽과 다른, 일방주의 정책을 실시했다. 이 때문에 동아시아에서는 북대서양조약기구NATO, 유럽안보협력회의CSCE: Conference on Security and Cooperation in Europe, 경제협력개발기구OECD: Organization for Economic Cooperation and Development 등과 같

---

* 이 논문은 다음 논문들을 번역·수정·보완한 것임. Hyug Baeg Im, "The US role in Korean democracy and security since cold war era," *International Relations of the Asia-Pacific*, 6(2006), pp. 157~187; 임혁백, 「유신의 역사적 기원: 박정희의 마키아벨리적인 시간 下」, ≪한국정치연구≫, 제14집, 제1호(2005), 115~146쪽.

은 다자주의적 기구와 동학이 거의 시도되지 않았다.[1] 이렇게 미국이 일방주의를 택한 이유는 공산주의 국가인 소련과 중국을 억제하고 동아시아 지역의 자본주의 국가들을 보호하기 위함이었다(Cumings, 2002: 162~163). 미국은 동아시아에서 자국의 영향력을 극대화하기 위해 지역 내에 전체 국가들을 연결하는 네트워크가 구축되는 것을 피했다. 따라서 미국을 통한 연결 고리는 전체 지역을 아우르는 것이 아닌, 최대한 배타적이고 양자적이며 국가 특수적인 성격을 띠었다(Pempel, 2002: 108~109). 이 때문에 동아시아에서는 미국을 통한 중재 없이는 어떠한 대화나 협력도 존재할 수 없게 되었다.

미국은 일본에서 동남아시아와 인도를 아울러 궁극적으로 페르시아 만의 석유 생산지까지 확대되는 '거대한 초승달great crescent'을 아시아에 구축했다(Cumings, 2002: 166).[2] 거대한 초승달로 상징되는 동아시아 지역 질서는 다층적이고 중첩적인 관계와 수직적·위계적 질서를 함의했다. 즉, 냉전 시기에 동북아시아 지역 질서는 하나의 지배적 중추인 미국과 지역 중심부인 일본, 여러 주변부 국가가 연결된 수직적 일방주의를 특징으로 했다(Cumings, 2002: 167; Calder, 2004: 226~227). 이러한 수직적 안보 체계는 미국과 일본, 한국, 타이완, 필리핀 등 자본주의 동북아시아 국가 사이의 상호방위조약을 통해 강화되었고 동북아시아 국가들은 수직적·위계적·비대칭적 결속에 의해 중심 국가인 미국으로부터 퍼져 나오는 부챗살이 되었다(Calder, 2004: 227).

냉전 시기 동안 지역 내 지배적인 중심 국가였던 미국은 동북아시아 지역 국민들과 엘리트들이 행동할 수 있는 경계를 설정했다. 미국은 패전국 일

---

1 그러나 켄트 콜더(Kent E. Calder)는 1950년대 초, 존 포스터 덜레스(John Foster Dulles)가 동아시아 지역 안보 체제에 대해 매우 열광적이었으나 일본의 요시다 시게루(吉田茂)와 한국의 이승만이 반대해 이를 실현하지 못했다고 주장했다(Calder, 2004: 224).

2 '거대한 초승달'은 국무 장관 딘 애치슨이 사용한 비유이다.

본에 미국식 민주주의를 강제했고, 한국과 타이완은 분단국가로 만들어 이 상태를 유지하게 했다. 동북아시아에 공산주의가 확산되는 것을 억제하고 반공산주의를 위한 완충 국가를 만들기 위해 미국은 한국과 타이완에서 민주주의가 확산되는 것을 억제했다.

냉전 해체의 물결은 동북아시아의 '중추와 부챗살'에 의한 안보를 이완시켰다. 탈냉전이 시작되기 이전인 냉전 말기에 미국은 베트남에서의 패배 이후에 닉슨독트린Nixon Doctrine을 발표하면서 동아시아에서 빠져나오기 시작했다. 동아시아 지역에서 미국의 안보 이익이 약화되자 한국과 필리핀, 타이완 등에서는 민주주의로 이행할 수 있는 여지가 만들어졌다. 그러나 탈냉전 시기에 동북아시아 국가들에 대한 미국 외교정책의 중심이 지정학에서 지경학 또는 '권력에서 풍요'로 변경되면서 동아시아 국가들은 미국의 안보 이익을 통해 얻을 수 있었던 혜택을 상실하게 되었다. 탈냉전 시기에 들어서면서 미국은 동북아시아 국가들에 발전 국가 모델developmental state model을 포기하고 신자유주의 경제모델을 채택할 것을 촉구했다. 그러면서 동시에 그동안 보호받아 왔던 국내시장을 미국에 개방하라는 압력을 가하기 시작했다.

그런데 조지 W. 부시 정부의 출범과 9·11 테러 이후, 안보 문제가 미국의 대對동북아시아 외교정책의 핵심 의제로 귀환했다. 부시 정부는 거대한 초승달이라는 사고를 부활시켰다. 부시 정부에서는 중국이 동북아시아의 헤게몬hegemon으로 부상하는 것을 방지하고 중국 팽창주의를 억제하기 위해 동아시아 연안 국가들과의 동맹을 강화하는 전략을 세웠다. 즉, 미국은 동아시아 연안 국가들과 쌍방 동맹을 재충전함으로써 중국을 포위하려 했다.

그렇다면 미국이 고안한 동북아시아 지역 질서의 변화는 한국의 정치와 안보 환경을 어떻게 변화시켰을까? 한국 민주주의 발전과 한반도 평화와 안보 유지에서 미국의 역할은 과연 무엇이었는가? 이를 위해 우선은 1950년대부터 1980년대까지 한국의 정치적 전환 과정에서 미국이 한 역할을 시대순으로 살펴본다. 1960년 4·19 혁명, 1961년 군사 쿠데타, 1972년 친위 쿠데타, 1979년과 1980년의 박정희 암살과 권위주의 체제의 부활, 1987년 민주주의 전환 등 한국 정치의 결정적 변화 시점에서 미국의 역할이 무엇이었는가에 대해 논한다. 다음으로는 1990년대 후반, 외환 위기 발발과 해결 과정에서 미국의 역할을 구체적으로 살펴본다. 그리고는 부시 정부 출범 이후 왜 한미 관계가 소원해졌는지에 대해 분석한다. 마지막으로 한미 관계의 미래를 위한 잠정적 제안을 제시한다.

1. 외부로부터 이식된 민주주의와 '미국의 경계'

조선이 일본으로부터 해방된 이후, 미국은 한반도 남쪽에 미국식 민주주의를 이식했으며 한국 민주주의의 경계를 결정했다. 전후 미국은 남한을 점령했으며 미군정은 남한에 시장경제, 의무교육, 인신 보호령, 법에 의한 지배, 다당제, 보통선거 등과 같은 자유민주주의 제도를 도입했다. 따라서 한국 민주주의는 외부 영향이 우세한 속에서 출발했다. 미군정 치하 3년이 지난 이후 남쪽의 분단국가는 미국의 강력한 보호 아래에서 건설되었다. 미국은 남한을 반공산주의 억제 국가로 건설하고자 했고 이것이 한국 민주주의의 경계를 형성했다.

미국은 한국 민주주의의 출발 조건을 제공했다. 다시 말해 한국인들에게 한국 민주주의는 외부의 힘으로 얻은 공짜 선물이었다. 1948년 제헌의회 선거 때부터 미군정은 남한의 모든 성인에게 보통선거권을 부여했다. 대부분의 서유럽 국가에서 남성 보통선거권이 제1차 세계대전 이후에 확립되었다는 것을 고려할 때, 한국인들이 보통선거권을 획득한 시점은 서유럽 국가들과 비교해 결코 늦은 시점이 아니었다. 더욱이 독일과 이탈리아에서는 제2차 세계대전이 끝날 때까지도 여성들이 투표권을 가지지 못했다. 남한은 재산, 교육, 납세 조건 등에 따라 하위 계급의 투표권을 제한하는 '선거권 자격 제한 체제regime censitaire' 단계를 거치지 않고 곧바로 민주적 선거에 진입하게 되었다(Bendix, 1977: 112~122). 일본 식민지 지배는 물론이거니와 조선왕조 아래에서도 민주적 게임 규칙과 제도를 연습할 기회를 결코 갖지 못했으며, 이를 위한 사회적·경제적·제도적 토대 또한 갖지 못했기 때문에 한국인들에게 민주주의는 조숙한 것이었다(최장집, 1996: 20).[3] 사회·경제적, 계급·구조적 조건이 성숙되기 이전에 민주주의가 도입되었기 때문에 노동자와 농민들은 참정권 부여와 토지개혁 의제를 갖는 정당을 조직할 수 있는 기회를 상실했다. 새로운 국가는 이승만 정부 출범 2년 후에 발발한 한국전쟁에서 정권에 대한 충성을 동원하기 위해 노동자와 농민들을 포함하는 특수한 '정치적 교환'을 만들 필요가 없었다(최장집, 1996: 22; Park, 2000).

새로운 국가의 후원국으로서 미국은 한국 민주주의를 가능하게 만들기도 하고 제한하기도 했다.[4] 미국은 한국에 대해 두 개의 모순적인 목표를 가졌다. 하나는 소련, 중국, 북한 등과 같은 공산주의 국가들 및 제3세계 국가들에 대해 한국을 '민주주의의 모범 사례'로 만들어야 하는 것이었다. 다른 하나는 한국을 반공산주의 억제 국가로 만들어야만 하는 것이었다. 첫 번째 목표가 한국의 신생 민주주의를 가능하게 하는 조건으로 작용했다면, 두 번째 목표는 한국 민주주의 발전을 저해하는 조건으로 작용했다.

이처럼 서로 다른 두 개의 목표는 한국 내에 '미국의 경계American boundary'를 형성했다. 미국의 경계는 미국 내 상황의 중범위적 특성에 따라 상한선과 하한선 사이를 왔다 갔다 했으나(Katznelson and Prewitt, 1979: 25~40) 공산주

---

3 '조숙한 민주주의' 개념에 대해서는 Lipset(1981: 29~30) 참조.
4 '가능 조건'과 '제한조건' 관련 개념은 Kirchheimer(1969: 385~407) 참조.

의 혁명과 파시스트 독재 사이에 있었다. 미국은 아래로부터의 좌파 대중 봉기나 위로부터의 우익 파시스트 쿠데타를 통해 한국의 정치체제가 붕괴하는 것을 허용하지 않았다. 냉전 시기에 제3세계에 대한 미국의 외교정책은 사회적 혁명을 방해하는 동시에 다원 민주주의를 강화하는 것이었다. 한국은 최전선에서 공산주의와 전투 중이었기 때문에 미국적 경계는 세계 어느 곳에서보다 한국에서 가장 분명하게 나타났다(최장집, 1996; Park, 2000). 미국으로부터 수혜를 받은 한국 정치 엘리트들은 '미국적 경계' 내에서 자율적으로 행동할 수 있는 공간을 갖고 있었다. 따라서 냉전 시기 동안 이들은 국내적으로는 노동자와 시민사회에 대해 광범위한 자율성을 누린 반면, 외부적으로는 매우 제한적인 자율성만을 행사했다.

2. 이승만 정부: 민주주의 최소 조건 유지와
민주주의 게임 법칙 위반의 이중주

한국을 민주주의의 모범 사례로 만들려는 미국의 목표는 심지어 한국전쟁이 한창인 시기(1950~1953년)에도 민주주의를 유지하도록 했다. 이승만 정부는 전쟁 중에도 정기적으로 선거를 치렀다. 1952년에는 대통령 선거가, 1953년에는 지방의회 선거가 치러졌다. 전적으로 미국의 군사적·경제적 원조에 국가와 국민의 생존을 의지했기 때문에 이승만 정부는 한국전쟁 중에도 민주주의 유지라는 최소 조건, 즉 미국적 경계를 넘어설 수 없었다.

그러나 선거 민주주의라는 최소 조건을 유지했을 뿐 이승만 정부는 민주주의 게임 법칙을 위반했고 갈수록 독재 정부로 변했다. 1952년에 이승만은 계엄령을 선포하고 대통령 직선제 개헌을 승인하도록 국회의원들을 협박했다(Cumings, 1997: 342). 그리고 또다시 3선 출마를 허용하는 헌법 개정을 시도했다. 이승만이 주도한 헌법 개정안은 개헌에 필요한 국회의원들의 표 중에서 한 표가 부족한 지지를 얻었으나 이승만은 '사사오입'이라는 수학적 술책으로 개헌안을 통과시키고 공포했다. 이승만은 좌익으로 기소되거나 북한에 우호적인 사람들을 체포할 수 있도록 「국가보안법」 또한 개정했다. 「국가보안법」은 '의도적으로 허위 정보를 유포하거나 적에게 유리한 사실 등을 왜곡한' 사람들을 최대한 5년까지 구금할 수 있도록 했다. 이와 같은 가혹한 조치는 이승만을 반대하는 언론과 정치인들을 억압하기 위한 대응 조치로 사용되었다.

미국 관료들은 이승만의 반민주주의 조치에 불쾌해 했지만 북한과 상대해야 하는 남한 정치인(또는 엘리트) 중에 이승만과 같은 사람을 찾지 못했다. 따라서 미국은 이승만의 민주주의 침해에 대해 대응하지 않았다.[5] 냉전 기간 내내 한국에 대한 미국 외교정책의 두 가지 목표(민주주의 증진과 북한의 침공으로부터 남한 보호)가 충돌할 때마다 항상 전자보다 후자가 우선시되었다.

3. 4·19 혁명과 미국

이승만 정부를 무너뜨린 4·19 (학생) 혁명 기간 동안 미국은 한국 민주주의를 위한 자비로운 후원자로 행동했다. 1959년 「국가보안법」 개정을 둘러싼 정치적 격변 이후 미국 내 정책 결정 집단은 이승만 정부에 정책을 재검토할 것을 강하게 요구했다. 이승만이 독재 권력을 행사함으로써 한국을 민주주

---

5 1952년 전시 중 임시 수도였던 부산에 계엄령을 선포하기 위해 이승만이 미국에 한국군에 대한 작전 통제권을 일시적으로 철회해달라는 요구를 했으나 미국은 이를 거절했다.

의의 모범 사례로 만들고자 하는 미국의 희망을 소멸시켰기 때문이다. 따라서 1960년 3·15 부정선거에 저항하는 대규모 학생 시위가 분출되었을 때 미 국무부는 "자유롭고 공정한 선거 원칙에 반하는 일체의 행위를 개탄한다"라는 성명을 발표했다. 그리고 주한 미국 대사 월터 매카너기 Walter P. McConaughy 와 미 육군 사령관 카터 매그루더 Carter B. Magruder 장군은 거리에서 발생한 일을 미국 정부에 알리고 이승만의 사임을 권고하기 위해 수차례 대통령 관저를 방문했다. 미국은 1986년 페르디난드 마르코스 Ferdinand Marcos 를 권력에서 축출한 것과 거의 동일한 역할을 수행했다(Cumings, 1997: 344~345). 시위 학생들에 대한 미국의 지지는 국내정치의 세력균형을 민주적 반대파로 이동시켰고, 이는 4·19 혁명을 성공시킨 결정적 요인 중 하나로 작용했다.

그러나 4·19 혁명 이후 등장한 장면 정부가 국내 질서를 유지하는 데 무능함을 보이고 학생들이 주도하는 통일 운동이 한국의 반공산주의 질서를 불안하게 만들자 미국은 박정희 장군이 주도하는 군사 쿠데타(1961년 5월 16일)에 암묵적으로 동의했다. 많은 사람이 미 육군 사령관 매그루더가 윤보선 대통령에게 한미 연합군을 이용해 쿠데타를 진압할 것을 주장했고 주한 미국 대리 대사 마셜 그린 Marshall Green 이 쿠데타에 반대하며 합법적이고 민주적인 장면 정권에 대한 지지를 공개적으로 표명했다고 주장한다. 그러나 미국 외교 기밀문서와 브루스 커밍스 Bruce Cumings 의 한국사 관련 저서에 따르면, 당시 박정희가 실시한 쿠데타에 대한 미국의 반대는 당시 존 F. 케네디 John F. Kennedy 정부의 실제 정책이 아니었다(Cumings, 1997: 347~349). 당시 서울에 주재한 미국 관리들이 쿠데타를 반대한 것은 스스로의 판단에 따른 것이었고, 이는 워싱턴으로부터 훈령을 받기 전이었다.[6] 쿠데타에 대한 미국의 공

---

6 미국 관리들이 쿠데타를 반대한 이유는 쿠데타 지도자인 박정희 장군이 군 활동 시에 좌익 세포로 활동한 기록을 갖고 있기 때문이다. 즉, 박정희를 용공 세력으로 의심했

식 언급은 쿠데타가 일어난 지 3일 후에 나왔으며 미 국무부는 쿠데타 지도자들에게 신속하게 문민 지배로 돌아갈 것을 요구했다.

쿠데타를 일으킨 자들에 대한 미국의 모호한 태도는 냉전 시기에 미국이 갖고 있던 대외 정책의 딜레마를 잘 보여준다. 미국은 민주주의 후원자와 반공산주의 국가의 보호자 사이를 오락가락했으며 언제나 반공산주의 완충 국가의 보호자 역할로 기울어졌다. 이것이 냉전 기간에 미국적 경계가 가진 한계였다.

4. 박정희의 유신 쿠데타와 미국

군사 쿠데타 이후 케네디 대통령은 박정희 장군에게 민주주의로 복귀할 것을 강력하게 요구했고 이러한 미국의 압력은 박정희로 하여금 민주적 헌법을 회복하도록 강제하는 결정적 요소로 작용했다. 미국 정부는 평화를 위한 식량원조(PL 480 Public Law 480)에 따른 쌀 선적을 보류하거나 선거를 보류하는 방법 등을 통해 단원제의 대통령 직선제를 주요 골자로 하는 새로운 헌법을 박정희가 입안하도록 만들었다(Cumings, 1997: 54). 이에 따라 박정희는 1963년 대통령 선거에 출마하기 위해 사복으로 갈아입었고 상대 후보였던 윤보선에게 13만 표라는 매우 근소한 차이로 승리를 거두었다.

군부 출신의 민간 대통령 박정희는 훌륭한 업적으로 자신의 권력 기반을 강화하고 정통성을 획득했다. 수출 주도 산업화라는 성공적인 경제계획에 힘입어 박정희는 자신의 근대화 프로젝트에 대해 대다수 국민으로부터 지지를 얻었다. 그리고 이 때문에 박정희는 1967년 대통령 선거에서 야당 후보

기 때문이었다(Kim, 1988: 107; U.S. House of Representatives, 1987).

윤보선보다 100만 표 이상의 표를 얻어 대통령에 쉽게 당선되었다. 그런데 1967년 이후 박정희는 헌법이 자신의 세 번째 연임을 금지하고 있다는 사실에 직면, 영구 지배를 위한 음모에 착수했다. 박정희는 우선 자신의 3선 출마를 허용하도록 헌법을 개정했다. 이에 따라 1971년 대선에서 박정희는 세 번째로 대통령에 선출되었고 1년 후인 1972년 10월 17일, 헌법을 정지시키고 '유신'이라 불리는 노골적으로 억압적인 권위주의 정권을 만들었다. 유신 체제 설립으로 박정희는 종신 독재를 보장할 수 있게 되었다.[7]

유신 체제 출범 이후 국제적으로 데탕트 분위기가 형성되었다. 베트남전쟁 동안 절정에 이르렀던 냉전 체제는 미국이 베트남전쟁 실패를 인정하고 중국 및 소련과 관계 개선을 시도함으로써 냉전 이완기에 접어들었다. 이 기간에 미국은 '아시아로부터의 철수 정책'을 시작했고, 이는 아시아인들 스스로 자신들의 방어를 책임져야 한다는 닉슨독트린 또는 괌 독트린Guam Doctrine으로 구체화되었다.

미국의 아시아로부터의 철수 정책은 한국의 안보 위기를 초래했다. 미국이 적극적으로 베트남전에 개입했던 시기에 한국은 안보와 경제 측면에서 이익을 얻었다. 박정희 정부는 적극적으로 베트남전에 한국군을 파병했으며, 이에 대해 미국은 한국의 안보를 보장하고 경제원조를 제공했다. 그런데 미국이 아시아에 대한 개입을 완화할 것이라고 공포하자 한국의 안보와 경제에 대한 불확실성은 급속히 증가하기 시작했다. 더욱이 남한에 대한 북한의 강경 노선 정책이 강화되면서 안보 불확실성은 더욱 높아졌다. 1960년대 말, 북한의 김일성은 '4대 군사 노선'이라는 공격적 정책을 선택하고 남한을 계속 자극했다. 1968년 1월 21일, 북한은 청와대를 공격하고자 무장 게릴라

---

7 유신 체제 출범에 관한 자세한 분석으로는 Im(1987: 472~498), 임혁백(2000a: 1~53) 을 참조.

를 남한으로 보냈으며, 이틀 후인 23일에는 미국 정보 수집함 푸에블로Pueblo
호를 나포하기도 했다. 또한 북한은 1969년에 미국 정찰기 EC-121호를 격추
했으며, 남한 해변에 무장 게릴라를 침투시켰다.

　냉전이 완화되고 주한 미군 철수[8]로 한국의 안보 위기가 초래되었으나
박정희는 이를 국내정치 문제를 해결하는 기회로 활용했다. 냉전 체제 완화
와 동서 진영 간의 데탕트는 박정희의 정치권력을 위협하는 중대 사건이었
다. 만약 데탕트가 한반도를 더욱 평화로운 진영으로 만드는 것에 영향을 주
었다면, 이는 국가 안보 강화를 요구하는 박정희 체제의 토대를 위협할 수 있
었다. 즉, 냉전 완화는 (한반도가) '국가 안보 상태'라는 기능적 전제를 제거할
수 있었으며 따라서 박정희 체제를 위험하게 만들 수 있었다.

　그러나 박정희는 자신의 니콜로 마키아벨리Niccolò Machiavelli식 비루투virtù
를 사용해 위기를 기회로 변화시켰다. 박정희는 국제적 냉전이 완화되어가
는 새로운 환경에서 내부적 냉전을 강화하면서 자신의 통치 기반을 굳혔다.
즉, 국제 데탕트라는 새로운 시기에 안보 위기에 따른 이익과 국가 안보에 대
한 국민들의 걱정을 이용해 요새 국가를 건설했다. 한국이 '또 다른 베트남'
이 될 수 있다는 경고를 통해 박정희는 '국가 안보 상태의 재강화'를 시도했
다.[9] 박정희는 '한 손으로는 건설을, 다른 한 손으로는 조국 수호를' 또는 '싸

8　1969년 '닉슨독트린'이 공표되었으며 1970년 3월, '국가 안보 결정 각서 48호'는 한국
　에서 미군을 철수할 것을 결정했다. 1970년 8월, 박정희와 미국 부통령 스피로 애그
　뉴(Spiro Agnew)가 만났으며 애그뉴는 박정희에게 미군 철수를 공식 언급했다. 그러
　자 박정희는 애그뉴에게 총 3,000만 달러에 이르는 군사원조를 요구했고 이에 대해
　애그뉴는 1,500만 달러 제공을 약속했다. 1971년 3월에서 7월 사이에 첫 단계로 2만
　명의 미군이 한국에서 철수했다.

9　이는 페리 앤더슨(Perry Anderson)이 『절대주의 국가의 계보』라는 저작에서 설명한
　것과 유사한 조건이다. 봉건제에서 자본주의로 전환하는 시기에 동부 주변부에서는
　현존 봉건제가 강화·재공고화되는 반면, 서부 중심에서는 봉건제가 해체되고 절대

우면서 건설하자' 등과 같이 전시에 적당한 구호를 이용해 전체 사회를 군사화하려 했다. 박정희는 2,500만 명으로 구성된 향토예비군을 창설했고 학도호국단이라는 이름으로 학생들을 편제했으며 방위산업 또한 촉진했다.[10] 그리고는 1971년 12월 6일 국가비상사태를 선포하고 12월 27일에는 「국가보위에 관한 특별조치법」을 공포하면서 독재 체제를 건설했다. 이러한 모든 행위는 안보 위기에 대한 대응이라는 명목으로 정당화되었다.[11] 이렇듯 냉전의 전초기지에서 발생한 안보 위기는 많은 측면에서 박정희가 자신의 목표를 성취할 수 있게 만든 '포르투나fortuna'였다. 국가 안보 위기를 이용함으로써 박정희는 1971년 선거 이후 더 많은 자치와 자유를 요구했던 시민사회를 압도할 수 있는 최고 비상대권을 획득하게 되었다.

그러나 안보 위기는 현실화되지 않았다. 1971년에서 1972년까지 북한의 기습 공격 횟수가 실질적으로 감소했다. 북한은 외부 세계로부터 지지를 획

주의 국가가 발흥했다.

10 우정은은 유신 체제를 팍스 아메리카나(Pax Americana)가 쇠퇴하는 시기에 '선거의 불확실성 제거와 규제된 시장에 의한 자기 규제 시장으로의 대체 등 정치와 산업에서 발생할 수 있는 모든 불확실성의 제거'를 통한 수혜 국가의 '생존을 위한 준비'로 해석했다(Woo, 1991: 119). 박정희는 방위산업 육성을 통해 미국에 대한 무기 의존을 줄이고자 노력했다. 이오시프 스탈린(Joseph Stalin)이 '일국사회주의' 혁명을 위해 국제시장의 예측 불가능성으로부터 러시아를 보호하려 노력한 것처럼 박정희는 자본주의적 방식으로 비슷한 혁명을 시도했다. 박정희는 세계 자본주의경제 속에서 해외 대출을 통해 중화학공업 자금을 확보하고 국제시장에 중화학 제품을 판매하는 중화학공업화(HCI) 정책을 추진했다.

11 배긍찬(1988: 329)은 1970년대 초반, 안보에 대한 외부 위협이 실재했으며, 따라서 외부 위협에 대한 박정희의 경고는 단순히 유신 쿠데타를 정당화하기 위해 나온 것이 아니라고 주장했다. 김영명(1997: 208)도 1970년대 초반 동북아시아의 국제 질서 변화가, 특히 박정희와 같은 지배 엘리트들에게 안보 위기에 대한 인식을 초래했다고 동의했다. 반면 손학규는 안보 위기와 유신의 등장 사이에는 아무런 밀접한 관계가 없다고 비판했다(Sohn, 1988).

득하기 어려웠기 때문에 새로운 데탕트 질서에서 전쟁을 조직할 능력이 없었다. 또한 북한 역시 새로운 데탕트 질서에서 안보 위기에 직면하고 있었다. 남북 모두 냉전을 대표하는 두 강대국이 군사적 긴장을 완화함으로써 안보 위기에 직면하게 되었다. 이는 남북 모두로 하여금 남북 간 양자 대화를 통해 자신들의 안보 문제를 해결해야 할 필요성을 초래했다.[12]

박정희는 독재 정권이 남북대화를 효율적으로 준비하고 진행하는 과정에서 국가적 합의에 도달하는 것이 효과적이라고 믿었고 이러한 사고는 유신의 성립을 정당화했다.[13] 유신을 정당화하는 모든 조건이 성숙해 있었다. 단, 미국이라는 마지막 장애물이 남아 있었다. 유신 쿠데타를 멈출 수 있는 유일한 힘은 한국의 후원국인 미국뿐이었고 따라서 유신을 성립시키기 위해서는 박정희가 후원국으로부터 받는 제약에서 벗어나야 했다. 그래서 박정희는 자신의 계획(유신 쿠데타)을 사전에 미국과 논의하지 않았고 유신 선포 직전에 미국에 통보만 했다. 그런데 미 국무부는 박정희의 유신 쿠데타에 대해 어떠한 논의도 진행하지 않았으며 자신들은 한국의 유신 선포와 관련해 어떠한 책임도 없다는 공식 논평을 제시했다.[14] 미국은 '박정희에 대해 어떠한 영향력'도 갖고 있지 않았기 때문에 박정희의 결정에 대해 어떠한 조언도

---

12 남북 모두는 "어쩔 수 없이 자신들이 통제할 수 있는 가능성이 거의 없다는 기정사실을 받아들이고 거기에 적응하고 맞추어나가야만 한다는 것을 깨닫게 되었다. 이와 같이 변화한 분위기는 남북 양 체제를 물리적으로 더욱 가깝게 만들었고, 스스로 남북 관계의 주요 문제에 대해 남북대화의 개시를 이끌어내는 결과를 초래했다"(Kihl, 1984: 57).

13 그러나 박정희의 주장은 남북대화가 박정희 정부를 포함한 권위주의 정부보다 김대중 정부와 같은 민주 정부하에서 더욱 효율적으로 운영되었기 때문에 근거가 약한 것으로 판명되었다.

14 "우리는 (유신 선포) 결정에 대해 조언하지 않았으며 그와 관련된 것은 명백하게 아무 것도 없다"(U.S. Senate, 1973).

할 수 없었다(U.S. Senate, 1973).

1960년대 말부터 1970년대 초까지는 팍스 아메리카나가 약화되는 시기였으며, 이는 한반도의 불확실성을 증가시켰다. 미국의 '아시아로부터의 철수 정책'과 이로 말미암은 주한 미군의 철수는 한편으로는 한국의 안보와 투자 환경을 약화시켰지만 다른 한편으로는 한국의 국가 자율성을 강화하는 기회로 작용했다. 미군 철수로 미국은 박정희에 대한 영향력을 상실했고 박정희는 자주국방과 자주안보 체제를 건설할 수 있게 되었다. 박정희는 미군 철수를 미국에 대한 자신의 자율성을 강화할 수 있는 기회로 활용했고 미국이라는 마지막 장벽이 제거됨으로써 박정희는 유신 쿠데타를 성공적으로 완수하게 되었다. 위기를 기회로 만드는 박정희의 능력, 비루투가 진정한 가치를 발휘했다.

박정희는 미국이 모든 개입 수단을 소진한 순간에 유신을 달성할 정도로 현명했다(U.S. Senate, 1973). 1971년과 1972년 미국은 한반도에서 모든 부대를 철수할 계획을 수립했고 한국에 대해 어떠한 경제적·군사적 원조도 하지 않았기 때문에 미국은 박정희에게 어떠한 영향력도 행사할 수 없었다. 만약 미국이 유신을 억제할 수 있는 영향력을 갖고 있었을지라도 미국은 그것이 자국의 이익에 기여하지 않을 것이라는 것을 알고 있었다. 따라서 미국은 1961년 5·16 군사 쿠데타가 발생했을 때와 다른 행동을 취했다. 1972년에 미국은 개입이 아닌, 수동적으로 유신 쿠데타를 승인했다. 미국 내 여론도 미국 정부가 유신 쿠데타에 개입하지 않기를 바라는 방향으로 강화되었다. 그뿐만 아니라 민주당의 케네디 정부와 달리, 공화당의 리처드 닉슨Richard Nixon 정부는 박정희의 억압 정책에 대해 더욱 관용적이었다. 닉슨 정부에서 대외 정책을 담당했던 보수적 현실주의자인 헨리 키신저는 박정희가 경제성장과 남북대화를 포함해 효율적이고 강력한 방식으로 한국을 통치하고 있기 때문에 현직을 유지해야 한다고 믿었다. 당시 한국에 대한 미국의 이익은 냉전기 동안의 목표였던 '민주주의 모범 사례'가 아니라 데탕트와 안전이었고 따라서 미국은 박정희의 유신 쿠데타를 묵인했다.

5. 박정희 시해와 군벌 권위주의 체제로의 복귀, 그리고 미국의 안보 이해

박정희의 종말은 1978년의 경제 위기와 함께 시작되었다. 유신이 성공적으로 출범한 이후, 박정희는 노동집약적 비내구재 수출국에서 자본집약적 내구재 생산국으로 한국 경제를 개선하고 방위산업을 건설하기 위한 야심찬 중화학공업화HCI: Heavy and Chemical Industrialization 계획을 발표했다. 그러나 1978년 무렵에 일어난 제2차 석유파동은 해외 수요에 주로 의존하고 있던 한국 중화학공업에 치명적 충격을 주었다. 해외시장이 급속하게 침체됨에 따라 중화학공업에 대한 과잉투자는 한국 경제를 심각한 어려움에 빠지게 했다. 이러한 위기에 대응하기 위해 박정희는 노동집약적 산업의 노동자, 농민, 중소기업인과 사무직 노동자 등과 같이 정치적으로 취약한 사회집단에 대해 경제구조 조정의 부담을 전가했다.

이에 대해 대중은 1978년 총선에서 자신들의 불만을 표출했고 야당이었던 신민당은 한국 역사상 처음으로 여당인 민주공화당보다 많은 표를 획득했다. 그리고 선거에 승리한 신민당은 유신 체제 해체를 강력하게 요구했다. 박정희의 입장에서 경제 위기가 정치 위기로 발전하게 되었다. 이러한 위기에 대한 대응으로 박정희는 대통령 경호실장 차지철에게 어떠한 대가를 치르더라도 반대파를 억압하도록 하는 등의 강경 노선을 선택했고, 이의 일환으로 신민당 당수 김영삼이 국회에서 제명되었다. 이러한 조치는 미국의 강력한 반대를 초래했을 뿐만 아니라 김영삼의 출신 지역인 부산과 마산에서 대중 폭력 시위가 일어나게 했다. 정권과 반대파 사이의 폭력적 대치라는 국가적 재앙을 피할 수 있는 유일한 방법은 박정희 제거와 민주주의 회복이라고 믿은 중앙정보부장이자 박정희의 최측근인 김재규는 박정희를 사살했고 박정희의 사망으로 유신 체제는 역사 속으로 사라지게 되었다.

박정희의 종말이 전반적으로 내부의 정치적 대립에 기인한 것이었다 할지라도 이 상황에서 미국은 중요한 역할을 수행했다. 1970년대 후반, 한미 간에 외교적 긴장이 초래되었다. 지미 카터Jimmy Carter 대통령은 박정희의 독재, 인권 침해, 학생과 노동자의 저항에 대한 탄압 등에 관해 미국이 일정한 역할을 수행할 것이라는 희망을 만들었다(Cumings, 1997: 384). 실제로 한국의 경제성장과 정치적 위기가 증가하던 1979년 6월, 카터는 한국을 방문해 박정희에게 인권을 존중하고 민주주의를 회복할 것을 충고했다. 박정희 정부에 대한 카터의 인권 정책은 미국이 박정희 정부에 대한 지지를 철회했다는 신호를 확산시켰다. 이것의 정치적 파급효과는 실로 막대했다. 야당 당수 김영삼은 박정희 독재에 대해 자신이 더욱 강경하게 도전하면, 미국이 자신을 확고하게 지지할 것이라는 계산을 했다. 김재규 또한 미국이 자신의 배경이라는 믿음을 갖고 박정희를 암살했다. 김재규는 서울에 주재하는 미국 관리와 가장 쉽게 접촉하고 미국의 진짜 의도를 가장 정확하게 들을 수 있는 위치에 있었다. 그리고 실제로 김재규는 카터가 한국을 방문하기 이전에 미국 대사 윌리엄 글라이스틴William H. Gleysteen, Jr.과 세 차례 만났으며, 그로부터 박정희의 강경 정책에 대한 미국의 불만을 들었다. 또한 1979년 9월 26일에 이루어진 글라이스틴과의 대화에서 김재규는 한국의 '정치적 대립'과 '평화적 정권 교체'에 대한 미국의 관심을 듣기도 했다(Yun, 2000). 그리고는 한 달후, 김재규는 박정희를 암살했다.[15]

---

15 글라이스틴 대사의 회고록은 한국 사람들이 박정희에 대한 카터의 인권 정책의 진짜

독재자는 암살되었으나 한국 민주주의는 부활하지 못했고 또 다른 권위주의 정권이 출범했다. 박정희 암살 이후, 전두환과 노태우가 이끄는 신군부 세력이 또 다른 '박정희 없는 유신 체제'를 회복하기 위해 뭉쳤다. 1979년 12월 12일, 신군부 세력은 육군 참모총장과 계엄사령관을 포함해 군 관련 경력을 갖고 있던 정승화 장군을 실각시키는 등 내부 군사 쿠데타를 실행했고 박정희 사후 한국에 대한 통제권을 확보했다. 결과적으로, 신군부는 광주 남부 지역을 학살함으로써 권력을 획득했다.

신군부의 권력 찬탈을 방관한 미국의 태도는 한국의 민주주의를 열망했었던 국내 정치인과 국민들을 실망시켰다. 1979년 12월 12일, 전두환은 쿠데타 공모자인 노태우가 사령관으로 있던 9사단을 미군 사령관 존 위컴John A. Wickham, Jr. 장군의 공식적인 재가 없이 비무장지대에서 철수시켰고 무장 병력을 통제하는 데 사용했다. 이와 관련해 위컴 장군은 반란 장교들에 대해 어떠한 처벌도 하지 않았으며 오히려 군사가 이동한 지 3일이 지난 후에 군사 이동을 승인해주었다. 더욱이 1980년 5월 위컴 장군은 전두환에게 광주 시민들을 학살하기 위한 20사단의 동원도 기꺼이 승인했다. 15년 후 전두환이 재판을 받을 때, 위컴은 1979년과 1980년에 있었던 자신의 모든 행동은 분명히 워싱턴으로부터 승인받은 것이라며 자신을 변호했다(Johnson, 2000: 110).[16]

의도를 오해했다는 것을 보여준다. 글라이스틴은 미국이 "박정희로부터 정통성을 제거하는 것으로 보일 수 없으며, …… (중략) …… 그러한 결과가 또 다른 쿠데타나 결코 박정희만큼 계몽되었다고 하기 어려운 다른 군부 지도자의 등장을 초래할 수 있다"라고 주장했다(Glysteen, 1999: 33). 따라서 카터는 안보를 유지하기 위해 인권을 희생하는 것을 선택했다. 이러한 정책은 1980년 광주 항쟁에 대한 전두환의 무력 진압에 대한 미군의 행위를 통해 재확인되었다.
16 글라이스틴의 전문 역시 "만약 결정적으로 경찰을 군부와 함께 강화할 필요성이 있다

위컴의 증언을 통해 우리는 인권 대변자인 카터 대통령이 전두환의 권력 찬탈에 대한 미국의 지지와 협조 전략에 책임이 있음을 알게 되었다. 신군부의 군사 쿠데타가 일어난 지 1년 후, 심지어 로널드 레이건Ronald Reagan 정부는 출범 이후 최초로 백악관 국빈 초청국이라는 보상을 전두환에게 주었다. 이는 냉전 시기의 '미국적 경계'였다. 즉, 한국에 대한 워싱턴의 과도한 관심은 한국이 '또 다른 이란'이 되지 않도록 지키는 것이었다(Shorrock, 1996). 이당시 미국이 가졌던 안보 이해는 민주주의 증진을 압도했던 것이다(Johnson, 2000: 109).

6. 1987년 한국의 민주화와 미국

1980년에서 1983년까지 3년간의 억압 정책 이후, 전두환 정부는 통제를 완화하기 시작했으며 1984년에는 이른바 유화정책을 시작했다. 이는 자유화와 민주화라는 판도라의 상자를 개봉하는 것이 되었다. 유화정책으로 비롯된 정치적 공간의 개방은 수많은 자주적·자율적 학생, 노동자, 빈민, 지식인, 교화 활동가 등의 조직을 분출시켰다. 그리고 이러한 사회운동은 투표장에서뿐만 아니라 거리에서도 권위주의 체제에 도전했다. 1985년 2·12 총선에서 사회운동은 통합 야당인 신한민주당을 출범시키기 위해 표를 동원했고 이는 선거 이후에 권위주의 정권과 민주 세력 간 교착 상태를 낳았다. 1986년부터 민주적 개혁에 반대하는 정권의 보수적 입장에 직면한 신한민주당은

면, (전두환과 청와대 관료들과) 우리의 어떠한 논의에서도 미국 정부는 법과 질서 유지를 위한 한국 정부의 만약의 사태에 대한 계획을 반대한다는 제안을 할 것이다" 라는 것을 보여준다(Glysteen, 1999: 224~225).

거리 의회를 통해 대중을 동원하고 민주적 개혁을 위한 협상 테이블을 열기 위한 투쟁으로 진입했다. 1986년부터 1987년 초까지 어떠한 결론도 내지 못하는 줄다리기 전쟁이 지속되었으며 1987년 4월 13일에 전두환은 일방적으로 반대파와의 대화 중단과 7년간의 군부 권위주의 정권의 지속을 선언했다.

전두환의 선언에 격분한 대중들은 거리로 쏟아져 나왔다. 반대 연합 내 다양한 분파는 내적 차이를 극복하고 사회운동 세력과 야당으로 구성된 연합 전선을 형성해 군부 권위주의 정권에 저항했다. 이들의 저항에 그동안 무관심을 표출했던 신흥 중산층, 사무직 노동자, 자영업 프티 부르주아 등의 세력들도 참석했다. 이와 같은 새로운 상황은 전체 시민사회가 정권에 대항하는 구도를 형성시켰다. 정권 내부의 강경 노선은 갈수록 고립되었으며 정부의 경찰력만으로 대중 봉기를 진압할 수 없는 상황이 되었다. 최후의 수단은 군부를 이용하는 것이었다. 그러나 상당수 군 장교가 정부의 강경 노선을 거부했으며 셀리그 해리슨Selig S. Harrison이 말한 바와 같이 미국 또한 공개적으로 정권이 군부를 이용하지 못하도록 압력을 행사했다. 거리에서 대중의 저항이 폭발하는 것을 도우면서 레이건 정부는 한국 정부가 시위 진압에서 군부를 이용하는 것을 차단하기 위해 노력했다. 레이건 대통령이 6월 19일 전두환에게 보낸 친서와 6월 22일 국무부 군 사령관들에 대한 공개적인 호소는 의심의 여지없이 계엄령 시행을 막는 주요 역할을 했다(Harrison, 1987: 3).

군부 동원이 좌절되면서 정부 내 권력은 급속하게 강경파에서 개혁적 분파로 이동했다. 개혁적 분파는 반대파의 요구를 수용함으로써 대중 봉기에 대한 주도권을 확보했다. 이후 1987년 6월 29일, 개혁적 분파의 지도자였던 노태우는 대통령 직선제와 민주주의 회복을 위한 개헌을 실시할 것을 약속한다는 6·29 선언을 발표했다. 이로 말미암아 한국에서 역사적인 민주주의 돌파구가 만들어지게 되었다(Im, 1997: 85).

1987년 한국의 민주주의 전환기 동안 미국은 한국 민주주의의 이행 과정을 결정하지 않았지만 국내 주요 행위자들의 선택 구조를 매우 제한했다. 다시 말해 이들의 가능한 행동 범위를 결정하는 핵심 행위자 역할을 수행했다. 1980년 한국에 대한 미국의 정책은 전두환 장군이 지도하는 신군부에 대한 세력균형으로 명명할 수 있으며 한국이 민주주의로 이행하는 것을 무산시켰다. 이와 반대로, 1986년에서 1987년까지 미국은 한국 내 민주적 반대파에 대한 지지를 통해 한국이 민주주의로 이행하는 데 영향을 주었다. 군사독재에 대한 미국의 정책은 필리핀의 마르코스가 몰락한 이래로 변화했다. 그이후 미국은 우익 군부독재에 대한 지지를 철회했으며 공식적으로 폭력 저항운동에 대한 대응책으로 군부를 이용하는 것을 반대하고 제3세계 권위주의 정권의 문민화와 자유화를 촉진했다.

한국 권위주의 정권에 대한 미국의 입장이 변화했다는 첫 신호는 1987년 2월 6일, 미 국무부 아시아·태평양 담당 차관보 개스턴 시거Gaston J. Sigur, Jr.가 뉴욕 한인회에서 한 연설이 언론에 보도된 때이다. 이 연설에서 시거는 한미 관계는 전두환 정부가 "'더욱 개방적이고 합법적인 정치체제'를 만드는 것에 달려 있다"라며 전두환 정부에 충고성 경고를 보냈다. 시거는 (한국) 정부의 '문민화'를 강조하면서 한국 군부가 국가 안보라는 '원칙적 임무'에 집중해야 한다고 충고했다(Sigur, 1987; Chu et al., 1997: 276). 시거의 연설은 미국이 계엄령에 의한 군부 개입을 용인하지 않을 것이며, 만약 군부가 개입한다면 국민들에 의한 저항을 승인할 것이라는 점을 내포하고 있었다(Steinberg, 1995: 385).

미국의 새로운 정책은 전환 게임의 선택 구조를 변화시켰다. 시위가 전국으로 확대·격화되고 강경론자들이 대중 봉기를 진압하기 위해 부분적 계엄령을 고려하기 시작하던 1987년 6월 중순 무렵, 미국은 한국 정부가 군부를 동원하는 것을 배제하기 위해 한국에 대한 정치적·군사적 영향력을 행사했다. 제임스 릴리James Lilly 대사는 한국 정부로 하여금 반대파와 대화를 재개할 것을 촉구하고 강경 진압을 반대한다는 레이건 대통령의 친서를 전두환에게 전달했다. 동년 6월 23일, 레이건은 미국은 어느 누구의 무력 사용도 단호하게 반대하며 민주주의를 향한 평화적 진보를 지지한다는 입장을 공식적으로 표명하기 위해 시거를 특사로 한국에 파견했다(Sigur, 1993: 10). 이는 한국 정부의 군사적 강경 진압에 대한 미국의 거부권 행사 가능성을 의미하는 것이었다. 미군 사령관 윌리엄 리브시William J. Livsey 장군은 전두환에 저항하는 쿠데타를 거부할 것이라고 한국 군부의 강경파들에게 말해야 한다고 믿었다. 이와 관련해 미 국무부 차관 조지 슐츠George P. Shultz는 이는 '민주적 방식의 정권 이양'에 대한 대화를 지속하기 위해 필요한 것이라고 언급했다. 그리고 미 의회는 (한국 정부에) 개헌 논의 재개를 요구하는 구속력 없는 결의안을 통과시켰다. 에드워드 케네디Edward Kennedy 상원 의원 등은 한국에서 '자유롭고 공정한 선거'가 열릴 때까지 한국에 대한 경제제재를 위한 법안을 제출했다(Gills, 1993: 239).

이러한 미국의 행동은 거리에서 정부와 직접적으로 대치하고 있는 상황에서 민주적 반대파들이 느낀 공포를 감소시켜주었다. 다시 말해 미국의 새로운 정책은 민주적 반대파에 대한 권위주의 권력자들의 '쿠데타 위협' 효과를 감소시켰다. 실행 가능성 있는 군부 동원이라는 위협이 부재함으로써 군부 권력자들은 '종이호랑이'가 되었으며 반대파들이 정부에 대해 가하는 압력을 증가시켰다. 1979년과 1980년에 군부의 강경 진압을 묵인·승인한 것과 같은 방식으로는 미국이 반응하지 않을 것이라는 사실을 미국 정부가 정권과 반대파 모두에 신호를 보냄으로써 권위주의 권력자들과 민주적 반대파 사이에 타협을 위한 전환 게임을 종료시키는 계기가 만들어졌다.

그렇다면 냉전이 아직 끝나지 않은 시점에서 미국은 왜 한국에 대한 정책을 변화시켰는가? 한국에 대한 정책 변화는 레이건 정부가 국가 안보 정책을 포기했다는 것을 의미하는 것은 아니다. 레이건 정부는 공산주의와의 전투라는 것을 미국 대외 정책의 최우선으로 삼는 동시에 전 세계적으로 확산되는 민주주의 운동에 대한 반응으로 민주주의와 인권 회복을 대외 정책의 또 다른 주요 의제로 선택한 것이다. 미국 정부는 제3세계 국가의 인기 없는 독재 정부를 지지하는 것은 사회적 불만을 감소시키고 북한 위협에 효과적으로 대응하는 방법이 아니라고 생각하게 되었다. 1987년에도 미국적 경계는 여전히 한국에 유효하게 작동하고 있었다.

7. 한국의 경제 위기와 미국

냉전이 쇠퇴하던 시기에 민주주의 물결이 한국에 도래함으로써 한국 정부는 방위 예산을 삭감하고 복지 프로그램을 위한 재정을 확대할 수 있게 되었다. 탈냉전 시기에 미국은 한국 민주주의 공고화를 가능하게 하는 동시에 제약했다. 첫째, 냉전이 종료됨에 따라 미국은 지역 내 단일 강대국이 되었고 공산주의 국가들에 대항하는 봉쇄 네트워크를 건설하고 유지하는 일에 덜 적극적이게 되었다. 공산주의가 국제적으로 확대되는 것을 막기 위한 방어벽으로서 한국의 전략적 가치는 러시아 공산주의 몰락 이후로 현저하게 감소했다. 미국의 동아시아에 대한 전략 지도 변화는 한국 민주주의 공고화에 유리하게 작용했다. 미국은 더 이상 동아시아에서 자국의 안보 이익을 보장해주는 군사적 지배자를 필요로 하지 않게 되었다. 미국은 더 이상 북한과 공산주의 국가에 대한 자본주의의 승리를 보여주기 위해 분단된 한반도의 반쪽인 남한의 권위주의 정권을 지원할 필요가 없게 되었다. 냉전 종식은 한국에서 권위주의 정권을 위한 국제적 지지의 필요성과 근거를 분쇄했다(Park, 2000).

그러나 냉전 종식이 한국 민주주의 공고화에 항상 유리한 것은 아니었다. 아시아에서 냉전이 쇠퇴함에 따라 미국이 한국에 대해서 가지고 있던 전략적 가치도 함께 축소되었다. 한국에 미국은 덜 '자비로운 헤게모니benevolent hegemony'가 되었다. 냉전 기간 경제적 측면에서 한국에 대한 미국의 헤게모니는 '자비로웠다'. 한국에 대한 미국의 이익은 경제적이기보다는 전략적이었다. 따라서 미국은 한국에 대한 경제원조와 한국 수출 상품에 대해 특별한 호의를 제공해주었다. 미국의 전략적 이익을 보호하기 위해 미국은 수혜국인 한국이 미국식 자유시장 경제모델과 상충되는 '발전 국가' 경제모델을 발전시키는 것도 용인했다.

그러나 냉전이 종식되자 미국의 동아시아에 대한 정책 초점은 지정학에서 지경학으로 변화되었다. 동아시아에 대한 미국 대외 정책은 안보 중심에서 경제 중심으로 바뀌었다. 미국은 미국 기업이 세계시장에서 안정적으로 자본을 축적할 수 있는 세계 체제를 만들고자 했다. 대외 정책의 중심이 경제적 문제로 바뀌면서 미국은 양자 동맹의 중요성을 심각하게 생각하지 않게 되었다. 이로 말미암아 워싱턴의 주요 동아시아 동맹들은 미국 안보를 위한 지역 내 핵심에서 지역 시장 개방을 위한 단순한 수단으로 변화하게 되었다(De Castro, 2000).

한국에 대한 미국의 헤게모니는 더 이상 자비롭지 않게 되었다. 탈냉전 이후 미국은 한국에 특별한 대우를 제공하지 않았다. 태국과 인도네시아에서 시작한 재정 위기가 한국에 상륙했을 때, 김영삼 대통령은 빌 클린턴 대통령에게 전화를 걸어 특별 지원과 처리를 요청했다. 이에 대해 클린턴은 한국에 특별 원조를 제공하는 것을 거부하고 대신 김영삼으로 하여금 구제금융을 위한 국제통화기금IMF의 융자 조건을 수용할 것을 권고했다. 국가 위기가 최고조에 이르렀을 때, 김영삼 정부는 위기 탈출을 위해 IMF에 대규모 긴급 구제 기금을 요청했다. 1997년 12월 3일, 김영삼 대통령은 IMF로부터 550억 달러의 막대한 긴급 자금을 받는 대가로 가혹한 조건을 수용해야만 했다. 그

리고 이후 한국은 전면적으로 신자유주의 경제구조 조정에 돌입했다. 안정
화, 자유화, 재정 및 구조의 조정, 민영화, 노동시장 유연화 등을 핵심 내용으
로 하는 일괄적인 구제 프로그램은 전형적인 신자유주의 제약을 포함하고
있었다.

1997년 12월에 치러진 대선 이후, 경제구조 조정 임무는 대통령 당선자
인 김대중에게 이양되었다. 선거 전에 김대중은 민주주의의 권위자이며 노
동자들의 친구로 알려졌다. 김대중은 대선 기간에 냉정한 신자유주의 개혁
가라기보다는 아버지와 같은 민중주의자처럼 보이고자 노력했다. 치열한 선
거운동 과정에서 소수 정당의 지원을 받은 작은 지역 출신의 김대중 후보가
선거에서 승리하기 위해서는 노동자들의 표가 필요했다. 김대중은 공개적으
로 탄력적 정리 해고에 반대한다는 입장을 텔레비전 토론을 통해 밝혔고 만
약 당선이 되면 IMF와 재협상할 것이라고 천명했다. 그러나 선거 승리 이후
김대중은 IMF 처방을 무조건적으로 수용하겠다며 선거 때 밝혔던 입장을 완
전히 변경했다.

1997년 12월 22일, 미 재무부 차관보 데이비드 립튼David Lipton과 만난 자
리에서 김대중은 자신의 정리 해고 최소화 선거공약을 국제 자본과 미국이
수용하지 않을 것이라는 사실을 통고받았다. 립튼은 만약 김대중이 과잉 고
용에 대한 문제 제기 없이 경쟁력 강화를 추구한다면 한국이 심각한 상황에
직면할 것이라고 경고했다. 립튼과 만난 이후 김대중은 정리 해고 중단이라
는 선거공약을 철회했으며 노동시장 유연화에 대한 IMF의 제약 사항을 충실
히 이해할 것을 공표했다. 김대중은 "선거 기간 동안 자신은 (한국의) 경제 위
기가 얼마나 심각한지 몰랐기 때문에 논란을 초래할 수 있는 무책임한 말을
했다. 선거 이후 나는 한국의 외환 보유고가 하루 혹은 1개월 내에 고갈될 수
있으며 국가가 하루하루 생존을 위한 투쟁을 벌이게 되리라는 것을 알게 되
었다"라고 고백했다(≪Joongang Daily≫, 1997.12.23.). 이후 김대중은 스스

로 자신을 '서울의 IMF 지부장'으로 변화시켰고,[17] IMF가 부과한 것보다 더욱 공격적으로 안정화 프로그램을 실행했으며, 전면적인 신자유주의 경제개혁을 착수했다.

---

17 커밍스는 김대중이 IMF 사람들과 유사한 경제개혁을 만들었기 때문에 김대중 대통령을 '서울의 IMF 지부장'이라고 설명했다(Cumings, 1999: 36~41).

제4장

북한 핵 위기와 한미 관계의 긴장과 정상화*

역사적인 남북 정상회담이 이루어지기 전까지 다른 지역에서는 냉전이 종식되었음에도 불구하고 한반도는 냉전의 중심으로 남아 있었다. 남북 정상회담에서 남북의 두 지도자는 한반도 평화와 궁극적인 통일을 향해 대담한 첫걸음을 내딛는 것에 동의했다. 두 지도자는 지난 50년 동안의 남북 관계에 역사적인 돌파구를 만들었고 이를 '6·15 합의'라는 문서를 통해 공식화했다.

남북 정상회담 이후 한국과 미국은 북한에 대한 우호적 개입 정책에 합의했다. 빌 클린턴 정부의 대북 정책은 적대적 대치 종식과 남북 간 화해와 공존을 주장하는 한국 대통령 김대중의 햇볕 정책에 부응해 진전되었다. 한미 양국은 외부 개방과 시장 개혁에 의한 북한 정권의 연착륙을 전제로 북한에 대한 우호적 개입 정책을 공유하고 있었다. 따라서 클린턴 정부 시기에 한국과 미국은 북한 정책에 대한 합의가 어렵지 않게 이루어졌다. 클린턴 정

---

* 이 글은 다음 논문을 수정·보완한 것임. 임혁백, 「동아시아 지역통합의 조건과 제약: 제4장 탈냉전기 미국의 세계 전략과 동북아시아 전략의 변화」, ≪아시아연구≫, Vol. 47, No. 4(2004), 133~148쪽.

부 말기에 북미 관계는 미 국무부 장관 매들린 올브라이트Madeleine Albright가 평양을 방문하고 북한 장성 조명록이 워싱턴을 교차 방문할 정도로 개선되었다.

그렇지만 북한이 핵폭탄 등과 같은 대량 살상 무기WMD: Weapons of Mass Destruction를 개발하면서 북미 관계는 위기 상태로 바뀌었다. 최초의 위기는 1993년에 북한이 핵확산금지조약NPT에서 탈퇴하면서 발생했고 북핵 문제는 북미와 동아시아는 물론 국제 안보 위기가 되었다. 최초로 발생한 북핵 위기는 1994년 제네바에서 북미기본협정을 통해 일시적으로 봉합되었다. 클린턴 정부는 제네바 합의를 통해 세 가지 목적을 추구했다. 첫째, 핵 동결 합의를 통해 북한의 핵 개발을 종결한다. 둘째, 실패한 국가인 북한의 조기 붕괴를 방지한다. 셋째, 북한 체제의 개방과 연착륙을 유도한다. 1999년 10월, 윌리엄 페리William Perry가 이끄는 정책 분석팀이 미국의 대북 정책을 검토하고 정책 제언서인 '페리 보고서Perry Report'를 작성했다. 페리 보고서는 기본적으로 평양에 대한 개입을 지지했으며, 김정일 정권의 핵무기와 장거리 미사일 프로그램을 교환하는 대가로 북한을 보통 국가로 만들기 위한 미국의 단계적 접근을 요구했다.

그러나 조지 W. 부시 정부가 출범하면서 미국의 대북 정책은 강경 노선으로 바뀌었다. 2001년 6월, 부시 정부는 미국의 대북 정책에 대한 전면적 재검토를 끝마쳤다. 미국의 새로운 대북 정책은 북한의 미사일 프로그램을 통제하고 이것의 수출을 금지하면서 한반도에 재래식 무기를 통제하는 내용을 담았다. 한편 동시에 부시 정부에서는 평양과의 조건 없는 대화도 제안했다. 이러한 대북 정책이 마련된 데에는 콜린 파월Colin Powell의 제퍼슨 현실주의 사고Jeffersonian realist thinking가 반영되었기 때문이라 할 수 있다.

그러나 부시 행정부의 신보수주의자neoconservative or neocon들은 기본적으로 전임 정부와 상당한 거리를 두는, 즉 '클린턴이 아닌 모든ABC: Anything But

Clinton' 입장에서 정책을 수립했고 대북 정책 역시 마찬가지였다. 신보수주의자들은 김대중의 햇볕 정책 주창자들과 매우 상이한 대북 인식을 갖고 있었다. 햇볕 정책 주창자들은 북한의 변덕스럽고 호전적인 행동이 안보 불안 의식에서 나오는 것으로 파악하고 북한에 대한 개입을 통해 북한의 위기감과 취약성을 직접적으로 완화해야 한다고 생각했다. 빈면 신보수주의자들은 북한에 대한 개입은 김정일 독재를 연장하는 것에 지나지 않는다고 주장했다. 또한 북한 정권이 기본적으로 서구 가치와 양립 불가능하며 생존의 대가로 호전성을 결코 포기하지 않을 것이라고 단언했다.

신보수주의자들에게 북한의 문제는 평양의 불안정성이 아니라 나쁜 의도에 있었다. 따라서 신보수주의자들이 김정일과 그 일당을 제거하기 위해 할 수 있는 선택은 오직 북한의 위협을 종식시킬 수 있는 해결책을 계속적으로 실시하는 것이었다. 신보수주의자들은 군사 문제와 인권 문제에 대한 외교 압력 강화, 북미기본협정의 일부였던 미국의 중유 공급을 포함한 북한에 대한 해외 원조 종식, 북한 주민들의 북한 탈출 조장, 북한 내 반反김정일 세력 확대, 북한의 군사 위협에 대한 억제력 유지 등을 요구했다.

부시 정부에서는 북한에 대해 강경하고 공격적인 봉쇄 정책을 시행했다. 2002년 10월 제임스 켈리James Kelly 국무부 동아시아·태평양 차관보가 특사 자격으로 북한을 방문한 이후 북한이 농축우라늄을 개발하고 있다고 밝히면서 북미 관계는 대립 관계로 발전하기 시작했다. 미국은 북한에 대한 중유 공급을 중단하고 북한 함정을 나포하면서 남한의 주한 미군을 전진 배치했다. 의회 내 신보수주의자들은 북한의 인권 상황 악화에 대해 지대한 관심을 보이기 시작했으며 북한 주민의 대규모 탈출에 의한 자연스러운 정권 붕괴를 유도하기 위해 북한 난민 지원 법안을 통과시켰다.

그러나 신보수주의자들이 항상 북한에 대해 강경 정책만을 고집할 수는 없었다. 이라크 상황의 악화, 한일 동맹의 압력, 중국과 러시아의 북핵 위기

해결을 위한 대화 요구 등에 대응해 부시 대통령은 북한과의 대화로 방향을 바꾸었다. 부시 대통령은 2003년 연두교서에서 북한 문제를 외교적으로 해결하겠다는 의사를 공개적으로 표명했다. 그 후 한국과 미국이 북핵 문제를 해결하기 위한 다자간 대화를 제안했고 최초의 6자 회담(남한, 북한, 미국, 중국, 일본, 러시아)이 2003년 8월 베이징에서 개최되었다. 6자 회담은 동아시아 지역 안보 문제를 다루는 최초의 다자주의 시도라는 점에서 역사적 중요성을 갖고 있다.

부시 정부는 2005년 1월, 북핵 문제 해결을 위한 외교적 접근을 강조했다. 미국이 북한의 핵무기 개발과 소유를 허용하지 않을 것이며 군사적 해결책은 마지막 선택이 되어야 한다는 것에 대해 공화당과 민주당 사이에 암묵적 합의가 이루어졌으며, 남한의 노무현 정부는 이러한 미국의 시각을 공유했다.

1. 긴장에 들어간 한미 동맹

2003년에 50주년을 맞이한 한미 동맹은 그동안 한국의 평화와 번영의 수호자로서 핵심적 역할을 수행했다. 한미 동맹은 냉전 시기에 구축된 동맹들 중 가장 성공적인 동맹의 하나로 평가되었다(Armacost, 2004: 16; Cha, 2004: 121). 한미 동맹은 북한의 침략을 억제하고 한국이 괄목할 만한 경제성장과 역동적인 다원 민주주의로 전환할 수 있도록 외적 보호를 제공했다(Armacost, 2004: 16; W. S. Kim, 2004: 157). 광범위한 지역적 맥락에서 한미 동맹은 미국에 안보 목표를 제공했으며 미국의 힘을 부착하고 투사하는 것을 용이하게 했다. 또한 안보 역할 분담을 증진하고 한미 간 위험과 비용 분담을 가능하게 만들었다(Cha, 2004: 122). 한미 동맹은 세계적 차원, 지역적 차원, 그리고 한반도 차원에서 이루어진 환경 변화 속에서 적용과 수정을 통해 상당한 탄력성을 보여주었다(W. S. Kim, 2004: 157). 그런데 2000년대 들어 한미 동맹의 기초는 젊은 세대들의 반미 감정 증가와 미국 주도의 군사 전환 등에 의해 동요하기 시작했다.

2. 반미 감정의 발생: 반미주의 아닌 반미 감정의 표출

1980년대 이전까지 한국은 반미 감정이나 반미 시위가 거의 분출하지 않는 예외적인 국가였다. 그러나 1981년 신군부가 광주에서 무자비하게 민간인을 학살했을 때 미국이 이에 개입하지 않자(또는 묵인하자) 젊은 한국 대학생들은 미국을 의심하기 시작했고 이때부터 학생운동가들을 중심으로 반미 감정이 눈덩이처럼 확산되었다. 그러나 이러한 이데올로기적 반미주의는 1980년대 말과 1990년대 초, 동구와 소련으로 대표되는 사회주의 국가들이 붕괴하면서 단계적으로 줄어들었으며 한미 동맹에 균열을 낼 정도로 중요한 영향을 미치지 못했다.[1]

반미 감정 또는 반미주의가 한미 동맹에 긴장을 줄 정도로 정치적으로 의미 있는 세력으로 부상한 것은 부시 정부가 등장한 2001년 이후이다. 부시 정부의 대북 강경 정책과 햇볕 정책에 대한 지지 거부 등은 한국의 많은 진보적 지식인과 시민 단체들을 분노하게 했다. 이들은 부시 정부의 일방주의

---

1 이데올로기적 반미주의에는 두 가지 대립적 견해가 있다. 캐서린 문(Katharine H. S. Moon, 2003)은 이데올로기적 반미주의의 생명력은 1990년대 급진적 학생운동이 위축된 것과 함께 사라졌다고 주장했다. 이와 달리 김원수(W. S. Kim, 2004)는 이데올로기적 반미주의는 자유주의 미디어와 가상공간에서 여전히 건재하며, 한국인들이 미국을 '악의 제국'이라고 믿는 것에 상당한 영향을 끼치고 있다고 주장했다.

와 매파적 강경 정책이 남북 간 화해와 협력을 어렵게 하고 있으며 한반도의 평화를 악화시키고 있다며 부시 정부를 비난했다.

대규모 반미 감정이 젊은 세대들뿐만 아니라 부모 세대와 중간 계층 시민들로까지 확대된 것은 한일 월드컵 경기가 한창 진행 중이던 2002년 6월, 두 명의 여중생이 미군 장갑차량에 깔려 죽는 일이 발생하면서부터이다. 더욱 한국 국민들을 분노하게 했던 것은 차량을 운전한 미군 병사들이 미국 군사 법정에서 무죄를 선고받은 것이었다. 이 사실이 알려진 후 즉각적으로 대규모 시위가 벌어졌고 시민들의 분노는 서울 도심에서 100일 이상 촛불 시위를 지속하게 했다. 미국에 대한 분노, 불신, 적대감 등 반미주의의 모든 요소가 촛불 시위에서 표출되었다. 부모들은 여중생들의 죽음을 슬퍼하는 동시에 가해자인 미군 병사들이 석방된 것에 분노를 감추지 못했다. 이데올로기적으로 경도된 활동가들은 급진적인 반미 구호를 제기했고 시민 단체들은 미군 병사들의 무죄가 불평등한 한미 관계 때문이라고 목소리를 높였다(W. S. Kim, 2004: 160~161).

여중생 사건은 오랫동안 한국인들 마음속에 축적되어 있던 잠재적 반미 감정과 불만, 불평등한 한미 동맹에 대한 인식, 햇볕 정책을 거부하는 부시 정부에 대한 분노, 한국이 한미 동맹에서 받는 불평등에 대한 인식, 북한에 대한 햇볕 정책을 거부한 부시에 대한 분노, 한국이 경제협력개발기구OECD 회원국이고 한국의 경제 규모가 세계에서 상위권에 속함에도 불구하고 한국을 미국의 수혜국으로만 대우하는 것에 대한 불만 등에 불꽃을 당겼다. 반미 시위가 절정을 이루던 시기의 여론조사를 살펴보면, 응답자의 85%가 한미 관계의 불평등한 성격을 개선하기 위해서라도 반미주의 급증은 불가피한 것으로 인식한다고 응답했다. 2003년 갤럽이 진행한 여론조사에서는 응답자의 38%가 김정일(42.1%) 다음으로 부시가 한반도 평화를 위협하는 대상이라고 대답했다(Lee, 2004: 213).

그런데 여중생의 죽음으로 나타난 촛불 시위는 '반미주의'가 아니라 '반미 감정'으로 표현하는 것이 정확하다. 여중생 사건에 대한 촛불 시위는 이데올로기에 기반을 둔 것이 아니라 사건에 대한 부시 정부의 대응과 처리 방식에 대해 불만을 표시한 것이기 때문이다. 다시 말해 감정적 반미주의emotional anti-Americanism이자 정책적 반미주의policy-oriented anti Americanism였다고 할 수 있다. 따라서 미국의 정책이 바뀌면 반미 감정은 수그러들 수 있는 성격을 갖고 있다. 그리고 실제로 여중생 사건이 발생한 지 1년이 지난 2003년 6월에 부시 정부가 북핵 문제를 6자 회담을 통해 해결하겠다는 데 동의한 시점에서 실시된 여론조사에서 미국에 대한 부정적 인식은 20대와 30대에서 가장 두드러지게 감소한 것으로 나타났다.[2] 그러나 미국에 비판적인 잠재적 감정은 기존의 사회적 통념보다 크며, 만약 유사한 사건이 재발하면 한미 동맹에는 더욱더 막대한 피해가 초래될 수 있다(W. S. Kim, 2004: 161).

3. 북한 위협에 대한 인식 차이

한미 동맹에 스트레스를 가하는 또 하나의 원천은 북한 위협에 대한 한국과 미국 간 인식 차이였다. 북한에 대해서는 다양한 견해가 있다. 미국 관리들

---

2 실제로 촛불 시위는 근본적으로 뿌리 깊은 이데올로기적 반미주의가 아니었다. 여중생 사건에 대한 부시 정부의 대응과 북한에 대한 강경 정책을 거부하는 반미 감정이었다. 촛불 시위의 핵심 요구는 미군 철수가 아니라 주한 미군 지위 협정(SOFA) 개정이었다. 시위에 참여한 주요 집단은 냉전 시기의 구세대들보다 생활 방식에서 가장 친미적인 20대와 30대의 젊은 세대들이었다. 구세대들보다 젊은 세대들은 미국의 대중문화와 미국적 가치와 민주주의를 더욱 선호한다. 이들은 영어를 배우고자 노력하며 미국 음악, 영화, 패션, 패스트푸드를 좋아한다.

은 북한을 '깡패 국가' 또는 '폭정의 전초기지'로 딱지를 붙이는 반면, 한국 당국자들은 북한을 한반도 '평화 만들기peace-making'의 잠재적 동반자로 보고 있다. 워싱턴 당국자는 북한을 가장 위험한 핵무기 확산 국가로 보고 북핵 저지를 대북 정책의 최고 우선순위로 놓고 있는 반면, 한국 당국자들은 북한의 핵 개발보다 북핵에 대한 미국의 강경한 대응을 더 우려하고 있다(Armacost, 2004: 16~17).

노무현 정부 관계자들은 수백만을 죽인 한국전쟁과 같은 민족상잔의 전쟁이 재발하는 것은 어떠한 비용을 치르더라도 막아야 하며, 따라서 북한을 상대로 미국이 군사적 선제공격을 하는 것을 용인하지 않겠다고 반복해서 이야기했다(Gregg, 2004: 154). 더욱이 한국은 북한의 재래식 무기 위협에 더 관심을 갖고 있는 데 반해 미국은 북한의 대량 살상 무기에 초점을 맞추고 있다. 한국이 느끼는 북한의 대량 살상 무기에 대한 심각성은 미국과 일본보다 상대적으로 약하다. 남한은 오랫동안 북한의 장사정포 공격에 노출되어 있었던 데 반해, 미국과 일본은 북한의 대포동 장거리 미사일 시험 발사를 계기로 처음으로 자신들이 북한의 직접적인 장거리 공격 위협에 노출되었다는 것에 대해 충격을 받았기 때문이다(W. S. Kim, 2004: 165).

노무현 대통령은 한미 간에 상당한 인식 차이가 있다는 것을 인정했고 북한 문제는 워싱턴과 서울이 동의하지 않는 유일한 문제이며, 남한 정부는 미국이 북한을 공격하는 것을 인정하지 않을 것이며 북핵 문제는 반드시 대화와 타협이라는 평화적 수단으로 해결되어야 한다는 점을 수차례에 걸쳐 분명히 했다(Gregg, 2004: 149). 반면에 부시 정부가 북핵 문제를 6자 회담 틀 내에서 해결해야 한다고 수차례 강조했음에도 불구하고 워싱턴에서는 북핵 문제를 해결하기 위해서는 북한에 대한 선제공격 수단을 보유할 필요가 있다고 주장했다.

4. 미국 주도의 새로운 군사 변환

9·11 테러 이후, 미국은 변화한 안보 환경에 효과적이고 효율적으로 대응하기 위해 군사전략을 재검토했다. 세계 방위 태세 검토GPR: Global Defense Posture Review는 2002년 부시 대통령이 공표한 '미국 국가 안보 전략The National Security Strategy of the United States of America'에서 강조된 새로운 국가 안보 전략을 보완하는 것으로 해외 주둔 미군에 대한 가장 포괄적인 재조정 계획이다. 세계 방위 태세 검토에서는 부시 정부의 새로운 국가 안보 전략을 반영하고 있다. 부시 대통령은 9·11 테러 이전부터 미래의 안보 위협은 방어에 대한 새로운 사고와 조직을 요구하며 이는 냉전 시기와 전혀 다른 것이 될 것이라고 언급했다(Feith, 2003).

세계 방위 태세 검토의 재배치 전략은 냉전 시기 미군 전력을 21세기의 새로운 위협에 더욱 기민하고 유연하고 초지역적으로 대응할 수 있도록 전환하는 것에 목적을 두고 있다. 세계 방위 태세 검토의 핵심 전략 다섯 가지는 다음과 같다(Feith, 2003).

① 동맹국의 관심사를 조율하고 동맹국 군대 간에 호환성을 보장하고 정보 공유를 용이하게 하며 새로운 파트너십을 구축할 수 있는 동맹국 군대와의 협력 강화
② 변화하는 환경에 조응할 수 있는 유연성과 기민성 극대화
③ 특정 지역뿐만 아니라 지역을 관통해 관심 지역과 특정 지역에서 다른 지역으로의 전력 투사 능력 개발
④ 관련 지역과 사건이 요구하는 전진 배치 전력을 신속하게 전개할 수 있도록 신속 전개 능력 개발
⑤ 군사력의 숫자가 아닌 군사적 능력에 주목

세계 방위 태세 검토에 따르면, 미국은 해외 주둔 미군을 고정 주둔부대에서 신속 전개가 가능한 부대로 전환하려 하고 있다. 세계 방위 태세 검토에서는 해외 주둔 미군을 네 개의 집단으로 분류했다. ① 대규모 군사 전개의 허브라고 할 수 있는 전력 투사 중추PPH, ② 대규모 부대가 장기간 주둔하는 주요 작전기지MOB, ③ 소규모 장교나 교체 부대가 주둔하는 전진 작전 거점FOS: Forward Operating Site, ④ 소규모 연락장교와 훈련소를 유지하고 외부 전력의 지원으로부터 필요 자원을 확보하는 안보 협력 대상 지역CSL: Cooperative Security Location.

해외 주둔 미군 재배치와 세계 방위 태세 검토에 의한 미 군사력 전환에 따라, 2004년 8월 16일에 부시 대통령은 예측 불가능한 위협에 대응하기 위해 해외 주둔 미군을 6만 명에서 7만 명 정도 감축한다는 계획을 발표했다. 미국은 주로 한국(1만 2,500명)과 독일(3만 명)에 주둔하는 부대를 철수시켜 미국 본토를 포함해 동유럽과 중앙아시아 지역에 재배치하려 했다.

이러한 미국의 새로운 군사전략은 한미 동맹에 긴장을 초래했다. 첫째, 주한 미군 수와 역할의 변화, 특히 미군 감축은 미래 안보에 대한 한국인들의 걱정과 공포 수준을 제고했다. 2003년 한미 정상회담 이후 발표된 공동성명은 한미 동맹 현대화, 주한 미군 감축, 상호 협조와 협의 증대, 향후 동맹 발전을 위한 전문가 회의 개최 등 한미 동맹 강화를 위한 몇 가지 조치를 제시했다. 제34차 한미연례안보협의회의SCM: ROK US Security Consultative Meeting에서 한미 동맹의 미래를 위한 지침을 작성하기 위한 미래한미동맹정책구상FOTA: Future ROK-US Alliance Policy Initiatives을 만들기로 합의한 후 미래한미동맹정책구상에서는 10여 차례의 회의를 개최하고 한강 이남으로 미8군 2사단 이전, 용산 사령부 이전(서울 외곽), 주한 미군 감축 등에 대해 논의했다. 2002년 2월에 열린 7차 미래한미동맹정책구상 회의에서 미국은 한국 관료들에게 세계 방위 태세 검토와 그에 따른 미군의 부분 철수에 대해 설명했다. 그리고 이후에 미국은 또 한 번 주한 미군 추가 감축 가능성을 시사했다.

미국 병력 재배치와 감축은 한국이 미국의 방어선 외부에 있다는 애치슨 선언Dean Acheson's statement이 북한으로부터의 침략을 초래했다고 믿고 있는 한국인들 사이에서 미국이 한국을 포기한 것이 아니냐는 공포를 증가시켰다. 많은 한국인이 주한 미군 재배치를 인계 철선 역할의 약화로 해석했다. 주한 미군의 지위 또한 한국인들 사이에 안보 우려를 증가시켰다. 세계 방위 태세 검토에 따르면, 분쟁 지역에 즉시 투입될 수 있는 스트라이커 부대는 전력 투사 거점에 주둔할 예정인데, 동아시아에서 전력 투사 거점 후보지는 일본이다. 군사 대치가 끊임없이 발생할 수 있는 한국에 머무르는 주한 미군은 대규모 병력과 물자가 주둔하는 주요 작전기지 후보지가 될 예정이다. 물론 주한 미군은 긴급 상황 시 병력을 동원하는 전력 투사 거점 역할을 함께할 수 있다. 미국 관점에서 주한 미군 기지는 전력 투사 거점과 주요 작전기지 사이에 위치하는 것으로 분류될 것이다.[3]

세계 방위 태세 검토 계획에서 주한 미군이 주일 미군과 비교해 격하될 수 있을 뿐만 아니라 동북아시아에서 미래의 평화 유지peace-keeping 임무를 수행하고 북한 침공에 대한 억지력이라는 전통적 역할을 수행하게 될 '유동 전력mobile force' 역할을 수행할 것이라고 언급된 것은 한국의 우려를 불러일으키기에 충분했다. 한국 내 비판론자들은 만약 주한 미군이 유동 전력으로 활용된다면, 서울의 군사 주권이 침해될 뿐만 아니라 중국과 북한으로부터 부정적 반응을 불러일으킬 것이라고 주장했다. 만약 주한 미군의 지위가 전

---

3 외교통상부 장관은 미래한미동맹정책구상 회의에서 미국이 주한 미군은 주요 작전 기지 또는 전력 투사 거점이나 주요 작전기지 사이의 중간급 군사기지가 될 것이라고 한국 관료들에게 고지했다고 언급했다. 주한 미군은 세계 방위 태세 검토 계획에서 가능한 네 가지 중에서 1.5~2.0 사이의 등급을 받았다(≪동아일보≫, 2004.5.19.).

력 투사 거점보다 낮게 평가된다면, 이는 미국의 세계 안보 전략에서 한국의 중요성이 감소했다는 증거라고 할 수 있다. 한국인들은 만약 주한 미군이 주일 미군 휘하에 배속되고 언제라도 동아시아 분쟁 지역으로 배속될 수 있는 유동 전력이 된다면, 주한 미군이 한국 방어에 전적으로 몰두할 수 없을 것이라고 우려하고 있다.

5. 한미 동맹과 한반도의 평화·번영

지난 반세기 동안 한국에서 미국은 한국의 평화와 번영, 민주주의 발전에 결정적인 기여를 했다. 미국은 한반도가 분단된 이후부터 근대국가 건설, 한국전쟁 참여 및 구호, 북한의 침략 가능성으로부터 보호, 압축적 산업화와 민주주의 증진에서 결정적 역할을 수행했다. 따라서 한미 동맹은 곤경에 처하더라도 반드시 강화되어야 한다.

첫째, 미국의 일극 헤게모니가 일정 시기까지 지속될 수 있는 시대에 한국의 바람직한 대외 정책 전략은 미국과 동맹을 강화하는 것이다. 냉전이 종식된 이후 동북아시아 내 다자간 안보 협력이 형성될 것이라는 희망이 만연했으나 9·11 테러라는 비극적 사고가 발생한 이후 이러한 희망은 소멸되었다. 9·11 테러는 탈냉전 시기에 국제 평화와 번영에 대한 낙관적 전망에 종지부를 찍었을 뿐만 아니라 미국 헤게모니를 더욱 강화했다.

9·11 테러는 애치슨의 '거대한 초승달' 아이디어를 부활시켰다. 동아시아에 대한 미국의 전략은 동아시아에 새로운 질서를 계획하는 것이 아니라 변화하는 환경에 맞춰 구질서를 개조하는 것이었다. 미국은 제2차 세계대전 이래 지속된 동아시아 내 일방적 양자주의를 유지하면서 이를 더욱 유연하고 기민한 것으로 수정하고자 했다. 미국은 미국과 동아시아 국가들 사이에

맺어진 양자 동맹을 양자 동맹국들 사이에 이동성과 연결성을 증진하는 다층적 양자 동맹으로 전환하고 있다. 미국은 동아시아가 대규모 군사 출동을 해야 할 가능성이 가장 큰 지역이라고 보고, 따라서 지속적으로 미일 동맹을 중심으로 지역 내 문제에 군사적으로 개입할 수 있는 능력을 유지했다.

증대되는 중국의 군사력은 일본, 필리핀, 호주, 한국 등과 동맹을 강화할 필요성을 증가시킬 것이다(Lampton, 2004). 미국의 일방적 양자주의는 지역 안보 분야에서 다자주의가 출현하는 것을 방해했다. 중국이 미국과 동아시아 연안 국가들 사이에 강화된 양자 동맹에 포위된 구조하에서 동아시아 국가들의 안보 문제에 대해 중국을 포함한 다자주의 협력이 출현하는 것은 매우 어렵다. 미국과 중국의 국가이익이 상호 충돌하는 지정학적 구조에서 한국은 미국과 동맹을 강화함으로써 한반도에 대한 중국의 영향력이 확대되는 것을 봉쇄하는 전략을 취할 필요가 있다.

최근 중국은 한반도 분단을 유지하고 북한을 지렛대로 이용함으로써 경제적·외교적 이익을 극대화하는 두 개의 한국 전략을 추구하고 있다. 그뿐만 아니라 중국은 북한을 동아시아 지역에서 미국의 힘이 팽창하는 것을 막는 방패로 이용하고 있다. 또한 중국은 북한에서 동북 지역으로 대규모 난민이 유입되는 것을 억제하고자 노력하고 있으며, 한국의 잠재적 민족주의와 동북 지역에서 일어날 수 있는 한국계 중국인들과 북한 난민들의 분리주의 운동에 대해 우려하고 있다. 따라서 중국은 한반도에서 진행 중인 긴장과 한국의 분단 유지에 확실한 관심을 가지고 있다. 당분간 중국은 북핵 문제의 평화로운 해결에 매우 역동적으로 참여하겠지만, 중국의 이익은 궁극적으로 통일 한국을 건설해 동아시아 내 허브 국가가 되려는 야심을 갖고 있는 한국의 이익과 충돌한다. 따라서 강력한 한미 동맹은 북한의 위협과 침공에 대한 억지력이라는 전통적 역할을 넘어 중국과 관련한 경제적·정치적 문제에서 한국에 중요한 지렛대를 제공할 수 있다.

둘째, 강력한 한미 동맹은 중국에 의한 새로운 동아시아 질서 형성을 차단하는 데 중요한 역할을 담당하기 때문이다. 미일 동맹 강화는 일본의 국방력을 확대하는 역할을 한다. 일본과 중국 간의 역사적 적대와 경쟁을 고려하면 미일 동맹 대 중국 구조가 가까운 미래에 출현할 것이며, 한국은 미일 동맹이나 중국 중 한쪽 편에 설 것을 강요받게 될 가능성이 매우 높다. 이러한 환경에서 한국에 가장 바람직한 전략은 한미 동맹을 강화하는 것이다. 강화된 한미 동맹은 지역 헤게모니로서 중국의 위협을 억제하고 동시에 일본의 재무장을 억제하는 중심적 역할을 할 수 있다. 한국의 강력한 국방력은 미국의 영향력으로부터 독립하는 것이 아니라 역설적으로 미국의 안보 우산에 편승하는 것을 통해 가능하다. 한미 동맹 강화를 통한 자기방어는 한국을 위한 최선의 선택이다. 한미 동맹 약화와 주한 미군 철수는 근래에 들어 고개를 들고 있는 중국과 일본의 영토적 야망을 더욱 대담하게 드러나게 할 수 있다. 영토적 야망을 갖고 있지 않은 미국만이 한국을 둘러싼 주변 국가들의 영토적 야망을 억제하고 한국을 보호해줄 수 있다.

셋째, 강력한 한미 동맹은 북한에 대해 효과적인 개입 정책(햇볕 정책)을 추구하기 위해서라도 필수적이다. 북한 정권의 생존을 보장하고 국제사회로부터 북한에 대한 경제원조를 이끌어내기 위해서는 이를 가능하게 하는 힘을 가진 미국의 협력이 절대적으로 필요하다. 북한 역시 이러한 사실을 잘 알고 있을 것이다. 남북 간 협력, 즉 민족 공조는 한미 간 공조가 전제되어야만 이루어질 수 있으며 한반도 평화 보장이라는 국제 공조 없이는 실현되기 어렵다.

넷째, 강력한 한미 동맹은 중일 간 평화를 매개하고 동아시아 지역의 평화와 번영을 이룩하는 데 한국이 허브 국가 역할을 할 수 있도록 견인해줄 수 있다. 중일 간 분쟁이 발생할 때, 미국의 군사적 보장이 없다면 한국은 양국 사이에서 중재자 역할을 할 수 없다. 주한 미군은 동북아시아 내 세력균형을 안정화하는 역할을 담당하고 있으며, 남북통일 이후 동아시아 지역의 평화를 유지하는 데 새로운 역할을 할 수 있다. 지역 안정은 북한 위협에 대한 억지를 넘어 한미 동맹의 중요한 향후 과제라 할 수 있다. 따라서 한국은 미국으로부터 도움을 받아 동아시아 평화와 안정의 중재자가 될 수 있다.

끝으로, 한미 동맹 강화는 북핵 문제가 평화적으로 해결된 이후에도 미국이 남북 관계 호전과 동북아시아 평화와 번영에 결정적 역할을 할 수 있기 때문이다. 동아시아의 일방적 양자주의 구조를 이해하고 있는 북한은 남한이 미국의 지지를 받을 때만 남한을 대화와 타협의 상대로 수용한다. 만약 북한에서 남한이 미국의 지지를 받고 있지 않는다고 믿게 되면, 북한은 남한을 배제하고 미국과 직접적인 양자 대화를 통해 문제를 해결하고자 할 것이다. 그러므로 9·11 테러 이후 다자간 안보 협력 가능성이 낮아진 상황에서 한국은 미국과의 관계 향상과 한미 동맹 강화를 통해 변화하는 안보 환경에 조응하는 방법을 모색할 필요가 있다. 미국과의 협력은 북핵 문제의 평화적인 해결, 통일 이후 한반도에 영구적 평화 정착, 그리고 동아시아 평화와 번영의 허브로서 한국이 부흥하기 위해 반드시 필요하다.

제5장
미국의 동아시아와 한반도 전략의 변화*

조지 W. 부시

지난 20세기는 미국의 세기였다. 20세기 초, 미국은 제1차 세계대전을 계기로 고립주의에서 벗어나 세계의 리더가 되었다. 포디즘Fordism으로 불리는 미국적 생산방식은 경제 발전의 세계 표준이 되었고, 미국의 민주주의는 신생 국가들이 벤치마킹하는 정치제도가 되었으며, 미국 문화는 전 세계 젊은이들을 열광시켰다. 미국이 세계 리더가 되는 과정에는 도전 또한 존재했다. 독일(나치즘)은 일본(군국주의) 및 이탈리아(파시즘)와 손잡고 미국의 헤게모니에 도전했으나 무참히 패배했다. 이후 소련이 미국 중심의 자본주의 체제에 대항해 사회주의 체제를 구축하려 했고, 그 결과 장기간의 냉전이 지속되었다. 그러나 1989년 소련과 동유럽의 사회주의 국가들이 조용히 그리고 평화적으로 자멸함으로써 미국은 도전자 없는 단일 헤게모니를 확보하면서 21세기를 맞이하게 되었다(임혁백, 2000b: 53~55).

---

* 이 글은 다음 논문을 수정·보완한 것임. 임혁백, 「미국의 동아시아 전략과 동북아 지역안보: 현황과 전망」, 국방대학교 안보문제연구소 엮음, ≪국방연구≫, 제47권 제2호(2004년 12월), 3~27쪽.

그런데 도전자 없는 단일 헤게모니를 21세기에도 계속 유지하려는 미국의 구상에 대해 도전하는 세력이 나타났다. 그 세력은 기존의 영토 국가가 아닌, 테러 집단이었다. 2001년 9월 11일, 이들 테러 집단은 뉴욕의 100층짜리 세계무역센터WTC: World Trade Center와 워싱턴 D.C.의 국방부 펜타곤 등 미국의 심장부를 강타했고 이 사건을 계기로 미국의 세계 전략은 근본적으로 바뀌게 되었다. 양대 전쟁 전략, 대량 살상 무기WMD 반反확산 정책, 반테러 전쟁 등의 내용을 중심으로 하는 미국의 세계 전략(부시 독트린)은 이라크 전쟁에서 그 모습을 본격적으로 드러냈다(서재정, 2003).

한편 미국 헤게모니에 대한 도전이 계속 이루어지고 있고 그럼에도 불구하고 미국 헤게모니가 지속되고 있는 가운데 탈냉전, 세계화, 정보화라는 세계사적 변화의 물결을 타고 동북아시아가 부상하기 시작하고 있다.[1] 물론, 동북아의 부상은 냉전 시대부터 시작되었다. 동아시아에서 가장 먼저 부상한 일본은 미국이 제공하는 안보를 바탕으로 1960년대 세계 경제의 중심부로 진입했다. 이후 한국, 타이완, 홍콩, 싱가포르 등 동아시아의 네 마리 용이 미국의 '자비로운 헤게모니'의 수혜를 받으면서 1980년대에 기적과 같은 경제성장을 이룩했다(임혁백, 1998: 154~155; 신광영, 1999: 55~63; Pempel, 2002: 28~32; Hersh, 1993).

지역으로서 동북아가 부상하고 대서양에서 태평양으로 세계 경제의 축이 이동하는 현상은 중국에 의해 추동되고 있다. 중국은 1979년 이후부터 개혁·개방 정책을 추진하면서 연평균 10%의 고도성장을 달성했으며 2002년에는 세계무역기구WTO에 가입하면서 세계 경제의 중심 국가로 진입했다. 중

---

1 동북아시아는 전 세계 생산의 5분의 1을 차지하고 있으며 특히 동북아의 한·중·일 삼국에는 16억 명의 인구가 살고 있다. 이는 유럽연합(EU) 인구의 네 배에 달하는 규모이다.

국은 8% 이상의 높은 경제성장률, 세계 5위의 교역국, 세계 2위의 외환 보유국, 세계 1위의 외국인 투자 유치 등을 기록하면서(이수훈, 2004: 124~125) 동북아의 부상을 이끌고 있다.

대서양 시대에 동북아는 지리적으로 변방에 머물러 있었지만 세계화 및 정보화 혁명은 동북아로 하여금 변방의 불리不利를 단숨에 극복할 수 있게 해주었을 뿐만 아니라 글로벌 경제의 중심으로 진입하게 해주고 있다. 특히 디지털이 세계 표준이 되면서 동북아는 서구를 따라잡기 위해 노력하고 있는 후발 지역에서 디지털 세계 표준의 설정자가 되고 있다. 또한 동북아 지역 내 교역량, 자본 이동량, 인적 교류 등의 증가로 역내 경제통합이 가속화되면서 동북아 지역 내 경제 공동체가 형성될 가능성 또한 높아지고 있다.

21세기에도 여전히 미국의 패권이 지속되는 가운데 동북아가 경제적·정치적으로 부상하면서 동북아의 안보 환경 또한 변화하고 있다. 아시아에서 미국 패권의 지속은 냉전 시기에 미국이 마련한 일방적 양자주의를 연장시키는 요인으로 작용하고 있는 반면, 동북아, 특히 중국의 부상은 다자주의를 포함한 여러 대안적 안보 레짐의 가능성을 열어주고 있다.

이러한 새로운 동북아 안보 환경의 출현은 한반도 안보에도 중요한 변화를 초래할 수밖에 없다. 따라서 미국의 세계 전략의 변화와 동북아 지역에 대한 미국 안보 정책의 변화를 추적해 미국의 정책 변화가 한반도 안보에 어떤 영향을 미치는지를 살펴볼 필요가 있다. 이를 위해 우선적으로 냉전 해체 이후 미국의 세계 전략이 어떻게 변화하고 있는지 그 궤적을 추적하면서 동북아 안보 거버넌스governance가 태동하게 된 변화를 살펴본다. 다음으로는 미국의 동북아 안보 전략의 변화 양상을 한반도 안보 정책의 변화와 함께 살펴본다. 마지막으로 미국의 정책 변화가 한반도 안보에 미치는 영향과 한반도와 동북아의 평화와 번영을 위해 우리가 해야 할 바람직한 대응 방안을 모색해본다.

1. 부시 독트린의 등장과 동아시아

국제 냉전 질서가 해체되고 미국 중심의 단일 헤게모니 체제로 바뀌면서 탈 냉전 시대에 미국의 세계 안보 전략을 둘러싼 이론적 논쟁이 진행되었다. 논 쟁은 유일 강대국으로 남은 미국이 국제사회에서 수행해야 할 역할과 세계 질서에 대한 비전, 개입 방법 등을 중심으로 전개되었다.

1980년대 후반부터 1990년대 초반 사이에 이루어진 제1차 논쟁은 국제 주의자internationalist와 신고립주의자neo-isolationist 간에 벌어졌다. 논쟁의 초점은 경쟁자가 사라진 시점에서 미국이 전통적 고립주의로 회귀할 것인지, 아니 면 새로운 질서를 만들기 위해 적극적으로 개입할 것인지 여부였다. 신고립 주의자들은 냉전 시대에는 공산주의의 위협으로부터 자유민주주의 진영을 보호하는 것이 미국 세계 전략의 주요 목표였기 때문에 미국이 국제 문제에 광범위하게 개입하는 것이 필요했으나 공산권이 붕괴된 탈냉전 시대에는 냉 전 시대의 세계 전략이 더 이상 유효하지 않기 때문에 국제 문제에 대한 미 국의 개입을 최소화하는 방향으로 가야 한다고 주장했다. 이들은 미국이 국 제 문제에 지속적으로 개입하게 되면, 타국과의 분쟁이 불가피해지고 국가 권력이 비대화되어 개인과 사회의 자유를 제한할 뿐만 아니라 미국의 근본 철학에도 반한다면서 국제 문제에 대한 미국의 개입을 반대했다.[2] 반면 국제 주의자들은 세계화와 미국 중심의 단극화로 특징지어지는 국제 질서하에서 미국은 역설적으로 세계를 이끌어가야 할 책임을 부여받았고, 따라서 원하

---

2 고립주의자들은 냉전 시대에 미국이 국제 문제에 개입한 것은 공산권으로부터 자유 민주주의 진영을 지키기 위해 예외적으로 인정한 전략이라고 말한다. 고립주의는 토 머스 제퍼슨(Thomas Jefferson)의 사상에 기반을 두며, 카토 연구원(Cato Institute) 에서 이 입장을 주로 대변하고 있다.

	기본 입장	외교 전략
자유주의적 국제주의자	• 일방적 패권주의를 강요하지 않는 글로벌 네트워크의 수문장(Berger, 2000)	• 다자주의를 지향하며 국제 문제에 대한 적극적 개입
현실주의자	• 다극 체제로의 변화를 가정한 사려 깊은 정책(prudent policy)	• 다자주의를 지향하나 국제 안보 협력 체제의 효용성에 대해서는 회의적 • 미국의 국익과 관련된 국제분쟁에 대한 선별적 개입(selective engagement)
신보수주의자	• 힘으로 규정되는 자국의 이익 추구 또는 선의의 패권주의(benevolent global hegemony)	• 일방주의 정책 선호 • 불량 국가에 대해서는 선제공격을 포함한 강경 정책 지향

던 원치 않던 간에 미국에 주어진 책임을 방기해서는 안 된다고 주장했다. 이러한 제1차 세계 전략 논쟁은 국제주의자들의 승리로 끝났다.

이후 제2차 세계 전략 논쟁이 벌어졌고 이는 국제주의자들 간의 논쟁으로 진행되었다. 이들은 미국이 국제 문제에 지속적으로 개입한다는 것을 전제로 향후 미국의 역할, 세계 전략, 국제 질서의 변화 등을 중심으로 논쟁을 벌였다. 논쟁은 자유주의적 국제주의자liberal internationalist, 현실주의자, 신보수주의자 등 크게 세 그룹으로 나누어 진행되었다.[3] 이들 사이의 차이점은 〈표 5-1〉과 같다.

냉전 해체 이후 미국의 세계 전략을 개괄적으로 살펴보면 다음과 같다. 우선 냉전 해체를 주도한 조지 H. W. 부시George H. W. Bush(41대 대통령) 정부의 세계 전략은 현실주의를 기조로 했다. 미국의 국제사회에 대한 개입은 미국이 가진 능력의 한계를 벗어나서는 안 되며 미국의 국익에 결정적인 영향을 미치는 국제분쟁에만 개입해야 한다는 것이었다. 그래서 부시 정부에서는 전략 핵무기 감축, 상호 군비 통제, 해외 주둔군 감축 등 '최소 강령적 현실주의minimal realism' 방식을 실시했다. 반면 빌 클린턴 정부는 미국의 영향력

---

3 탈냉전 시대 미국의 세계 전략 비전에 관한 분석은 Posen and Ross(1996) 참조.

행사와 주도적 역할을 강조하는 자유주의적 국제주의 전략을 수립했다. 자유민주주의, 시장경제, 평화를 기본으로 하는 국제 질서를 확산시키기 위해 미국이 세계 문제에 적극적으로 개입해야 한다는 '개입과 확대engagement and enlargement' 정책을 마련하고 국제사회와의 협력이라는 다자주의 방식을 통해 이를 실천했다. 그런데 이후 등장한 조지 W. 부시(43대 대통령) 정부는 공화당 정통 주류의 현실주의와 신보수주의의 갈등 속에서 세계 전략을 결정하다 9·11 테러 이후부터는 불량 국가와 테러 집단으로부터의 위협을 강조하는 신보수주의 세계 전략을 추진하기 시작했다.

신보수주의 세계 전략이 처음 문서화된 것은 폴 울포위츠Paul Wolfowitz 당시 국방부 장관과 루이스 리비Lewis Libby 당시 부통령 수석 보좌관이 작성한 '국방 정책 지침the Defense Policy Guidance'이다. 전 상원 외교위원장이었던 민주당의 조 바이든Joe Biden이 '팍스 아메리카를 위한 처방전'이라고 말했듯이, 이 문서는 유라시아 지역에서 미국이 현격한 군사 우위를 점해야 하며, 핵심 전략으로 잠재적인 적대 국가의 힘이 강화되는 것을 방지해야 하고 대량 살상 무기 개발 의혹이 있는 국가들에 대해서는 선제공격을 할 수 있다고 제시했다. 이 문서는 국제 문제에 대한 미국의 일방주의적 개입과 확대 정책의 불가피성을 예고하고 있었다.

이후 신보수주의자들이 중심이 되어 설립한 '새로운 미국의 세기를 위한 프로젝트PNAC: Project for the New American Century'라는 연구 단체에서 2000년에 발표한 「미국 국방력 재건: 새로운 세기를 대비한 전략, 군사력, 자원Rebuilding America's Defenses: Strategy, Force and Resources for a New Century」에서는 압도적인 군사력을 바탕으로 미래 대응적proactive 대응과 공격적 전략이라는 신보수주의자들의 핵심 정책을 좀 더 광범위하게 제시했다.[4] 이들이 제시한 주요 전략은

---

4 새로운 미국의 세기를 위한 프로젝트 정강에는 울포위츠와 리비 외에 딕 체니(Dick

본토와 동맹국 방어를 위한 미사일 방어MD: Missile Defense 체제 구축, 국방비 증액, 탄도탄 요격 미사일 협정ABM Treaty: Anti-Ballistic Missile Treaty 탈퇴, 전 세계 지역 선점, 기습 공격력global first-strike force 확보를 위한 공군력 편제 개편 등 공격적인 전략이 대부분이었다. 그리고 이 보고서의 내용은 이후 부시 독트린의 완성판이라 할 수 있는 '미국 국가 안보 전략' 보고시에 고스란히 담겨졌다.[5]

이러한 맥락에서 2003년의 '세계 방위 태세 검토GPR'로 대변되는 미국의 해외 주둔 미군 전력 조정 정책은 부시 행정부의 신안보 전략의 논리적 귀결이다.[6] 세계 방위 태세 검토에 나타난 군사 변환transformation 전략의 핵심은 최첨단 무기 체계를 기반으로 한 '유동성 있는 군사 능력'을 지향해 미국을 언제 어디서든지 전투가 가능한 '모듈 군대module army'로 바꾸는 것이다. 모듈 군대의 대표적 예로 스트라이커 전투부대를 들 수 있는데 이 부대는 첨단 장비로 무장했으면서도 가볍고 기동성이 뛰어나 최첨단 전차들과 함께 유사시

Cheney, 전 부통령), 도널드 럼즈펠드(Donald Rumsfeld, 전 국방 장관), 엘리엇 에이브럼스(Elliot Abrams, 전 안보 회의 보좌관), 잘메이 할릴자드(Zalmay Khalilzad, 전 아프가니스탄 대사) 등 부시(43대 대통령) 행정부의 주요 안보 및 국방 정책 담당자들이 서명했다.

5 미국 국가 안보 전략의 주요 내용은 ① 미국은 더는 반응적 자세(reactive posture)를 취해서는 안 되며, ② 적의 선제·기습 공격(first-strike)을 허용해서는 안 되며, ③ 절박한 위협(imminent threat) 개념을 적의 능력과 목적에 적용해야 하며, ④ 적대적 행위를 사전에 방지하기 위해 미국은 필요하다면 선제공격적인(preemptive) 행동을 취할 수 있으며, ⑤ 국방력을 압도적으로 증대시켜 적이 군비경쟁을 포기하도록 해야 하며, ⑥ 유럽과 동북아시아 지역 외에도 미군 주둔 기지를 확보해야 하며, ⑦ 불량국가 외에 중국과 같은 경쟁국도 미국 군사력의 투입 대상이 되며, ⑧ 21세기가 주는 도전과 기회에 부응하기 위해 국가 안보 기구를 개혁해야 한다는 것이다. 자세한 내용은 Whitehouse(2002) 참조.

6 세계 방위 태세 검토에 나타난 5대 핵심 전략은 121쪽 참고.

에 초대형 수송기에 실려 3~4일 만에 분쟁 지역으로 투입될 수 있는 부대이다. 미국의 군사 변환 전략은 이와 같이 기동성을 갖춘 최첨단 전투부대를 기존 기지에 두지 않고 기동군으로 활용하겠다는 것이다. 즉, 스트라이커 부대를 설치하는 것은 부시 정부의 세계 전략이 신보수주의에 기반을 둔 공격적 전략의 일환이라는 것을 의미하며, 이러한 추세는 부시 정부 내내 지속되었다.

냉전 해체와 미국의 세계 전략 변화로 동북아 지역에서도 서서히 안보 거버넌스 수립을 위한 조건이 형성되었다. 냉전기에 미국은 동북아에 대해 서유럽과 다른 방식으로 지역 질서를 구축했다. 미국은 서유럽에서는 다자적이고 협력적인 정책을 추진한 반면, 동북아에서는 일방주의를 고집했다. 동북아에는 북대서양조약기구NATO와 같은 집단 안보 기구도 없고 유럽안보협력회의CSCE나 경제협력개발기구OECD도 없었다. 미국은 동아시아 개별 국가에 대한 영향력을 극대화하기 위해 동아이사 지역 전체를 서로 연결하는 망network을 만드는 것을 회피했다. 연계는 미국과 개별 국가 간에만 이루어졌고 동아시아 국가 간 대화와 연계도 미국을 통하지 않고는 이루어질 수 없었다. 미국을 배제한 동아시아 국가 간 연계는 거의 존재하지 않았다(Pempel, 2002: 108~109).

그러나 국제 냉전 체제가 해체되면서 동아시아는 '숨 쉴 공간breathing space'을 얻게 되었다. 첫째, 냉전 해체의 여파는 동아시아에서 '중추와 부챗살'로 이루어진 안보 레짐의 이완을 가져왔고 이에 따라 일본은 동아시아 국가들에 대한 영향력을 강화했다.[7] 둘째, 중국의 정책 대전환과 개혁·개방으로 미

---

7 일본은 동아시아에서 지역적 상호 의존 체제 구축을 처음으로 시도했다. 이 시도는 '날아가는 기러기 무리 모델(flying gees model)'이라는 일본의 경제통합 모델에 바탕을 두고 추진되었는데, 대동아공영권을 연상시키는 일본의 '날아가는 기러기 무리' 통

국과의 마찰 가능성이 줄어들고 동아시아 지역 내 교류와 교역이 확대되었
다. 정치 영역에서도 미국을 거치지 않고 아시아 국가들 간에 수평적 대화
및 교류가 일어났다. 아세안ASEAN, 아시아·태평양경제협력체APEC: Asia-Pacific
Economic Cooperation, 아세안+3APT: ASEAN Plus Three 등의 기구들이 출범하면서 범
동아시아적 지역주의 제도화에 시동을 걸고 있다. 안보 문제와 관련해서도
아세안지역안보포럼ARF: Asian Regional Forum이 출범했고 이 포럼에서는 고위급
회담이 이루어지고 있다. 그 외에도 아시아태평양안보협력회의CSCAP: Council
for Security Cooperation in the Asia Pacific 등 민간인, 학자, 관료 등을 포함하는 다양
한 싱크탱크think tank가 출현하고 있다.

　　동북아시아에 지역 거버넌스가 출현하는 것을 제약하는 여러 요인이 많
이 있음에도 불구하고,[8] 동북아시아는 장기적으로 유럽연합 수준에 근접하
는 중위적 수준의 통합적 지역 거버넌스를 확립할 수 있을 것이다. 동북아
국가 간에 가파르게 확대되는 경제적 교류·교역·투자 등은 북미자유무역협
정NAFTA: North American Free Trade Agreement에 준하는 자유무역 지대의 형성을 가
능하게 할 것이다. 포괄적인 집단 안보와 다자 안보 기구도 '한국 문제'만 해
결되면 아세안지역안보포럼의 연장선상에서 수립할 수 있을 것으로 예상된
다(임혁백, 2004a: 39).

───────────

합 모델은 1990년대 중반, 일본에서 거품경제가 터지면서 한순간에 날아가 버렸다.
8　예를 들어 한국, 중국, 일본 각 국가에서 사용하는 한자의 차이, 한일 간 역사 문제,
　한중 간 고구려사 문제, 일중 간 댜오위다오(센카쿠 열도) 문제 등은 민족주의의 부
　활을 가져오는 동시에 동북아 지역 통합을 방해하는 요인이다. 또한 박명림(2004)의
　지적과 같이, 한국 문제(Korean question) 또한 지역 통합의 장애 요인이 되고 있다.

2. 부시와 고이즈미의 밀착

미국의 동북아 안보 전략은 부시 정부의 세계 전략 변화에 따라 대폭적으로
변화했다. 전임 클린턴 정부가 자유주의적 국제주의 원칙에 입각한 '개입과
확대 정책'을 지속해서 추진한 것[9]과 달리, 부시 정부는 더 적극적이고 미래
대응적이며 공세적인 '확신-단념-억지-패배assuring-dissuading-deterring-defeating' 전
략 개념을 도입했다. 즉, 동맹국과 우방국에 대해서는 미국의 안보 공약이
이행될 것이라는 것을 확신시키는 반면, 미국과 동맹국에 위협이 될 수 있는
군사력 경쟁은 단념시키며, 미국의 전진 배치를 유지해 미국의 국익에 대한
위협을 억지하고, 억지가 실패할 경우에는 위협 대상을 패배시킨다는 전략
을 수립했다(US DOD, 2001).

미국은 한국과 일본과의 동맹 관계의 중요성을 재확인하는 동시에 암시
적으로 중국을 전략적 경쟁자로 지목하면서 중국이 군사 강대국으로 부상하
는 것을 경계하는 모습을 보이고 있다. 즉, 미국은 향후 아시아에 가공할만
한 군사적 경쟁국이 등장할 것이며, 대규모 군사 경쟁이 발발할 가능성이 높
다고 판단, 아시아에 미국에 우호적이고 안정적인 환경을 만들어 유지해야
한다고 밝히고 있다. 특히 미국은 아시아 가운데에 벵골 만에서 중국 대륙

---

9 '나이 리포트(Nye Report)'라는 이름으로 불리는「동아시아 전략 보고서(EASR: East
Asia Strategic Report) L」에 따르면, 미국은 자국의 사활적 이익이 걸려 있는 동아시
아 지역에 미군을 지속적으로 전진 배치할 것이라고 언급하고 있다(홍현익, 2003).
또한 이 보고서는 미일 동맹 관계의 중요성을 강조하고 있으며, 한반도 문제와 관련
해서는 대포동 미사일 발사와 제네바 합의 이행에 대한 불확실성을 지적하면서도 북
핵 동결과 4자 회담 등을 긍정적으로 평가하고 있다. 중국에 대해서는 지역 군사 강
국으로 성장할 가능성과 경제적 역할에 주목하면서 중국을 전략적 동반자인 동시에
전략적 경쟁자로 인식하고 있음을 보여주고 있다(US DOD, 1998).

남단을 거쳐 동해에 이르는 선(거대한 초승달)을 경계로 동북아시아와 동아시아 연안 지역East Asian Littoral으로 구분하고 중국 대륙과 연안 해양이라는 두 개의 군사 영향권이 형성되고 있음을 시사하면서 한국, 일본, 오세아니아 국가 등 연안 해양국과의 동맹 관계를 강화해 중국을 견제하려는 전략을 구상했다. 그리고 이를 위해 연안 해상 지역 기지에 대한 접근을 용이하게 하고, 원거리 군사력을 투입해 상당 기간 이 지역에서 작전을 수행할 수 있는 시스템을 개발하고 지역 내에서 최소한의 지원을 확보하는 것을 강조하고 있다(이상현, 2003: 29~30).

부시 정부는 '능력에 기초한 계획capability-based planning'을 동아시아 안보 전략으로 제시하면서 비대칭적 위협뿐만 아니라 잠재적인 적의 위협을 예측한 대응을 강조했다. 구체적으로 아시아 지역에 항공모함 선단의 상주, 미 공군 주둔 강화, 3~4척의 전함 증강, 트라이던트Trident 미사일을 탑재한 원자력잠수함 전진 배치 등을 제시했다. 이러한 전력 증강은 중국을 중심으로 한 대륙 세력의 세력 확장을 의식한 것으로 볼 수 있다.[10]

이러한 미국의 대중 견제와 봉쇄 정책에 대해 중국 역시 미국의 팽창정책을 견제하고 있다. 9·11 테러 이전 중국은 미국의 동아시아 전략에 대해 미국이 일본과 협력해 중국을 봉쇄하고, 중앙아시아 국가들에 대한 지원을 통해 러시아와 이슬람 근본주의자들의 영향력 확산을 방지하며, 신장 지구 등에서 일어나고 있는 분리주의 운동을 고무하는 동시에 타이완의 독립을 지원하면서 중국 체제를 무력화해 중국이 경쟁국으로 부상하는 것을 방지하겠다는 의도를 지닌 것으로 파악했다. 그리고 이러한 인식을 바탕으로 타이완의 영구 독립 방지, 미사일 방어 구축 저지, 한반도 안정 유지, 동중국해와

---

10 혹자는 미국의 이러한 전력 증강 대상 지역으로 일본, 괌, 싱가포르 등을 지목하고 있다(이상현, 2003: 31; McDevitt, 2001).

남중국해에서 발생하고 있는 분쟁에 대처, 쌍무적 혹은 다자적 기구를 통한 중국의 경제적 지원, 일본의 군비 증강 방지, 동북아에서의 우월적 지위 확보 등을 중국의 동아시아 안보 목표로 설정했다. 특히 중국은 '중국 위협론'을 타파하기 위해 강대국과의 우호 관계를 증진하고 국제적 다자 안보 포럼 등에 적극적으로 참여하는 모습을 보였다. 그러나 다른 한편으로는 점진적으로 군을 현대화하면서 적극 방어를 군사 방어 전략으로 채택했다.

그러나 9·11 테러 이후 중국은 반反테러전과 관련해 미국에 적극 협력함으로써 중미 관계를 개선하는 것으로 방향을 전환했다. 이러한 중국의 태도 변화에 대해 부시는 중국을 적으로 볼 생각이 없으며 중국과 협력적·건설적 관계를 발전시킬 것을 천명했다. 또한 미국은 중국이 중국의 국내 안보에 위협을 주는 신장, 위구르, 이슬람 세력을 국제연합UN 테러리스트 목록에 추가하는 것에 대해 동의했다.

하지만 중미 간의 이러한 관계 변화는 9·11 테러라는 상황적 요인에 따른 것으로 두 국가 간 이해관계가 근본적으로 변한 것으로 보기는 어렵다. 중국은 미국과의 관계를 개선할 필요성과 국내 분리주의자와 반체제 인사들에 대해 대응할 필요성이 존재했고, 미국은 중국이 세계적인 반테러전에 반대할 경우 초래될 악영향을 막을 필요가 있었기 때문이었다. 따라서 타이완의 독립, 미사일 방어 구축, 동남아 지역에서의 경제적 이익의 확보 등을 둘러싼 양 국가 간 갈등은 여전히 존재하고 있다. 그러므로 이해관계가 상충되는 갈등 구조가 여전히 존재하는 상황에서 미국의 중국 봉쇄 정책과 중국의 적극적 방어를 위한 팽창주의가 충돌할 가능성을 배제할 수 없다.

부시 정부는 중국에 대해서는 견제와 협력을 병행하는 한편, 일본에 대해서는 미국의 아시아·태평양 안보 전략의 중추 역할을 부여하면서 핵심적인 동맹국으로서 밀착 관계를 유지하려 하고 있다. 미국은 인도양까지 담당하는 제1군단을 좀 더 전선 가까이에 두고자 제1군단 사령부를 워싱턴 주州

에서 일본 가나가와 현縣의 자마座間 지역으로 옮기는 동시에 아시아·태평양 지역 전체를 총괄하는 중추 기능을 강화하기 위해 괌에 있는 제13공군사령부와 도쿄 도東京都 요코다의 제5공군사령부를 통합해 사령부를 요코다에 두기로 했다. 그리고 오키나와에 주둔하고 있는 제3해병사단의 일부를 홋카이도北海道에 있는 육상자위대 연습장 지역으로 이전한다는 계획을 세웠다. 또한 도쿄 근교에 있는 항공자위대 총사령부를 요코다 미군 기지로 이전하고 해상자위대와 주일 미 해군의 요코스카橫須賀 및 사세보佐世保 기지를 공유해 연대를 강화하는 구상 등을 강구하고 있다. 요약하면, 미국의 세계 군사전략이 변화함에 따라 주일 미군이 함께 재편되고 있으며, 더불어 일본의 '전선 기지화前線基地化' 작업이 전개되고 있고 이 때문에 미국과 일본의 군사적 연대가 강화되고 있다.

해외 주둔 미군 기지 재편 구상에 따라 주일 미군이 전력 투사 중추PPH 역할을 수행하는 방향으로 이루어질 경우, 일본은 동아시아에서 미군의 전력 중추가 된다. 이는 일본의 전략적 위상을 제고提高하는 동시에 미일 동맹이 태평양판 미영 동맹 수준으로 성장·발전하게 되는 것을 의미한다. 미일 동맹의 전략적 상호 의존이 강화될 때, 미일 양국이 상대방에게 갖는 전략적 가치는 다음과 같다.

우선 미국의 입장에서 일본의 전략적 가치는 다음과 같다. 첫째, 미국이 아시아·태평양 전략을 전개하는 데 일본은 미국의 지정학적(지전략적) 중앙 거점으로 전진 배치 안보 전략의 주춧돌이 된다. 미국의 세계 전략 변화, 주일 미군의 재편, 일본의 전선 기지화 작업 등으로 일본은 아시아·태평양 지역에서 미국의 가장 핵심 동맹국이 되고 이로써 미국은 미영 동맹과 미일 동맹이라는 든든한 양 날개를 갖게 된다. 둘째, 미국은 미일 동맹 체제를 통해 아시아·태평양 지역에 좀 더 깊숙이 개입할 수 있게 된다. 즉, 미일 동맹 체제로 말미암아 미국은 아시아에서 좀 더 자연스럽게 행동할 수 있게 되며 아시아에서 미국의 행동 능력을 높일 수 있게 된다. 마지막으로 미국이 중국을 견제, 봉쇄, 포용할 때 미국은 일본을 미국의 가장 핵심적인 전략적 파트너로 삼을 수 있다.

다음으로 일본의 입장에서 볼 때, 우선 미일 동맹 체제는 일본이 국제사회에서 자국의 역할 증대를 도모하고 국제적 지도국으로 성장할 수 있는 지렛대가 된다. 일본은 UN 안전보장이사회 상임이사국 진출을 도모하고 있는데 미국과 영국이 일본을 강력하게 지지해주고 있다. 물론 미국과 영국이 일본을 지지하는 것은 중국을 견제하기 위함이다. 둘째, 미일 안보 체제는 군사적 역할 확대를 추구하는 일본에 전략적 명분을 제공해준다. 이로써 일본은 일본의 군사 대국화에 대한 주변 국가들의 우려에도 불구하고 일본의 군사적 역할 확대를 공공연하게 추진하고 있다. 마지막으로 미국이 일본의 가장 중요한 전략적 파트너가 되어 중국의 군사력 증대 및 패권 추구, 북한의 핵과 미사일 개발 등 주변 정세 변화에 일본이 능동적으로 대처하는 데 도움을 줄 수 있다.

미국과 일본 양국은 이상과 같은 전략적 이해관계에 따라 미일 동맹을 미영 동맹 수준으로 발전시키려 하고 있다. 양국은 '역할 분담' 또는 '책임 분담'에서 '지도력 및 권한 분담power sharing'까지 전략적 상호 의존 관계를 한층 강화하려 하고 있다. 그리고 실제로 1996년 4월, 탈냉전 시대의 새로운 안보 환경에 대응하기 위해 미일 동맹을 재정의하고 '미일 신新안보 공동선언'을 발표했다. 또한 1997년 9월에는 미일 간 군사 협력 범위를 확대하면서 이를 위한 효율적 협력 방안을 담은 '미일 신新가이드라인'을 작성해 발표했다.

부시 행정부와 고이즈미 준이치로小泉純一郎 내각은 새로운 '21세기 미일 안보 선언'을 추진했는데 이 선언에는 해외 미군 재편에 따른 주일 미군 기지의 재편, 일본의 군사적 역할 확대, 주일 미군과 일본 자위대의 공동 운영 체제 강화 등의 내용을 포함할 것으로 예상되었다. 그리고 일본은 이와 같은

논점	내용
위협 인식	• 대량 살상 무기의 확산 및 국제 테러 등 새로운 위협에 대한 대응 중요
동아시아의 전략적 환경	• 동북아시아에 북한이라는 존재가 있고 전통적인 안보 문제와 새로운 안보 문제가 병존 • 중국은 국방비와 국방 정책이 불투명함(민족주의 고양 및 방위선 전진)
미일 인전보장 체제	• 전통적 위협이 강한 동아시아에 미일 동맹을 바탕으로 한 억지력이 중요 • 미군의 재편은 일본에 미일 간 전략적 대화의 기회가 됨
산업·기술 기반(무기 수출 3원칙 포함)	• 미사일 방어를 미국과 공동 추진 • 미국 외의 국가와 공동으로 장비를 개발하는 것은 '죽음의 상인'이 되는 것과 다름 • 1976년 미키 다케오(三木武夫) 내각이 일체의 무기 수출을 전면 금지한 것은 불합리함

주일 미군 재편과 미일 동맹 강화에 대응해 군사력의 질적 증강과 이를 위한 법적 정비를 강화하는 새로운 군사전략을 수립하고자 했다. 특히 군사력의 질적 증강을 위해 일본에서는 '일본 주변 지역 유사 법안' 정비, '테러 대책 특별법' 제정, 'UN 평화 유지군PKO: Peace Keeping Operation 협력법' 개정, '일본 유사 관련 법안' 정비 등을 추진하면서 새로운 '방위 계획 대강'의 준비에 착수했다.[11]

고이즈미의 사적 자문기관인 '안전보장과 방위력에 관한 간담회(2004년 7월 27일 회합)'에서 새로운 방위 계획 대강을 위한 논점을 정리했는데 그 요지는 〈표 5-2〉와 같다. 즉, 일본은 2005년부터 시행될 새로운 '방위 계획 대강'을 통해 국제 테러와 대량 살상 무기 확산 등 새로운 위협에 대응할 수 있고 아울러 자위대의 본격적인 해외 활동을 지원할 수 있는 무기 체계의 질적 증강을 추구하려 하며 더 나아가 일체의 무기 수출을 금지하는 '무기 수출 3원칙'을 수정하는 움직임을 보였다. 이에 더해 일본 방위청 역시 자위대의 해외 활동을 '부수적 임무'에서 '본래의 임무'로 격상하는 자위대법 개정을 꾀하

---

11 일본은 1976년에 수립된 '방위 계획 대강'을 19년 만인 1995년에 개정한 바 있다.

고 있으며 국제 활동을 위한 전문 부대의 신설을 계획했다(배정호, 2004).

요약하면, 고이즈미 내각의 일본은 미국의 군사전략 변화에 따른 주일 미군 재편과 미일 동맹 강화를 기회로 간주하고 대미 밀착 외교를 통해 자국의 안보 이익을 확보하는 동시에 일본의 보통 국가화를 이룩해 중국의 부상을 경계하는 전략을 추진했다. 또한 내부적으로는 국제사회에서 일본의 역할을 확대하기 위해 자위대의 해외 활동을 적극적으로 전개할 수 있는 방법, 즉 하드 파워인 군사력을 질적으로 증가시키는 방안과 함께 법적·제도적 정비를 통해 소프트 파워 또한 강화하는 새로운 방위 전략을 수립하고자 했다.

3. 북한 문제 해결에서 전쟁은 최후의 수단

한반도 문제에서 미국의 가장 큰 관심사는 북한의 대량 살상 무기 개발과 보유, 확산이다. 이 중에서 가장 큰 이슈가 된 것은 북한의 핵 개발 및 확산이다. 1950년대부터 핵무기 개발에 지속적으로 관심을 가져왔던 북한이 1993년 핵확산금지조약NPT을 탈퇴하면서 북핵 문제는 국제 문제로 부각되기 시작했고 지금까지 북핵 문제는 북미·남북·동북아 관계에서 가장 민감한 안보 문제로 남아 있다.

1993년 북핵 위기는 1994년 제네바 합의에 의해 일단락되었다. 제네바 합의서의 요지는 기본적으로 문제가 된 영변 핵 시설을 동결하고 이를 경수로로 대체해 미래의 핵 개발을 예방하며, 그 대가로 북미 간 관계를 점진적으로 개선해나간다는 것이었다.

그러나 금창리 핵 시설에 대한 의혹이 증폭되고 1998년 북한이 대포동 미사일을 발사하면서 클린턴 정부는 기존의 대북 정책을 재검토하기 시작했다. 1999년 10월에 클린턴 정부의 대북 정책 로드맵이라 할 수 있는 '페리 보고서'가 발표되었는데, 이를 보면 클린턴 정부는 북한이 처해 있는 제반 상황들을 고려하면 북한 체제의 변화는 불가피하다는 자유주의적 국제주의자들의 논리를 기본적으로 유지하고 있다. 그러나 핵과 미사일 문제를 해결하기 위해서는 현존하는 북한 체제를 있는 그대로 보고 대응해야 한다는 현실주의 입장을 추가했다. 이에 따라 미국은 제네바 합의의 연장선상에서 북핵 문제를 해결하되 북한이 합의서를 이행할 수 있도록 당근과 채찍을 복합적으로 사용한다는 '이중 전략two path strategy'을 제시했다. 좀 더 구체적으로 우선 북한이 핵과 미사일 문제를 해결하는 데 '완전하고 검증 가능한complete and verifiable' 방법으로 협조하면 그에 상응하는 대가로 북한의 안보 우려를 단계적으로 덜어주는 조치를 취할 것을 밝히고 있다. 다음은 북한에 대한 경제제재를 완화하고 북한과 외교 관계를 개선한다는 외교적 해결 방법으로 접근하되 협상에 의한 해결이 실패할 경우에는 대북 봉쇄 정책을 취하면서 북한이 협상을 재개하도록 설득한다는 내용을 담고 있다. 또한 한미일 간 공조의 중요성을 강조하면서 북핵 문제에 대해 중국과도 기본적으로 이해를 같이 하고 있다고 밝히고 있다(Perry, 1999).

1994년에 이루어진 제네바 합의는 북한의 플루토늄 생산을 차단하고 북한이 핵에너지를 평화적으로 이용하는 것을 지원한다는 의미에서 북한의 흑연형 원자로를 경수로로 대체하기로 했다. 미국은 북한이 핵 시설을 동결하는 대가로 두 개의 경수로 건설을 재정적·기술적으로 지원하고 북한의 에너지 부족 문제를 해결하기 위해 매년 중유를 공급하기로 했으며,[12] 이에 대해 북한에서는 경수로 사업의 핵심 부품이 전달되기 전에 국제원자력기구IAEA가 요구하는 안전 협정에 따라 핵 사찰을 받고 북한 핵 시설에 대한 투명성

---

12 동결하기로 한 북한의 핵 시설은 영변에 있는 5Me 흑연형 원자로, 핵 재처리 시설, 건설 중이던 50Me 원자로, 대천에 건설 중인 200Me 원자로이다.

을 확보하기 위한 제반 조치를 수용하기로 했다. 이에 따라 경수로 사업을 지원하기 위해 한미일을 중심으로 하는 국제 컨소시엄, 즉 한반도에너지개발기구KEDO: Korean Peninsula Energy Development Organization가 설립되었다. 한반도에너지개발기구 사업은 기능주의적 시각에서 북한의 핵무기 개발을 동결해 미래에 무기를 개발하는 것을 방지하고 북한의 연착륙을 유도해 북한을 국제사회에 끌어들이기 위한 현실적 매개체라 할 수 있다. 한반도에너지개발기구 사업은 2003년에 완성하기로 되어 있었으나 부시 정부가 출범하면서 북미 관계의 긴장이 높아지고 북한 역시 미온적 태도로 대응하면서[13] 2006년 6월, 완전히 중단되었다.

북한에 대한 클린턴 정부의 개입 정책과 김대중 정부의 햇볕 정책은 근본적으로 같은 기조를 갖고 있다. 한국과 미국 각각의 대북 정책은 모두 개혁·개방에 의한 북한의 연착륙을 기본 전제로 하고 있으며, 전략적으로도 당근과 채찍을 함께 적용하면서 북한과의 관계를 개선한다는 포용적 입장을 갖고 있다. 따라서 클린턴 정부와 김대중 정부 간에는 대북 정책과 관련해 큰 무리 없이 한미 공조가 이루어졌다.

그러나 2001년에 출범한 부시 정부는 클린턴 정부와 상당히 다른 대북 정책을 채택했다. 부시 정부의 첫 국무 장관인 콜린 파월은 클린턴 정부가 떠난 자리에서 시작할 것이라고 언급했다. 그러나 2001년 6월에 공개된 '정책 검토안Policy Review'에 나타난 부시 정부의 대북 정책은 클린턴 정부의 개입 정책을 상당 부분 수정한 것으로 나타났다. 즉, 부시 정부는 북한의 핵과 미

---

13 북한은 경수로 사업에 필수적인 법적·기술적 장애 요인을 제거하는 데 필요한 제반 조치를 취하지 않았다. 1995년 12월, 북한과 한반도에너지개발기구는 경수로 사업의 절차와 시기 등에 관한 공급 협정을 체결했는데 향후 법적·기술적 문제를 해결하기 위해 후속 의정서를 체결해야 했다. 그러나 총 열세 개의 합의 내용 중 여덟 개만 체결했다.

사일 문제 외에 재래식 무기의 감축, 북한 주민과 탈북자들의 인권 문제 등을 포함해 북한에 대한 포괄적 접근 방법을 제시했다. 이는 북미 관계의 난항을 예고했고, 그 예고는 적중했다.

9·11 테러 이후 부시 대통령의 '악의 축' 발언과 연이은 미 고위층들의 대북 강경 발언, 그리고 이에 대한 북한의 맞대응으로 북미 간 긴장이 고조되기 시작했다. 제임스 켈리가 북한의 우라늄 농축 프로그램을 폭로한 직후 북미 관계는 대립 관계로 발전하기 시작했다. 더욱이 2002년 10월 미국은 북한에 대해 일련의 강경 조치를 취하면서도 북핵 문제를 외교적으로 해결하겠다는 의사를 계속적으로 밝혔다. 2003년 국정 연설에서 부시 대통령은 북한 문제는 이라크 문제와 달리 외교적으로 해결하겠다는 입장을 공식화했다. 또한 거듭되는 북미 간 긴장 관계 속에서도 한미 양국은 관련 국가들과 수차례 협의를 진행해 북핵 문제에 대한 다자적 해결 방안을 제시했다. 그 결과 2003년 8월에 한국, 북한, 미국, 중국, 일본, 러시아가 참여하는 첫 6자 회담이 개최되었다.

미국 부시 정부의 대북 정책이 갖고 있는 양면성을 이해하기 위해서는 우선 대북 정책 담당자들의 성향을 살펴볼 필요가 있다. 부시 정부에서 대북 정책은 현실주의자들과 신보수주의자들 간의 갈등 속에서 결정되었다. 파월을 중심으로 한 현실주의자들은 북핵 문제를 외교적으로 해결할 것을 주장해왔다. 이들 현실주의자들은 힘의 우위에 바탕을 둔 외교를 주장한다는 점에서 클린턴 정부의 대북 정책과는 차이가 있다. 페리 보고서가 발표되기 6개월 전 의회에 제출된 '아미티지 보고서Armitage Report'는 제네바 합의가 북한에 핵과 미사일을 개발할 수 있는 시간을 벌어주었다고 비판하면서 억지력 강화와 외교적 협상을 병행한 포괄적·통합적 접근법을 제시했다.

좀 더 구체적으로 살펴보면, 억지와 외교적 접근법을 통합해 한미일 3개국에 대한 북한의 위협을 줄이는 것을 기본 목적으로 하고 협상이 성공할 경우에는 경제원조, 안전보장, 국교 정상화 등 북미 관계 개선을 위한 일련의 조치를 취하는 반면, 외교적 노력이 실패할 때는 격리와 봉쇄 전략을 택한다고 제시하고 있다. 또한 북한 핵과 미사일 문제 이외에 재래식 무기도 다루어야 하며, 군사력을 동원한 선제공격도 하나의 대안으로 배제하지 않는다고 밝히고 있다.[14] 아미티지 보고서와 페리 보고서 모두 한미일 간의 긴밀한 공조와 중국 역할의 중요성을 강조하고 있다. 그러나 아미티지 보고서는 북한에 안보보장을 해줄 경우에 이는 북미 간 합의에 의해서가 아니라 남한, 북한, 미국, 일본, 중국, 러시아 6개국이 참여하는 다자 체제 내에서 이루어져야 한다고 주장하고 있다.

반면, 부시 외교정책의 또 다른 한 축인 신보수주의자들은 북한을 국제질서를 파괴하는 불량 국가로 규정하고 대북 강경책을 주장해왔다. 이들은 제네바 합의가 핵 문제의 해결을 일시적으로 보류한 것일 뿐이고(Wolfowitz, 1995), 개입 정책은 한반도 평화에 어떠한 기여도 하지 못했으며 오히려 붕괴 직전에 있던 김정일 정권을 회생시켰다고 비난했다(Kristol, 2002). 현실주의자들과 달리, 신보수주의자들은 북한이 대량 살상 무기를 개발한 것은 체제 안보에 대한 우려에서 비롯된 것이 아니라 체제 자체의 속성이라며 근본적인 해결책은 김정일 체제 교체regime change라고 주장했다. 다시 말해 '공세적 봉쇄aggressive containment 정책'을 통해 김정일 정권을 붕괴시켜야 한다고 강조했다.[15]

---

14 아미티지 보고서는 선제공격에 대해 "우리는 선제공격 대안과 관련된 위험과 어려움을 인정한다. 만약 이 대안을 고려할 때는 이 조치는 어떠한 것(핵 또는 미사일)이든 간에 관련 시설에 대한 정확한 지식과 성공 가능성에 대한 평가 및 동맹국들의 위험에 대한 명확한 이해에 근거해야 한다"라고 밝히고 있다.

15 공세적 봉쇄 정책의 주요 내용은 다음과 같다. ① 인도주의 차원의 경제원조를 제외한 모든 지원 차단, ② 'Radio Free Asia' 혹은 'Voice of America'를 통해 북한 주민과

많은 사람은 대북 정책에 대한 신보수주의자들의 강경책을 북한에 대한 군사력 사용으로 이해하고 있다. 물론, 신보수주의자들이 군사적 해결책을 배제하는 것은 아니다. 그러나 이들의 대북 정책은 이라크에 대한 접근과 다르다. 이들은 북한에 대해서는 선제공격이나 무력 사용에 대해 신중론을 제기한다. 왜냐하면 김정일은 사담 후세인Saddam Hussein과 달리 지역 패권을 장악하려는 의도가 없고, 군사력을 사용하면 한국과 일본을 포함한 동맹국들에 대한 피해도 고려해야 하며, 이라크와 달리 군사력 사용에 대한 경제적 이득 또한 기대하기 어렵기 때문이다.[16] 따라서 부시 정부 내 대북 정책을 둘러싼 논쟁은 외교적 협상과 압박 전략 간의 선택 문제인 것이다.

이와 관련해 한 가지 유념해야 할 사항은 미국 핵전략의 변화이다. 9·11 테러는 미국의 안보 정책뿐만 아니라 핵 정책의 기초를 바꿔놓았다. 비대칭 위협에 대한 사전 방지와 대응이 부시 정부 안보 전략의 핵심이 되면서 불량 국가나 테러 집단의 대량 살상 무기 개발과 확산은 가장 '긴박한 위협imminent threat'으로 인식되었다. 따라서 미국은 핵전략을 과거에 억지 능력에 의존했던 대응적reactive 전략에서 공세적 전략으로 전환했다. 2001년 말 채택된 「핵태세 검토 보고서NPR」에서는 '신3원 전략new triad'을 제시했다. 신3원 전략은 ① 핵과 비핵을 망라한 공격 체제offensive strike systems: both nuclear and non-nuclear, ② 능동적·수동적 방어defense: both active and passive, ③ 다가오는 위협에 적절히 대응할 수 있는 방어 체제의 근간 강화a revitalized defense infrastructure that will provide

---

탈북인들 사이에 반(反)김정일 정서 고취, ③ 북한 주민의 대규모 탈북 유도, ④ 한국의 정치력 강화 등이다(Doran, 2002).

16 1999년 3월, 당시 국방부 부장관 울포위츠는 "우리는 무엇을 공격해야 하는지 모른다. 합리적으로 확신할 수 있는 것은 (북한에는) 우리가 모르는 것이 많다는 것이다"라며 영변 핵 시설 공격이 불가능하다고 언급했다. 그 이후에도 대북 공격론에 대해 "찬물을 뿌리는" 발언을 한 것으로 알려졌다(Bork, 2003).

new capabilities in a timely fashion to meet emerging threats 등으로 기존 '3원 핵전략'을 전면 수정한 것이다.[17]

「핵 태세 검토 보고서」에는 약 6,000개에 이르는 핵무기를 1,700개 내지 2,200개로 감축한다는 내용이 담겨 있다. 그러나 「핵 태세 검토 보고서」에서는 단순한 억지를 넘어 능력에 기초한 위협 개념에 근거해 예방적preventive 차원의 미래 대응적proactive 핵전략을 제시했다. 또한 "규모, 범위, 목적에서 다양한 핵 공격 옵션이 다른 국방력을 보완할 것"이라고 언급했다. 이를 부시 정부 내 신보수주의자들이 주장해온 '새로운 종류의 핵무기 개발'과 결부하면, 전략적·제한적 핵 선제공격의 가능성을 시사한 것이라고 할 수 있다(Nuclear Posture Review, 2001).

부시 정부는 핵 확산 금지와 관련해서도 기존 전략보다 더한 강수를 두었다. 2002년 12월에 발표된 대량 살상 무기 퇴치 전략은 '비확산'이라는 소극적 정책에서 '반확산counter proliferation'이라는 적극적 개념을 선택함으로써 핵 확산 문제에 대해 공세적인 입장을 취했다. 이러한 미국 핵전략 변화는 아직까지 북핵 문제에는 반영되지 않았다. 그러나 만약 북한이 핵무장을 강행할 경우에는 미국이 공격적 핵전략을 하나의 대안으로 택할 수 있다.

9·11 테러는 미국 안보 정책의 전면적 수정을 불가피하게 만들었고, 북한의 대량 살상 무기가 테러 집단에 전달될 수도 있다는 우려는 부시 정부의 대북 강경책에 상황적 정당성을 부여했다. 더욱이 북한의 농축우라늄 개발은 제네바 합의를 대북 유화책appeasement으로 비난해온 강경론자들의 입지

---

17 이전의 3원 핵전략의 핵심은 '억제'였고 지상 발사 탄도탄, 잠수함 발사 탄도탄, 장거리 폭격기 등 세 가지 핵무기로 이루어지는 3원 핵전략을 근간으로 이루어져 있었다. 그러나 「핵 태세 검토 보고서」에서 미국의 핵전략은 공격, 방어, 사후 처리와 준비라는 신3원 전략으로 전환되었다. 50년간 핵전략의 근간이었던 억제는 신3원의 하나인 방어의 한 구성원으로 전락했고 공격이 신3원의 한 축으로 부상했다(서재정, 2003).

를 강화하는 계기가 되었다. 반면 북핵 문제를 둘러싼 미국과 동아시아 국가들 간의 미묘한 이해 차이, 대북 강경책으로 증폭되는 한미 관계의 갈등 등 지역적 요인은 부시 정부의 강경 정책에 제동을 걸었다. 또한 이라크 전쟁이 예상 외로 지연되고 후세인 정권의 대량 살상 무기 개발에 대한 결정적 증거가 발견되지 않으면서 이라크 전쟁의 정당성과 적법성에 대해 의문을 제기하는 여론이 미국 내에 형성되어 향후 대북 정책은 외교적 해결책이 주조를 이루게 되었다.

부시 정부 내 강경파와 온건파, 그리고 공화당과 민주당을 막론하고 이들은 북한이 핵을 보유하게 해서는 안 되나 북핵 문제 해결에서 군사적 수단은 최후의 선택이라는 데 의견을 같이했다. 따라서 북핵 문제에 관해 미국의 모든 정치 세력은 한국의 노무현 정부와 전략적으로는 차이가 있으나 최소한 기본적 입장에서는 동일했다고 할 수 있다.

한편 6자 회담은 한국 문제 해결 방식으로 국제적 다자주의가 출현했음을 의미한다. 6자 회담은 남한과 북한 당사자는 물론, 미국, 일본, 중국, 러시아 등 한국 문제와 관련된 4강이 처음으로 모두 참여해 한국 문제를 해결하려는 '탈脫한국화', '국제화' 실험이다. 물론 미국은 북핵 문제를 국제화해 대북 압박, 반테러 동맹 강화, 중국과 러시아 견제, 한미일 동맹 유지, 경제적 부담의 분담 등 미국의 이익을 철저히 담보하기 위해 6자 회담을 추진했다. 따라서 미국은 북핵 문제만을 해결하기 위한 '제한적' 다자주의로 6자 회담의 성격과 범위를 제한하려 했다.

그러나 6자 회담을 추진한 미국의 의도와 관계없이 남한은 다자주의를 한반도 문제 해결을 위한 국제 공조의 틀로 정착시켜야 한다. 북한의 탈핵-비핵 로드맵은 북한 체제의 안전을 동아시아 다자 안보 구도를 통해 제도적으로 보장해주어야 실천될 수 있고 좀 더 거시적인 동아시아 안보 평화 체제 건설로 연결될 수 있기 때문이다. 6자 회담의 역할을 제시하면 다음과 같다.

첫째, 6자 회담은 북핵 문제에 대한 다자주의적 해결책을 내놓아야 한다. 한반도 비핵화를 위해서는 이에 대한 국내외적 담보가 있어야 한다. 즉, 북핵 포기에 대한 화답으로 미국, 중국, 러시아 3대 핵 강국들은 동아시아 평화를 위해 핵을 사용하지 않겠다는 약속을 전 세계에 천명해야 한다. 핵 강대국이 핵을 사용할 수 있는 가능성을 열어놓은 채 진행되는 6자 회담은 모래성일 수밖에 없다. 둘째, 6자 회담은 1975년 헬싱키 선언에 버금가는 베이징 선언을 도출해야 한다. 헬싱키 선언을 계기로 유럽안보협력회의가 출범했고 이를 통해 안보, 인권, 상호 신뢰를 구축해 유럽 협력의 돌파구를 열었듯이 6자 회담을 통해 탈냉전 시대에 적합한 동아시아 안보 공동체의 비전과 구상을 내놓아야 한다.

4. 한미 동맹, 미일 동맹의 하위 체제로 전락?

부시 정부의 세계 안보 전략 변화가 한미 동맹에 주는 의미는 무엇인가? 우선은 주한 미군의 변화가 불가피하다는 것이다. 2003년 한미 정상회담 이후 발표된 공동성명은 한미 관계를 강화하는 방안으로 한미 동맹의 현대화, 주한 미군 기지 재배치, 양국 간 협의와 협력 증대, 한미 관계 발전을 위한 전문가 회의 개최 등을 제시했다. 여기서 핵심은 주한 미군 편제를 개편하는 것이 불가피하며, 한미 동맹의 미래는 단순히 남한에 대한 북한의 위험을 방어하는 것을 넘어선다는 것이라고 할 수 있다.

세계 방위 태세 검토에 나타난 미국의 21세기 군사전략은 최고 수준의 과학기술을 바탕으로 전全방위 방어 태세를 갖추는 동시에 세계 어느 곳에서 분쟁이 발생하든지 간에 이를 제압할 수 있는 능력을 갖추어야 된다는 것이다. 다시 말해 충분한 신속 투사 능력을 보유하고, 적의 도발 의도를 단념시키고 격퇴할 수 있는 압도적인 군사 능력을 보유해야 하며, 이를 위해 정보·감시·정찰ISR: Intelligence, Surveillance and Reconnaissance 시스템, 전술지휘통제자동화체계C4I: Command, Control, Communication, Computer, Intelligence, 정밀타격무기PGM: Precision Guided Munitions 등을 중심으로 한 기동 능력을 확보해야 한다는 것이다. 이에 따라 부시 정부는 해외 진진 배치 기지를 강화하고 원거리 투입력을 강화하는 전략을 취해왔다. 한편 본토를 방위할 때나 불특정 다수에 의한 우발 사태가 발발할 시 군사력을 신속하게 투입할 수 있도록 하기 위해 주한 미군을 포함한 대규모 지상군을 해외에 주둔시키는 것을 지양한다는 입장을 취해왔다.

2002년에 한미 동맹의 미래에 관한 로드맵을 작성하기 위해 만든 '미래 한미동맹정책구상FOTA' 회의에서는 주한 미군 재배치, 주한 미군 용산 기지 이전, 주한 미군 감축 등이 논의되었다. 그리고 장기적으로는 한국에 미래형 사단급 부대만 남는다는 이야기도 나왔다(≪중앙일보≫, 2004.8.19.). 세계 방위 태세 검토에서는 사건이 일어나면 긴급히 투입되는 '5분 대기조'인 스트라이커 부대가 전력 투사 중추에 주둔해야 하는데, 동아시아에서 가장 유력한 전력 투사 중추 후보지는 일본이며, 한국처럼 위험이 상존하는 우방국은 많은 병력과 장비를 주둔시키는 주요 작전기지MOB가 될 것이라고 언급했다.

이러한 방향으로 세계 방위 태세 검토가 시행되면 주한 미군이 감축될 뿐만 아니라 그 역할도 북한의 침략에 대한 억지를 넘어 동아시아 분쟁 지역에 대한 스트라이커 기능을 맡을 가능성이 높다. 주한 미군에는 새로운 형태의 사단급 전투부대만 남게 되며 주일 미군이 동북아 미군의 중심축으로 기능하게 된다.

둘째, 동아시아에서 한미 동맹 관계의 역할 변화가 예상된다. 2002년 12월, 워싱턴에서 열린 한미안보협의회의 이후 양국은 20~30년 후의 한미군사동맹에 관한 공동 연구를 진행해왔는데, 공동 연구의 내용은 다음과 같다.

한반도의 미래를 ① 남북 대치 상태, ② 남북 화해 및 통일 단계, ③ 통일 이후 등 세 단계로 나누고 2~3단계에 들어가면 한미 동맹이 동북아 평화와 안정에 공동 대처하는 지역 안보 동맹으로 발전하는 것이 바람직하다고 제시했다(≪세계일보≫, 2003.1.7.).

그러나 'QDR 2001Quadrennial Defence Report 2001'에 나타난 바와 같이, 부시 정부의 신동아시아 전략은 동아시아를 중국 대륙과 연안 해안 지역으로 분류하고 일본을 중심으로 연안 해안 지역의 동맹국과 우방국들 간의 관계를 강화해 중국의 팽창에 대비한다는 것이다. 이는 동아시아 지역에서 일본의 역할을 확장한다는 것을 의미한다. 그리고 이를 위해 미국은 일본 자위대의 역할 강화와 반테러 전쟁에서 일본과의 군사적 협력 강화 및 일본의 미사일 방어 체제 참여를 종용해왔다. 일본 또한 이러한 미국의 요구에 적극 협력하며 미일 동맹을 강화해나가는 모습을 보였다.

이렇게 미일 동맹을 중심으로 한 대중국 봉쇄 정책이 미국 동아시아 정책의 핵심을 이룰 때 한미 동맹은 사실상 한미일 삼국동맹의 하위 체제로 전락하게 된다. 또한 한국의 안보에서 최대 목적은 북한으로부터의 미사일 공격이 아니라 재래식 무기에 대한 억지력을 강화하는 것이므로 미국과 일본이 추진하고 있는 미사일 방어 체제에 한국이 참여하는 것은 투자 비용에 비해 그 효용성이 제한적이다. 더욱이 미사일 방어 체제가 동아시아에 적용될 때 중국이 가장 강력한 표적이 된다. 북핵 문제에서 중국의 역할과 한중 간 경제협력을 고려할 때 한국이 미사일 방어 체제 참가 여부를 결정하는 것은 쉬운 일이 아니다. 따라서 한국은 미중일 삼각관계를 면밀히 분석해서 동아시아에서 한국의 안보 이익을 최대화하는 전략을 세울 필요가 있다(임혁백, 2003).

제6장

한미 동맹의 미래*

한반도 평화의 지주, 동북아 균형자

50주년을 넘긴 한미 동맹은 역사적으로 성공한 동맹 모델로 꼽힌다. 한미 동맹은 한국의 안보를 지켜주었고 이를 바탕으로 한국은 기적 같은 경제성장과 민주화를 이룩했다(Armacost, 2004: 16; Cha, 2004: 121). 한미 동맹은 냉전기간뿐만 아니라 탈냉전기에도 동북아에서 미국의 전략적 이익을 지켜주었다. 미국의 입장에서 한미 동맹은 성공적인 군사동맹의 성공 조건[1]을 모두 만족해왔다. 군사 방위 동맹의 평균 수명이 10년이 채 안 되는 것과 비교할 때, 50년 이상 지속되고 있다는 사실만으로도 한미 동맹은 성공적인 사례라

---

* 이 글은 다음 논문을 수정·보완한 것임. 임혁백, 「한반도 평화정착을 위한 한미협력 관계의 강화」(유엔 제6회 세계한민족포럼 "21세기 한민족 한반도의 선택과 실현" 발표논문, 2005년 8월 12~15일).

1 성공적인 군사동맹의 지표로서 다음의 열 가지를 제시할 수 있다(Cha, 2004; Perry, 2001). ① 적의 침략 억제, ② 미국의 힘의 증대와 투사 촉진, ③ 동맹국 간의 위험과 비용 분담, ④ 합동훈련을 통한 공통의 전술과 교리 개발, ⑤ 안보 역할의 분업 촉진, ⑥ 더 넓은 지역적 맥락에서 미국의 안보 목표에 봉사, ⑦ 군사 장비의 생산과 개발에서 협력 촉진, ⑧ 해외 주둔 미군을 위한 우호적인 환경 조성과 미군의 삶의 질 보장, ⑨ 정치적 가치의 공유, ⑩ 국내 유권자로부터 정치적 지지 도출.

할 수 있다. 북한의 공격에 대한 전쟁 억지를 목표로 했던 한미 동맹은 한국 국내의 정치적 격랑 속에서 살아남았을 뿐만 아니라[2] 동북아 지역 안보의 중심축으로 그 역할을 확대해왔다. 그런데 성공적인 동맹으로 평가받았던 한미 동맹이 2000년대에 들어서면서 동맹 피로 증상을 보이기 시작했다. 이 시기에 한미 동맹이 직면한 문제는 크게 세 가지였다. 첫째, 한국의 젊은 세대를 중심으로 반미 감정이 광범위하게 확산되었고 이것이 한미 동맹에 대한 정치적 지지를 약화시키는 요인으로 작용하기 시작했다. 둘째, 한미 동맹의 존재 이유인 북한 위협에 대해 한국과 미국 사이에 커다란 인식 차이가 존재한다는 것이 나타났고 이것이 한미 간 공통 목표를 설정하는 데 어려움을 주었다. 마지막으로 미국의 군사 변환 전략에 의거한 주한 미군의 역할 변화를 둘러싸고 한미 간에 이견이 드러나면서 한미 동맹이 나아가야 할 미래의 방향에 대해 합의를 형성하지 못하는 상황이 되었다. 미국에서 조지 W. 부시 정부가 등장한 이후 불거진 북핵 문제와 관련해 한미 간 공조에 문제가 발생하면서 남북 화해와 협력을 통한 한반도 평화 정착 프로젝트가 난관을 맞이하게 되었다. 그러나 이러한 난관에도 불구하고 한반도 평화 정착을 위해서는 한미 간 협력이 필수적일 수밖에 없다. 냉전 시기뿐만 아니라 탈냉전 시기에도 한미 동맹은 더욱 강화되어야 하며 한반도 평화 정착을 위해 협력해야 한다.

---

2 특히, 냉전 시기에는 한미 양국이 북한 위협에 대해 공동의 인식을 갖고 있었기 때문에 한국 국내정치를 둘러싼 이견을 수면 아래로 잠재울 수 있었다.

1. 한미 동맹 스트레스

9·11 테러 이후 미국은 변화하는 안보 환경에 효율적·효과적으로 대응하기 위한 군사전략을 검토하기 시작했다. '세계 방위 태세 검토GPR'는 부시 대통령이 2002년에 발표한 '미국 국가 안보 전략'에서 천명한 새로운 국가 안보 전략을 시행하기 위한 가장 종합적인 해외 주둔 미군 재조정 계획이다. 세계 방위 태세 검토의 재조정 전략은 21세기의 새로운 안보 위협에 대응할 수 있도록 미군을 조금 더 빠르고agile, 유연하고flexible, 초지역적이며trans-regional, 능력 있는capable 군대로 변환시켜야 한다는 것이다.[3]

이러한 미국의 군사 변환 전략은 한미 동맹에 새로운 스트레스를 발생시켰다. 우선적으로 주한 미군의 감축과 역할 변화 가능성이 제시되면서 한국인들이 갖고 있는 미래 안보에 대한 불안과 두려움의 수준이 높아졌다. 2003년 한미 정상회담 이후 한미 양국은 한미 동맹 강화를 위한 여러 가지 방안을 제시했는데 여기에는 주한 미군 편제의 재편 불가피성과 한미 동맹의 개념 변화(북한의 침략에 대한 억지에서 동아시아 분쟁 지역에 대한 스트라이커 기능으로 확대)가 전제되어 있었다. 또 다른 한편으로 주한 미군 재편과 이로 말미암은 역할 변화는 한국의 군사 주권을 침해할 가능성이 있으며, 중국으로부터 거부 반응을 유발할 수 있다는 점에서 한국에 또 다른 스트레스를 유발하고 있다.

---

3 세계 방위 태세 검토와 관련한 자세한 내용은 제5장 「미국의 동아시아와 한반도 전략의 변화: 조지 W. 부시」 참조.

2. 왜 한미 동맹은 강화되어야 하는가?

냉전 해체, 중국의 개방, 세계화 등으로 동북아에서도 경제 분야를 중심으로
한 다자주의 지역 협력이 형성되고 있으나 안보와 관련해서는 여전히 미국
의 일방적 양자주의가 지속·강화되고 있다. 더욱이 9·11 테러는 동북아 내
다자주의 지역 안보 협력 체제에 대한 낙관적 전망을 무너뜨렸고 딘 애치슨
의 '거대한 초승달'을 부활시키면서 미국이 신패권주의를 강화할 수 있는 구
실을 제공해주었다.

그런데 미국의 신패권주의는 미국이 동아시아에 완전히 새로운 질서를
디자인하는 것이 아니라 기존 구질서를 변화하는 환경에 맞춰 리모델링하는
것이다. 즉, 미국의 신보수주의자들은 제2차 세계대전이 끝난 이후 존속해온
일방적 양자주의를 동아시아에서 계속 유지하려고 한다. 단지 좀 더 유연하
고 신속한 일방적 양자주의로 개조하려는 것이다. 따라서 미국은 동아시아
연안 국가들과의 개별적 양자 동맹을 이동성이 높고 네트워킹이 강한 다중
적 양자 동맹 체제로 바꾸려 한다.

이렇듯 미국이 동아시아에서 양자주의를 계속 유지하려는 이유는 기본
적으로 동북아를 대규모 군사적 충돌이 일어날 가능성이 높은 지역으로 인
식하고 있을 뿐만 아니라 중국이 군사력 증강을 통해 동북아시아에서 헤게
몬 국가로 부상하려 하고 있기 때문이다. 더욱이 일본, 필리핀, 호주, 한국 등
동아시아 연안국들 또한 중국의 군사력 증강에 대해 미국과의 양자 동맹을
강화해야 한다는 필요성에 공감대를 형성하고 있어(Lampton, 2004) 안보와
관련한 미국의 일방적 양자주의는 동아시아에서 계속 힘을 얻을 것으로 보
인다.

이렇듯 미국과 중국의 국가이익이 충돌하는 지정학적 구조 속에서 한국
이 취해야 할 외교 전략은 미국과의 동맹을 강화하는 것이다. 한미 동맹이

심한 스트레스를 받고 있음에도 불구하고 한미 동맹을 강화해야 하는 이유는 다음과 같다. 첫째, 강화된 한미 동맹만이 중국의 신패권주의의 위협[4]과 일본의 재무장을 억제하고 한국의 자주를 강화하는 길이기 때문이다. 즉, 강력한 한미 동맹이 동북아의 신新질서가 '미일 동맹 대 중국' 구조로 재편되는 것을 막을 수 있다. 한국의 자주국방은 미국의 영향력으로부터 독립함으로써 달성되는 것이 아니라 역설적으로 미국에 편승함으로써 달성될 수 있다. 만약 한미 동맹이 약화되고 주한 미군이 철수한다면, 중국과 일본은 한반도에 대한 영토적 야심을 드러낼 수도 있다. 최근에 계속 불거지고 있는 중국의 동북공정東北工程과 일본의 독도 영유권 주장이 이러한 가능성을 간접적으로 보여주고 있다. 따라서 한국이 선택해야 하는 길은 미국과의 동맹을 통한 자주라고 할 수 있다. 동맹은 현실주의 이론가들이 이야기하는 외적 균형을 달성하기 위한 핵심적 수단이다. 한미 동맹이 바로 그 외적 균형을 달성하게 해주고 있는 것이다.

둘째, 남북 관계 개선을 위해서도 한미 동맹을 강화해야 한다. 국제 공

---

4 중국은 한반도의 지속적인 분단을 통해 한국으로부터 경제적·외교적 이득을 최대화하고 북한을 미국의 잠재적 팽창주의에 대한 방패로 이용하는 두 개의 한국 정책을 구사하고 있다. 또한 중국은 북한 붕괴 시 일어날 수 있는 대규모 탈북자 유입으로 말미암은 동북 국경 지역의 혼란과 한민족 민족주의의 등장, 이에 따른 동북 지역 조선족의 분리주의를 경계하고 있다. 물론 중국은 북한의 핵 개발이 일본 등을 포함한 동북아 국가들로 하여금 핵무장을 촉발할 가능성이 있기 때문에 북핵 문제를 평화적으로 해결하려는 데 적극적인 입장이다. 그러나 좀 더 장기적인 측면에서 중국은 한반도의 통일보다는 현재의 분단 상태가 지속되는 것이 자국의 이해에 더 유리하다고 판단하고 있다. 따라서 한국은 한미 동맹을 통해 한반도에 대한 중국의 영향력이 확대되는 것을 견제하는 동시에 북한을 매개로 한 중국의 대한반도 레버리지를 제어하면서 동북아에서 실리를 추구하는 지혜, 즉 미국을 이용해 중국으로부터 이득을 얻는 전략을 취할 필요가 있다.

조, 특히 한미 공조를 통해 민족 공조로 갈 수밖에 없는 것이 현실이다. 왜냐하면 미국만이 북한 정권의 생존을 보장해줄 수 있고 북한 경제를 재건하기 위한 국제 협력과 지원을 이끌어낼 수 있기 때문이다. 미국의 협력과 승인이 없으면 남북 교류와 협력은 계속 벽에 부딪힐 수밖에 없다.

셋째, 한국이 동북아의 평화와 번영에서 중추적 역할을 하기 위해서도 한미 동맹을 강화해야 한다. 한국이 중국과 일본 사이에서 평화를 중재하고 매개하는 평화 중추가 되기 위해서는 중국과 일본이 한국을 중추로 인정할 수 있을 정도의 힘을 한국이 갖고 있어야 한다. 이러한 힘을 갖기 위해서는 한미 동맹을 강화하면서 자주국방을 추구하는 협력적 자주국방으로 나가야 한다.

마지막으로, 북핵 문제가 평화적으로 해결된 이후, 남북 교류를 추진하고 동북아에 평화를 정착시키기 위해서도 한미 동맹의 강화가 필요하다. 한미 동맹이 견고하게 유지되고 있으면 북한은 한국을 진지한 대화 상대로 받아들일 것이나, 그렇지 않으면 한국을 배제하고 미국과 직접적으로 문제를 타결하려 할 것이기 때문이다.

결론적으로, 변화된 동북아시아의 지역 안보 지형에서 한국의 선택은 한미 동맹을 강화해 여러 가지 당면한 문제에 대응하는 것이다. 이를 위해 한미 관계를 수평적으로 발전시키는 동시에 미국의 패권주의를 감성적 차원에서 접근하지 말고 하나의 외적 조건으로 받아들이고 한미 공조를 강화해 실익을 추구해 나가는 지혜가 필요하다.

3. 새로운 한미 동맹 가이드라인

한미 동맹은 탈냉전 시기의 동북아 안보 환경에 맞게 조정되어야 한다. 첫째,

'공동 위협에 대항하는 동맹threat based alliance'에서 '공유하고 있는 이익과 가치를 추구하는 동맹value-based alliance'으로 전환해야 한다. 기존 북한의 위협에 대항하는 동맹에서 인권, 난민, 테러, 마약, 범죄 등 비전통적 안보 위협을 포괄하는 동맹 관계로 발전시켜야 한다(김우상, 2004: 108). 다시 말하면, 누구를 반대하는 소극적 동맹에서 공통의 가치와 철학을 추구하는 적극적 동맹으로 발전해야 한다(Cha, 2004: 130). 한미 양국 간에는 민주주의와 시장경제라는 기본적으로 공유된 목표가 있다. 그런데 탈냉전 시기에 한미 동맹을 더욱 굳건히 하기 위해서는 기본 목표에 새로운 이념적 정체성ideational identity을 추가할 필요가 있다. 그것은 바로 비핵화가 이루어지고 평화적으로 재통일되어 민주주의가 확립된 한반도를 건설하는 것이다. 그런데 포괄적 안보 동맹으로의 전환이 한미 동맹이 다자간 안보 동맹 또는 다자간 안보 협의체로 대체되어 한국이 지역 차원의 안보 분쟁에 개입하는 방향으로 가야 한다는 것을 의미하는 것은 아니다. 예를 들어 타이완해협에서 분쟁이 발생할 경우 한미 동맹군이 중국에 대항해 무력을 사용할 수 있는 방향으로 한미 동맹이 전환하는 의미는 결코 아니다.

둘째, 한미 동맹은 극도의 비대칭적 동맹에서 대칭적 동맹으로 발전해야 한다. 그동안 한미 양국 간 국력의 비대칭성은 약간 완화되었으나 한미 관계의 비대칭성이 지속됨으로써 한미 동맹에 균열이 초래되었다고 할 수 있다. 따라서 한미 동맹을 강화하기 위해서는 동맹 관계의 대칭성을 높일 필요가 있으며 이를 위해 주한 미군 변환 과정이 미국의 일방적 결정에 의해서가 아니라 한미 양국 간의 긴밀한 협의하에서 이루어질 필요가 있다. 또한 주한 미군 지위 협정SOFA 개정과 전시 작전권 환수 등의 문제에 대해서도 진지한 논의를 시도할 필요가 있다. 한미 양국은 한미 동맹을 변화된 국력에 맞춰 좀 더 대칭적이고 수평적인 관계로 탈바꿈할 필요가 있다.

셋째, 동맹 주둔 피로presence fatigue를 줄일 방안을 강구해야 한다(W. S.

Kim, 2004: 170). 50년 이상 육군을 중심으로 하는 미군이 장기 주둔함으로써 교통사고, 환경오염, 지역 주민들과의 마찰 등이 계속적으로 발생하고 있다. 따라서 한미 양국은 미군이 주둔함으로써 발생하는 기회비용을 최소화하는 데 공동의 노력을 기울일 필요가 있다. 또한 미군과 한국인들 간에 문화적 인식 차이로 인한 충돌을 해소하고 상호 이해를 증진하는 노력을 시도할 필요가 있다. 미군에게 한국의 문화와 제도에 관한 교육을 실시하고, 주한 미군과 지역공동체 간에 소통의 장을 마련하며, 지역 언론을 비롯한 학생운동가와 노동운동가를 대상으로 한 공공 외교도 강화할 필요가 있다(W. S. Kim, 2004: 171).

넷째, 새로운 한미 동맹을 제도화하는 것이 필요하다. 한미 동맹 체제는 반세기를 넘김으로써 노쇠기에 접어들었다. 한미 동맹은 60여 년 전에 단 한 번 체결한 조약으로 지금까지 관계를 유지해오고 있다. 반면 미일 동맹은 40여 년밖에 안 되었지만 두세 번 이상의 제도화 과정을 통해 동맹 역할을 재조정해왔다.

한미 동맹을 수립한 1950년대와 비교해볼 때, 한미 동맹의 환경은 크게 변화했다. 이젠 한국은 자국의 군사력만으로도 북한을 상대할 수 있을 정도가 되었고, 민주화도 이루었고, 경제 위기도 극복하는 등 국제적 위상과 지위 상승을 이룩했다. 그럼에도 불구하고 불평등하고 불합리한 한미 관계가 계속 유지됨으로써 한미 동맹이 표류하는 현상이 발생했다. 이젠 한국의 변화된 상황과 환경에 맞추어 한미 관계를 새롭게 제도화하는 것이 필요하다. 한미 두 정상이 새로운 한미 동맹 가이드라인을 만들어 한미 동맹이 나아가야할 좌표를 천명한다면, 한미 동맹이 주는 스트레스와 피로가 제거되는 동시에 한미 동맹이 더욱 강화될 수 있을 것이다.

4. 한미 동맹은 남북문제 해결의 시발점

한반도의 평화 정착을 위해 한미 동맹은 무엇을 할 수 있으며, 무엇을 해야 하는가? '한국 문제'로 불리는 남북문제는 민족문제인 동시에 국제 문제이다. 한반도의 분단과 전쟁, 반세기가 넘는 대치 상태의 지속은 민족 내부 갈등의 소산인 동시에 냉전기의 국제적 분쟁의 결과물이기 때문이다.

북핵 문제는 핵확산금지조약NPT 체제를 유지하는 것과 더불어 미국의 세계 전략(핵 비확산)과 관련되어 있는 것으로 본질적으로 국제적 성격을 갖는 문제이다(최성, 2004: 96). 한반도 주변을 둘러싼 강대국들이 모두 참여하는 6자 회담 형태로 북핵 문제에 대한 해결책이 모색되는 것은 바로 그 때문이다. 그러면서도 북핵 문제가 남북문제이기도 한 것은 북한 핵 보유가 남한의 국제 신인도 하락, 기업 활동 위축, 금융시장 혼란, 외국자본의 철수 등 남한 경제에 심대한 타격을 줄 수 있기 때문이다. 결국 북핵 저지는 국제사회와 미국의 핵 확산 방지 프로젝트일 뿐만 아니라 남한의 평화 프로젝트라고 할 수 있다(박명림, 2004: 43).

한국 문제를 국제 공조(국제 협력)를 통한 민족 공조(남북 간 화해와 협력)를 통해 풀어나가야 한다면, 한미 동맹은 민족 공조와 국제 공조를 이어주는 연결 고리이다. 북한의 한국 문제 접근 방법은 정경분리이다. 북한은 경제적 교류와 협력과 관련해서만 민족 공조를 이야기할 뿐 민족의 공생을 추구해야 할 군사와 평화 문제는 북미 양자 접촉을 통해서만 해결하려 하고 있다. 2000년 6·15 정상회담을 통해 한반도 냉전 해체에 역사적 전기를 마련했지만 이는 한반도 평화 정착으로 이어지지 못했다. 특히 부시 정권이 등장한 이후 북한이 또 다시 북핵 위기를 조성하면서 1994년 제네바 합의 체제는 완전히 붕괴되어버렸다. 이러한 일련의 위기 상황이 초래된 데는 북한이 남북 평화 문제와 관련해 남한을 배제한 데서 기인하는 바가 크다. 더욱이 국제 공조 체제인 제네바 합의 체제의 붕괴는 경제적 교류와 협력 차원에서도 민족 공조를 어렵게 만들었다. 이렇듯 북핵 문제에 대한 진전이 이루어지지 않게 되면 북한에 대한 남한의 경제적 지원과 교류 역시도 많은 장애와 고통을 겪을 수밖에 없다.

결국 한반도 평화는 남북 협력과 국제 협력이 동시에 이루어져야 달성될 수 있는 문제이고 이 양자를 연결하는 고리가 바로 한미 동맹이다. 다시 말해 북핵 문제나 한반도 평화 구축 문제에서 한국이 주도권을 잡기 위해서는 한국이 미국과 북한으로부터 강력한 신뢰를 받아야 하며, 이를 가능하게 하는 것이 한미 동맹인 것이다. 북한은 자신들의 문제를 해결할 수 있는 열쇠를 미국이 쥐고 있다고 파악하고 끈질기게 북미 양자 대화를 요구하고 있다. 반면 미국은 북한과의 양자 대화를 거부하고 6자 회담이라는 다자 기구를 통해 북핵 문제를 해결하려 한다. 이러한 구조하에서 한국이 주도권을 쥐고 북한과 미국 간의 대화 중재자가 되기 위해서는 강력한 한미 동맹이 구축되어야 한다. 강력한 한미 동맹이 구축되면 한국은 북한에 한국을 상대로 이야기하는 것이 미국 당사자에 직접 이야기하는 것과 다르지 않다고 이야기할 수 있으며, 미국에도 북한의 김정은을 움직일 수 있는 것은 중국도 러시아도 아닌 한국밖에 없다라는 믿음을 줄 수 있다.

강력한 한미 동맹은 역설적으로 북한으로 하여금 안보와 평화 프로세스에서 남한을 배제하지 않고 오히려 남한을 북미 간 대화 중재자로서 신뢰하게 만들어줄 것이다. 반면 남북 간의 강한 신뢰 관계 구축은 미국으로 하여금 남한을 가장 효과적인 대화 중재자로 믿게 하는 촉진제가 될 것이다. '강력한 한미 동맹 → 북한의 남한 신뢰 → 미국의 남한 신뢰 → 남한을 중재자로 하는 남북미 대화 체제 구축' 공식이 보여주듯이, 한미 동맹은 북핵 문제와 한반도 평화 정착을 위한 신뢰 구축의 시발점이다.

그렇다면 한미 동맹을 강화하기 위해 한미 동맹을 어떠한 방향으로 발전

시켜야 하는가? 첫째, 한국과 미국은 북한에 대한 인식 차이를 극복하고 북한을 포용하는 것이 한국과 미국 양국의 국익에 부합하는 것이고, 한미 동맹이 지향하는 목표를 달성하는 데 도움이 된다는 인식을 공유해야 한다. 미국은 북핵 문제의 해결책을 찾을 때 북한의 핵 확산 방지라는 좁은 틀에서 벗어나 미국의 동아시아 전략 차원에서 접근하는 것이 바람직하다. 미국은 이란과 인도에는 평화적 핵 이용 권리를 허용한 반면, 북한에 대해서는 이를 거부하고 있다. 미국이 이러한 입장을 견지하는 데는 북한에 대한 강한 불신을 갖고 있기 때문이다.

그러나 동아시아 전략 차원에서 북핵 문제를 접근한다면 북한에 대한 포용적 자세가 오히려 미국의 국익에 부합한다. 강력한 검증을 전제로 북한의 평화적 핵 이용 권리를 인정함으로써 북핵 문제를 종결지은 뒤, 북미 관계 정상화를 거쳐 북한에 대한 대규모 마셜플랜을 주도하게 되면 북한은 사실상 미국이 주도하는 동북아 국제 질서에 편입하게 된다. 다시 말해 호주, 필리핀, 한국, 일본을 거쳐 중앙아시아에 이르는 거대한 대중국 포위망을 구축하려는 미국의 동아시아 전략 구상과 맞아떨어지는 것이다.

둘째, 한미 동맹의 목표를 소극적인 평화 유지에서 적극적인 평화 만들기로 한 차원 높여야 한다. 지금까지 한미 동맹의 목표는 대북 억지력을 통한 한반도 평화 유지였다. 그러나 북핵 문제가 해결되면서 한반도 냉전 해체가 본격적으로 진행될 경우, 한미 동맹은 새로운 한반도 평화 체제 구축의 중심이 되어야 한다.

한반도 평화 체제 구축은 정전협정 체제를 평화 체제로 전환하는 것에서부터 시작되어야 한다. 정전 체제는 전쟁 발발 원인을 제거하지 않은 채 전쟁을 종결했으며, 이 과정에서 한국이 구조적으로 소외되었다. 또한 정전협정을 위반하는 사건에 대한 억제와 시정을 위한 강제 규정과 방법이 제도화되어 있지 않고, 해상 군사분계선을 명백히 규정하지 않음으로써 서해상의 분쟁을 제도적으로 방지할 수 없는 결함을 내포하고 있다. 다시 말해 정전 체제는 전쟁 억지와 평화 유지에 한계를 갖고 있다.

북핵 문제가 해결되면, 다음 단계로 한국과 미국은 정전 체제를 대체할 평화 체제를 구축해야 한다. 이를 위해 우선 정전협정을 평화협정으로 대체해야 하며 평화협정의 당사자는 남북과 미국, 중국이 되어야 한다(제성호, 2004: 253~256). 그리고 평화협정에 담을 주요 내용으로는 한국전쟁의 법적 종결, 불행한 과거사 정리(한국전쟁 발발 책임을 후대의 역사적 판단에 맡긴다는 합의), 비무장지대의 평화지대화 및 평화적 이용 추진, 불가침 의무 확인 및 이행 보장, 남북 기본합의서의 전면적 이행, 미국과 중국으로 구성된 국제 평화 감시단 설치 및 감시 등이 포함되어야 한다(제성호, 2004: 260).

한편 평화 체제 구축 과정에서 주한 미군의 역할이 중요하다. 주한 미군은 과거 북한의 무력 남침을 억제하는 역할에서 한반도 평화를 유지하고 남북 간 평화협정의 이행을 보장하고 감시하는 역할로 변화해야 한다. 더 나아가 동북아 평화와 안전을 보장하는 안정자 내지 균형자 역할을 수행하는 것으로 역할을 확장할 필요가 있다. 그리고 이렇게 주한 미군이 한반도와 동아시아에서 균형자, 보장자, 안정자 역할을 수행하기 위해서는 한국군과 미군의 작전권이 분리될 필요가 있다. 다시 말해 한반도 평화 체제 구축 과정에서 한국군의 작전 통제권을 환수하는 것이 반드시 수반되어야 한다. 이렇듯 평화협정 체결을 통해 남북 관계는 '평화 체제'로 나아가고, 한미 관계는 작전 지휘권 이양을 통해 '대등화'되며, 북미 관계는 국교 수립을 통해 '정상화'로 가게 될 것이다(박명림, 2004: 59).

셋째, 통일 후 한미 동맹은 한반도의 평화를 관리하고 동북아의 평화와 번영을 주도하는 동맹이 되어야 한다. 북한의 공격에 대한 억지를 목표로 출발한 한미 동맹은 한반도가 통일된 이후에는 새로운 존재 이유raison d'etre를 발견해야 한다. 한미 동맹의 지속과 주한 미군의 지속적 주둔 이유는 통일 한국의 안전을 보장하고 더 나아가 통일 한국이 동북아를 불화와 반목의 진원지에서 평화의 중추로 거듭나게 하는 데서 찾아야 한다.

한반도 통일 이후에도 통일 한국과 주변국(일본, 중국, 러시아) 간의 평화가 유지되기 위해서는 주한 미군이 동북아 질서의 안정자, 동북아 세력 간의 균형자 역할을 해야 할 필요가 있다. 한반도 통일 이후에 중국과 일본 간에 첨예한 경쟁 구도가 형성되었을 때 주한 미군이 균형추 역할을 담당한다면, 주한 미군은 동아시아 지역 안보를 위한 사실상de facto 평화 유지군이 될 수 있을 것이다.

재통일된 한반도에서 주한 미군은 또한 중국에서 오는 위협을 억제하고 한일 관계의 긴장을 완화하는 데 도움을 줄 것이다(O'Hanlon and Mochizuki, 2003: 150). 그리스와 터키, 이스라엘과 이집트의 경우와 같이 미국이 한국과 일본 두 나라에 군대를 유지하는 것은 미국의 영향력을 유지하는 데 도움을 줄 뿐만 아니라 한일 간 평화를 유지하는 데도 기여할 것이다(O'Hanlon and Mochizuki, 2003: 152~153). 더 나아가 한반도 재통일 이후, 한미 동맹과 주한 미군은 중국과 일본 간 분쟁을 조정하고 중재하는 균형자 역할도 수행할 수 있을 것이다. 지정학적으로 대륙과 해양, 동과 서, 남과 북, 중국과 일본을 연결하는 교량에 위치하고 있는 한반도가 강대국이 충돌하는 교차지가 아니라 대륙 국가와 해양국가 사이에 평화를 매개하는 평화 중추가 되기 위해서도 통일 한국은 한미 동맹과 주한 미군의 힘을 필요로 한다.

마지막으로, 아시아·태평양 지역의 다자간 안보 공동체의 성장을 위해서도 주한 미군이 중요하다. 유럽의 평화를 보장하는 데 유럽 주둔 미군이 큰 역할을 했듯이 주한 미군을 비롯한 동아시아에 주둔하고 있는 미군 또한 동아시아 평화를 보장하는 데 중요한 역할을 할 수 있다. 동아시아 내 다자주의 안보 공동체를 형성하기 위해서는 동아시아 지역의 양자 동맹을 해체해야 한다는 주장이 있다. 그러나 미국이 동아시아 국가들과 맺고 있는 양자 동맹은 동아시아 다자주의 안보 공동체와 양립할 수 있을 뿐만 아니라 느슨한 다자간 안보 공동체를 묶어주는 역할을 할 수 있을 것으로 기대된다.

제 3 부

_____

남북 평화와 통일의 이론과 전망

제7장

한국전쟁 이후 평화통일 정책의 변화*

당혹감과 초조감을 안겨준 독일 통일 이후 진행된 동독과 서독의 통합 과정은 통일이 민족주의적 열망만으로는 충분하지 않다는 것을 우리에게 일깨워주었다. 다시 말해 동독과 서독의 통일 과정이 우리에게 준 가장 큰 교훈은 분단이 우리의 의사와는 상관없이 외부로부터 부과된 것이라 할지라도 분단에서 통일로 가는 과정은 결국 한민족이 짊어져야 할 역사적 짐이라는 것이다. 물론 미하일 고르바초프Mikhail Gorbachev의 페레스트로이카와 글라스노스트가 독일 통일의 구조적 제약의 틀을 바꾸어놓는 역할을 했다.[1] 그러나 실질적 독일 통일은 독일 국민이 결정한 것이다. 즉, 1990년 3월 총선에서 독일 국민이 결정한 것이다. 따라서 궁극적으로 통일의 이득뿐만 아니라 통일비용은 독일 국민이 져야 한다.

---

* 이 글은 다음 논문을 수정·보완한 것임. 임혁백, 「남북한 통일정책의 비교분석」, 『남북한통합론: 이론적 및 경험적 연구』(인간사랑, 1992).

1 소련의 '신사고' 외교정책 입안가의 말을 빌리면, "독일 분단의 극복 없이는 소련은 유럽인의 가족 품으로 돌아갈 수 없다. 왜냐하면 독일의 분단이 소련과 전 서구권과의 갈등의 원천이기 때문이다"(이해영, 1991).

이러한 역사적 경험은 통일을 달성하기 위한 전략의 중요성을 일깨워준다. 이러한 점에서 실현 가능하면서도 바람직한 통일 전략을 모색해볼 필요가 있다. 그러나 이러한 목적에 도달하기 전에 우선적으로 남한과 북한 각각이 그동안 제시해온 통일 정책에 대한 비판적 분석이 선행될 필요가 있다.

잘못된 이론에 기초해서 마련된 정치 운동은 결국 실패하기 마련이다. "독일인들이 통일 문제는 거론도 하지 않으면서 기능주의적 접근을 통해 실리를 추구하면서 민족적 동질성을 찾으려고 했던 데 반해, 한민족은 통일의 어려운 현실을 외면한 채 당위성만을 강조하는 '통일 지상주의'에 사로잡혀 있다"(정용길, 1990)라는 지적은 한반도 내 통일 논의가 아직 수사학적인 차원에 머물고 있다는 것을 보여준다.

'맹목적 통일 지상론'이나 '패배적 분단 고정론' 모두 실현 가능한 통일 정책이 될 수 없다. 사회주의권의 개혁과 세계 자본주의경제체제의 재편이 한민족에게 통일의 기회를 포착seizing the chance할 수 있는 계기를 제공하고 있다는 것은 틀림없다. 그러나 "초청받은 사람은 많으나 선택된 사람은 드물다For many are called, but few are chosen"(마태복음 22장)라는 금언은 바람직한 전략 선택의 중요성을 상기시켜준다. 이에 따라 이 글에서는 우선 통일에 대한 대조적인 두 접근 방법인 '연방주의federalism' 이론과 '기능주의' 이론이라는 상이한 두 접근법에 근거해 마련된 남한과 북한의 통일 정책을 비교한다. 통일 정책 비교 분석의 시기는 1950년부터 1990년대 초까지이며 약 10년 단위로 다섯 단계로 나누어 분석한다. 마지막으로 두 가지 접근법을 보완하면서 실현 가능한 대안적 접근 방법을 제시한다.

1. 남북의 통일 정책사 비교

그동안 이루어진 남북 간 통일 정책의 전개 과정은 무력을 사용해 일방적으로 상대방에게 체제를 강요할 수 있다는 생각에서 벗어날 때 진정한 의미에서 통일 정책이 시작된다는 것을 보여준다. 체제 우위regime superiority를 일방적으로 상대방에게 강요할 수 없을 때, 차선의 해결책second-best solution을 찾는 과정이 바로 통일 정책을 형성하는 과정이며 이는 상대방의 존재를 인정하는 것에서부터 출발한다. 그러므로 엄격히 볼 때, '7·4 남북 공동성명' 이후부터 남북은 진정한 의미에서 통일 정책을 시작했다고 볼 수 있다.

3년 동안 진행된 한국전쟁은 남북 모두 어느 일방에 의한 흡수 통합 또는 무력 통일이 불가능하다는 것을 일깨워주었다. 그러나 이러한 간단한 사실을 터득하기까지 남북 모두 엄청난 비용을 부담해야 했다. 그럼에도 불구하고 전쟁이 끝난 지 약 60년이 다 되어가는 지금까지도 남북은 여전히 협상을 통한 통일에 대해 합의하지 못하고 있다. 남북 간 대치standoff는 양측이 서로 주도권을 잡으려는 현재의 입장을 고수하는 한 계속될 수밖에 없다(보냐노·양성철, 1989).

1) 1950년대: 통일 정책의 부재

통일이라는 관점에서 볼 때, 1950년부터 1953년까지 한국전쟁 기간은 무력을 통해 일방적인 흡수 통합을 하려 했던 북한의 시도가 실패로 끝난 역사적 사건이라고 할 수 있다. 엄청난 인명과 재산 피해에도 불구하고 전쟁은 해방 후 진행되어오던 분단 해결을 위한 실마리를 제공하기보다는 분단을 더욱 고착화하는 결과를 가져왔다. 또한 1953년 휴전 이후, 남북 모두 전쟁으로 비롯된 피해를 복구하는 데 총력을 기울여야 했기 때문에 통일 문제는 2차적 관심사로 밀려날 수밖에 없었다. 결국 남북 모두에 1950년대는 통일 정책 부재기로 특징지을 수 있다.

남한: 정치적 구호로서 '북진 통일'

1948년 단독정부 수립 이후 이승만 정권은 통일을 위한 북한 정권과의 어떠한 협상도 배제했다. 이승만 정권은 (북한 정권의) 남한 정부로의 흡수 통합과 북한 지역에 대한 무력을 통한 주권 회복 중 양자택일만을 강요했다. 국제연합UN 감시하에 북한 지역에서만 선거를 실시해 그들의 대표를 대한민국 국회에 편입하는 통일을 수락하던가(북한 지역에서만의 자유 총선론),[2] 아니면 무력에 의한 북한 주민의 해방을 감수하는(북진 통일론) 선택을 강요했다. 이승만 정권은 전자를 공식 정책으로 발표했지만 후자를 정치적 구호로 채택해 남발했다.[3]

1953년 휴전협정 체결 후에도 남한의 통일 정책은 변하지 않았다. 따라서 '북진 통일' 슬로건 역시 이승만 정권이 몰락할 때까지 계속되었다. 그러나 '북진'은 구호에 머무를 수밖에 없었다. 왜냐하면 이승만 정권 스스로 북진을 지도할 수 있는 물질적 자원, 군사력, 미군의 지원 등을 보유하고 있지

---

2 제헌국회는 1948년 6월 12일, 북한 주민을 대표하는 의석으로 전체 의석수의 3분의 1인 100석을 남겨두었다.

3 이와 관련해 '북진 통일'이라는 수사를 남용한 것이 한국전쟁 발발 원인이라는 주장도 있다. 로버트 시먼스(Robert R. Simmons, 1975), 조이스 콜코와 가브리엘 콜코 부부(Joyce Kolko and Gabriel Kolko, 1972)는 이승만의 북진 통일론이 남침을 유도하기 위한 것이었다는 견해를 밝혔다. 한편으로 최광영(1984)은 미국의 경제·군사원조의 불확실성과 대한 공약의 약화에 대처해 미국의 지원을 유도하기 위한 대미용 전략이었다고 주장했으며, 이호재(1986)는 북한의 평화통일 공세에 대응하는 한편(대북용 전략), 남북협상을 주장하는 정적을 탄압하기 위한 정당화 수단으로 제시된 '공갈 정책'이라고 주장한다.

않다는 것을 잘 알고 있었기 때문이다(조정원, 1989b: 74). 더욱이 1953년 10월에 체결된 한미상호방위조약은 남한의 독자적 결정에 의한 북진을 사실상 불가능하게 했다. 따라서 북진 통일론 또는 실지 회복론은 진정한 의미에서의 통일 정책이기보다는 일체의 남북협상과 통일 논의를 분쇄해 불안정한 정권 기반을 강화하기 위한 대내용 전략일 뿐이었다.

1954년에 개최된 '제네바 정치회담'에서 이승만 정권은 최초로 평화적 방법에 의한 통일 방안을 제시했다. 이 회담에서 변영태 외무 장관은 UN 감시하에서 '대한민국 헌법 절차에 의거해' 남북 총선거와 인구 비례에 의한 국회구성이라는 통일 원칙을 천명했다. 그러나 남한 인구의 절반밖에 안 되는 북한의 인구 분포를 고려할 때, 북한이 남한의 선점적 우위를 보장하는 이 원칙을 받아들일 리 만무했다. UN 감시 없이 남북 동수로 '전조선위원회'를 구성해 남북 총선거를 실시하자는 당시 북한 외상 남일의 제안은 남한의 제안에 대한 전면적 거부였다.

상대방이 받아들일 수 없는 제안은 진정한 평화통일 제안이라고 볼 수 없다. 따라서 제네바 정치 회담에서의 남한의 제안은 북진 통일론을 정당화하기 위한 것이었다는 비난에서 자유로울 수 없다. 다시 말해 실현 가능성 없는 수사rhetoric이며, 반공 통일 정책의 연장이라고 할 수 있다(정용석, 1989: 205).

북한: 사회주의 건설을 위한 평화통일 공세

1948년 수립된 조선민주주의인민공화국 정권은 통일 정책으로 일방적인 흡수통일(적화통일)을 공식화했다. 혁명 기지 이론revolutionary base thesis(또는 민주 기지론, 혁명적 민주 기지론)으로 표현되는 북한의 흡수통일 전략은 우선 북한 지역의 정치적·경제적·군사적 혁명 역량을 강화하고 이를 바탕으로 해서 전 한반도의 통일을 모색하는 것이다(한국정치연구회, 1990: 422; 정용길, 1989:

384~388).

한국전쟁은 이러한 민주 기지론에 입각해 시도되었다. 그러나 전쟁은 북한 경제의 파괴와 함께 북한으로 하여금 무력 통일 정책을 포기하도록 했다. 전쟁이 종식되었을 때 북한은 민주 기지를 남한으로 확산시키는 것보다 전쟁으로 비롯된 파괴로부터 사회주의경제를 재건하고(혁명적 민주 기지의 재건), 국내정치 문제를 해결하는 데 주력할 필요성이 더욱 커졌기 때문이다. 따라서 1950년대에 나온 일련의 평화 공세는 진정한 통일 정책이기보다는 북한 경제를 복구할 때까지 대외 환경의 안정화를 도모하려는 현상 유지 정책이었다고 할 수 있다. 즉, 남한 혁명에 필요한 민주 기지를 건설할 때까지 시간을 벌겠다는 전략이었다고 할 수 있다.[4]

2) 1960년대: 통일 정책의 준비

남북 간 경제 복구 경쟁에서 적어도 1960년대까지는 북한이 우위에 있었다. 이러한 북한의 비교 우위는 통일 문제에서 북한이 남한보다 더 적극적인 자세를 취하게 했다. 북한의 '남북 연방제' 제안은 남한에 대한 북한의 자신감을 표현한 것이라 할 수 있다. 반면 남한의 '선 경제 건설, 후 통일'이라는 공식은 정권 변화(제2공화국에서 제3공화국)에도 불구하고 남한이 북한과의 경쟁에서 아직 대등한 관계에 도달하지 못했다는 정부의 현실 인식을 반영하고 있다.

---

4 이는 1953년 7월 28일에 행한 김일성의 연설에 나타난 다섯 가지 기본 당면 목표에서 잘 드러난다(조정원, 1989a). ① 전쟁으로 파괴된 인민 경제의 신속한 회복과 발전이라는 정치적·경제적 과업, ② 조국의 국방력 강화, ③ 인민의 물질문화와 생활수준의 향상, ④ 인민민주주의 제도의 발전과 강화, ⑤ 조국의 평화적 통일의 역사적 목표 달성.

남한: 선 건설, 후 통일

4·19 혁명으로 등장한 민주당 장면 정부는 4·19 혁명 이후 활발하게 전개된 통일 논의를 수용하지 못했다. 장면 정부는 당시 진보 세력이 제시한 중립화neutralization 통일론, 남북협상, 남북 교류, 남북 서신 왕래 등에 대해 그 어느 것도 긍정적으로 수용하지 않았고(김학준, 1986; 노중선, 1989), 정부 차원에서 통일 논의 자체를 회피했다(정연선, 1990). 장면 총리의 "용공 통일보다는 차라리 남북 분단을 택하겠다"라는 국회 발언은 민주당 정권이 갖고 있던 통일 정책의 한계를 잘 보여준다(국토통일원, 1988). 민주당 정권하에서 무력에 의한 북진 통일 정책은 폐기되었으나 새로운 통일 정책이 제시되지 못했다. 결과적으로는 '통일 기피'가 민주당 정권의 통일 정책이었다고 할 수 있다(노중선, 1989).

민주당 정권이 통일 기피 정책을 선택한 데는 남한이 북한보다 경제적으로 열세에 있다는 현실적 판단에 따른 것이라 할 수 있다. 따라서 민주당 정권은 북한의 공산 세력을 압도하기 전까지는 통일 논의를 유보해야 하며 경제 건설에 치중해야 한다는 '선 건설, 후 통일'을 정책 기조로 삼았고(김학준, 1986: 322~325), 이 정책은 군부 쿠데타로 집권한 박정희 정권까지 이어졌다.

그런데 민주당 정권하에서 선 건설, 후 통일이 통일 논의를 회피하기 위한 방어적 성격을 가졌다면, 제3공화국에서는 힘에 의한 승공 통일 정책이라는 적극적인 성격으로 바뀌었다(정연선, 1990: 238). 박정희 대통령은 1967년 연두교서에서 "우리의 경제, 우리의 민주주의가 북한으로 넘쳐흐를 때 그것이 곧 통일이다"라고 말했는데 이는 압도적 힘의 우위에 의한 일방적인 흡수 통일이라고 할 수 있다.[5]

---

5 "UN 감시하의 남북 자유선거 이외의 어떠한 통일 방안도 있을 수 없다"(1964년 11월 3일) 또는 "이북의 실지를 회복함으로써 국토의 통일을 이룩할 노력을 하자"(1964년 연

그러나 현실은 압도적인 힘의 우위가 아닌 상대적인 힘의 열세였다. 따라서 1960년대를 통틀어 남한 정부는 경제 건설을 근대화를 위한 최우선 정책으로 삼고, 이것이 달성된 후에야 통일 논의가 가능하다는 반反통일 정책을 '선 건설, 후 통일'이라는 이름으로 실시했다. 근대화라는 이름하에 모든 통일 논의가 유보되었고 반공 체제가 강화되었다.[6]

북한: 평화 공세에서 무력 공세로

한국전쟁 이후 경제 복구에 치중한 결과, 북한은 제1차 5개년 계획(1957~1961년) 목표를 2년 만에 달성했다(김광수, 1990). 여기에 남한의 정치적 불안(4·19 혁명 이후의 과도기적 상황)에 힘입어 북한은 주도적 입장에서 통일 문제 해결책을 제시하기 시작했다.

1960년 8월 15일, 김일성은 최초로 '남북 연방제'를 제안했으나 통일의 원칙과 방법에서 1950년대와 달라진 것은 거의 없었다. 남북통일은 평화적으로 이루어져야 하며, 외국의 간섭 없이 자주적으로, 그리고 민주주의의 기초 위에서 자유로운 남북 총선거에 의해 이루어져야 한다는 기존의 주장을 다시 한 번 강조했다(신정현, 1989: 266). 여기서 주목할 것은 김일성이 자유로운 남북 총선거가 행해질 수 없을 경우, 과도기적인 대책으로 '남북조선의 연방제'를 제안했다는 것이다. 즉, 과도기적 연방제는 "남북조선에 현존하는 정치제도를 그대로 두고 양 정부의 독자적인 활동을 보장하는 동시에 양 정부 대표로 구성되는 최고인민위원회를 조직하여 남북 간 경제·문화 발전을 통

두교서) 등의 발언은 박정희가 자유당 정권의 '실지 회복론'을 계승하고 있다는 것을 보여준다(민병철, 1988: 10).

6 일례로 1966년 5월, 의원 서민호가 중심이 되어 결성한 민사당이 "정권 통일에 앞서 부분 통일의 필요성"을 역설하면서 남북 교류를 제안했을 때 박정희 정권은 서민호를 구속했다(서진영, 1988: 60).

일적으로 조정"한다는 것이었다(노중선, 1985: 372).

북한이 제시한 남북 연방제는 엄밀한 의미에서 연방제이기보다는 느슨한 형태의 국가연합에 더 가깝다(신정현, 1989; 김학준, 1987). 또한 기능주의적 요소(경제 교류, 경제위원회 등)를 더 많이 포함하고 있다. 다시 말해 남북 연방제는 남북 간에 자주적인 총선거가 받아들여지지 않을 경우를 대비한 대안으로 정치 문제보다 경제와 문화 등에 더 무게를 두는 제한적인 기능주의적 접근을 보여주고 있다.[7] 이렇게 북한이 기능주의적 접근을 취한 이유는 남북 경쟁에서 북한이 우위를 선점했다는 자신감을 가지고 있었기 때문이라고 할 수 있다(김학준, 1986: 324).[8] 즉, 북한은 남한을 압도하는 사회주의경제 건설 달성이라는 자신감을 바탕으로 통일 문제에 대한 전략을 수세적 입장에서 공세적 입장으로 변경했고, 이 과정에서 남북 연방제를 제의하게 된 것이다.

그러나 이러한 북한의 평화 공세가 남한에서 메아리 없는 외침이 되자, 1960년대 중반부터 북한은 남한의 '군사 파쇼 독재 정권'을 전복하려는 무력 공세로 전략을 바꾸었다. 1964년 2월, 조선 노동당 중앙위원회는 3대 혁명 노선(① 북조선 혁명 역량 강화, ② 남조선 혁명 역량 강화, ③ 국제적 혁명 역량 강화)을 선택하면서 이를 "조국 통일과 조선 혁명이 전국적 완성을 한층 확실하게 보장하는 전략"이라고 선언했다(류재갑, 1989: 324).[9] 그리고 이를 추진하기 위해 4대 군사 노선(① 전군의 간부화, ② 장비의 현대화, ③ 전 인민의 무장화,

---

7 김일성은 연방의 중요한 역할로 남북 간의 접촉과 협상을 증진하고 상호 이해 협력을 가능하게 하는 것과 전 민족에 이로운 경제적·문화적 문제들을 협의하는 것을 포함하고 있다(신정현, 1989).

8 우세한 입장에 있는 측이 기능주의 접근을 취하며, 기능주의에서 확산은 위에서 아래로 흐르는 것이지 아래로부터 위로 흐르는 것이 아니다.

9 이는 북한이 1950년대의 '혁명 기지' 노선으로 복귀하는 것을 의미한다.

④ 전 국토의 요새화)을 채택하고 대남 무력 도발(청와대 기습 사건, 푸에블로 호나포 사건, 울진·삼척 무장 공비 사건, 미 공군 EC-121기 격추 사건 등)을 강화했다. 그 결과 1960년대 중반 이후 평화적 통일 논의는 남북 어디에서도 찾아볼 수 없게 되었다.

3) 1970년대: 통일 정책 방법론 경쟁

1970년대에 들어서면서 남북은 무력에 의한 일방적인 통합(흡수 통합)이 사실상 불가능하다는 것을 깨닫게 되었다. 이러한 현실 인식은 1972년 7월 4일에 '7·4 남북 공동성명'으로 표현되었다. 이 성명의 핵심은 남북이 군사적 해결 방식을 포기한다는 것이다.[10]

　7·4 남북 공동성명은 최초로 남북이 통일과 관련해 합의를 이루었다는 점에서 남북통일에 중요한 전기를 마련했다고 할 수 있다. 또한 이 성명에서 합의된 '자주, 평화, 민족적 대단결'이라는 통일 원칙은 이후 남북 당국의 통일 정책뿐만 아니라 재야 통일 방안의 기초가 되었다는 점에서도 의의가 있다. 즉, 7·4 남북 공동성명은 남북 간의 '대화 없는 대결' 상태를 '대화 있는 대결' 상태로 전환했다. 그러나 이러한 전환에도 불구하고 남북 간 근본적 대결 구조는 타파되지 않았다(정연선, 1990: 241). 7·4 남북 공동성명 이후 통일과 관련된 남북 간 대결은 평화적 통일이라는 합의된 목표를 어떻게 달성할 것인가를 둘러싼 방법론과 관련한 투쟁으로 전개되었다. 방법론적 투쟁에서

---

10 7·4 남북 공동성명에서 발표된 조국 통일의 3대' 원칙은 다음과 같다. ① 통일은 외세에 의존하거나 외세의 간섭을 받음이 없이 자주적으로 해결해야 한다(자주), ② 통일은 서로 상대방을 반대하는 무력행사에 의거하지 않고 평화적 방법으로 실현해야 한다(평화), ③ 사상과 이념, 제도의 차이를 초월하여 우선 하나의 민족적 대단결을 도모해야 한다(민족적 대단결).

남한은 기능주의적 접근을, 북한은 연방주의적 접근을 주장했다.

남한: 기능주의 접근

1970년대에 들어서면서 미국과 중국, 미국과 소련 간에 데탕트가 이루어졌고 이 때문에 동서 간 냉전 구조에 균열이 발생하기 시작했다. 이로써 남한은 더는 냉전 구조에 의존해서 통일 문제를 회피할 수 없게 되었다(서진영, 1988: 61). 1972년에 미국의 리처드 닉슨 대통령이 중국을 방문하면서 형성된 미중일 간 삼각 군사동맹은 한반도에 극한적 대립 상황을 해소할 것을 요구했다. 즉, 미국은 1970년대 이후부터 한반도의 긴장 완화detente를 요구하기 시작했다(최봉윤·노승우, 1988: 144). 한편 한반도 긴장 완화에 대한 국제 체제적 압력이 가중되고 있을 때, 박정희 정권은 1960년대부터 추진한 경제 건설의 성공에 상당한 자신감을 갖게 되었다. 1970년 8·15 기념 연설에서 박정희 대통령이 "공산 독재 체제와 민주 체제 중 어느 것이 국민을 더 잘 살게 해주는 제도인가를 가리기 위해 발전과 건설과 창조의 경쟁"을 제안한 사실은 이러한 자신감을 반영한다.[11]

남북대화가 시작되자마자 남북은 바로 방법론적 논쟁으로 빠져들었다. 남한은 상호 신뢰와 이해를 촉진하기 위해 우선적으로 단계적인 남북 교류를 도모하자고 제의한 반면, 북한은 군비경쟁 중지, 미군 철수, 평화협정 체결 등과 같은 정치적 문제에 대한 일괄 타결을 주장했다. 결국 대화는 결렬되었고 이는 남북의 각 집권 세력들에게 체제 정비와 강화의 구실이 되었다.

---

11 1960년대에 북한은 경제개발 7개년 계획(1961~1967)의 실패로 이 계획을 3년 더 연장했다. 반면 남한은 두 차례의 경제개발 5개년 계획 목표를 모두 달성했다. 이 결과 1960년대 중반까지 지속되었던 북한의 경제적 우위가 1960년대 후반부터 역전될 조짐이 나타나기 시작했다(김학준, 1986: 361).

통일 방법론 경쟁과 관련해 남한은 기능주의 이론을 채택했다. 기능주의 통합 이론이 한반도에 적용되기 위해서는 남북이 서로를 독립국가로 간주해야 한다. 7·4 남북 공동성명 이전인 1970년에 이루어진 8·15 선언에서 남한이 UN에 북한의 참가를 인정하며 '개발과 창조의 경쟁'을 제안한 것은 남한이 북한을 사실상de facto으로뿐만 아니라 (준)공식적de jure으로 국가로 인정한 것으로 볼 수 있다(양성철, 1989: 153). 이러한 상호 승인의 공식화de jure recognition는 7·4 남북 공동성명에서 명시되지 않았지만 암묵적으로 합의되었다고 할 수 있다.[12] 북한 승인의 공식화 과정은 1973년 6월 23일에 나온 6·23 선언에서 구체적으로 드러난다. 6·23 선언의 주요 내용은 남북 간 상호 내정 불간섭, 남북의 국제기구 동시 참가 및 UN 동시 가입, 호혜 평등 원칙하에 모든 국가에 대한 문호 개방 등이다. 이 선언은 북한을 미수복 지구로 규정하던 '1국 내 2지역' 관계를 철폐하고 '2체제 2국가' 관계를 사실적으로, 그리고 공식적으로 선언한 것이라고 할 수 있다. 그러나 남한이 북한을 국가로 (준)공식적으로 승인한 후에도 남한은 통일 문제에 대해 소극적이고 방어적인 입장을 근본적으로 수정하지 않았다. 기능주의에 입각한 단계적인 교류 협력과 평화 공존 입장이 이를 반영한다.

남한이 기능주의적 접근의 타당성을 주장하는 이유는 남북이 지난 40여 년간 독자적인 사회 변화를 겪고 사회 공동체 해체 과정이 진행되어 이제는 완전한 두 개의 독립된 정치 공동체로 굳어졌다고 판단했기 때문이다(이문규, 1988: 49). 다시 말해 두 개의 존재에서 하나의 존재로 도약하는 것을 목표로 하는 연방주의적 접근은 실현성이 희박하기 때문에 결과적으로 통일은

---

12 이를 뒷받침할 수 있는 북한 측의 증거로 1972년 12월 27일에 공표된 북한의 새로운 헌법(조선민주주의인민공화국 사회주의 헌법)에서 조선민주주의인민공화국의 수도를 서울(1946년 헌법)에서 평양으로 개정한 것을 들 수 있다(양성철, 1989: 151).

비정치적 분야에서 정치적 분야로 단계적인 확산 과정을 거쳐야 한다는 것이다. 이러한 입장은 1972년 김용식 외무부 장관의 '통일을 위한 세 단계 접근 방법[이산가족 찾기 운동 등 인도적 차원 → 물자 교환 및 문화 교류 등 비정치적 문제 해결 → 통한(統韓) 문제]'으로 제시되었다(최봉윤·노승우, 1988: 122).

1971년 8월 12일에 대한적십자사 총재 최두선이 발표한 '남북 간에 흩어져 있는 일천만 이산가족 찾기 운동'의 전개, 1973년 6월 12일의 남북조절위원회 제3차 회의에서 남한이 제시한 경제 분과 및 사회·문화 분과 위원회 설치, 경제인·물자·과학기술 교류, 자원 공동 개발, 학술·문화·체육·영화·무대예술·사회 인사 및 단체·기자·통신·관광 분야 등의 교류, 국제 체육 행사에서 남북 단일팀 구성, 고고학·국사·국어 분야 등에서의 공동 연구(노중선, 1985: 505), 1978년 6월 23일에 박정희 대통령이 제의한 '남북한 경제협력 추진을 위한 협의 기구 결성' 등은 기능주의 이론에 입각한 통일의 단계적 실천 방안이라 할 수 있다.

기능주의적 교류 확산의 필수적인 전제 조건은 남북 간의 평화 정착이다. 남북 간의 잠정적인 평화 공존과 기능주의적 교류 확산은 '동전의 양면'과 같은 관계이다. 분단 이후 남북은 두 개의 독립된 정치 공동체로 굳어져 왔을 뿐만 아니라 적대적인 관계가 유지되어왔기 때문에 평화 정착 없이는 교류가 불가능하다. 이러한 맥락에서 '선 평화, 후 통일' 정책이 추진되었고 1974년 1월 18일 '남북불가침협정' 체결 제의를 시작으로 1974년 8월 15일 '평화통일 3대 기본 원칙'으로 구체화되었다.[13]

---

13 ① 한반도에 평화를 정착시켜야 한다. 이를 위해 남북은 상호 불가침 협정을 체결해야 한다. ② 남북 간에 상호 문호를 개방하고 신뢰를 회복해야 한다. 이를 위해 남북 대화를 성실히 진행시켜야 하며, 다각적인 교류와 협력이 이루어져야 한다. ③ 이 바탕 위에서 공정한 선거 관리와 감시하에 토착 인구 비례에 의한 남북 자유 총선거를 실시하며 통일을 이룩한다(김경태, 1991: 42).

그런데 평화 공존은 기능주의적 교류 협력의 전제 조건으로 제시되었음에도 불구하고 이후에는 평화 공존 자체가 통일 정책의 목표가 되어버렸다. 이렇게 평화의 정착이 통일의 수단이 아닌, 그 자체로 합목적성을 갖게 되면, 현상 유지인 분단의 고착화를 가져올 우려가 있다. 이런 점에서 제4공화국의 통일 정책은 현상 유지라는 소극적 성격에 머무는 한계를 갖게 되었다. 평화와 통일 간 관계를 불분명하게 제시함으로써 통일 정책이 안보 정책에 종속되는 결과를 가져왔고, 통일 정책이 활성화되지 못했다.

북한: 연방주의 접근

통일에 대한 북한의 접근 방법이 연방주의적 성격을 띠는 시기는 1970년대 이후부터라고 할 수 있다. 1970년대 북한의 통일 정책은 '선통일, 후 기능적 통합'이라는 연방주의적 논리에 근거해 정치적·군사적 문제의 일괄 타결을 주장했다. 연방제 논리는 1972년 5월 26일에 김일성이 ≪뉴욕 타임스≫와의 회견에서 주장한 '최고민족위원회' 구성 제안과 1972년 11월 3일에 열린 남북조절위원회 회의에서 제기되었으나 공식적인 정책으로 제시된 것은 1973년 6월 23일에 김일성이 제시한 '조국 통일 5대 강령'에 포함된 '고려연방제'에서 구체화된다.[14]

북한은 현존하는 두 체제를 인정하는 바탕 위에서 하나의 국가(고려연방

---

14 조국 통일 5대 강령의 내용은 다음과 같다(노중선, 1985: 506). ① 남북 간 군사적 대치 상태 해소와 긴장 상태 완화(군사 문제 우선 해결), ② 남북 간 정치, 외교, 경제, 문화의 제 방면에 걸친 합작과 교류의 실현(다방면적 합작), ③ 남북의 광범위한 각계각층 인사들의 통일을 위한 대민족회의 소집(대민족회의 소집), ④ 단일 국호에 의한 남북 연방제를 실시하며 연방 국호는 '고려연방국'이라 한다(남북 연방제), ⑤ 남북 동시 UN 가입에 반대하며, '고려연방국' 국회에 의한 UN 가입 실시(단일 회원국 UN 가입).

국)를 제시함으로써 국가연합체와 구별되는 연방제적 성격을 뚜렷이 했으며, '과도적 대책'이라는 어휘를 삭제함으로써 좀 더 항구적인 통일 정책이라는 것을 강조했다. 그러나 "북과 남에 존재하고 있는 정치제도를 당분간 그대로 두고 하나의 통일국가를 만들자"라고 한 데서 보듯이 과도기적 조치로서의 성격이 완전히 없어진 것은 아니라고 할 수 있다(양영식, 1990: 234). 왜냐하면 북한이 고려연방제를 "완전한 통일을 앞당기는 도상에서 결정적인 국면을 열어놓을 수 있는 유일한 선택의 제도"라고 주장했기 때문이다. 즉, 북한은 연방국을 단일국가로 통일하기 위한 한시적 기구로 제시했다(박도태, 1988: 15~16).

한편 북한은 연방제 주장 이외에도 정치적 분야에서의 일괄 타결(정치 합작 우선론)을 선결한 뒤에 다방면의 교류 확대를 제시함으로써 남한과는 정반대의 통일 접근을 제시했다. '대민족회의'(1974년 8월), '민족통일전선'(1975년 10월), '남북정치협상회의'(1977년 1월) 등은 일괄 타결을 위한 정치기구로 북한에서 제안한 것들이다.

결과적으로 1970년대 통일 논의는 남북 관계가 1960년대의 '적대적 공존 모형'에서 '중립적 평화 공존 모형'으로 바뀌는 과정에서 각자 통일에 접근하는 원칙을 밝히는 단계에서 끝이 났다(최봉윤·노승우, 1988: 285). 기능주의적 접근을 시도한 남한은 어떻게 점진적 교류 확대가 자연적으로 정치적 통합을 가져올 수 있는가에 대해서는 논리적 해답을 내놓지 못했다. 이것은 기능주의 이론의 한계인 동시에 남한의 통일 방안의 한계이다. 북한 역시 정치적 통합을 우선시하는 연방주의적 통합 방식을 제시하고 있기는 하나 고려연방국이 통일의 완료된 형태인지 아니면 단방제로 가기 위한 과도기적 단계의 형태인지를 명확하게 규정하지 않았다.[15]

---

15 1975년 12월 6일, '평양방송'이 "'최고민족회의'는 주권 기구가 아니며, 남북 합작과

4) 1980년대: 통일 정책의 수렴

1970년대에 제시된 남한의 '선 평화, 후 통일' 방안과 북한의 '고려연방제' 방안은 서로 접점을 찾지 못했고 결국 대화 중단으로 남북 관계는 다시 냉각기에 들어갔다.

1980년대 들어 남한은 박정희 대통령의 사망 이후 확산된 민주화 운동, 군부 정권의 재등장 등 정치적 변동에 휩싸였다. 이런 상황에서 북한은 남한의 정치적 혼란기를 이용해 통일 문제에 대한 주도권을 잡고자 1980년 10월 10일 새로운 통일 방안인 '고려민주연방공화국'을 제시했다. 이러한 북한의 움직임에 대해 남한은 1982년에 '민족 화합 민주 통일' 방안을 제시하며 대응했다.

1980년대에 제시된 남한의 민족 화합 민주 통일 방안과 북한의 고려민주연방공화국 방안은 1970년대에 제시된 양측의 통일 정책의 완결된 형태라고 할 수 있다. 남한은 기능주의를 보완한 신기능주의적 접근 방법을 구체화했고, 북한은 고려연방제의 과도기적 성격을 완전히 버리고 통일의 종착으로서 고려민주연방공화국 방안을 최종 확정했다.

남한: 신기능주의 접근

1980년대에 남한이 제시한 통일 정책은 기능주의적 접근에서 벗어난 것은 아니었으나 신기능주의 이론을 수용하면서 방법론적으로 진전했다. 기능주의 접근은 정치적 타결이 따르지 않으면 파급효과가 아닌 역류 효과를 가져올 위험이 있다. 반면 신기능주의 접근은 파급효과의 보편성을 부인하고, 정

교류를 협조하고 보장하는 기능만을 수행하는 것"이라고 해설한 사실은 북한의 고려연방제의 모호성을 더욱 가중시켰다(김명기, 1988: 46).

치적 문제의 의식적 해결을 통한 파급효과의 확산high politics을 주장한다. 신기능주의에 따르면, 비정치적 분야의 교류와 거래의 확대는 자동적으로 정치적 분야의 통합으로 파급되지 않는다. 필립 슈미터(Schmitter, 1969)에 의하면 교류의 범위(예를 들어 공동 방위와 공동 경제계획 등)가 확대될수록, 집단적 결정을 내리는 수준이 높을수록 정치 공동체로의 파급효과가 커진다. 결국 신기능주의는 파급효과의 자동성automaticity이라는 기능주의적 가설을 부인하고, 파급을 이끌어내기 위한 파급효과의 정치화politicization, 즉 관료의 역할, 조직 이데올로기, 정치·행정 엘리트들의 창조적 창출을 중시한다(Schmitter, 1969).

제5공화국 정부는 1980년, '남북한 당국 최고 책임자 상호 방문' 및 '남북한 당국 최고 책임자 회담'을 제의했고 1982년 1월 22일, '민족 화합 민주 통일 방안'을 발표했다. 이 방안에 의하면 첫째, 남북 쌍방 주민을 대변하는 남북 대표로 '민족통일협의회의'를 구성하며, 이 협의회의에서 민족·자유·복지의 이념을 촉구하는 통일 헌법 초안을 마련하고, 이 통일 헌법 초안을 민주적 방식에 의한 자유로운 국민투표를 통해 확정·공표하며, 통일 헌법이 정한 바에 따라 총선거를 실시해 통일 국회와 통일 정부를 구성해 통일을 완성한다. 둘째, 민족 화합에 의한 통일을 이룰 때까지 과도적 조치로 '남북한 기본 관계에 관한 잠정 협정'을 체결하며, 통일 저해 요인을 제거하고 통일 헌법 제정 작업을 순조롭게 촉진할 것을 제의했다. 이와 관련해 '잠정 협정'에서 합의되어야 할 일곱 개 사항을 제시하면서[16] 이 사항을 협의할 '남북 당국

---

16 '잠정 협정'에서 합의해야 할 사항으로 일곱 개 항이 제시되었다. ① 호혜 평등의 원칙에 입각한 상호 관계의 유지, ② 분쟁 문제의 평화적 해결, ③ 현존 정치 질서와 사회 제도의 상호 인정과 내정 불간섭, ④ 현존 휴전 체제의 유지와 군비경쟁 지양, ⑤ 모든 분야의 교류·협력을 통한 사회 개방 촉진, ⑥ 기존 국제 의무 및 협정의 존중과 민족 이익 증진, ⑦ 서울과 평양에 상주 연락 대표부 설치.

최고 책임자 회담'의 수락을 촉구했다(통일연수원, 1991).

1982년 1월 22일에 발표된 '민족 화합 민주 통일 방안'은 기존의 단계론적 입장을 견지하면서도 이전과 달리 정치 분야의 중요성을 강조하고 있다. '남북한 기본 관계에 관한 잠정 협정' 제의 역시 정치 체계와 군비 문제에 대한 토론 가능성을 열었다. 다음 달인 2월 1일에 발표된 '20개 시범실천사업'[17]제의는 이제까지의 기능주의적 교류 확대의 집대성이라 할 수 있다. 20개의 시범 사업은 크게 사회 개방 8개항, 교류 협력 8개항, 긴장 완화 4개항으로 구성되어 있다(김경태, 1991: 46).

이러한 일련의 제안은 이전의 통일 정책과 비교해 진일보했으며, 통일 정책에 신기능주의적 요소를 적극 포함한 것으로 평가할 수 있다. 기능적 교류 확대와 평화 정착이 어떻게 통일로 이어질 수 있는가에 대한 구체적 방안을 제시했고, 비정치적 분야에서의 교류 확대가 정치적 분야로 파급되기 위해서는 인위적 정치화가 필요하다는 것을 강조했다는 점에서 높이 평가할 수 있다.

그러나 한계 역시 존재한다. '민족 화합 민주 통일 방안'에서 제시한 호혜 평등과 상호 불간섭 원칙은 남북에 현존하는 국가 실체를 상호 승인하고 영구 분단을 합법화하는 결과를 초래할 수 있다는 비판에서 벗어나기 어렵다.

---

17 ① 서울과 평양 간 도로 연결 개통, ② 남북 이산가족 간 우편 교류 및 상봉, ③ 자유 관광 공동 지역 설정, ④ 판문점을 통한 해외 동포의 고국 방문, ⑤ 자유 교역항(인천항과 진남포항) 개방, ⑥ 남북 간 정규 방송 자유 청취, ⑦ 판문점을 통한 1986년(아시안게임)과 1988년(올림픽 게임) 체육 행사 참가, ⑧ 판문점을 통한 외국인 자유 왕래, ⑨ 공동 어로 구역 설정, ⑩ 남북 각계 인사의 상호 친선 방문, ⑪ 기자의 남북 자유 취재 보장, ⑫ 민족사 공동 연구, ⑬ 체육 교류 및 단일팀 구성, ⑭ 일용 생산품 교역, ⑮ 자원 공동 개발 및 이용, ⑯ 기술자 교류 및 생산품 전시회, ⑰ 비무장지대 경기장 설치, ⑱ 비무장지대 학술 조사, ⑲ 비무장지대 군사시설 철거, ⑳ 군사 책임자 간 직통전화 개설(노중선, 1985: 578).

그리고 평화협정을 체결하지 않고 정전협정 체제를 유지하면서 평화통일을 위한 적대 관계 해소를 도모한다는 것은 논리적으로 모순이라는 지적도 있다(김낙중, 1989: 49~50; 김명기, 1988: 69). 또한 정치적 문제 해결을 위해 지나치게 '남북 최고 책임자 회담'에 의존하고 있다는 점도 문제점으로 지적되었다. 민족의 통일 문제를 남북 실권자 간 만남으로 해결할 수 있다는 단순한 사고방식도 문제이지만, 그보다도 분단국의 통일 문제가 어느 특정 계층의 독점물이 되어서는 안 된다는 점에서 '남북 최고 책임자 회담'을 중심으로 하는 해결 방법은 권위주의적 발상이라는 지적을 면하기 어렵다(최봉윤·노승우, 1988: 290~291). 그런데 제5공화국이 제시한 통일 정책은 제5공화국 자체의 도덕적·정치적 정통성에 대한 비판 운동이 확산되면서 실효성을 거둘 수 없게 되었다.

이후 1980년대 후반에 일어난 남한의 민주화 운동은 '6·29 선언'이라는 정부의 대★양보를 이끌어냈고 1988년에 실시된 두 차례의 선거를 통해 18년 만에 민선 정부를 출범시켰다. 1980년대 말부터 남한 사회 내에서는 통일 논의가 확산되었고 대외적으로는 동서 화해와 사회주의권의 개방이 이루어졌다. 이러한 대내외적 흐름은 새로 출범한 6공화국 정부로 하여금 새로운 통일 정책을 세울 필요성을 증가시켰고 정부는 대북 우위 입장에서 통일 문제에 대해 공세적 입장을 취했다.

1989년에 제시된 '한민족 공동체 통일 방안'은 남한 정부의 자신감이 반영된 통일 정책이다. 이 통일 방안의 핵심은 과도적인 통일 체제로 '남북 연합Korean Commonwealth'을 제시하고 있는 것이다. '남북 연합'은 최고 의결 기구로 '남북 정상 회의', 남북 정부 대표로 구성되는 '남북 각료 회의', 남북 국회의원으로 구성되는 '남북 평의회', 이를 위한 실무 문제를 관장하는 '공동 사무처' 등을 두고, 서울과 평양에 상주 연락 대표를 파견하는 것이다. 이와 함께 이러한 남북 연합 기구와 시설을 설치하기 위해 비무장지대 평화 구역 내

'평화시平和市'를 건설하는 것을 주요 내용으로 하고 있다. 이는 통일 헌법을 통해 이루어지는데 통일 헌법이 마련되면 헌법에 따라 총선거를 실시하고 통일 국회와 통일 정부를 구성하게 된다. 이때 통일 국회는 지역대표성에 입각한 상원과 국민대표성에 입각한 하원으로 구성되는 양원제로 한다.

남북 연합은 국가연합이나 연방federation과 달리, 통일을 지향하는 과도적이고 특수한 결합 형태이다. 즉, 1민족 내부의 2체제 연합 형태로 남북 연합 안에서 남북은 각각 주권국가로 남지만 국제법상의 관계가 아닌 국내법에 준하는 특수한 법적 유대 관계를 갖게 된다(이홍구, 1989: 22). 따라서 남북 연합 안에서 남북 관계의 기초가 되는 '민족 공동체 헌장'의 성격은 국가 간 조약이 아닌, 국내법적 협정에 가까우며(이홍구, 1989), '7·7 선언'에서 남북 간 교역을 민족 내부 교역으로 간주한 것도 이러한 인식에 바탕을 둔 것이라 할 수 있다.

북한: 연방주의식 통일 방안의 완성

북한의 연방제는 1980년 10월, 1민족 2체제의 통일국가 형식을 갖춘 '고려민주연방공화국' 창설 방안으로 완결되었다. 이 공화국은 남북 각 정부에 의해 뒷받침되는 하나의 통일국가 성격을 가진다는 점에서 연방제를 통일국가 실현을 위한 '과도적' 또는 '중간적' 조치로 규정한 1960년대의 '남북 연방제'와 1970년대의 '고려연방제'와 질적인 차이를 보여준다(신정현, 1989: 270). 1973년에 제안된 '고려연방공화국'이 독자적인 군사권과 외교권을 가지는 연방국가federation를 의미하는 것이 아니었다면, '고려민주연방공화국'은 독자적인 연방군과 외교권을 갖고 이를 통일적으로 조정할 수 있는 연방 국가의 창설을 제시하고 있다. 군사권과 외교권을 갖는 연방 정부는 지역 자치 정부의 존재에도 불구하고 국가로서의 통일성을 유지할 수 있다(김낙중, 1989: 58).

북한의 고려민주연방공화국 안을 살펴보면, ① 남북이 각각 지역 자치 정부를 유지하고, ② 남북 및 해외 동포 대표들로 '최고민족연방회의'를 구성해, ③ 이 회의 안에 '연방상설위원회'를 조직하여 남북 지역 정부를 지도한다는 것이다. 이와 함께 북한은 10대 시정방침을 제시했는데 이는 고려민주연방공화국이 실천에 옮겨야 할 기본 정책이라 할 수 있다.[18]

그런데 북한의 이 제안은 연방 국가 실현을 위한 '선결 조건'을 제시함으로써 고려민주연방제 안에 대한 실효성과 신뢰성credibility을 의심받게 되었다. 북한은 선결 조건으로, ① 남조선 사회의 군사 통치 청산과 사회 민주화가 실현되어야 하며 이를 위해 반공법과 보안법을 비롯한 파쇼 악법을 폐지할 것, ② 통일혁명당을 비롯한 모든 정당, 사회단체, 개인의 자유로운 정치 활동을 보장할 것, ③ 남조선의 반공 군사정권은 인민대중의 의사를 대변하는 민주정권으로 대체될 것, ④ 미국과 북한 간 휴전협정을 평화협정으로 교체해야 하며 이에 따라 주한 미군을 철수할 것, ⑤ 미국의 분열주의적인 두 개의 조선 조작 책동을 저지할 것과 내정간섭을 중지할 것 등을 주장했다(노중선, 1985: 570~571; 통일연수원, 1991: 101). 이러한 선결 조건은 남한 정부를 통일 협상의 대화 상대자interlocutor로 받아들이지 않고 있으며, 남한 정부가 민주 정부로 교체된 후 북한 방식의 단일 정부를 수립하는 것을 나타내고 있으므로(최봉윤·노승우, 1988: 288), 남북 지역 자치 정부가 동등한 자격으로 연방 국가에 참여한다는 연방제 정신에 배치된다.

통일을 향한 방법론적 차이에 상관없이 통일을 추구하는 두 적대적 상대

---

18 ① 자주성 견지, ② 민주주의 및 민족 대단결 지향, ③ 남북 간 경제 합작 및 교류 ④ 남북 간 과학·문화·교육 교류 및 협조, ⑤ 남북 간 교통·체신 연결 및 이용, ⑥ 전체 인민의 생활 안전과 복지 증진, ⑦ 군사적 대치 상태 해소, 민족 연합 군대 조직, 쌍방 병력 축소, ⑧ 해외 동포의 민족적 권리 보장, ⑨ 두 지역 정부의 대외 활동 조절 및 공동 보조, ⑩ 대외 관계에서 비동맹·중립 노선 견지, 한반도 평화 비핵지대화(조정원, 1989a: 115).

<표 7-1> 남북의 통일 방안 비교: 한민족 공동체 vs. 고려민주연방제

명칭	한민족 공동체(남한)	고려민주연방제(북한)
통일 원칙	자주·평화·민주	자주·평화·민족 대동단결
선행 조건	대남 적화통일 포기, 상호 신뢰 회복, 북한 주민의 자유·인권 보장, 남북 UN 동시 가입, 교차 승인	「국가보안법」 폐지, 평화협정, 불가침 선언, 공산주의 활동 합법화, 주한 미군 철수, 감군, 군비 축소
과도 체제	남북 연합	없음
과도 기구	남북 정상 회의(최고 결정 기구), 남북 각료 회의, 공동 사무국, 남북 평의회	고려연방제 창립 준비 위원회
통일국가 실현 절차	남북 평의회 → 통일 헌법 기초 → 민주적 방법과 절차 → 총선 실시 → 통일 정부와 통일 국회 수립 → 남북 연합(민족 연합) → 통일 민주공화국(국가 통일)	연석회의(민족통일협상회의)를 통해 연방제 실현 방법 협의·결정(남북 당국, 정당, 사회단체 참여)
통일국가 기구	통일 정부와 양원제로 이루어진 통일 국회	최고민족연방회의 및 연방상설위원회
통일국가 정책 기조	민주 공화 체제, 민족 성원 모두의 복지 증진, 민족의 항구적인 안전보장, 세계 평화에 기여, 각국과 선린 우호 관계 유지	10대 시정방침(자주적 정책 실시, 민주주의 실시, 민족경제의 자립적 발전 보장, 민족의 문화·교육·과학기술의 통일적 발전, 교통·통신의 자유로운 이용 보장, 민족 연합군 조직 등)
통일국가 미래상	자유·인권·행복이 보장되는 단일 민주국가 (1민족 1국가)	연방 정부의 지도하에 남북 각각에 지역 자치 정부가 독자적 정책을 실시하는 연방 국가(1민족 1국가 2체제)
통일 주체	남북 정부	남북한 정당과 사회단체 대표
접근 방법	기능주의 접근(경제 교류 우선)에 기반을 둔 민족 통합 강조	연방주의(정치와 군사 문제 우선) 접근에 기반을 둔 국가 통합 강조

자료: 김호진(1990)과 통일연수원(1991)에 의거해 수정.

간에 상호 신뢰 구축CBMs: Confidence Building Measures은 통일의 전제 조건이다. 더욱이 남북의 갈등 구조가 오해, 상호 부정, 좁은 시야, 고정관념 등으로 점철된 '장기화된 사회 갈등protracted social conflict' 구조로 굳어지고 있다는 것을 고려하면, 이를 해소하기 위해서도 상호 신뢰 구축이 더욱 절실하게 요구된다(Moon, 1991).

상호 신뢰 구축은 두려워할 만한 위협이 부재한다는 것을 서로가 믿을 수 있게 보증해줄 때 가능하다(Moon, 1991: 54). 그러나 북한의 선결 조건은 남한에 위협에 대한 두려움을 증가시켜줄 뿐이다. 이 점에서 북한이 제시한 고려민주연방제 안은 이론적 완결성에도 불구하고 선결 조건에 의해 이론의 실효성 자체가 흔들리게 되었다. 그리고 이 점이 '선통일, 후 갈등 해결'이라는 북한의 연방주의의 전체론적holistic 접근에 내재한 한계를 노출시키고 있다. 전체론적 접근은 통일에 도달하기 위한 축적적incremental 과정을 무시하기 쉽기 때문이다. 통일은 자동적으로 장기화된 갈등 구조를 해소해주지 않는다. 따라서 갈등 구조의 해소가 통일에 선행되거나 적어도 통일 과정에 포함되어야 한다.

5) 1990년대: 탈냉전적 평화통일 방안 모색

남북 기본합의서

1990년대 초, 국제적 냉전 체제가 해체되면서 남북 간 갈등 구조를 해소하기 위한 결정적인 문서가 남북 사이에 마련되었다. 1991년 말과 1992년에 체결된 남북 화해와 불가침 및 교류·협력에 관한 기본합의서와 그 부속 합의서가 바로 그것이다.

남북 기본합의서는 국제 냉전 체제 해체라는 국제 환경 변화 속에서 한반도의 냉전을 해체하고 평화를 정착시키기 위해 필요한 모든 조치가 망라되어 있는 훌륭한 문서이다. 첫째, 남과 북은 서로의 체제를 인정하고, 내정에 간섭하지 않으며, 상호 비방과 중상을 금지하고 정전 상태를 평화 상태로 전환한다는 남북 화해에 관해 합의를 했다. 둘째, 남과 북은 군사적 대결 상태를 해소하기 위해 무력을 사용하지 않으며, 분쟁을 평화적으로 해결하고 우발적인 무력 충돌을 방지하며, 이를 위해 불가침 경계선과 구역을 설정하고 군사 직통전화를 설치한다는 남북 불가침에 관해 합의했다. 셋째, 자원의 공동 개발, 물자 교류, 합작 투자, 끊어진 철도와 도로의 연결, 해로와 항로의 개설 등 민족경제의 균형적 발전과 복리 향상을 도모하기 위한 경제 교류와 협력, 교육·문학·예술·보건·체육·언론·출판 등 제반 사회 문화 분야에서 교류와 협력, 이산가족의 서신 교환·상봉·왕래 문제를 인도적으로 실현할 것을 합의했다. 남북 기본합의서는 더는 손댈 필요가 없는 거의 완벽한 평화 문서라고 할 수 있다. 여기에는 화해를 위한 정치적 합의, 군사 문제를 해결하기 위한 불가침 조항, 경제 교류와 협력, 사회 문화 교류, 이산가족 문제의 인도적 해결 방안 등이 포함되어 있다.

그러나 분단 문제를 민족 내부적으로 해결한다는 남북 기본합의서의 취지는 실현되지 않았다. 남북 기본합의서의 좌절은 합의서 채택 배경에서부터 예비되어 있었다고 할 수 있다. 1990년대 들어 남북이 적대적 갈등 상태에서 벗어나 평화·교류·협력을 위한 기본합의에 도달하게 된 것은 동구 사회주의권의 몰락과 국제 냉전 체제의 해체라는 외부 환경의 변화가 크게 작용했다. 따라서 북한이 남북 기본합의서에 응한 것은 1991년에 최고조로 달했던 남한에 의한 흡수통일 우려를 불식시키고 체제의 안정을 보장받기 위해서였다고 할 수 있다(이종석, 1998: 134).

둘째, 기본합의서는 정치·군사 문제의 해결을 지향하면서도 이를 남북 간 문제로만 처리함으로써 국제적 환경 변화가 기본합의서를 추동한 근본 요인이라는 사실을 의도적으로 무시했다. 그런데 기본합의서 채택 이후 미국이 주도한 북핵 사찰 문제 때문에 한반도 문제는 국제 문제가 되어버렸고 1992년 말부터 남북 관계가 경색 국면으로 접어들게 되었다(서동만, 2000; 이종석, 1998: 135). 이후부터 한반도 문제는 북미가 주도하는 협상에 의해 진행되는 방향으로 바뀌었다.

셋째, 남북 기본합의서에는 합의를 이행할 구체적인 기구나 보장 장치가 결여되어 있었다. 합의서는 양측의 입장과 이익을 한 번에 배합한 결과, 양측이 하나의 문건을 제각기 다르게 해석할 수 있는 길을 열어놓았다. 따라서 국제 및 대내 환경 변화가 남북 양측의 공동 이익에 절실하다는 것이 인정될 때에만 남북 기본합의는 이행이 가능했다(안병준, 1992). 그러나 대내외적 환경은 양측이 바라는 대로 진행되지 않았다. 북한은 급격한 경제 위기로 빠져들자 합의서에 명시된 대로 교류 협력을 실시할 경우 체제 붕괴로 이어질 것을 우려하면서 합의서 이행을 기피했고 남한은 북핵 문제로 한반도 문제가 국제화되자 남북 합의서 이행을 주도할 능력을 상실하고 말았다.

민족 공동체 통일 방안

1989년 9월 11일에 발표된 노태우 정부의 '한민족 공동체 통일 방안'은 1990년대에도 그대로 유지되었다. 김영삼 대통령은 1994년 8·15 경축사를 통해 '민족 공동체 통일 방안'으로 명칭을 변경했지만 한민족 공동체 통일 방안의 기조와 골격은 그대로 유지했다.

민족 공동체 통일 방안은 한민족 공동체 통일 방안과 마찬가지로 화해 협력 단계, 남북 연합 단계, 통일국가 단계 등 3단계 통일 과정을 상정하고 있다. 1단계인 화해 협력 단계는 남북이 상호 체제를 인정하고 존중하는 가운데 분단 상태를 평화적으로 관리하면서 경제·사회·문화 등 각 분야의 교류·협력을 통해 상호 적대감과 불신감을 해소하는 단계이다. 2단계인 남북 연합 단계는 화해·협력을 바탕으로 단일국가 건설을 위한 중간 과정으로, 민족 공동체(경제·사회 공동체)를 형성하고 남북 간 특수한 기능적 연합체를 결성하는 단계이다. 이 단계에서는 남북이 각각 외교·경제·국방권을 보유하는 실질적 두 개 국가이면서도 특수한 관계이기 때문에 남북 연합이라는 기구를 통해 현안 문제를 협의·해결한다. 남북 연합은 최고 의결 기구로 남북 정상 회의, 집행 기구로 남북 정부 대표가 동등한 자격으로 참여하는 남북 각료 회의, 그리고 남북 동수의 국회의원으로 구성되는 남북 평의회라는 기구를 설치하며, 남북 각료 회의와 남북 평의회의 업무를 지원하고 실무를 처리할 공동 사무처를 두는 것을 포함하고 있다. 3단계인 통일국가 단계는 남북 평의회가 통일 헌법을 만들고 이에 따라 총선거를 실시해 통일 국회와 통일 정부를 구성함으로써 완성된 단일 통일국가를 이루는 단계이다.

민족 공동체 통일 방안은 기본적으로 남북한이 화해와 협력을 통해 민족 공동체를 회복하면서 그 파급효과를 바탕으로 정치적 통합의 여건을 성숙시켜나가는 신기능주의적 통합 방안이다. 이 방안에서 과도기적 단계로 설정하고 있는 남북 연합 단계는 남과 북이 군사와 외교권을 가진 국제법상 두 개의 국가로 존재한다는 점에서 연방제가 아닌 국가연합적 성격이 강하다. 그러므로 남북 연합은 궁극적으로 통일 헌법에 의해 단일체적 국가로 가기 위한 과도기적 단계의 국가 형태일 뿐이다. 그런데 민족 공동체 통일 방안은 통일의 미래상으로 자유민주주의 체제를 표방함으로써 북한의 이념과 체제를 부정하고 실질적으로 흡수 통합을 추구하고 있다.

6) 남북의 통일 정책 평가

7·4 남북 공동성명 이후 남한과 북한의 통일 정책을 (신)기능주의 대 연방주의 통일 정책으로 이분화해 구별하는 것은 지나친 단순화이다. 북한의 통일 정책이 군축 문제와 남북 통합군 창설 등 정치적 통합에 주력하고 있는 것은 사실이나 10대 시정방침 등에서 보듯이 남북 간 경제·과학·문화·교육·체신 분야에서의 교류와 합작의 증대를 모색한다는 점에서 기능주의적 요소 또한 포함하고 있다. 남한의 통일 정책 역시 다방면적 교류 확대를 통한 파급효과의 축적을 강조한다는 점에서 기능주의적 요소(20개 시범실천사업, 남북 동포 간 상호 교류, 이산가족 왕래, 교역 문화 개방 등)가 강하나, 남북 간 생활권의 통합이 정치권의 통합으로 자동적으로 이루어진다고 간주하고 있지는 않다. 남한은 비정치적 영역에서의 통합이 정치적 영역의 통합으로 도약할

수 있도록 인위적인 기구(남북 정상 회의, 남북 각료 회의, 남북 평의회, 공동 사무국 등)의 조직을 구체화하고 있다는 점에서 "기능주의의 옷을 입은 연방주의"(Nye, 1971) 성격이 강하다.

남북의 통일 정책을 비교해봄으로써 우리는 남북의 통일 정책에서 공통점이 차이점을 능가하고 있다는 것을 확실하게 알 수 있다. 이는 남북의 통일 정책에서 부족한 것은 수사rhetoric가 아니라 의도intentions라는 보여준다.

남한이 제시한 통일 정책의 문제점은 우선, 통일 정책 자체의 적합성에 있는 것이 아니라 통일 정책을 실현하려는 의지에 있다. 남한의 통일 정책은 기능적 교류 확대를 통한 민족 공동체 또는 복지 공동체의 형성을 통일로 가는 과도적 단계로 규정하고 있다. 그러나 정책 담당자들의 사고가 여전히 냉전적 틀에서 벗어나지 못함으로써 파급효과를 일으킬 정도로 교류를 확대하려는 시도가 일어나고 있지 않다. 만약 기능적 교류가 정치적 또는 이데올로기적 기준에 의해 선별적으로 행해지게 되면 파급효과보다는 오히려 역류 현상이 일어나기 쉽다.[19]

둘째, 교류 확대가 반드시 통일에 기능적functional인가에 대한 검토가 충분히 이루어졌는지 고려해볼 필요가 있다. 남한은 국민총생산GNP과 1인당국민총생산에서 북한을 능가하고 있으며, 그 격차가 계속 심화되는 추세를 보이고 있다. 이러한 남북 간 소득 불균형 심화 현상은 교류 확대를 통한 통일 실현에 역기능disfunction을 수반할 수 있다. 북한의 경제적 열등감이 커질수록 남한에 의한 흡수 통합에 대한 두려움이 커질 것이고 이는 남북 교류 확대를 저해할 수 있기 때문이다.

---

19 문익환 목사 사건, 임수경 사건의 선별적 처리가 역류를 가져온 대표적 사례이다. 통일 정책에 대한 논의는 개방성에 기초해야 한다. 개방적 논의 과정이 봉쇄될 때 정부의 통일 정책은 정권 이익의 표현으로 간주될 위험이 있다(김성남, 1989).

셋째, 남한은 신뢰 구축의 선행을 주장하고 있지만 신뢰 구축과 관련한 의제에 상호 무력 감축 협상을 포함하고 있지 않음으로써 신뢰 구축 의지를 의심받고 있다. 남한의 선 평화, 후 통일 원칙이 타당하다 하더라도 한반도 의 과도한 군사화over-militarization 현상을 해소하지 않는 한 평화를 정착시키기 어렵다.

한편 북한의 통일 정책은 과잉 정치화over-politicization의 위험을 내포하고 있다. 북한의 연방제 방안은 통일국가 형태와 대내외 정책을 구체적으로 제 시하고 있으나, 이를 위한 과정과 절차를 명시하고 있지는 않다(정대화, 1990: 100~101). 통일은 단계적 과정이다. 적대적인 두 정부가 통일을 이루려면 긴 장 완화, 중립화, 비군사화demilitarization, 국가연합, 연방federation 등의 단계적 과정을 밟아야 한다(Mass, 1989). 직접적 무력 대결이 더는 가능하지 않다는 데 남북이 인식을 같이 할 때 통일 과정이 시작될 수 있다. 그리고 이러한 인 식을 가능하게 하는 것은 남북의 군사적 균형이다. 그런데 이러한 인식을 일 상화routinization하기 위해서는 군사적 갈등 구조를 점진적으로 해소하는 전략 을 취하는 것이 바람직하다.[20]

남북대화가 시작된 때부터 북한은 항상 포괄적인 군축안을 제시했다. 이 점에서 북한은 이 문제에 대해 소극적 입장을 취하는 남한의 통일 정책보다 우위에 서 있다고 할 수 있다. 그러나 문제는 포괄적 군축안의 실현 가능성 이다. 왜냐하면 군축은 남북 양쪽의 기득권 집단으로부터 거센 저항을 받기 때문이다. 남한의 경우, 군부와 군산 복합체가 국방 예산 삭감에 반대할 것 이고, 북한에서도 군부 내 강경파의 저항이 예상된다(해리슨, 1991). 또한 만 약 군축이 실현 가능하다고 하더라도 군축이 모든 문제를 자동적으로 해결

---

20 이와 관련해 구영록(1986)은 '갈등의 점진적 상호 감축'이라는 찰스 오스굿(Charles E. Osgood, 1959)의 개념을 취하고 있다.

해주지 못한다는 문제가 있다. 60여 년 동안 지속된 분단 상태로 남북 각각의 국민들은 각자가 속한 국제사회와의 연계와 이익에 더 강한 동질성을 느끼게 되었다(이문규, 1988: 49). 말하자면 분단이 더 자연스러운 생활 방식으로 인식되는 사회화 과정을 겪었다. 따라서 분단보다 통일이 자신들의 물질적·정신적 욕구를 충족시키는 데 우월한 체제라는 인식을 내면화하는 기간이 필요하다. 공동체 의식은 남북 간의 물리적 위협을 제거한다고 해서 자동적으로 형성되지 않는다.

2. 통일로 가기 위한 비용과 대안

1) 통일로 가기 위한 전환 비용

분단의 지속은 남북 모두에 엄청난 비용을 부담하게 했다. 분단이 되지 않았더라면 생산이 필요 없거나 구조적으로 생겨나지 않았을 경제적 부담을 '분단 지출'이라고 할 때, 과도한 국방비 지출, 분단을 유지하기 위한 지출, 그리고 분단을 해소하기 위한 비용(예를 들어 통일원 예산 등) 등을 분단 지출로 볼 수 있다(홍성국, 1990a).

그러나 이러한 직접적인 소모성 분단 지출뿐만 아니라 더 큰 손실은 가시적으로 나타나지 않는 '기회 손실opportunity loss'이다(홍성국, 1990b). 다시 말해 분단으로 말미암아 남북 모두 자원과 생산요소의 효율적 이용 기회를 상실함으로써 발생하는 손실이다. 남한에서는 가격기구price mechanism가 작동하지 않음으로써 외부경제externality가 발생하게 되었고 결과적으로 시장구조의 불균형(시장의 실패market failure)이 나타나게 되었다(홍성국, 1990c). 반면 북한에서는 생산요소의 효율적 기회를 상실했다. 사회주의경제체제를 유지하고 있는 북한은 완전고용을 유지하기 위해 '자력갱생' 정책을 실시했으나 이는 노동력을 절약하는 기술 개발을 저해하는 결과를 가져왔다. 또한 북한의 중공업 우선 정책은 군수산업을 육성해 군사비 지출의 많은 부분을 비생산적 부문 또는 해외 부문으로 유출하지 않고 생산적 부문으로 회수하는 긍정적 역할을 수행한 반면에, 장기적으로 자본의 유기적 구성비organic composition of capital를 증대시킴으로써 북한 경제의 비효율화를 가져왔다(이달희, 1990). 결과적으로 남북 모두 분단으로 말미암아 엄청난 손실을 보았다.

만약 통일이 이러한 기회 손실 비용을 제거해준다면, 통일은 남북 모두에 이로운 파레토 우위Pareto Improvement 효과를 가져다줄 것이다. 그럼에도 불구하고 왜 통일로 향하는 전환이 일어나지 않는 것일까? 이는 통일이라는 청사진blueprint이 실현되기까지 남북 모두가 엄청난 전환 비용을 치러야 하기 때문이다. 남북의 절대적 다수의 사람들이 통일이 현재 상태보다 더 나은 물질적 이익을 실현해줄 것이라고 믿고 있다 하더라도, 통일 과정에서 나타나는 전환 비용을 인지하게 되면 다수의 사람들은 통일을 선택하기보다는 현상유지를 택할 것이다. 또한 개인들은 통일로 실현될 장기적인 미래 이익을 믿고 있다 하더라도 통일로 전환하는 과정에서 발생하는 단기적 손실을 감수하려 하지 않을 것이다. 왜냐하면 통일의 공공재적 성격으로 말미암아 통일 과정에 참여하는 합리적 행위자(개인)들은 무임승차자free-rider의 길을 택할 가능성이 높기 때문이다. 그런데 통일은 공공재이기 때문에 어떤 특정 개인을 통일이 가져다주는 혜택으로부터 배제해서는 안 된다non-exclusiveness. 결국 합리적 행위자들은 통일로 가는 전환 비용을 지불하려 하지 않고 누군가가 지불하기를 희망한다.

〈그림 7-1〉에서 보는 바와 같이 통일은 항상 분단보다 파레토 우위에 있다. 만약 통일이 전환 과정을 겪지 않고 일순간에 이루어진다면 남북의 국민들은 모두 통일을 선택할 것이다. 그러나 문제는 통일이 일순간에 이루어지

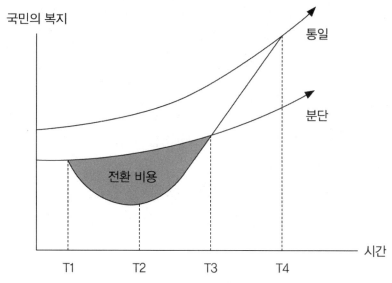

〈그림 7-1〉 통일로 가는 전환의 계곡

주: '전환의 계곡(the valley of transition)'의 개념은 아담 쉐보르스키로부터 얻었다.
자료: Przeworski(1986).

지 않는다는 것이다. 통일로 전환하기 위해서는 시간이 필요하며 이 과정에서 많은 사람은 단기적인 물질적 복지의 악화를 감수할 수밖에 없다. 만약 남한 체제에 따라 통일로의 전환이 일어난다고 가정하면, 통일은 남북 간에 그리고 남북 내부의 여러 부문 간에 차등적인 이익과 손실 배분을 가져다줄 것이다.

통일은 남한 자본가들에게 새로운 소비 시장과 저임금 노동력, 원자재 공급원의 탄생을 의미한다. 여기에서 문제는 이러한 새로운 투자 기회의 창출로 발생한 통일 이익은 통일 관련 기업과 그 종업원들에게 집중되는 반면, 남북 간 경제적 격차를 해소하고 동질적 경제통합을 실현하기 위해 드는 비용(사회간접자본 투자와 노동력 재훈련 등)은 모든 국민이 함께 나누어 짊어져야 한다. 결국 이익의 집중과 비용의 분산이 일어나 통일은 공공재의 과소 공급을 가져오게 된다(Wilson, 1980).

좀 더 구체적으로 행위자 집단을 살펴보면, 우선 남북의 군부는 통일 연합에 끌어들이기 가장 어려운 집단이 될 수 있다. 통일을 위해 긴장 완화와 적대 관계 해소를 통한 평화가 선행되어야 한다면, 가장 먼저 대두되는 것이 군비 축소와 군 병력 감축이다. 따라서 군부는 통일보다 분단 구조 유지를 더욱 선호할 것이다. 따라서 통일 프로젝트에는 어떻게 군부의 이익을 보상할 것인가에 대한 논의가 당연히 포함되어야 한다. 이는 통일을 위해 치러야 하는 필요악적인 비용이다.

둘째, 분단에서 통일로 가는 과정의 확산으로 일어나는 경제 교류의 증대는 남한 자본가들에게 새로운 투자 기회를 제공할 것이다. 한국의 종속적 산업화는 선진 경제로의 도약을 앞두고 구조적 저항과 한계에 직면해 있다. 북한과의 경제 교류는 이러한 한계를 극복할 수 있는 전기를 마련해줄 수 있다. 그러므로 남한 자본가들이 분단 구조 재생산에 객관적 이해가 있다는 것은 명확한 분석이라 할 수 없다.

셋째, 민중 부문은 도덕적 이익을 획득할 수 있지만 실제 통일로 얻을 수 있는 물질적 이익은 양면적이다. 장기적으로 볼 때, 통일로 경제성장이 확대되면 이로 말미암은 과실이 노동자와 농민들에게 확산될 수 있다. 그러나 통일로 경제가 재편될 경우, 남한 노동자들은 북한의 저임금 노동자의 노동시장 유입으로 임금 하락이라는 비용을 치러야 할 수도 있다. 남한 농민들은 농산품 시장에서 북한 농민이라는 새로운 경쟁자를 맞이할 수 있다. 반면 북한 노동자와 농민들은 시장의 회초리와 사회주의적 복지를 맞바꿔야 할지도 모른다. 동독의 사례를 볼 때, 남한 자본주의가 북한의 사회주의경제를 흡수할 경우, 북한 노동자의 대량 실업은 필연적 결과일지 모른다.

그러나 통일로 가장 많은 비용을 치러야 할 집단은 남북의 권력 집단power establishment, 그중에서도 특히 민주주의에 대한 억압을 전문적으로 하는 남북 각각의 억압적인 국가기구이다. 동독의 경우에서 보듯이 통일은 그들을 실업자로 전락시킬 가능성이 높다. 이 경우 어느 일방에 의한 흡수 통합은 상대방의 파멸을 의미한다. 그런데 바로 이 집단이 통일 과정을 주도하고 있기 때문에 통일로 가기 위해서는 이 집단을 통일 연합으로 끌어들일 유인이 필수적으로 요구된다. 이를 위해 제도적 장치가 필요하다. 통일로 비롯된 이들의 전면적인 권력 상실을 방지할 수 있는 권력 지분이 제도적으로 보장될 필요가 있다.

2) 대안으로서 협의주의의 적용 가능성

토머스 셸링Thomas Schelling의 'K점', 그리고 마크 그라노베터Mark Granovetter의 '문턱threshold'은 다자 죄수의 딜레마 게임multiperson prisoners' dilemma game에서 협력cooperation으로 가는 유효한 연합의 수준을 보여준다. 이 게임은 K점과 문턱을 넘을 경우, 개인들이 개인적으로 최적인 이탈defection을 선택하지 않고 집단적으로 최적인 협력을 선택할 것이라는 사실을 보여준다(Schelling, 1978; Granovetter, 1978).

통일을 이루기 위한 '통일 연합의 최소한의 크기minimum size of unification coalition'를 통일 문턱이라고 한다면, 통일 문턱을 넘었다는 것은 통일 과정에 참여함으로써 얻는 이득(이득-비용)이 현상 유지(또는 분단)을 유지함으로써 얻는 이득을 초과했다는 것을 의미한다. 따라서 '최대 다수 통일 연합 형성' 전략은 남북의 중요한 정치 행위자들의 통일 연합이 '분단 고착 연합'을 압도할 수 있는(K점 또는 그 이상) 정치적·군사적·경제적·제도적 협약pacts공식을 마련하는 데 있다.

그런데 앞서 살펴본 바와 같이, 통일 비용 때문에 남한 방식에 의한 흡수 통합은 통일 연합의 문턱을 넘을 수 있는 실현 가능한 대안적 전략이 아니다. 북한 방식에 의한 흡수 통합 역시 실현 가능성이 없는 대안이다. 그렇다면 다른 대안은 없는가? 이에 필자는 통일 문턱을 넘을 수 있는 통일 연합을 형성하고자 필요한 협약 공식을 마련하는 데 협의주의consociationalism의 적용 가능성을 제시해본다(Kim, 1989).[21]

협의주의는 적대적으로 분열된fragmented 사회에서는 민주주의의 다수결 원칙이 사회의 안정적 통합을 저해할 가능성이 크다는 문제의식에서 출발한다. 적대 관계에 있는 두 개체가 통합을 시도할 때 다수결 원칙이 적용되면 다수의 독재, 즉 흡수 통합으로 귀결될 가능성이 크며, 통합 과정에서 소수파가 이탈할 가능성 또한 높아진다. 이러한 상황에서 협의주의는 비민주적 방식에 의한 민주적 통합을 달성하기 위한 틀로 제시되었다. 즉, 장기화된 갈등에 의해 사회의 분열 구조cleavage structure가 고착화된 경우, 협의주의는 민주주의 기본 원리인 '경쟁'을 의도적으로 제한하고 경쟁 결과에 상관없이 최소한의 권력 분점power sharing의 보장을 제도화함으로써 상호 대결을 피하고 공존의 길을 모색한다(Lijphart, 1977; Steiner, 1981; Daalder, 1974; Barry, 1975). 따라서 협의주의 모델은 다음의 네 가지 원칙(Lijphart, 1977)에 기초하고 있다. ① 대연합grand coalition 정부 구성, ② 상호 비토mutual veto 제도, ③ 비례대표성proportionality in representation, ④ 부분적 자율성segmental autonomy.

대연합 정부

협의주의 모델은 다수결주의를 거부하고 화합의 정치politics of accommodation를 추구한다. 다수결주의는 정부 대 반대당government vs. opposition의 구조를 낳고, 승자 독식winner-takes-all 원칙이 지배하기 때문에 다수파의 독재를 가져오고 소수파의 수용을 어렵게 한다. 이에 반해 대연합은 어떤 한 집단도 다른 집

---

21 통일 문제에 대한 협의주의 모델의 적용은 김기대(Kim, 1989)가 처음 시도했다.

단(들)을 일방적으로 지배하는 것을 허용하지 않으며, 모든 집단이 함께 정부를 구성한다.

남북은 오랫동안 극한적인 적대와 불신 관계를 유지해왔다. 이러한 상황에서 다수결주의에 의한 승자 독식 원칙이 통합에 적용될 경우, 패자는 경쟁의 결과에 승복하기보다는 철수resign하려 할 것이다(Lijphart, 1977). 따라서 대연합은 전환기에 당파적 감정을 침묵시키고 합의consensus를 강화함으로써 통일과 안정을 이룰 수 있는 유효한 방법이라 할 수 있다.

남한의 남북 인구 비례에 의한 총선거 방법이나 북한의 최고민족연방회의 제안은 모두 다수결주의에 입각하고 있기 때문에 실효성이 없다. 협의주의 모델은 단순 다수simple majority 원칙에 의한 선거의 중요성을 감소시킬 것을 주장한다. 왜냐하면 통합 과정이 생사가 걸린 투쟁의 장으로 변화하지 않기 위해서는 경쟁 결과에 관계없이 모든 정치 세력의 이익이 어떠한 방식으로든 대표될 수 있는 제도적 장치를 마련하는 것이 필요하기 때문이다. 통합 과정에서 경쟁이 지배하는 영역을 줄이는 것, 즉 의도적인 비정치화purposive depoliticization의 추구가 필요하다. 이러한 점에서 남북조절위원회(1972)나 남한의 남북 각료 회의(1979) 등은 대연합 방식을 취한 것이라고 할 수 있다.

상호 비토

대연합 정부가 유지되기 위해서는 소수파의 사활이 걸린 정치적 이익이 보호되어야 한다. 만약 소수파에게 받아들일 수 없는 정치적 패배가 강요된다면, 소수파는 대연합에 계속 머물려고 하지 않을 것이다. 소수파의 비토는 공동 다수concurrent majority를 형성하기 위한 중요한 수단이다. 그러나 소수파의 비토 남용은 소수파 독재를 가져오며, 대연합 정부를 불안정하게 할 가능성이 있다. 따라서 비토 수단은 다수파의 비토를 포함하는 상호 비토가 되어야 한다. 비토라는 무기는 모두에게 통합 참가의 안전도feeling of security를 높여줄 것이다.

남북 통합에서 남한이 북한에 대해 사활적인 위협을 느끼고 있는 것은 안보 문제(주한 미군의 철수 등)이고, 북한의 경우는 남한 자본주의에 사회주의경제가 흡수되는 문제일 것이다. 상호 비토는 이러한 사활이 걸린 이익이 침해당하지 않을 것을 보장하는 기본적인 수단이라 할 수 있다.

비례성

다수결주의의 승자 독식과 대조적으로 협의주의는 관직 임명과 희소 자원 배분에서 비례주의를 채택한다. 비례주의는 경쟁 결과에 관계없이 소수파에게 일정한 몫을 보장해줌으로써 소수파의 완전한 패배를 사전에 방지하는 데 그 목적이 있다. 다수결주의는 다수파의 과잉 대표over-representation 효과를 가져오는 경우가 많다. 즉, 51%의 의사가 전체의 의사로 과장되는 것이다. 이 점에서 협의주의의 비례성 원칙은 소수파의 안전을 보장하는 데 기여한다. 그런데 다수결주의와 반대로, 비례주의는 소수파의 과잉 대표 효과를 가져올 수도 있다.

만약 두 분파가 동등하지 않은 크기로 나눠져 있다면, 등가parity 원칙은 비례주의의 대안이 될 수 있다. 왜냐하면 이러한 경우에 비례주의는 분파적 힘을 단순히 반영할 뿐이기 때문이다. 이 점에서 남한의 한민족 공동체 통일 방안에서 남북 연합의 대의 기구로 제시된 남북 평의회를 남북을 대표하는 100명 내외의 동수의 남북 국회의원으로 구성하거나 미래 통일국가 국회의 상원을 지역대표 원리에 입각해 구성하는 것은 협의주의적 성격을 띠고 있다고 할 수 있다.

부분적 자율성

협의주의 모델은 공통 문제에서는 비례적인 영향력을 행사하나 각 부분의 배타적 영역에 대해서는 자율성을 부여한다. 이러한 점에서 협의주의 모델은 통일로 가는 과도기 상황에 적용할 수 있는 방법이라 할 수 있다. 통일은 분권적인 국가연합에서 중앙집권적인 연방으로 가는 과정이며 이 과정에서 각 부분의 자율성은 필수적으로 보장되어야 한다. 이러한 점에서 남한의 남북 연합이나 북한의 고려민주연방공화국 모두 부분적 자율성 원칙을 견지하고 있다는 점에서 이 부분이 남북의 통일 정책의 접점이라 할 수 있다.

협의주의는 경쟁 원리의 극대화라는 민주주의 원칙에 분명히 위배된다. 그러나 경쟁 원리에 충실해 통일 논의 자체를 무산시키는 것보다는 비민주적 방법으로 소수파를 보호해 최대 다수의 통일 연합을 형성하려는 협의주의는 이상적인 대안은 아니나 현실적으로는 충분한 가치가 있는 대안이라고 할 수 있다. 현재 가장 현실적인 대안은 통일을 향한 경쟁이 남북 모두에 생사가 걸린 투쟁의 장으로 화하지 않게 하는 것이다. 통일 연합만이 분단 고착 연합을 누를 수 있는 최소한의 승리 전략이다.

1970년대와 1980년대를 통틀어 통일을 위한 남북의 방법론적 경쟁은 현실적이고 실현 가능한 대안을 마련하기 위한 경쟁이 아니라, 구조 변화 또는 국면conjuncture 변화에 대응해 선점을 획득하기 위한 전략 개발 경쟁에서 벗어나지 못했다. 따라서 통일에 대한 수사의 과잉에도 불구하고 통일 정책은 위장된 흡수 통합의 성격을 띨 수밖에 없었다.

제로섬zero-sum적 갈등 구조하에서 통일은 일어나지 않는다. 그리고 제로섬적인 갈등 구조가 타파되지 않을 때, 다수결주의의 다른 표현인 흡수 통합 전략이 지배 전략이 될 가능성이 높다. 통일은 남북 모두에 통일로 치러야 할 비용보다는 통일로 얻게 되는 이득이 많은 구조로 바뀌었을 때 일어난다. 이러한 구조로 전화하기 위한 하나의 대안으로 협의주의 모델을 고려해볼 필요가 있다.

제8장
남북 협력의 증진과 남남 갈등의 악화*
1998~2007

2000년 6월 15일, 남북 정상회담으로 냉전의 마지막 섬으로 남아 있던 한반도에도 마침내 냉전 해체의 바람이 불기 시작했다. 우여곡절에도 불구하고 남북 화해와 협력의 시대가 열리게 되었다. 김대중 정부의 햇볕 정책을 계승하겠다고 공식적으로 선언한 노무현 정부는 북핵 위기와 미국 조지 W. 부시 정부의 대북 강경 정책에도 불구하고 남북 간의 교류 협력을 내실 있게 진행했다.

당시에 남북 갈등은 완화된 조짐을 보였던 반면, 남남 갈등은 오히려 심화되었으며 대북 포용 정책은 선거 쟁점이 되어 정쟁의 내상이 되어버렸다. 2004년 총선을 전후로 (당시) 한나라당의 대표 박근혜는 대북 포용 정책을 수용하겠다고 시사했으나 박근혜 대표의 정책 전환은 당내 보수파들의 반발 때문에 난항을 겪게 되었다.

대북 정책을 둘러싼 남남 갈등의 주요 원천 중 하나는 평화통일 정책의

---

* 이 글은 다음의 논문을 수정·보완한 것임. 임혁백, 「평화통일정책과 남남갈등의 극복」(경남대학교 극동문제연구소 주최 "남남갈등의 진단 및 해소방안", 2004).

프로세스와 내용을 둘러싼 갈등이다. 첫째, 평화통일 정책의 프로세스를 둘러싸고 보수층으로부터 불만과 비판이 나왔다. 6·15 정상회담 이후 남한 보수 세력들은 평화통일 정책의 수립과 수행 과정에서 국민적 합의를 도출하지 않은 채 일방적으로 밀어붙인다는 비판과 함께 북한으로부터 상호 양보를 받아내지 않고 '퍼주기'만 한다며 불만을 터뜨렸다. 이들은 대북 화해 정책을 조급하게 시도함으로써 대한민국의 정체성을 무너뜨리고 있을 뿐만 아니라 보안법 폐기 시도에서 보이듯이 안보 위기를 불러올 수 있는 위험한 정책이라며 비판을 쏟아냈다. 노무현 정부가 출범한 뒤 북핵 위기가 심화되자 일부 보수 세력들은 대북 화해·협력의 속도를 늦춰야 한다는 '속도 조절론'을 제기하고 나섰다. 더 나아가 북한 체제의 붕괴를 유도해야 한다는 '북한 체제 붕괴론'을 들고 나오기도 했다.

둘째, 평화통일 정책의 내용을 둘러싼 갈등이다. 6·15 선언 제2항은 "남측의 연합 제안과 북측의 낮은 단계의 연방제lower stage federalism 안이 서로 공통성이 있다고 인정하고 앞으로 이 방향에서 통일을 지향시켜나가자"라고 되어 있다. 이 항을 두고 보수 세력들은 북한의 연방제 안을 수용한 것 아니냐고 비난하는 동시에 6·15 선언이 평화에 대한 구체적인 언급이 없다는 점에서 알맹이가 없는 남북 선언이라고 비판하고 나섰다.

이 글에서는 국민의 정부와 참여정부의 평화통일 정책을 살펴보고, 두 정권의 통일 정책이 이전 정부의 통일 정책과 어떤 점에서 연속성을 갖고 있으며, 어떤 점에서 차이점을 갖고 있는지 알아본다. 다음으로는 평화통일 정책을 둘러싼 갈등의 원천과 내용이 무엇인지를 파악하고, 이러한 갈등을 극복할 수 있는 국민 통합적 평화통일 정책 프로세스와 방향을 제시해본다.

1. 김대중 정부: 대북 포용을 통한 평화통일 체제 구축

2000년 6월, 남북 정상회담에서 통일 문제와 관련해 남과 북이 접점을 찾았다. 이는 남북의 통일 논의에 중대한 전환이 일어났다는 것을 의미한다. 남북 정상회담 이전까지 통일을 위한 남북의 방법론적 경쟁이 현실적인 통일 실현에 필요한 대안 마련을 위한 경쟁이 아닌, 체제 간 경쟁에서 우위를 차지하기 위한 경쟁이었다면 김대중 정부에서 실시된 남북 정상회담은 기존의 방법론에 대해 합의를 한 것이라고 할 수 있다. 다시 말해 남북 정상은 평화 체제가 구축된 후에 통일을 논할 수 있다는 현실 인식에 동의하고, 평화와 통일 문제를 남북이 공동으로 실천할 수 있는 방법에서부터 시작해 단계적·점진적으로 해결해야 한다는 것에 합의를 했다.

6·15 공동선언은 첫째, 선언에 명시된 바와 같이 남한의 연합제와 북한의 낮은 단계의 연방제 간에 공통점이 있다는 것을 남북이 공동으로 인식했다는 것에 합의했다. 한국의 연합제, 즉 남북 연합은 사실상 국가연합을 의미한다. '민족 공동체 통일 방안'에서 남북 연합을 'Korean Commonwealth'로 표기하지만 그 내용을 들여다보면, 국가연합을 의미함을 알 수 있다(장명봉, 2007). 통일원의 기본 해설 자료는 남북 연합이 국제법이나 국제정치학상의 통합 유형론에 나오는 국가연합이니 연방 국가 성격을 가지지 않고 민족 내부의 특수 관계라는 것을 강조하나, 대부분 논자는 국가연합과 비슷하다고 지적하고 있다(김병기, 1990). 공영방commonwealth이나 체제 연합도 국가연합(연합제)의 범주에 든다고 볼 수 있으며, 남북 연합은 미국의 연합 규약에 있는 국가연합(1781년 3월~1789년 4월) 형태를 기준으로 하면, '낮은 단계의 국가연합' 성격을 가진다고 볼 수 있다(남궁영, 2000).

북한도 연방제를 주장하지만 '고려연방공화국'이나 '고려민주연방공화국'의 영문자를 국가연합을 의미하는 'Confederation'으로 표기함으로써 통일국가의 형태가 연방 국가가 아닌 국가연합이라는 것을 암시하고 있다. 더욱이 '낮은 단계의 연방제' 내용으로 남북 각 지역에 지역 자치 정부를 두고 이 자치 정부가 각각 독자적인 군사권, 외교권, 내정권을 가진다고 설명함으로써 사실상 국가연합이라는 것을 분명히 하고 있다.

북한의 낮은 단계의 연방제안은 민족 공동체 통일 방안의 중간 단계인 남북 연합안과 다음과 같은 유사성을 갖고 있다. 첫째, 두 안 모두 평화적 합의 통일을 강조하고 있다. 둘째, 두 안은 통일의 완성 상태가 아니며 최종 통일을 향한 과도기적 단계를 설정하고 있다. 셋째, 두 안은 모두 남북 지역 정부에 외교권과 국방권까지 부여하는 사실상의 국가연합이라는 유사성을 갖고 있다. 넷째, 두 안은 모두 남북 지역 정부가 동등한 자격으로 남북 연합 또는 고려민주연방공화국에 참가하는 것으로 되어 있다. 마지막으로 남한의 남북 연합안은 남북 정상 회의, 남북 각료 회의, 남북 평의회의 구성을, 북한의 연방제안은 최고연방회의, 연방상설위원회 구성을 제시하고 있다는 점에서도 유사성을 찾을 수 있다.

6·15 공동선언에서 더욱 중요한 합의는 둘째, 남북 정상이 평화 체제 구축이 통일에 우선한다는 것에 인식을 같이했다는 것이다. 선언의 제2항은 사실상 남북이 당분간 경성 국가적 통일을 지양하고 연성적 통일, 즉 남북 평화 체제 구축에 전념하기로 합의한 결정이다. 이는 김대중 대통령이 "긴장 완화와 신뢰 구축, 평화 체제 구축, 군비 통제와 같은 과정을 거치지 않고 군사권과 외교권이 중앙정부에 독점되어 있는 연방제로 갈 수 있느냐"라고 김정일을 집요하게 설득한 결과로 나온 것이다. 지금 우리에게 필요한 것은 평화이지 통일이 아니라는 것이다. 따라서 서로 충돌할 수밖에 없는 통일국가의 미래상에 대해 합의를 시도하기보다는 남북이 설정하는 과도기적 통일 단계에서 접점을 찾았으며, 그 접점이 바로 평화 체제 구축인 것이다.

현 시점에서 우리 한민족이 할 수 있는 실현 가능한 통일은 한반도의 냉전 체제 해소를 통한 남북 평화 체제의 정착이다. 평화 체제 정착은 사실상 통일의 시작이다. 그런데 '단일민족국가 신화'에 집착하는 사람들은 남북 평화 체제의 정착을 분단의 고착으로 이해한다. 그러나 '단일 영토 국가unitary territorial state'의 재수립이라는 경성 국가적인 통일 한국을 복원해내려는 방식은 실현 가능하지도 않을 뿐만 아니라 바람직하지도 않다. 왜냐하면 북한은 남한이 흡수통일을 시도한다는 의구심을 가질 것이고, 이웃 주변국들은 인구 7,000만이 넘는 위협적인 경쟁 국가가 등장하는 것으로 받아들여 통일을 경계할 것이기 때문이다. 단일 영토 국가의 추구는 오히려 분단을 지속화·고착화하는 결과를 가져올 수 있다.

셋째, 6·15 공동선언은 김대중 대통령이 재야 시절에 주장했던 '3단계 통일론'을 '민족 공동체 통일 방안'에 수렴시켰다는 함의를 갖고 있다. 김대중 대통령은 재야 시절 3단계 통일론을 제시하면서 1단계로 평화 공존, 평화 교류, 평화통일의 기능을 하는 남북 연합 단계를, 2단계로 외교, 군사의 권한을 지닌 연방과 내정의 자율권을 갖는 지역 자치 정부로 구성되는 연방 단계를, 3단계로 자유민주주의 시장경제를 지향하는 1민족 1국가로 구성되는 완전한 통일국가 단계를 제시했다. 그러나 대통령 취임 이후 현재와 같은 적대 관계하에서는 남북 연합 성립이 불가능하다고 판단, 한반도 냉전 종식을 기치로 내걸고 화해·협력을 통한 평화 정착을 당면 목표로 하는 대북 포용 정책을 추진했다. 김대중 대통령은 3단계 통일론의 첫 단계인 남북 연합이 사실상 불가능하기 때문에 통일 과정에 들어가기 전에 한반도 냉전 구조 해체와 평화 체제 정착이 급선무라는 사고의 수정을 했다. 지금 필요한 것은 통일 과정의 전 단계인 '화해·협력 단계'에 진입하는 것이라는 것을 밝힌 것이다. 따라서 제2항은 일부 논자가 비판하고 있는 것처럼 김대중 대통령이 야당 총재 시절에 만든 자신의 3단계 통일론을 국민의 동의 없이 관철한 것이 아니라, 오히려 자신의 3단계 통일론을 수정해 통일 단계에 들어가기 이전에 신뢰 구축을 위한 '화해·협력 단계'를 설정한 노태우 정부와 김영삼 정부의 통일 방안인 '(한)민족 공동체 통일 방안'에 수렴시킨 것이라고 할 수 있다. 그러므로 김대중 대통령이 남북 정상회담에서 제시한 남북 연합은 김 대통령의 개인적 통일 방안이 아니라 1989년 '한민족 공동체 통일 방안' 이래 한국 정부가 공식적으로 견지해온 남북 연합이라고 볼 수 있다.

넷째, 6·15 공동선언에서 남북이 낮은 수준의 연방제와 연합제의 공통점을 찾는다고 합의한 것은 현실적으로 두 개의 국가 실체를 상호 인정한다는 의미를 지니고 있다(서동만, 2000). 분단 현실을 개선하고 통일이라는 현상 변경적 목표를 달성하기 위해 가장 필요한 것은 오히려 분단 현실을 인정하고 양 체제의 공존을 공식화하는 작업이다. 이는 통일 이전에 양측의 제도와 이념 차이를 실질적으로 인정해야 한다는 것을 의미한다(아태평화재단, 2000: 39). 공동선언 이전까지 북한은 당국, 정당, 사회단체가 망라된 민족통일정치협상회의 소집을 요구해왔다. 그런데 이번 선언에서 북한은 통일 논의 주체로 남한 정부를 상대자로 받아들임으로써 변화된 입장을 보여주었다. 따라서 제2항은 북한이 남한 정부와 평화 공존을 바탕으로 공동으로 상호 합의할 수 있는 통일 방안을 마련하자는 데 합의한 것이라 할 수 있다.

다섯째, 6·15 공동선언의 제2항은 남과 북이 통일 방안에 합의한 것으로 과도하게 해석해서는 안 된다. 국가연합 창설은 오랜 시일이 걸리는 과제이기 때문에 통일국가의 미래상에 관한 논의가 활성화되는 것은 바람직하지 않다. 지금 필요한 것은 상대방의 인정과 평화 공존을 제도화하는 일이다. 지금 당장 통일국가의 체제나 이념을 논하는 것은 우리 사회에 불필요한 이념적 대립만 낳을 뿐이다. 제3항에서 남과 북이 합의한 것은 통일 방안이 아니라 통일에 접근하는 방식이다. 남북은 급격한 국가적 통합을 지향하는 것이 아니라, 상호 체제의 인정과 공존·공영의 단계를 거쳐 점진적으로 통일에 접근하자는 것에 합의한 것이다. 말하자면 통일은 뒤로 미루고 상호 체제 인정과 평화 공존, 화해와 협력을 통해 분단의 피해와 고통을 경감해 '사실상의 통일 상태'에 들어가자는 데 합의했음을 의미하는 것이다(아태평화재단, 2000: 37~39).

2. 노무현 정부: 민족 공조와 국제 공조의 균형

김대중 정부의 햇볕 정책을 계승하겠다고 공약하면서 당선된 노무현 대통령은 '평화 번영 정책'을 참여정부의 평화통일 정책으로 제시했다. 북핵 문제와 한미 관계의 긴장이라는 악조건하에서 출범한 노무현 정부는 햇볕 정책을 변화된 상황에 맞추어 보완하는 방향으로 평화 번영 정책의 내용을 채워나갔다.

참여정부는 우선 민족 공조와 국제 공조의 균형을 시도했다. 이는 김대중 정부의 햇볕 정책이 지나치게 우호적인 외부 환경을 상정했다는 판단에 의한 것이라 할 수 있다. 즉, 김대중 정부는 남북 당사자 간 화해와 협력을 중심에 놓고, 미국을 비롯한 주변 강대국들의 역할은 이를 지원하는 보조적인 역할로 한정했다. 그런데 북핵 문제가 불거지고 부시 정부의 대북 강경 정책으로 남북 당사자 간 화해·협력이 커다란 장애물을 맞이하게 되면서 한반도 평화 정착을 위해서는 국제 협력, 특히 미국의 협력이 핵심적인 조건이라는 것이 드러났다. 즉, 남북문제(한반도 문제)가 '민족문제'일 뿐만 아니라 '국제문제'라는 구조적 이중성이 분명하게 나타났다. 한반도에 평화를 구축하기 위해서는 우호적인 국제 환경을 조성하는 것이 부차적이고 보조적인 조건이 아니라 필수적인 조건인 것이다. 따라서 참여정부의 평화 번영 정책은 당사자인 남북 간 협의와 국제사회와의 협의를 통해 한반도 평화 체제를 구축하겠다는 원칙을 천명했다. 좀 더 구체적으로 참여정부는 한반도 평화와 번영이 동북아 국가들에도 국익이 되는 '평화 이익'을 증진하는 환경을 만들어낼 수 있는 '동북아 시대'를 열고자 했으며, 이 시대를 여는 데 한국이 중추적 역할을 담당함으로써 한반도 평화에 대한 국제적 협력과 지원을 얻어내려 했다. 이는 한반도의 평화와 번영이 동북아의 평화와 번영에 필수적인 조건이 되는 구조와 환경을 만들어냄으로써 동북아 국가들과 미국이 한반도 평화 구축과 유지에 핵심적인 이해관계를 갖게 한다는 전략이라 할 수 있다. 그리고 6자 회담 등 탈냉전적 다자주의 방식을 처음 시도해 한반도 주변국들의 압력과 설득을 통해 북핵 문제를 해결하고 한반도 평화 정착의 계기를 마련하려 했다.

둘째, 경제와 안보, 번영과 평화의 균형을 추구하려 했다. 6·15 정상회담과 햇볕 정책은 이해가 첨예하게 충돌하는 안보 문제에 대한 논의를 의도적으로 피하는 대신, 경제협력과 사회적 교류 증대를 통해 평화 기반을 구축한다는 기능주의에 경도된 접근에 바탕을 두고 있었다. 그러나 북핵 문제의 재등장은 한반도 문제가 북핵 문제라는 안보 문제와 동떨어져 진행될 수 없다는 것을 보여주었다. 즉, 군사적 긴장 완화를 통한 평화 구축은 결코 소홀히 다루어질 수 없는 것이었다. 이런 점에서 참여정부는 평화통일 정책 추진에서 안보와 경제의 균형을 강조했다. 경제적 교류와 협력 확대를 꾸준히 추진하는 동시에 확고한 안보 토대(협력적 자주국방) 위에서 남북 간 군사적 긴장 완화와 군비 통제 여건을 조성하고 군사적 신뢰를 구축하려 했다.

마지막으로 참여정부의 평화 번영 정책은 국민적 합의를 토대로 '국민과 함께 하는 평화 번영 정책'이 되도록 한다는 원칙을 천명했다. 대북 포용 정책을 추진하는 과정에서 부상한 남남 갈등을 극복하기 위해 남북 간 합의 사항을 이해시키는 과정에서 투명성을 확보하고, 평화 번영 정책 추진에서 다양한 여론을 최대한 반영해 국민적 합의라는 바탕 위에서 대북 포용 정책을 추진할 것을 명확히 했다.

참여정부의 평화 번영 정책은 북핵 문제를 평화적으로 해결한 바탕 위에
서 군사적 신뢰 구축과 군비 통제 여건을 조성해 한반도 평화 체제를 구축한
다는 선에서 끝나고 있다. 이러한 점에서 평화 번영 정책은 평화 과정process
에 대해서는 이야기했으나 통일 과정에 대해서는 이야기하지 않았다고 할
수 있다(국가안전보장위원회, 2004). 물론 참여정부가 통일에 대해 이야기하지
않은 것은 당시가 통일을 이야기할 수 있는 단계에 있지 않다고 판단했기 때
문이다. 만약 통일에 대해 이야기했다면 통일 방식을 둘러싸고 국론 분열이
일어날 것은 자명했다. 먼 장래에 일어날 통일에 대해 이야기하기보다는 남
북 간 평화를 정착시킴으로써 통일을 위한 초석을 쌓는 것을 참여정부의 역
사적 사명으로 보았다고 할 수 있다.

　　참여정부의 평화 프로세스 첫 단계는 '평화 기반 조성 단계'로 북핵 문제
해결을 위한 실마리를 찾고 남북 간 정치적·군사적 신뢰 구축을 시작하는
것이다. 두 번째 단계는 '평화와 협력의 심화 단계'로 북핵 문제 해결을 통해
한반도 안보 상황을 안정시키고 이러한 안정적 토대 위에서 남북 간 화해와
협력을 제도화하고 남북 경제협력을 심화하는 것이다. 이 단계에서는 북미
관계가 정상화되어 미국의 북한에 대한 테러 지원국 및 경제봉쇄 조치가 해
제되고 북일 관계도 정상화된다. 또한 남북 간에 군비 통제가 본격적으로 추
진되며, 한반도 평화 체제 수립을 위한 다자 회담 진행과 함께 동북아 차원의
안보 협력 체제 수립을 위한 '동북아평화협력체(2+4)'를 추진한다. 세 번째
단계는 '평화 정착 단계'로 한반도 비핵화의 완성과 남북 군비 축소, 한반도
평화 공조 체제를 형성하는 것이다(박영호, 2003).

　　참여정부는 구체적인 통일 정책을 제시하지 않았다. 그러나 참여정부가
'남북 기본합의서'(1992년)와 '6·15 남북 공동선언'(2000년)의 정신을 계승한
다고 천명한 것을 볼 때, 참여정부는 화해 협력 단계 → 남북 연합 단계 → 통
일 단계의 통일 프로세스를 생각했다고 할 수 있다.

3. 강화되는 남북 협력·악화되는 남남 갈등

역대 정부의 평화통일 정책에는 차이보다는 유사성과 연속성이 지배하고 있다. 7·4 남북 공동선언 이후 역대 정부는 기능주의와 신기능주의에 입각해 평화통일에 접근하는 방식을 취했다. 이러한 접근 방법에 기반을 둔 평화통일 정책은 노태우 정부의 '한민족 공동체 통일 방안'과 김영삼 정부의 '민족 공동체 통일 방안'으로 체계화되었다. 특히 1992년의 남북 기본합의서는 한민족 공동체 통일 방안에서 상정하고 있는 첫 단계인 화해 협력 단계로 진입하기 위해 남북이 합의한 중요한 문서이다. 이후 등장한 김대중 정부와 노무현 정부의 평화통일 정책 또한 노태우 정부와 김영삼 정부가 제시한 통일 방안을 대체로 계승하고 있다. 김대중 대통령은 집권 후 야당 시절 자신이 제시한 3단계 평화통일론을 수정해 노태우 정부와 김영삼 정부의 평화통일 정책에 수렴시켰다. 김대중 정부의 평화통일 정책이 평가받을 수 있는 것은 개인의 평화통일론을 수정하는 유연성을 발휘해 남북 간 화해 협력과 평화를 말이 아닌, 실천으로 보여주었다는 데 있다. 노무현 정부의 평화 번영 정책도 "남북 기본합의서와 6·15 남북 공동선언의 정신을 계승해 평화 공존과 화해 협력의 남북 관계를 정착시키는 것을 우선적 목표"(국가안전보장위원회, 2004)로 하고 있다는 점에서 김대중 정부의 햇볕 정책뿐만 아니라 이전 정부의 통일 방안을 계승하고 있다고 할 수 있다.

이와 같이 김대중 정부와 노무현 정부가 과거 보수 정권의 평화통일 정책과 연속선상에서 평화통일 정책을 추진했음에도 불구하고 이를 둘러싼 여야 간 갈등, 진보와 보수 간 갈등, 지역 간 갈등이 오히려 심화되었다. 6·15 남북 공동선언이 발표되었을 때, 전 국민과 언론이 열광했으나 이 열광과 흥분이 점차 가라앉으면서 김대중 정부의 평화통일 정책에 대한 비판이 고개를 들기 시작했고, 마침내는 이를 둘러싸고 국론 분열이 일어났다.

대북 화해·협력 정책에 대한 비판은 6·15 선언이 평화에 대한 구체적인 언급이 없다는 것에서부터 시작되었다. 그런데 이는 6·15 선언이라는 문서 자체가 통일 과정에 들어서기 이전에 평화 체제부터 구축하자는 선언이라는 것을 이해하지 못한 데서 나온 것이라 할 수 있다. 구체적으로, 상호 불가침 과 군비 축소 등을 통해 평화 체제를 수립하기 위해서는 미국이라는 또 하나 의 당사자를 포함해야 하기 때문에 남북 정상들은 평화에 대한 구체적 논의 는 미국과 협의해야 할 차기 이월 사항으로 남겨놓은 것이다.

다음으로, 6·15 선언 제2항을 두고 대북 정책 비판론자들은 북한의 연 방제 안을 수용한 것이 아니냐고 비판의 칼을 들었다. 그러나 제2항이야말로 남북이 당분간 경성 국가적 통일을 지양하고 남북 평화 체제 구축에 전념하 기로 합의한 결정이다. 결국 제2항은 남북의 통일 방안에 대해 공통점이 있 다는 선에서 통일 논의를 보류하고 모든 에너지를 교류 협력과 평화 정책에 쏟기로 합의한 것이다.

6·15 선언 이후 남북 교류와 협력은 말의 성찬을 넘어 실제적인 결실을 맺기 시작했다. 이산가족 상봉이 실현되고, 남북 장관급 회담이 정례화되었 으며, 끊어진 경의선 연결 작업이 시작되었다. 또한 경제협력을 위한 제도적 장치 마련에 관해 합의가 이루어졌으며, 군사적으로 대치 상태에 있던 남북 군사 실무 총책임자인 국방 장관 회담이 열리는 수준으로까지 발전했다.

이렇듯 예상을 뛰어넘는 남북 화해와 협력이 진전되자 이에 당황한 대북 정책 비판론자들은 '속도 조절론'을 제기하고 나섰다. 이는 분단 상황에 기대 어 반공 이데올로기와 레드 콤플렉스로 기득권을 유지해온 냉전 세력들이 기존의 적대적인 남북 관계가 해소되려 하자 설 자리를 잃을지도 모른다는 위기의식을 느꼈기 때문이다. 따라서 이들은 국가 정체성 논쟁과 보안법 개 정 반대론으로 속도 조절론을 뒷받침하고 나섰다.

그런데 보수 세력의 속도 조절론을 뒷받침하거나 하듯이 북한은 빠른 속도로 진행되어오던 남북대화, 교류, 협력에 관한 '숨 고르기'에 들어갔다. 이는 북한의 김정일 정권이 다방면으로 진행되고 있던 교류와 협력을 감당할 수 있는 인적·행정적·병참적logistics 능력을 보충할 필요가 있었기 때문이다. 또한 미국에 부시 정권이 등장함으로써 비우호적으로 변해버린 국제 환경 변화에 대응하기 위해서도 정책 조율과 조정의 시간이 필요했기 때문이다. 이렇게 북한이 남북대화와 교류에 관해 숨 고르기에 들어가자 대북 정책 비판론자들은 '김정일 정권 불변론' 또는 '김정일 정권 불신론'을 제기하면서 변하지 않는 김정일 정권에 김대중 정부가 퍼주기를 하고 있다며 비판했다. 이렇게 남북 교류와 협력이 빨리 진행되면 '속도 조절론'으로 비판하고, 속도가 느려지면 '김정일 정권 불변론'으로 비판한다면, 대북 정책 비판은 경험적 사실과 원칙에 근거한 비판이 아니라는 것을 스스로 고백하는 것과 다름없다.

그런데 대북 포용 정책의 진전과 때를 같이해 남한 경제는 국내외적 상황 변화로 악화되기 시작했다. 자연히 경제 상황 악화의 책임 소재지로 대북 포용 정책이 거론되었다. 이들의 논리에 따르면, 우리의 경제적 능력을 넘는 북한에 대한 과도한 지원이 우리 경제의 위기를 불러왔고, 이는 한국 최대의 재벌 중 하나인 현대의 부실을 가져와 남한 경제의 앞날을 위태롭게 했다는 것이다. 그런데 '북한 퍼주기'는 실증적인 근거가 없다. 김대중 정부의 대북 지원액은 김영삼 정부의 대북 지원액을 크게 넘지 않았으며, 현대 그룹이 부실화된 것은 과거 개발 연대의 차입 경영과 외형 확장 우선 경영, 전근대적인 기업 지배 구조를 외환 위기 이후에도 계속한 것에 그 원인이 있는 것이다. 금강산 관광에 대한 대가로 과도한 금액을 북한에 지원한 것은 현대 그룹 부실 요인 중 작은 부분에 지나지 않는다. 서독이 통일 과정에서 동독에 수백억 달러를 지원하고 투자했지만 서독 야당이 퍼준다고 비난했다는 이야기는 들어본 적이 없다.

6·15 선언 제3항에도 언급되었듯이, 남북의 통일 논의는 "경제협력을

통하여 민족경제를 균형적으로 발전시킨" 뒤에야 가능하다. 북한이 남한과 대등한 경제 수준으로 올라서기 전에 급작스럽게 통일이 이루어질 때, 남한은 통일 한국 내 남북 간 경제적 격차를 줄이기 위해 필요한 엄청난 통일 비용을 감당할 수 있는 능력과 자원을 갖고 있지 않다. 따라서 지금 북한에 투자해 북한 경제를 회생시키고 북한 경제가 남한과 균형을 이룰 정도로 발전시키는 것은 장기적 입장에서 볼 때, 엄청난 통일 비용을 절감하는 이득이 있다. 단기적으로도 긴장을 완화해 국방비를 절약하는 효과가 있다. 대북 지원은 평화에 대한 기회비용을 지불한다는 차원에서 접근할 필요가 있다.

대북 포용 정책에 대한 비판은 미국의 부시 정부가 북핵에 대해 강한 의혹을 제기하고, 빌 클린턴 정부의 대북 포용 정책을 폐기함으로써 더욱 힘을 얻었다. 대북 포용 정책 비판론자들은 부시 행정부의 대북 강경 정책이 자신의 입장과 같다고 강변하면서 김대중 정부의 대북 화해와 협력 정책을 중도 하차시키려고 했다. 이 때문에 대북 정책을 둘러싼 의견 차이가 국론 분열 수준으로까지 올라갔고 국제적 이슈가 되었다.

그렇다면 왜 대북 포용 정책을 둘러싼 남한의 내부 갈등이 남북 간 화해·협력이 전기를 맞이한 시점에서 오히려 더욱 심화된 것일까? 첫째, 이러한 일련의 사태는 아직도 우리 내부에 냉전 해체를 세계사적 조류로 인정하고 생존의 기로에 있는 잔존 사회주의 국가인 북한을 포용할 마음의 준비가 되어 있지 않은 국민들이 상당수 존재한다는 데 기인한다. 전쟁의 패전으로 자신의 의지와 상관없이 국제적 강요에 의해 분단된 독일과 달리, 남북의 분단은 유혈적 내전을 통해 형성되었다. 따라서 국제적 제약이 사라졌을 때 쉽게 다시 재결합할 수 있었던 독일과 달리, 우리는 분단을 극복하기 위해 많은 민족 내부의 상처를 치유해야 할 필요가 있다. 과거 남북 각각의 분단 정권은 전쟁으로 부모와 자식을 잃고, 삶의 터전을 떠나야 했던 분단 희생자들의 '분노의 기억'을 치유하기보다는 그들의 아픈 기억을 자신의 권력을 유지하기 위한 수단으로 악용했다. 자연히 분단의 상처는 치유되지 않았고 대북 불신과 증오만이 고착화되었다. 더 나아가 분단을 해소하고 화해와 평화를 이야기하는 사람들까지 증오의 대상이 되었다. 아직도 많은 사람이 북한과 화해할 준비가 되어 있지 않다. 더욱이 분단에 기생해왔던 정치 세력들은 자신들의 기득권을 유지하기 위해 이들을 계속적으로 부추기고 있다.

둘째, 남북 분단이 장기간에 걸친 냉전으로 고착화된 분단 체제를 형성했기 때문이다. 분단국가 건설은 남북 간 분열과 대치를 낳았을 뿐만 아니라 한국 내부에 지역적·계층적 분열, 불신, 대결의 구조를 만들었다. 남북 간 분단 구조가 국내정치에 투영되어 '나눔의 정치politics of sharing'보다는 '나누기의 정치politics of division', '상생의 정치'보다는 '상극의 정치', '타협과 협상의 정치'보다는 '배제·반복·대결의 정치'가 남한의 정치 세계를 지배하게 되었다. 분단 체제하에서 흑백논리의 정치, 즉 '우리'와 '적'의 정치가 형성된 것이다.

이러한 결과, 남한은 남한 자체적으로도 통일된 '국민 형성nation building'에 실패했다. 남한의 정치인들만 쪼개져 있는 것이 아니라 국민들도 쪼개졌다. 남북 간 대결 구조 못지않은 대결 구조가 지역 간에 형성되었다. 남북 화해와 평화의 달성이 전 국민이 소망하고 있는 것이라 하더라도 그것이 자신이 반대하고 있는 지역에 기반을 둔 정권의 업적이 되는 것은 막아야 한다고 생각하고 있는 것이다. 냉전 보수 세력들은 이러한 국민들 간에 존재하는 불화와 반목의 틈새를 파고들었다. 이들은 '대북 불신론'과 '색깔론'을 김대중 정권과 노무현 정권에 반대하는 지역에 유포함으로써 지역감정과 냉전 이데올로기의 접목을 꾀했다. 대북 포용 정책의 본격적인 추진으로 조성된 이데올로기적 균열이 기존의 지역 균열과 교차하지 않고 중첩함으로써 다원주의적 민주주의의 정착마저도 지연되었다.

셋째, 남남 갈등이 심화된 데는 김대중 정부도 한몫을 했다. 역대 정권에서 말의 성찬으로 끝났던 남북 화해와 협력을 행동으로 실천한 것은 김대중 정부의 최대 업적이다. 이 업적 덕분에 김대중 대통령은 노벨 평화상도 수상하게 되었다. 그런데 김대중 정부는 '영광의 공유glory sharing'에 소홀했다. 남북 화해와 평화 달성은 한민족이 공유해야 할 공공재이다. 김대중 정부가 남북 화해와 협력을 연 업적의 영광을 국민들뿐만 아니라 반대 세력과도 공유하려 했다면 야당과 그를 반대해온 보수적인 국민들로부터 지지와 협력을 얻을 수 있었는지 모른다. 만약 김대중 대통령이 대북 포용 정책을 이전 정권의 평화통일 정책과 구별되는 김대중 정부만의 독특한 정책이라는 것을 강조하기보다는, 노태우 정부와 김영삼 정부의 평화통일 정책을 계승했다고 언급하고, 대북 포용 정책이 사실 이전 정부의 정책을 실천에 옮긴 것에 지나지 않는다면서 공을 이전 정부에 돌리고, 보수 정권이 마련해놓았던 정책을 실제로 실천하고 있는 자신을 지지해줄 것을 호소했다면, 대북 포용 정책에 대한 냉전 보수 세력들의 비판은 누그러졌을 것이다.

4. 한반도 평화 구축을 위한 남남 갈등 해소

대북 포용 정책을 둘러싼 남남 갈등은 남북 화해와 협력을 통한 평화 체제 구축의 순조로운 실현을 어렵게 한다. 남북 화해와 협력을 둘러싼 갈등이 이성적 토론의 수준을 넘어서 감정적 대립의 양상으로 발전한다면, 남북 간 분단을 해소하고 공존·공영을 통한 평화 체제 구축이라는 21세기 한민족의 냉전 해체 작업이 다시 무산될 가능성이 높다. 남북 화해와 협력 체제를 구축하는 데 남남 갈등 해소가 필요한 이유는 다음과 같다.

첫째, 남북 화해와 협력 정책은 국민의 압도적 지지 위에 초당적으로 추진되어야 할 정책 영역이기 때문이다. 남북대화와 교류 협력은 아직 시작 단계에 머물러 있을 뿐이며, 한 정권의 임기 내에 마무리될 수 있는 사항이 아니다. 더욱이 한반도 주변의 국제 환경 변화라는 지뢰가 시기마다 깔려 있다. 이러한 통제할 수 없는 외부적 변수가 많은 민족적 프로젝트를 추진하기 위해서는 외부적 돌출 변수에도 끄떡하지 않는 견고한 신뢰가 남북 간에 형성되어 있어야 한다. 그리고 이러한 신뢰를 형성하기 위해서는 대북 정책의 일관성과 지속성이 유지되어야 한다.

먼저, 북한 김정은에게 대북 포용 정책이 상황 변화에도 불구하고 일관성 있게 지속적으로 추진될 것이라는 확신을 심어줄 수 있어야 한다. 특히 야당이 정권을 잡더라도 합의 사항을 지킬 것이라는 확신을 가질 수 있게 해야 한다. 6·15 선언에서 합의된 사항 중 한 정권의 임기 내에 완료될 수 있는 것은 거의 없다. 특히 제4항의 '민족경제의 균형 발전'은 한 정권의 임기를 훨씬 넘어서는 장기적 시간을 요구하는 합의 사항이다. 이러한 정권 임기를 초과하는 장기적 합의 사항에 대한 야당의 지지가 없으면 김정은은 미래가 불확실한 자신의 대남 정책을 진지하고 일관성 있게 추진하려는 유인을 가질 수 없게 된다. 따라서 남북 화해와 협력이 이루어지기 위해서는 초당적이고 전 국민적인 지지 위에서 대북 정책이 추진되어야 할 뿐만 아니라 대북 정책이 미래에도 일관적이고 지속성 있게 추진될 것이라는 보장이 초당적으로 제공되어야 한다.

그런데 정권 교체 가능성이 열려 있는 민주주의하에서 보수 정당이 탈냉전적 남북 화해와 협력이라는 대북 정책의 기본적인 대전제조차 수용하는 것을 거부하고 냉전적 남북 대결 구도 복구를 정책 대안으로 제시한다면, 남북 간 신뢰는 쉽게 깨어질 것이다. 아무리 한국 정부가 북한과의 신뢰 구축에 정성을 쏟는다 하더라도 미래에 집권 가능성이 있는 보수 정당에 의해 보장되지 않는다면, 조성된 신뢰 관계는 모래성에 지나지 않게 된다. 따라서 남북 화해와 협력의 시대를 열기 위해서는 여야가 화해와 협력을 효율적으로 추진하기 위한 방법론적 경쟁을 벌이는 것은 바람직하나 화해와 협력의 기본 틀을 둘러싼 정쟁을 벌이는 것은 위험하다.

둘째, 남북 화해와 협력 정책을 둘러싼 여야 정당 간 대립과 반목은 남한 정치의 고질적인 지역 균열 구조로부터 기인하는데, 지역 간 갈등 구조의 근본적 해결 없이는 남북문제에 대한 여야의 초당적 접근을 기대하기 어렵기 때문이다. 남북문제를 둘러싼 여야 간 대결 구도는 지역 간 대결 구도에 반영되고 평화통일 정책을 둘러싼 지역 간 이견은 여야 간 대결 구도를 심화·상승시키는 작용을 하고 있다.

무엇보다도 동서 간 지역 갈등은 남북 주민 간 민족 화합을 저해하는 주요 요인으로 작용할 가능성이 높다. 현재 심화·고착화되고 있는 동서 간 지역 갈등은 북한 주민들에게 미래의 자신을 비추어주는 거울 역할을 할 것이기 때문이다. 영남과 호남의 지역주의는 민주화 이후 한국 사회의 통합을 저해하는 가장 핵심적인 장애물이다. 나라를 동서로 분열시키고 있는 지역주의가 계속될 경우, 북한 주민들은 남한에서 일어나고 있는 지역적 차별·대결·불화·반목이 미래의 통일 한국에서도 남북 사이에 재현될 것이라고 상상하게 될 것이다. 그리고 이는 미래 통일 한국에 대한 북한 주민들의 불안과 공포를 심화시킬 것이다.

아마도 북한 주민들은 통일 독일에서 일어나고 있는 서독인과 동독인 간의 갈등에서 많은 학습을 하고 있을 것이다. 독일 통일 이후 동독 지역은 서독인들의 사실상의 '내부 식민지internal colony'가 되었다. 동독 지역에 새로 생겨난 민간 기업의 85% 이상이 서독인 소유이다. 그리고 동독 지역에서는 '베시스(옛 서독 사람)'와 '오시스(옛 동독 사람)' 간에 고용주의 피고용주라는 수직적 관계가 형성되었다. 그 결과 통일 독일에서는 오시스에 대한 베시스의 천시와 베시스에 대한 오시스의 증오가 위험 수준에 도달하고 있다. 동독인들은 서독인들을 점령군과 같다면서 증오하고, 서독인들은 동독인들이 자신들의 세금이나 축내는 게으르고 의타적인 부양가족 같다며 멸시하고 있다. 독일 통일이 이루어진 지 오랜 시간이 지났음에도 독일 국민들은 여전히 '통일 속 분단'의 아픔을 겪고 있다.

통일 독일에서 일어나고 있는 지역 간 갈등은 통일 이후에 대한 북한 주민의 공포심을 자극하기에 충분하다. 더욱이 탈북 귀순자와 한국에서 일하고 있는 중국 연변 지역 동포들에 대한 차별을 구전을 통해 듣게 되었을 때, 북한 주민들은 남북통일 이후 자신의 모습을 상상하게 될 것이다. 이러한 시점에서 동서 지역 간 차별과 배제, 반목과 불화가 심화될 경우, 남북 화합은 공염불이 될 가능성이 높다. 우리가 먼저 동서 화합을 이루지 못하면서 남북 화합을 이야기할 때, 북한 주민들은 남한이 강조하는 화해와 화합의 진의와 진심을 신뢰하지 않을 것이다.

동서 간 지역 갈등 해소는 남북 주민 간 신뢰 구축에 필수적인 전제 조건이다. 특히 동서 지역 간 화해와 화합은 북한 주민들로 하여금 남한 통합과 통일에 대한 의지를 강화하는 유인 조건이 될 수 있다. 북한의 김정일 정권이 북한 주민을 통제하고 있다 하더라도 북한 주민의 적극적인 지지 없이는 남북 화해와 개방 정책을 밀고 나가기 어렵기 때문이다. 또한 동서 간 지역 화합은 남한은 물론, 북한 내 '남북 협상파'의 입지를 강화해 남북 화해와 화합을 촉진하는 데 힘을 실어줄 것이다.

5. 국민 통합에 기초한 남남 갈등의 극복

1) 초당적 협력, 북방 정책 콘도미니오

남북문제를 둘러싼 여야 갈등을 해소하기 위해서 먼저 요구되는 것은 남북 화해와 협력이라는 과제가 어떤 특정 정파가 독점할 수 있는 의제가 아니며,

초당적으로 접근하지 않으면 해결의 실마리를 찾기 어려운 과제라는 인식을 공유하는 것이다. 신新남북 시대에 정치의 기본 정신은 화해·화합·상생의 정치이다. 여야의 화해 없이 남북대화가 성공할 수 없다면, 북한에 햇볕을 보내기 이전에 야당에 햇볕을 쪼여주어야 한다. 먼저 남북 간 냉전을 해체하기 이전에 우리 내부의 냉전을 해체하려는 노력을 기울여야 한다. 정부와 여당은 야당의 지지 없이 남북대화가 성공할 수 없다는 것을 인식하고 남북문제에 관해 야당과 대화합의 정치를 펼쳐나가야 한다. 정부와 여당은 대북 정책에 비판적인 정치인을 반反통일 세력으로 몰아붙이지 말고 대화와 설득으로 포용해야 하며, 정치권은 한반도 냉전 체제의 해체가 21세기 한민족의 생존과 번영이 걸린 절대 절명의 과제라는 것을 깊이 인식하고 당파적 손익계산을 넘어서 탈냉전적인 사고와 비전을 갖고 남북문제에 접근해야 한다.

남북문제는 당파적 이익이 걸린 문제가 아니라, 민족문제이기 때문에 남북문제를 당파적 이해가 걸린 일반 정치로부터 따로 떼어내어 초당적 협의와 결정이 이루어지는 영역으로 만들어야 한다. 일반 정치로부터 분리된 특수한 '부분 체제partial regime'로 만드는 것이다. 남북문제에 관한 한 정부와 여당이 정책 결정을 독점하는 것이 아니라 여당과 야당이 공동으로 결정하는 '공동 지배 영역condominio'을 만드는 것은 여야 간 화해와 협력을 이루는 좋은 방안이 될 수 있다. 가칭 '북방 정책에 관한 여야 공동 협의회' 같은 남북문제에 관한 정책 공조 기구를 만들어 대북 정책을 포함한 한반도 냉전 체제 해체와 남북 평화 체제 구축을 위한 정책을 협의하고 기본적인 가이드라인을 만들어내는 것은 초보적인 '북방 정책 콘도미니오' 방안이 될 수 있다.

2) 탈이데올로기적 화해의 시작, 남남대화

여야 간 대화와 협력 체제 구축과 더불어 대북 정책을 둘러싼 보수와 진보

진영 간의 소모적 이념 논쟁을 종식해야 한다. 남북 화해와 협력이 본격화되면서 국제적 냉전 체제의 해체 이후, 수면 아래로 잠수했던 진보와 보수 간 이데올로기적 갈등이 더 심각해지고 있다. 남북 간 화해와 협력으로 기득권 상실을 우려하는 보수 세력들은 정부의 대북 정책을 비난하는 수준에서 더 나아가 화해와 협력 시대를 반목과 대결의 시대로 되돌려놓으려 하고 있다. 지역 갈등에 못지않게 이데올로기적 갈등이 남한 사회를 갈라놓고 탈냉전 시대의 개막을 막고 있다.

냉전 보수 세력에 의해 제기되고 있는 이데올로기적 공세는 극우 반공주의에 기초하고 있으며, 따라서 남북대화 자체를 거부하는 극단적 양상으로 나아가고 있다. 남한에서 극우 반공주의가 맹위를 떨치면 이는 북한의 극좌 공산주의자들에게 힘을 실어주는 결과를 빚게 된다. 극우 반공주의와 극좌 공산주의는 적대적 상호 의존 관계에 있기 때문이다. 또한 이러한 극단적 이데올로기가 발흥한다면, 남북 내 대화 세력 또는 '남북협상파'의 입지를 약화시킬 것이다.

이데올로기적 갈등 해소는 민족을 매개로 한 탈이데올로기적 화해로부터 출발해야 한다. 냉전 시대의 공산주의와 반공주의는 우리 한민족과는 상관없는 외래 이데올로기이다. 냉전 시대에 이러한 외래 이데올로기가 민족에 우선함으로써 민족을 매개로 한 남북 간 통합 공간이 존재하지 않았고, 체제 간 배타적 경쟁과 대결이 지속되었다. 남북 화해와 협력이 이루어지기 위해서는 민족을 이데올로기에 우선시하는 탈이데올로기적 접근이 필요하다. 양극화된 이데올로기 간의 대결은 냉전 시대의 특징적 양상이었다. 그러나 탈냉전 시대에는 이데올로기적 정체성identity은 약화되거나 소멸되고 민족과 종족이 다시금 정체성을 확인하는 원천으로 부상하고 있다. 역사적 경험과 문화를 공유했던 민족이라는 공통점을 바탕으로 남북이 상대방의 체제를 배제하고 소멸시켜야 할 대상으로 간주하지 말고, 남과 북에 현실적으로 존재하는 체제를 인정하는 바탕 위에서 상호 공존을 모색해야 한다.

국내정치에서 이데올로기적 갈등을 해소하는 방법은 대화다. 남북 대치와 흡수통일을 주장하는 냉전적 보수 세력을 대화의 장에서 배제하면 그들은 남북문제를 정치적으로 쟁점화하고 색깔론을 유포해 국론을 분열시키려 할 것이다. 그들을 대화의 장으로 끌어들여 그들의 의견을 경청하고 남북 화해와 협력이 그들의 이익과 부합될 수 있다는 것을 설득할 수 있어야 한다.

이 점에서 이미 설치되어 있는 민족화해협력범국민협의회(민화협)를 활용하는 것이 중요하다. 민화협은 민간 차원에서 민족의 화해·협력과 평화통일을 위한 제반 사업을 수행하는 정당·사회단체의 상설 협의체이다. 민화협에는 여야를 포함해 시민·종교·여성 단체 등을 포함하는 210여 개의 단체가 가입해 있다(이장희, 2001). 민화협은 남남대화를 활성화하고 우리 내부의 화해와 협력을 추진하고 남북 정부 간에 꼬인 문제를 푸는 중재자의 역할을 할 필요가 있다.[1]

3) 포용적인 열린 민족주의

남북 화해와 협력 시대의 민족주의는 기존의 좌와 우의 이데올로기를 포용할 수 있는 '포용적' 민족주의여야 한다. 남과 북의 문화·의식·생활 방식의 차이를 인정하는 바탕 위에서 자유롭고 평등한 시민 공동체의 일원이 될 수 있는 '한국인'과 '한국 민족'을 만들어갈 수 있는 다원적 시민 민족주의여야 한다. 이를 위해 정치인들은 분단 희생자들이 갖고 있는 분노의 기억을 되살

---

1 중국의 해협양안관계협회(ARATS)와 타이완의 해협교류기금회(SEF)는 반관반민 비정부기구로서 정부 간에 정치적·군사적 긴장이 있는 경우, 정부 간 문제를 푸는 중재자 역할을 수행하고 있다(이장희, 2001).

리기보다는 그들의 아픔을 치유해줄 수 있는 정치를 펴야 한다. 또한 우리 사회에 아직까지 만연해 있는 냉전적 대북 적대 의식을 탈냉전적 민족 동류 의식으로 돌려놓는 데 앞장서야 한다. 이와 함께 대외적으로는 배타적인 종족적 민족주의ethno-nationalism가 아니라, 다른 민족과의 평화적인 공존·공영을 지향하는 '열린' 민족주의를 실천해야 한다. 주변국과의 불화와 반목을 초래하는 종족적 민족주의를 통해서는 국제적 차원에서 형성된 한반도 냉전을 해체하고 남북 분단을 해소할 수 있는 국제적 협력을 얻어내는 것이 불가능하다. 결론적으로, 남한 정치권은 남북 당사자뿐만 아니라 주변 4강을 비롯한 동아시아의 모든 국가가 이익을 누릴 수 있는, 민족주의적이면서 동시에 국제주의적인 평화통일 방안을 모색해야 한다.[2]

4) 분단 희생자의 상처 치유

이산가족에 대한 배려 못지않게 중요한 것은 아직도 대북 증오와 불신의 핵심 집단인 전쟁 희생자들이다. 가장 냉전적인 대북 포용 정책 반대 세력은 이북 5도민, 이산가족상이군경회, 전몰자미망인회, 재향군인회 등과 같은 분단과 전쟁의 희생자 집단이다. 이들로 대표되는 전쟁 희생자 집단들에 대한 배려가 남북 간 화해 물결에 밀려 소홀해진다면 대북 포용 정책은 확실한 반대 집단의 저항을 맞게 된다. 이들은 대대로 살아왔던 고향을 분단과 전쟁 때문에 등져야 했고 부모와 형제, 자식을 잃거나 생이별을 해야 했다. 이들

---

2 이러한 점에서 한미 동맹 또는 한미 협력의 강화를 통해 남북 협력을 실현하려 했던 참여정부의 국제 공조와 민족 공조의 균형 정책은 보수 정당의 동의를 얻어낼 수 있으면서 동시에 대북 포용 정책을 실질적으로 진전시킬 수 있는 방안이었다고 할 수 있다. 북한 체제의 보장과 국제사회의 대북 경제 지원의 열쇠는 미국이 쥐고 있다는 점에서 현실적으로 한미 공조가 선행되지 않는 민족 공조는 실현 가능성이 없다.

이 갖고 있는 북한에 대한 분노와 분단으로 비롯된 상처를 치유해주지 않고 서는 이들을 남북 화해와 협력의 물결에 동참하도록 하기는 어렵다.

남북 화해와 협력의 시대를 열기 위해서는 이러한 분단 희생자 집단의 상처를 치유하는 것을 우선적으로 고려하는 평화통일 정책의 수립이 필요하다. 이들에게 남북 화해와 협력만이 자신들의 상처를 치유할 수 있는 유일한 정책이라는 것에 동의할 수 있도록 하기 위해서는 이들을 위한 구체적 조치가 있어야 한다. 남북 화해 및 협력의 진전과 더불어 이들에 대한 지원과 보호를 더 한층 강화함으로써 이들을 대북 포용 정책의 수혜자 집단으로 만들어야 한다. 분단 희생자 집단이 대북 포용 정책의 수혜자 집단이 되었을 때, 이들은 가장 보수적인 대북 불신 집단에서 가장 적극적인 대북 포용 정책 지지 집단으로 탈바꿈할 수 있을 것이다. 그리고 이들의 지지로 대북 포용 정책에 대한 국민적 지지 기반이 확대되고 대북 포용 정책의 도덕적 정당성도 높아질 것이다. 또한 남북 전쟁 희생자 집단 간 교류와 교환을 실현시켜줌으로써 체제는 다르나 같은 아픔을 안고 있는 이들이 서로 화해할 수 있는 계기를 만들어주어야 한다. 이들의 화해야말로 평화가 가져다주는 이익을 실감나게 해줄 것이며, 국내의 냉전 분위기를 화해 분위기로 전환하는 데 큰 기여를 할 것이다.

2000년의 남북 정상회담은 남북 이산가족의 아픔을 치유해주는 역사적 계기를 마련했다. 정상회담 개최 전에는 1985년에 단 한 차례 이산가족 방문단 교환이 있었으나 정상회담 이후에는 2000년 8월 15일 600명의 이산가족이 서울과 평양을 방문한 것을 시작으로 2014년 2월 25일까지 열여덟 차례의 이산가족 방문단 상봉 행사가 이루어졌고 1만 7,986명이 상봉을 했다. 이산가족 방문단의 생사 확인과 더불어 두 차례의 주소 확인 작업, 일곱 차례의 화상 상봉을 통해 총 5만 5,255명의 생사를 확인했다(통일부, 2014.4.7). 이산가족 상봉은 분단에서 평화와 통일로의 전환을 상징적으로 보여주는 사건이다. 그것은 나누어지고 끊어지고 흩어졌던 민족이 다시 결합하고 이어지고 모이는 재통일의 과정을 보여주는 예고편이다.

그러나 이와 같은 성과에도 불구하고 정상회담 이후 진행된 이산가족 상봉은 여러 가지 한계를 지니고 있다. 남한 적십자사에 방북 신청을 한 이산가족이 1988년부터 2004년 7월 31일까지 12만 3,519명인데 이들을 한 달에 한 번 100명씩 상봉시키면, 100년이 걸려야 모든 이산가족의 상봉이 겨우 한 번 이루어지게 된다. 따라서 면회소 설치를 통한 이산가족의 상시 상봉 체제를 마련해주어야 하며, 현재 많은 이산가족 1세대가 세상을 떠나고 있는 점을 감안해 이들 생전에 만남과 서신 교환을 실현시켜주는 것이 시급하다.[3]

5) 시민사회의 탈냉전·평화·민족 지향적인 통일 교육

한반도 냉전의 해체와 분단 극복이야말로 21세기 한민족이 나아가야 할 당위이며 과제이다. 그러나 이는 정부가 홀로 수행하기에는 힘에 벅찬 역사적 과제이다. 따라서 당파적 이해를 넘어서는 민족 화해 주체 세력이 시민사회 내에 형성되어야 한다. 민족 화해를 추구하는 시민 단체가 전면에 나서서 탈냉전·평화·민족 지향적인 통일 교육에 나서야 한다. 시민사회가 나서서 남

---

3 노무현 정부는 2007년 10·4 선언을 통해 이산가족면회소가 완공되는 시점(원래는 2007년 말이었으나 2008년 7월에 완공)에 맞춰 이산가족 상시 상봉을 실시하고 이산가족들 간 영상 편지 교환 사업을 추진하기로 했다. 그러나 이명박 정부 집권 이후 남북 관계가 삐걱거리기 시작하고, 금강산 관광객 피격 사망 사건이 발생하면서 이산가족면회소는 1년 이상을 빈 건물로 방치되었다. 그러다 2009년 9월에 처음 가동되었으나 그 이후 이산가족 상봉은 다시 이루어지고 있지 않다. 한편 북한은 2010년 4월 23일, 명승지종합개발지도국 대변인 담화를 통해 이산가족면회소 등 정부와 한국관광공사가 소유한 금강산 부동산 다섯 건을 몰수하겠다고 밝혔다.

북 대결과 분단을 조장하고 민족 화해와 협력에 찬물을 끼얹는 언론 보도에 대한 감시와 시정에 앞장서야 한다. 또한 국회의원들로 하여금 평화통일 문제에 대한 의견을 공개하도록 해야 하며, 여야를 막론하고 평화통일 문제를 당리당략으로 이용하지 못하게 감시해야 한다. 시민 단체가 동북아와 세계 시민 단체와 연대해 한반도 평화 정착과 화해·협력을 위한 국제적 지지 공론을 형성하고 미국을 비롯한 한반도 주변국들이 한반도 평화 구축에 협조와 지원을 하도록 압력을 가하는 민간외교를 펼쳐야 한다.

남북 화해와 협력은 정권 차원을 넘어 민족 차원으로 부상했다. 따라서 평화통일 정책은 당파적으로 추진되어서는 안 된다. 그것은 평화통일 정책을 둘러싼 남남 갈등을 유발할 수 있는 불쏘시개만 될 뿐이다. 남남 갈등을 유발하지 않으면서 남북 화해와 협력을 추진하려면 시민 단체의 적극적 참여와 활동을 통해 전 국민적 여론을 수렴하고 국민적 지지를 얻어내야 한다.

6) 독일로부터의 교훈

지구상 남은 마지막 냉전 체제를 해체하고 평화를 정착시켜 한국이 21세기 동북아의 번영·평화·민주주의의 중추로 부상하기 위한 마지막 프로젝트를 이제 막 시작한 데 지나지 않는다. 한반도 평화 체제를 정착시키고 궁극적으로 남북통일로 가는 과제는 현 정부뿐만 아니라 이후에 등장할 모든 정부의 과제가 되어야 한다. 그리고 여야를 막론하고 차기를 노리는 후보는 당파적 이익 계산을 넘어 자신이 대통령이 되었을 때 한반도 평화의 정착과 더 나아가 통일 대업을 이룩하는 민족 지도자가 될 수 있다는 비전을 보여주어야 한다. 독일의 동방 정책은 사민당의 빌리 브란트Willy Brandt 총리에 의해 시작되었지만 통일의 대업은 기민당의 헬무트 콜Helmut Josef Michael Kohl 총리가 이룩했다는 역사적 사례로부터 남한의 정치권은 교훈을 얻어야 할 것이다.

제9장

철도는 달리고 싶다*

'철의 실크로드' 구상

반도는 기회이자 제약이다. 반도는 주변 강대국의 패권 확장의 교두보와 길목이 될 수도 있지만 사람과 물자와 문화가 모이고 흩어지는 중추도 될 수 있다. 지난 천년을 돌이켜볼 때, 우리 선조들은 반도라는 지정학적 이점과 기회를 제대로 활용하지 못했고 반도의 지정학적 비용만 지불해왔다.

　　대륙 세력인 중국은 조선 반도를 자국의 헤게모니를 해양으로 확장하기 위한 교두보로 이용하려 했고, 해양 세력인 일본은 한반도를 중국 대륙으로 진출하기 위한 다리로 인식했다. 고려는 원 제국元帝國의 일본 원정을 위한 전초기지가 되었고, 일본은 중국 명 제국明帝國을 정복하기 위한 길을 빌려달라면서征明假道 조선 반도에서 임진왜란을 일으켰다. 청일전쟁淸日戰爭과 한국전쟁 역시 한국이 동아시아 국제 질서 속에서 대륙 세력과 해양 세력의 패권 경쟁을 위한 각축장이었고 패권 확장을 위한 도약대 역할만을 강요당해왔다는 것을 보여준다.

---

* 이 글은 다음 논문을 수정·보완한 것임. 임혁백, 「남북철도연결사업: 아시아 중추국가의 혈맥」, ≪통일시론≫, 통권8호(2000), 176~186쪽.

냉전 시대에 한반도 내 두 개의 분단국가인 남한과 북한은 각각 해양 세력과 대륙 세력의 '칼끝' 또는 전초지로 전락했고, 한반도는 아시아의 평화를 매개하기는커녕 아시아의 불화와 반목의 진원지가 되었다. 전 세계적으로 냉전이 해체된 이후에도 한반도만은 세계에서 유일하게 냉전의 섬으로 남아 있다.

그러나 새 천년, 새 세기의 첫해인 2000년에 역사적인 남북 정상회담이 열렸고 마침내 한반도는 강대국의 각축장이 아니라 아시아의 물자·경제·정치·문화·교육이 모이고 전파되는 아시아의 중추hub 국가로 부상할 수 있는 계기를 마련했다. 남북 정상회담 이후 실시된 남북 장관급 회담에서 합의한 남북 경제협력 제1호 조치인 경의선 철도 연결은 반도라는 지정학적 위치의 이점을 활용해 남북이 21세기에 아시아의 중추가 되는 야심찬 한민족 프로젝트임이 틀림없다.

한반도는 중국, 일본, 러시아, 북미, 동남아시아를 사통팔달 연결할 수 있는 '동아시아의 십자로'이자 전략적 관문이다. 한반도를 중심으로 한 반경 1,200km 안에 7억 인구와 6조 달러의 국민총생산GNP을 가진 거대한 시장이 존재하고 있다. 또한 서울은 동북아 5대 도시(서울, 도쿄, 베이징, 상하이, 블라디보스토크)를 최단 거리와 최단 시간에 접근할 수 있는 중심적 위치에 있다. 한반도는 아시아의 중추가 될 수 있는 천혜의 조건을 갖추고 있는 것이다.

그런데 불행히도 한반도의 분단 체제가 지속됨으로써 현재 한반도는 아시아의 중추가 될 수 있는 길이 막히고 말았다. 해방 후 반세기 동안 냉전적 대치 구도 속에서 소모적 대결 관계를 유지해온 결과, 한반도는 남쪽으로만 열려 있고 동·서·북 세 방향이 모두 폐쇄된 고립 상태에 놓여 있다. 1990년대 초, 국제적 냉전 구조 해체와 함께 노태우 대통령의 북방 정책Nordpolitik 추진으로 러시아와 중국의 바다와 하늘은 연결되었다. 그러나 남북 대결 구도의 지속으로 육상은 여전히 연결되지 못하고 있다. 또한 중국, 러시아, 일본,

미국 등에 분산되어 있는 해외 한민족을 어우르는 한민족 네트워크도 구축되지 못하고 있다.

이 점에서 볼 때, 6·15 남북 정상회담은 반세기 동안 지속되었던 남북 간 대결적 적대 관계를 해소하는 회담이라는 점을 넘어 단절·고립되어 아시아 주변으로 남아 있던 한반도를 동아시아 중추 지역으로 부상시키는 결정적 계기를 마련한 회담이라는 의미를 갖고 있다. 정상회담에서 합의한 남북 평화 체제가 구축되어 북한이 동아시아의 '중추와 부챗살'에 포함되면, 한반도는 한반도를 중추로 해서 세계로 뻗어나가는 부챗살을 구축하는 데 대한 모든 장애를 해소하게 되는 것이다.

남북 장관급 회담에서 합의된 대로 경의선 철도가 복원되면 한반도는 아시아 중추로 부상하는 것이 꿈이 아닌 현실이 될 것이다. 경의선 철도 연결로 한반도 경제권 형성의 계기가 마련될 뿐 아니라 한반도는 태평양과 유라시아 대륙을 연결하는 중추로 부상하게 될 것이다.

경의선 철도 연결은 남과 북이 물류·경제·정치적으로 엄청난 공동 이익을 실현할 수 있는 실사구시적인 남북 협력 프로젝트이다. 경의선 연결은 많은 비용을 들이지 않고 민족경제의 균형적 발전이라는 6·15 남북 공동선언의 합의 사항을 실현할 수 있는 프로젝트일 뿐 아니라 주변국들로 하여금 한반도 평화가 가져다줄 이익이 무엇인지를 보여줄 수 있는 평화 프로젝트이다.

1. 태평양과 유라시아 대륙을 연결하는 철의 실크로드 완성

현재 남북 간에 이어야 할 철도는 경의선을 비롯해 경원선, 금강산선, 동해북부선 등이 있다. 경의선이 단절된 구간은 남한 쪽에는 문산에서 군사분계선까지 12km이고 북한 쪽에서는 군사분계선에서 봉동 간 8km로, 도합 20km 이다. 경원선은 남한의 신탄리에서 군사분계선 간 17.8km와 북한의 군사분계선에서 평강 간 14.8km를 합쳐 32.6km가 단절되어 있다. 금강산선은 남측의 신탄리 북쪽의 철원에서 군사분계선까지 32.5km, 북측의 군사분계선에서 내금강까지 84.1km로, 도합 116.6km이다. 동해북부선은 남측의 강릉에서 군사분계선까지 127Km이다. 북한 쪽에서는 군사분계선에서 온정리 간 18km로, 모두 145km가 단절된 상태이다. 이러한 끊어진 철도 중 특히 경의선과 경원선을 연결하면 한반도는 시베리아 횡단철도TSR, 중국 횡단철도TCR, 몽골리아 횡단철도라는 유라시아 대륙횡단철도망의 기점이 되는 계기가 마련될 것이다.

경원선을 연결하면 나진과 선봉을 거쳐 바로 시베리아 횡단철도와 연결된다. 현재 시베리아 횡단 열차의 시발점은 보스토니치 항과 핫산 역이다. 보스토니치 항은 해상을 통한 캄차카반도, 사할린, 일본 및 한반도로부터 화물이 집결하는 곳이고, 핫산 역은 한반도와 두만강 지역으로부터의 화물이 집결하는 곳이다. 보스토니치 항과 핫산 역에서 출발한 두 지선은 두 지역에서 약 230km 떨어진 바라노프스키에서 만나게 되며, 바라노프스키에서 모스크바까지는 9,208km이다. 바라노프스키에서 모스크바까지 가는 사이에 있는 주요 경유지의 거리를 살펴보면, 만주 횡단철도와 만나는 카림스카야까지는 2,911km, 몽골 횡단철도와 만나는 울란우테까지는 646km이다. 그리고 모스크바에는 상트페테르부르크를 경유해 핀란드로 연결되는 노선과 벨라루스를 거쳐 폴란드, 독일, 헝가리 등으로 연결되는 노선이 있다.

경의선을 연결하게 되면, 만주 횡단철도, 중국 횡단철도, 몽골리아 횡단철도, 시베리아 횡단철도로 연결되어 서유럽까지 대륙으로 갈 수 있게 된다. 경의선을 잇게 되면 북한과 중국의 국경역인 신의주와 단둥, 선양, 베이징을 거쳐 지닝에 도착할 수 있게 된다. 지닝은 러시아의 시베리아 횡단 열차와 연결되는 몽골 횡단철도와 란저우의 중국 횡단 열차가 분기하는 곳이다. 따라서 경의선 연결은 시베리아 횡단철도, 중국 횡단철도, 몽골리아 횡단철도 등 3대 대륙횡단철도와 연결된다는 의미를 가진다. 경의선을 이용해 시베리아 횡단 열차로 접속할 경우, 한국의 부산에서 독일의 베를린까지 거리는 1만 1,700km(부산-서울-평양-단둥-베이징-울란바토르-모스크바-민스크-바르샤바-베를린)로, 경원선을 이용해서 시베리아 횡단 열차와 접속했을 때의 거리 1만 2,600km(부산-서울-신탄리-두만강-핫산-모스크바-민스크-바르샤바-베를린)보다 900km 단축된다.

경의선과 경원선 연결은 중국의 동북 지역과 몽골, 러시아를 관통해 유럽의 베를린, 파리, 런던까지 이어지는 '철의 실크로드'를 꿈이 아닌 현실로 만들어주는 프로젝트이다. 한반도에서 유럽까지 '새 천년의 실크로드'가 열리면 한반도는 태평양과 유라시아 대륙을 연결하는 중추가 될 것이고, 한국은 아시아대륙 동쪽 끝의 변방에서 세계의 중심 국가로 부상하게 될 것이다.

2. 남북 철도 연결: 한반도는 전 세계의
물류 중심지·통합 관문·동아시아의 중추

물류 운송 측면에서 경의선을 복원하게 되면 한반도는 유라시아 대륙 횡단 철도와 중국 대륙 횡단철도의 시발점이 될 수 있다. 현재 북한으로 가는 길이 폐쇄된 상태에서 부산에서 유럽의 중추 항만인 로테르담까지의 해운 거리는 2만 6,600km이다. 그런데 경의선을 복원해 유라시아 대륙 횡단철도를 이용하게 되면 철도 거리가 1만 2,200km가 되어 기존보다 64%가 단축된다. 또한 현재 부산에서 로테르담까지 해상 수송을 이용할 경우, t당 1,900달러가 드는 데 반해, 철도를 이용하게 되면 t당 1,400달러로 36%의 수송 비용을 절감할 수 있게 된다.

부산에서 유럽 대륙을 연결하는 유라시아 횡단철도망이 완성될 경우, 부산항은 중국, 러시아, 몽골은 물론 유럽으로 가는 환적 화물 수송의 기점이 될 수 있다. 부산항이 일본의 고베 항을 제치고 동아시아 제일의 중추 항만으로 부상하게 되는 것이다. 또한 다국적 기업들이 동남아, 중국, 일본, 극동 러시아 등으로 진출할 수 있는 교두보 역할을 수행하게 될 것이며, 중국과 시베리아, 북한 등에서 생산하는 1차상품의 가공과 수출 중개지로 각광받게 될 것이다.

경의선 복원이 논의되면서 그동안 잠잠했던 '한일 해저터널' 논의가 다시 일어났다. 한일 간에 해저터널이 놓일 경우, 극동의 섬나라인 일본에서 해저 터널, 한반도, 중국, 러시아, 프랑스를 거쳐 유럽의 섬나라인 영국으로까지 이어지는 거대한 횡단철도망이 가능해진다는 이야기가 나오고 있다. 그런데 한일 해저터널 문제는 좀 더 신중해야 할 필요가 있다. 왜냐하면 지경학적으로 볼 때, 어느 곳이 대륙횡단철도의 기점이 되느냐가 중요한데, 한일 해저터널이 뚫릴 경우 일본의 고베가 기점이 되고 부산은 대륙횡단철도의 경유지로 떨어질 가능성이 크기 때문이다. 부산이 대륙횡단철도의 기점이 되는 장점을 극대화하기 위해서는 한일 해저터널로 비롯된 손익을 신중히 계산해야 할 필요가 있다. 일본 경제인들을 중심으로 한반도를 경유하지 않고 일본 최북단인 홋카이도와 와카나이에서 사할린을 거쳐 시베리아 철도로 연결하는 일본판 '철의 실크로드'를 구상하고 있다는 이야기도 있다. 이러한 구상이 현실화된다면 부산항으로 몰릴 동북아 화물이 일본 항구로 분산될 가능성이 있다.

바야흐로 21세기에 아시아 중추가 되기 위한 경쟁이 벌어지고 있다. 물류 중심지를 확보하기 위해 한반도는 한반도를 중심으로 인근에 있는 국가들과 치열한 경쟁의 물결을 헤쳐 나가야 한다. 동북아시아에서는 한반도와 근거리에 있는 도쿄, 오사카, 고베, 규슈 지방, 블라디보스토크, 베이징, 상하이 등과 경쟁해야 하고 아시아에서는 타이베이, 홍콩, 마닐라, 방콕, 싱가포르, 말레이시아의 MSCMultimedia Super Corridor 등과 경쟁해야 한다.

그런데 60년 이상 끊겼던 철도가 이어져 한반도가 전 세계와 사통팔달로 연결되면 한반도는 중국, 일본, 극동 러시아는 물론 아세안ASEAN을 포함한 동아시아의 통합 관문에 위치하게 되고, 아시아 중추로서 유리한 고지를 점유하게 된다. 그래서 남북 정상회담에서 합의된 사항이 발표되자마자 러시아의 블라디미르 푸틴Vladimir Putin 대통령이 평양을 방문해 시베리아 횡단철도와 한반도를 바로 연결하는 러시아판 실크로드를 북한의 김정일 국방 위원장과 논의했고, 김정일 위원장은 블라디보스토크에서 1만 km 떨어진 모스크바까지 기차여행을 원한다고 화답, 새 천년 한반도 실크로드 구상이 구체화될 수 있는 가능성을 보여주었다. 푸틴 대통령은 김대중 대통령과의 전화 통화에서도 이미 경원선 복원 문제를 협의했다. 러시아뿐 아니라 중국도 남북 철도 연결에 비상한 관심을 기울이고 있다. 중국의 장쩌민 주석은 현재 단선으로 되어 있는 북한의 경의선 구간을 복선화하자는 제안을 한 바 있다. 남북의 철도 연결로 한반도가 아시아의 중추 국가로 올라설 수 있는 기회가 열리고 있는 것이다.

우리는 가만히 앉아서 기회가 오기를 기다려서는 안 된다. 중추 국가가 되기 위한 경쟁에서 우위를 차지하기 위해서는 경의선 철도 복원과 함께 국제 비즈니스 인프라에 대한 투자를 배중하고 동아시아에 있는 요충지들과의 국제적 교통망과 정보망을 완벽히 구축하며 이들 중심지들과의 역할 분담을 전략적으로 도모해 통합적인 중추 기능을 보유할 수 있도록 노력을 기울여야 할 것이다.

3. 남북 경제의 통합으로 한반도·한민족 경제권 완성

경의선 연결은 남북 경제를 연결·통합해주는 효과를 가져올 수 있다. 분단으로 북한은 '주체 경제의 섬'으로 남아 있었고, 한국도 대륙과 격리되어 '섬아닌 섬'의 신세를 면치 못했다. 그러나 경의선이 연결되면 서로 다르게 운영되었던 남북 경제가 상호 연결되어 '한반도 경제권'이 실현될 수 있다. 또한 해외 한민족과 경제 네트워크까지 구축할 경우, '한민족 경제권'이 현실화될 수 있다. 더 나아가 북한이 한반도 경제 공동체에 통합됨으로써 일본, 한국, 북한, 중국으로 이어지는 '환環황해黃海 경제권'과 일본, 한국, 북한, 극동 러시아로 이어지는 '환環동해東海 경제권' 등 두 개의 지역 경제권이 완성될 수 있고 남한과 한반도는 두 지역 경제권의 중추로 부상, 양 경제권의 성장 기회를 활용할 수 있게 된다.

단기적 차원에서 검토하더라도 남북의 철도 연결이 남북에 가져다줄 이득은 엄청나다. 남북 철도가 연결되면 즉각적이고 우선적으로 태평양에서 유럽으로 가는 물자의 운송 수입을 거둘 수 있게 된다. 특히 북한에는 현재 경제 재건을 위해 가장 필요한 외화를 획득하는 이득을 안겨줄 것이다. 김일성 또한 생전에 "경의선을 이용해 중국 상품을 한국으로 수송할 경우, 북한이 벌 수 있는 돈은 1년에 4억 달러 이상이며, 러시아와 중국 헤이룽장 성의 수출 물자를 두만강역을 통해 동해안 철길로 운송할 경우, 벌 수 있는 돈은 1년에 10억 달러 이상일 것"이라고 언급했다.

단기적으로 남북이 공동으로 누릴 수 있는 이득은 운송 수입만이 아니다. 경의선을 연결함으로써 북한 경제를 지원할 수 있는 물자와 사람이 육로로 이동할 수 있게 된다. 그리고 지금까지 해상운송에 의존함으로써 발생했던, 남북 교류에서 가장 큰 걸림돌로 작용해온 물류 비용을 기존의 5분의 1로 줄일 수 있다. 구체적으로 개성공단에서 발생하고 있는 물류 문제가 말끔히 해소될 수 있다. 북한은 자신들의 풍부한 지하자원을 남한으로 반출할 수 있을 뿐만 아니라 중국에서 원료를 수입해 이를 기초 상품화한 후 남한 공장에 공급하는 길이 열림으로써 기간산업을 정상적으로 가동할 기회를 얻게 될 것이다. 또한 남한의 석탄을 제공받을 수 있게 됨으로써 북한의 에너지 부족 문제를 해소할 수 있다. 개성은 서울이라는 엄청난 배후지를 갖게 됨으로써 홍콩이라는 배후지를 배경으로 폭발적인 성장을 한 중국의 선전에 버금가는 북한 경제 성장의 진원지가 될 것이다. 궁극적으로 부산-서울-개성-평양-신의주로 이어지는 '한반도 경제 대동맥'이 복원될 것으로 기대된다.

실제로 북한은 '헤이룽장 성 동부, 조선 동부, 한국 동부 연결 구상'이라는 이른바 '3동東 철도 연결' 문건을 통해 "동부에 집중되어 있는 기간산업들을 정상 가동시켜 거액의 수송 통과료를 받아 공화국 경제의 근본적인 전환을 가져올 수 있는 기회"를 활용하는 방안을 마련한 바 있다. 이에 의하면, 60년 동안 섬나라로 살아야 했던 한국은 3동 철도 연결로 북한, 중국, 유럽과 연결되면서 새로운 경제의 자극점이 될 수 있고, 중국도 한국으로 가는 상품의 수송비를 절감하고 과잉생산된 석탄과 식량을 수출할 수 있는 새로운 시장개척이 가능해지는 이득을 누리게 되어 한국, 북한, 중국 간에 동북아 신경제권을 형성하는 전환점이 될 것이라고 주장했다.

4. 분단 의식의 극복과 한반도 의식 형성

남북 철도 연결은 물류와 경제 차원에서만 논의되어서는 안 된다. 경의선과 경원선 철도 연결은 남북 모두에 이제 한반도에서도 냉전 해체가 시작되었으며 이를 계기로 한반도가 21세기 아시아의 중추 국가, 중추 민족이 될 수 있다는 기대를 심어줄 것이다. 경의선과 경원선의 연결은 그동안 단절되었던 민족의 혈맥을 이어주는 대역사라는 상징성을 넘어서 남북 간에 '우리는 한민족이고 공동 운명체'라는 사실을 확인시켜주는 계기가 될 것이다. 남북 정치인과 국민들이 '냉전과 분단'이라는 시각에서 탈피해 '한반도 정치, 한반도 경제, 한반도 문화'라는 개념을 갖고 한민족의 미래를 설계하는 '한반도 시대'를 열어줄 것이다. 복원된 경의선과 경원선을 통해 남북 이산가족이 만나고 주민들이 교차 관광을 진행하게 되면, 반세기 동안 지속되고 심화되었던 분단 의식을 극복하고 7,000만 동포가 동류의식과 동족 의식을 회복하는 계기를 마련하게 될 것이다.

5. 동아시아 평화를 만들고 전파하는 평화 열차

남북 철도의 연결은 물류를 위해 철도를 연결하는 것 이상의 의미를 갖고 있다. 남북 철도 연결로 일본, 한반도, 중국, 러시아, 유럽을 관통하는 유라시아 대륙 횡단철도가 연결되면, 남북뿐만 아니라 주변 모든 나라가 함께 이득을 보게 될 것이다. 주변국들의 사람과 물자가 북한 지역으로 들어가고 북한 지역을 통과해 중국과 러시아, 유럽까지 가게 될 때 사실상 휴전선의 장벽이 부분적으로 무너지는 효과를 가져올 수 있으며, 한반도에서 전쟁이 발생할 위험도 크게 줄어들 것이다. 왜냐하면 한반도를 통과해 유라시아 대륙 횡단철도를 이용하는 모든 국가가 한반도 평화 체제 구축과 유지에 핵심적인 이해관계를 갖게 될 것이고, 관련 당사국들은 한반도 평화를 위한 지원을 아끼지 않을 뿐만 아니라 한반도 전쟁 억제 세력으로 등장할 것이기 때문이다.

복원된 경의선과 경원선은 동아시아의 평화를 실어 나르는 평화 열차가 될 것이다. 냉전 시대에 해양 세력과 대륙 세력의 패권 확장을 위한 전초지로서 동아시아의 불화와 반목의 진원지 역할을 했던 한반도가 경의선 연결로 21세기에는 동아시아의 평화를 만들고 전파하는 평화의 발원지, 평화의 중추가 될 것이다.

경의선 철도를 비롯해 남북 간에 끊어진 철도를 다시 연결함으로써 한반도 전역은 개방, 연속 일체, 광활, 세계화적 공간으로 변모하게 될 것이다. 연결된 철도는 한반도가 태평양과 유라시아 대륙의 상품과 서비스의 집산 기능을 담당하는 아시아의 물류 중추가 되게 해주고, '한반도 경제권' 형성을 가능하게 해주며, 7,000만 동포가 만날 수 있는 수단을 제공해줄 것이다. 그리고 이를 통해 60년간 지속된 분단 의식을 극복하고 청산할 수 있는 기회를 마련할 수 있을 것이고, 한반도에 평화를 가져오고 유지시켜줌으로써 한반도가 아시아의 평화 중추가 될 수 있는 길을 열어줄 것이다. 남북 철도 연결은 21세기의 한반도가 강대국 팽창주의의 교두보, 동북아의 변방, 동아시아의 불화와 반목의 진원지에서 아시아의 중추, 세계 중심 국가, 동아시아 평화의 발원지로 탈바꿈할 수 있는 첫 번째 계기를 마련해줄 것이다.

제**10**장

통일 한국의 헌정 체제는 어떻게 디자인해야 할 것인가*

새로운 세기, 새로운 천년이 시작된 지 10년이 되었다. 모두가 새로운 비전과 전략에 따라 새 천년 구상을 추진하고 있으나 한반도는 여전히 지나간 세기가 안겨준 묵은 짐을 벗어버리지 못하고 있다. 한반도는 여전히 냉전 시대를 살고 있다.

지금까지의 통일 논의는 통일 과정에 대한 논의가 주를 이루었다. 이러한 논의는 통일이 되면 길고 길었던 분단 과정이 종결되고 동질적인 민족 공동체가 일순간에 이루어질 수 있다는 낙관적 가정에 기초하고 있다. 그러나 통일이 반세기에 걸친 분단 의식, 분단 사회, 분단 체제를 일순간에 해소해줄 것이라는 가정은 순진하고 비현실적인 사고이다.

통일 이후 상황에 대한 준비 없이 통일을 이룩하기 위한 방법만 논하는 것은 새로운 분단의 씨를 뿌리는 것과 같다. 결혼 전의 예상과 결혼 후의 현실 간에 큰 간격이 있는 것처럼, 통일에 대한 예상과 실제 통일 후의 상황은

---

* 이 글은 다음의 논문을 수정·보완한 것임. 임혁백, 「통일한국의 헌정제도 디자인」, ≪아세아연구≫, 101(1999), 301~335쪽.

큰 차이를 보일 것이다. 따라서 성공적인 통일을 이룩하기 위해서는 통일을 대비한 철저한 사전 준비가 필요하다. 이러한 점에서 통일에 대비한 통일 한국의 헌정 구조 또는 헌정 제도constitution를 미리 구상해보는 것은 의미 있는 작업이라고 할 수 있다. 약 200년 전에 미국 건국의 아버지들이 헌법 제정 회의constitutional assembly에 모여 헌정 제도를 디자인한 것처럼 한국에서도 제2의 건국인 통일 한국이 안정적으로 정착될 수 있도록 헌정 제도 디자인에 대한 고민을 시작할 필요가 있다.

통일 한국을 디자인할 한국 제2건국의 아버지들은 3중의 전환을 이루어야 하는 임무를 지니게 된다. 그것은 민주주의 건설, 민족 건설, 시장 구축이다. 우선 통일 후 주권자가 된 북한 주민들이 주권자로서의 권리를 행사하는데 필수적인 시민권 부여 문제, 통일 정부가 주권인 한반도 국민의 복지를 극대화할 수 있도록 하는 민주적 통제 등의 제도를 디자인해야 한다. 다음은 남북 주민이 통일 한국을 이탈하지 않고 계속 남아 있게 하는 유인을 제공할 수 있는 중앙정부와 지방정부 간 관계에 대한 틀을 디자인해야 한다. 마지막으로 남북 주민들이 공유할 수 있는 재산권 제도 등을 포함하는 시장경제의 틀을 디자인해야 한다. 이상의 통일 한국의 목표를 달성하기 위해 제2건국의 아버지들이 고려해야 할 통일 한국 헌정 제도의 디자인 원리를 구체적으로 제시해본다.

1. 헌정 제도 디자인의 원칙과 절차

제도에 대해서는 다양한 개념 정의가 있으나[1] '규칙화되고 표준화된 상호작

---

1 제도에 관한 개념 정의에는 '규칙된 상호작용의 패턴'(O'Donnell, 1994), '사회적

용이 일어나는 사회적·구조적 제약의 틀'로 정의하는 것이 다양한 제도의 개념을 포괄하는 개념 정의라 할 수 있다. 먼저 제도는 규범적이고 인식론적인 표준을 확립해준다. 제도는 행위자들에게 무엇이 정상적이며, 무엇이 기대되며, 무엇이 의지할 만하며, 어떤 의무와 권리가 어느 지위에 부여되는지, 제도가 유효한 공동체 사회의 영역은 무엇인지 등을 알려준다(Offe, 1996: 199~200). 또한 제도는 교사적인preceptorial 역할도 수행한다(Lindblom, 1977). 즉, 제도는 사람들이 어떻게 행동해야 하며, 사람들이 서로에게 무엇을 정당하게 기대할 수 있는지 등에 관한 표본을 보여준다. 말하자면 제도는 행위자들에게 사회적으로 인증된 표준을 제공한다.[2]

헌정 제도는 모든 제도들이 작동하는 데 필요한 기본적인 틀 또는 초석을 제공한다. 이 점에서 헌정 제도는 정초적 제도foundation institution, 즉 다른 법과 제도가 기초하는 근본적인 법과 제도이다. 따라서 헌정 제도는 "법률, 관습, 제도의 집합체로서 여러 가지 국가권력을 배분하고 또 상이한 사회 구성원들에게 각각의 권리를 보장하는 전반적인 체제를 구성"한다.[3] 아리스토텔레스Aristoteles는 '선한 시민good citizen'을 낳고 양성하는 '선한 국가good polis'를

제약'(North, 1993), '구조적 제약'(Schedler, 1995a), '시간적·공간적으로 지속적인 구조'(Giddens, 1984), '규칙과 일상화'(March and Olsen, 1989), '규칙, 구조, 절차'(Shepsle, 1989), '결정적 규칙과 유인 체계'(Stepan and Skach, 1992), '규칙, 규범, 공유된 전략'(Crawford and Ostrom, 1995), '형식적 규칙, 순응 절차, 표준화된 작동 실제'(Hall, 1986), '공유된 기대 유형'(Schedler, 1995b) 등이 있다.

2 물론 제도가 항상 '문제 해결사(problem solvers)'라는 긍정적 역할만 수행하지는 않는다. 제도는 '문제를 만드는 사람(problem creators)'이 될 수도 있다(Laponce and Saint-Jacques, 1997: 233~236). 즉, 제도는 제도 디자이너가 의도한 목적을 수행하지 못하고 새로운 문제를 야기하는 '제도 실패(institution failure)'의 가능성을 갖고 있다.

3 이는 미국 혁명 당시 토리파였던 찰스 잉글리스(Charles Inglis)가 내린 정체(polity)에 관한 정의이다(베일린, 1999: 213).

정치(학)의 기본 과제라고 갈파했는데 이러한 점에서 헌정 제도 디자인은 선한 시민이 사는 선한 국가를 디자인하는 것이라 할 수 있다.

그렇다면 제2건국의 아버지들이 통일 한국의 헌정 제도를 디자인할 때 고려해야 할 제도 디자인 원칙은 무엇일까?[4] 디자이너의 시각에서 헌정 제도를 논할 때, 가장 먼저 제기되는 문제는 누가 헌정 제도 디자이너가 될 것인가이다. 말하자면 통일 한국 건국의 아버지들이 누가 되어야 하는가이다. 헌정 제도 디자이너는 통일 과정 또는 체제 전환 과정에 따라 달라질 것이다. 일본의 경우 더글러스 맥아더Douglas MacArthur 장군이 이끄는 점령군에 의해 헌법이 강요되었으며, 독일은 점령국의 입김이 헌정 제도 디자인 과정에 강하게 반영되었다. 고대 헌법은 전설적인 헌법 제정가가 헌법을 디자인했고, 독재국가에서는 독재자들이 독단적으로 헌법을 제정했다.[5] 그러나 민주화 이후 헌법은 국민들이 선출한 헌법 제정 회의라는 집단적 제도 디자이너들에 의해 고안되고 있다. 미국 독립과 프랑스혁명 이후에 구성된 헌법 제정 회의가 대표적 사례이다.

만약 한국의 통일이 독일처럼 남한이 북한을 흡수하는 방식으로 전개된다면, 북한 대표들은 헌정 제도 디자이너가 될 수 없을 것이다('Apartheid' 모델). 또한 통일이 외부 세력에 의해 이루어진다면, 점령국의 헌정 제도가 강

---

4 아리스토텔레스의 *Constitution of Athens*, 니콜로 마키아벨리의 『군주론』, 장 자크 루소(Jean-Jacques Rousseau)의 *Consideration on the Government of Poland*, 알렉산더 해밀턴(Alexander Hamilton)과 제임스 매디슨(James Madison)의 『페더랄리스트 페이퍼』 등은 헌정 제도 디자인에 관한 고전이다.

5 고대의 대표적 법 제정가로는 리쿠르고스(Lycurgus)와 솔론(Solon)을 들 수 있으며, 헌법을 독단적으로 제정한 독재자로는 나폴레옹 보나파르트(Napoleon Bonaparte), 이오시프 스탈린, 위안스카이(袁世凱) 등을 들 수 있다(Elster, 1997). 영국의 마그나 카르타(Magna Carta)와 폴란드의 헌법은 왕과 귀족 간의 계약에 의해 이루어졌다.

하게 반영될 것이다(외삽 헌정 모델). 그러나 남한이 흡수통일을 공식적으로 포기한다면, 북한 대표들은 헌정 제도 디자이너에서 배제되지는 않을 것이다. 남북 간 교류와 협력을 통해 평화를 정착시킨 뒤 합의에 의해 통일을 이룩한다는 통일 시나리오가 실현될 경우, 북한 대표들도 헌정 제도 디자인에 참여할 것이다. 그리고 북한 대표들이 헌정 제도 디자인에 참여할 경우, 헌정 제도 디자이너는 다음 세 가지 집단에 속한 사람들이 될 것이다. 첫째, 선거에 의해 선출되지 않은 소수 엘리트 전문 법률가 집단, 둘째, 간접선거에 의해 선출된 대표들(1787년 미국의 헌법 제정 회의, 1949년 독일의 본 헌법 제정 회의 등), 마지막으로 직선에 의해 선출된 대표들이다.

통일 한국의 헌정 제도가 민주적 헌정 제도가 되기 위해서는 헌정 제도 디자인에 절차적 민주주의가 작동해야 한다. 단일 디자이너가 아닌, 다수의 디자이너를 선거 과정을 통해 선출함으로써 남북 주민의 의견을 수렴하는 과정을 거쳐야 한다. 한편 헌정 제도 디자인에서 전문 법률가 집단의 역할은 최소화되어야 한다. 왜냐하면 법률가 집단은 기술적으로 결함이 많고 의도적으로 모호하게 만든 헌정 제도 조항에 대해 저항하는 경향이 있으며, 기술적 고려보다 정치적 고려와 타협에 의해 마련된 헌정 제도가 더 안정적이기 때문이다(Elster, 1997: 138).

다음으로 문제가 되는 것은 헌정 제도를 디자인할 사람들의 규모이다. 디자이너의 숫자는 디자이너들이 면 대 면으로 심의가 가능한 규모여야 한다. 디자이너들이 100명을 넘을 경우, 합리적 토론과 심의가 불가능해지며 회의가 민중주의와 선동주의에 의해 지배될 가능성이 크다.[6] 통일 한국의 헌법 디자인은 남북 주민의 직접 또는 간접선거에 의해 선출된 대표들이 헌법

---

6 미국의 헌법 제정 회의(Philadelphia Convention)에 모인 건국 아버지들은 55명이었으며, 최종적으로 고안된 헌법에 서명한 아버지들은 39명이었다(Beard, 1944).

제정 회의를 구성하고, 헌법 제정 회의에서 타협·협상·협약을 통해 마련된 헌법 초안을 국민투표에 의해 승인받는 방식으로 이루어져야 한다.

한편 디자이너의 시각에서 헌정 제도를 디자인할 때, 디자이너의 심리적 동기가 헌정 제도 디자인에 미칠 영향을 고려해야 한다. 왜냐하면 이성·이해·감정이라는 제도 디자이너의 심리적 삼각관계trichotomy가 성공적인 헌정 제도 디자인에 중대한 영향을 미치기 때문이다(Elster, 1997: 131~137). 헌법 제정 회의에 디자이너들의 이해가 걸려 있지 않다면 디자이너들은 합리적인 주장을 할 것이다. 그리고 미래에 대한 불확실성이 높을 때, 디자이너들은 그들의 지지자들constituents뿐만 아니라 다른 모든 사람들의 입장에서 공정하게 헌정 제도를 디자인하려 할 것이다. '무지의 베일veil of ignorance'은 제도 디자이너들의 공정성fairness을 높여줄 것이고, 디자이너들이 단기적 계산에 의거해 헌정 제도를 디자인하는 것을 억제할 것이다(Elster, 1997: 138).

그러나 헌정 제도 디자이너들은 감정passion으로부터 면역되어 있지 않다. 종족적·종교적 적대감, 민족주의적 감정, 평등 의식 등과 같은 내재적 감정은 물론, 침략과 테러의 위협, 경제적 불황, 스캔들 등과 같은 일시적 감정들이 디자이너들의 심의에 영향을 미친다. 따라서 헌정 제도 디자인 과정은 디자이너들이 이러한 광기로부터 해방될 수 있는 방법을 마련해놓은 상태에서 진행되어야 한다. 디자이너 자신이 갖고 있는 자부심과 허영 등의 감정이 합리적인 헌정 제도 심의를 방해하는 것을 차단하기 위해 헌정 제도의 심의 과정은 공개성publicity과 비공개적 폐쇄성을 적절히 조절해 운영되어야 한다. 심의 과정이 비밀리에 폐쇄적으로 진행되면 디자이너들의 허영이 억제되고 혁명적 열광을 식히는 데 도움이 될 수 있다. 그러나 폐쇄적인 제도 심의는 헌정 제도 토론이 합리적 주장보다는 위협과 반反위협을 통한 흥정에 의해 이루어질 가능성을 갖고 있다. 그러므로 헌정 제도 디자인 과정은 디자이너들로 하여금 불편부당한 이성에 따라 심의하는 것을 격려하고, 디자이너의 당파적 이익 또는 디자이너의 감정(허영, 자부심, 증오 등)이 지배하는 것을 억제하는 조건을 만들어나가야 한다(Elster, 1997: 131~138).[7]

다음은 헌정 제도 디자이너들이 헌정 제도 디자인을 시작했을 때, 그들이 수행할 제도 디자인의 기본 원칙이다. 헌정 제도 디자이너들은 실현 가능성(또는 정책 수행 가능성)에 초점을 맞추어 정책을 디자인하거나 자원을 효율적으로 배분하기 위한 기제를 디자인하는 것이 아니다. 서로 다른 부분들이 잘 맞도록 결합되어 균형과 통일을 이룬 "체계를 디자인system design"하는 것이다(Goodin, 1996: 30~34). 이 점에서 헌정 제도 디자인은 제도 디자인의 최고 형태라 할 수 있다.

헌정 제도 디자인에서 고려해야 할 원칙은 일반적인 제도 디자인 원칙에서 크게 벗어나지 않는다. 제도 디자이너들이 제도를 디자인할 때 고려해야 할 일반적인 원칙은 첫째, '수정 가능성revisability'을 열어놓는 것이다. 디자이너들은 항상 오류를 범할 수 있고 제도가 작동하는 환경인 사회는 항상 변할 수 있다. 따라서 디자이너들은 오류를 시정할 수 있고, 환경 변화에 따라 신축적으로 적응할 수 있는 유연성을 갖춘 제도를 디자인해야 한다. 그런데 헌정 제도가 일반 제도와 다른 점은, 헌정 제도는 공동체 구성원의 행동을 규제하는 기본적인 틀이라는 것이다. 그러므로 헌정 제도의 수정 가능성은 헌정 제도의 규범과 절차로부터 이탈하려는 유혹을 부추기지 않도록 고안되어야

7 헌법 제정 회의는 다원제 또는 양원제 의회를 디자인할 수 있지만 헌법 디자이너인 헌법 제정 회의 자체는 양원제가 아닌, 단원제 의회여야 한다. 헌법 제정 회의는 헌법 디자인이라는 특별한 목적을 위해 선출되고 소집된 회의이기 때문에 일반 의회의 역할을 수행해서는 안 되며, 제정된 헌법을 승인하는 주체가 되어서도 안 된다. 또한 헌정 제도 심의에 영향을 미치려는 시도와 위협을 피하기 위해 헌법 제정 회의는 수도나 주요 도시 또는 군부대 집결지 등의 장소는 피해야 한다. 덧붙여 헌법 제정 회의는 지연 전술을 방지하기 위해 시한을 정해놓고 심의할 필요가 있다(Elster, 1997: 138).

한다.[8]

둘째, 제도의 수정 가능성은 제도의 '강건성robustness' 원칙에 의해 보완되어야 한다. 제도를 디자인했을 때와 근본적으로 다른 변화가 일어나지 않는 한 부분적인 상황 변화에도 불구하고 제도가 유지될 수 있도록 디자인해야 한다. 어떤 제도가 상황 변화에 따라 항상 깨지고 파괴되는 것은 좋은 제도 디자인이라고 할 수 없다. 강건한 제도는 제도의 시행 대상들인 행위자들로부터 자발적 순응을 불러일으키는 제도이다(Przeworski, 1991). 행위자들이 더 나쁜 상태를 각오하지 않고서는 그 제도의 틀을 벗어나지 않도록 하는, '제도적 균형'이 이루어진 제도가 자발적 순응을 불러일으키는 강건한 제도이다.

셋째, 제도를 파괴하려 하는 저급한 동기를 억제하고 제도적 규범과 절차를 존중하는 고상한 동기를 장려하는 '복잡한 동기에 대한 민감성sensitivity to motivational complexity'을 갖춘 제도를 디자인해야 한다. 정부 기구 간 견제와 균형, 정부에 대항할 수 있는 시민의 권리, 정부에 대한 대항 권력으로서 다원적 시민사회 보장 등과 같은 '제도적 불신' 장치는 한편으로는 민주적 제도에 대한 신뢰를 높여주지만 다른 한편으로는 제도를 존중하는 선한 시민들을 악한으로 바꿔놓을 위험이 있다는 것을 고려할 필요가 있다.

넷째, 가장 중요한 것은 제도의 '신뢰성'이다(Schedler, 1995b). 디자인한 제도가 정치인과 시민들에게 충분한 인센티브를 제공하고 도덕적으로 완전 무결하고 물질적으로 실현 가능성이 있다면, 그 제도는 신뢰도가 높은 제도이자 강한 제도이다. 반면에 유인과 도덕적 완결성, 물질적 실현 가능성이 낮은 제도는 약한 제도이고, 그러한 제도는 결국 제도의 미래와 사회적 신뢰,

---

8 그러므로 대부분의 경우, 헌법 수정을 어렵게 하는 강한 조건, 예를 들면, 3분의 2의 다수와 같은 초다수결(super majority) 조건을 헌법 수정에 적용하고 있다.

사회적 규범을 파괴한다.[9]

　역사적으로 모든 헌정 제도가 위에서 이야기한 디자인 원칙에 따라 제정되지 않았다. 그리고 그 결과 다양한 헌정 제도가 출현했다. 다양한 헌정 제도 중 가장 안정적이고 효율적인 헌정 제도의 본보기는 미국의 헌정 제도라고 할 수 있다. 미국의 헌정 제도는 200년 이상 안정적으로 유지되고 있을 뿐만 아니라 모든 정치적 갈등이 헌법에 따라 규제되고 해결되고 있다. 1789년 이후 프랑스 헌정 제도는 자주 바뀌기는 했지만 권력의 행사와 계승, 정치적 갈등을 규제하는 힘을 발휘했다. 한편 최악의 사례는 아르헨티나와 한국이다. 1853년에 헌법을 제정한 이후인 1949년부터 1957년까지의 기간을 제외하고, 아르헨티나의 정치적 갈등은 헌법 규정에 따라 처리된 경우가 드물다. 아르헨티나의 헌법은 문서상으로는 그대로 유지되었으나 정치 행위자들에 의해 계속 무시된 종이호랑이였다.

9　이상의 네 개 이외에 로버트 구딘(Robert E. Goodin, 1996)은 제도 디자인 원칙으로 공개성(publicity)과 가변성(variability)을 제시했다. 그런데 이 원칙에는 논쟁의 여지가 있다. 우선 공개성과 관련해 헌정 제도 디자인이 비밀리에 폐쇄적으로 이루어지면 당파적 이해와 거래에 의한 단합이 지배할 가능성이 크며, 반면에 완전히 공개되어 진행되면 국민을 의식한 과잉 행동과 수사학적 값 올리기(overbidding)가 일어날 가능성이 크다. 미국의 헌법 제정 회의는 공개성이 너무 약했고, 프랑스의 헌법 제정 회의(assemblee constituante)는 공개성 원칙이 너무 강했다. 반면에 1978년 스페인의 헌법 제정 회의는 공개성과 비밀성이 적절한 균형을 이루었다(Elster, 1997: 138). 한편 제도 디자인에서 시행착오와 학습 과정을 통해 좋은 제도를 디자인한다는 가변성 원칙을 헌정 제도에 적용하는 것은 무리가 있다. 헌정 제도가 일반 제도와 다른 점은 헌정 제도는 헌정주의(constitutionalism)를 요구하며 헌정주의는 정치적 경쟁을 규제하는 게임의 규칙인 헌법이 미래에도 계속 반복해서 작동할 것이라는 예측이 모든 행위자들에게 내면화되었을 때 정착할 수 있기 때문이다. 말하자면 헌정주의는 공고화되기 위해 필요한 '제도적 시간(institutional time)'을 요구한다. 따라서 가변성은 헌정 제도를 디자인할 때 적용할 수 있는 원칙이 될 수 없다.

한국은 1948년 헌법이 제정된 이후 1987년까지 모든 집권자가 자신이 마련한 헌법 규정에 의해 권력을 행사했다. 한국 헌정 제도는 자주 수정되고 계속 무시되는 헌정 제도의 대표적 사례이다(Przeworski, 1991). 통일 한국의 헌정 제도를 디자인하는 제2건국의 아버지들은 이러한 헌정사적 불명예를 씻어버릴 수 있는 안정적이면서 효율적인 헌정 제도를 고안하도록 노력해야 한다.

2. 통일 한국 헌정 제도 디자인의 세 가지 목표

통일 한국 헌법 제정 회의에 모인 제2건국의 아버지들은 민족의 건설, 민주주의의 건설, 시장의 건설이라는 3중의 전환을 효율적으로 수행하기 위한 제도적 기본 틀을 디자인해야 하는 역사적 사명을 지니고 있다.

1) 민족 건설: 시민적 민족주의

제2건국의 아버지들이 헌정 제도를 디자인하면서 가장 먼저 고려해야 할 목표는 제2의 한민족 건설이다. 신라가 삼국을 통일한 이래 한국인들은 천년이 넘도록 영토적 경계와 문화적 경계가 일치하는 단일민족국가를 유지해왔다. 더욱이 일제에 의해 국가가 소멸한 뒤에도 한민족의 종족, 언어, 역사 등에 대한 공동 기억은 계속 유지되어왔다. 그러나 해방 이후 국제 냉전 체제가 등장하고 남과 북에 서로 다른 이념을 지향하는 분단국가가 수립됨으로써 민족 공동체도 분열되었다. 반세기 이상 지속된 분단 체제로 말미암아 이제 더는 한반도에 단일민족 공동체는 존재하지 않게 되었다.

그럼에도 불구하고 많은 한국인이 여전히 단일민족국가 신화에 사로잡혀 있다. 다시 말해 현재 한반도에서 한 민족이 두 국가를 형성하고 있다는 '1민족 2국가' 개념을 갖고 있다. 그래서 분단국가가 통일되면 자동적으로 갈라진 민족이 재통합된 한민족 공동체가 다시 복원될 것으로 가정하고 있다. 그러나 분단 체제는 분단국가만 낳은 것이 아니라 분단 민족(민족 파괴)을 낳았다. 남북 주민들은 여전히 언어와 전통문화를 공유하고 있지만 지난 60여 년 이상 서로 다른 역사와 기억을 만들었고 간직하고 있다. 그러므로 종족적 관점(문화민족kulturnation)에서 남북 주민들은 단일민족으로 문화적 정체성을 공유하고 있다고 보기 어렵다. 따라서 분단국가의 통일이 자동적으로 분단 민족의 통합으로 이어지지는 않는다는 냉엄한 현실을 직시할 필요가 있다.

더욱이 민족 파괴 현상은 분단국가 사이에서만 일어난 것이 아니다. 분단국가 내부에서도 민족 파괴 현상이 일어났다. 특히 남한에서는 지역적으로 불균등한 자원 배분에 기초한 압축적 산업화와 1국가 2국민 전략two nation strategy을 통한 지역 간 분할 지배를 통해 패권을 유지하려는 지역 패권주의가 지역적 정체성을 고착화시킴으로써 영남·호남·충청인들이 공유하고 있는 민족적 정체성이 약화되었다. 파행적인 근대화, 독재, 민주화가 한국 민족을 파괴하고 있는 것이다.

제2건국의 아버지들이 제2한민족 건설을 위한 헌정 제도를 디자인할 때 고려해야 할 점은 종족적ethnos 관점에서 민족을 복원하려고 하기보다는 '인민demos'의 관점에서 민족을 건설해야 한다는 것이다(황병덕, 1994).[10] 다시 말해 60년 넘게 지속된 분단으로 이질화된 한민족의 종족적 동질성을 복원

---

10 황병덕(1994)에 따르면, 국가 민족(statenation)은 개인적·집단적 자결권 토대 위에서 개인이 특정 정치·사회·문화 공동체에 소속된다는 것을 표명함으로써 형성되는 민족 공동체이고, 문화민족은 공통의 혈통··언어·종교·역사에 대한 공동체 의식을 기초로 형성된 민족이다. 국가 민족은 속지주의(jus soli)에 기반을 두고 있는 반면, 문화민족은 혈통주의(jus sanguinis)에 의거하고 있다(Safran, 1997).

하기보다는 남과 북, 그리고 남과 북 내부에 존재하는 지역 집단의 문화적 정체성의 차이를 인정하는 바탕 위에서 시민권이 요구하는 정치적 규칙을 받아들이고 내면화한 동질적 '시민citizen'을 만들어내야 한다. 한민족이 되는 조건은 표준화된 종족 문화적 정체성이 아니라 표준화된 시민으로서의 의무와 권리를 받아들이는 것이 되어야 하는 것이다.

따라서 헌정 제도 디자인의 공식은 지방적·종교적·토착 문화적 정체성의 차이를 인정하는 바탕 위에서 자유롭고 평등한 시민 공동체의 일원으로 한국인들을 통합하는 것이 되어야 한다. 말하자면 내부적으로 동질적이고 대외적으로 배타적인 종족적 민족주의의 복원이 아니라, 내부적으로는 다양성 속의 통일을 지향하고 대외적으로는 민족 간 공존을 지향하는 국제 평화주의를 추구하는 시민적 민족주의를 건설해야 한다. 종족적 민족주의의 복원은 통일 한국의 국제적 안정을 위협할 뿐이다. 통일 한국이 주변 국가들과 공생·공영할 수 있을 때 통일 한국의 안전은 가장 잘 보장될 수 있다.

2) 민주주의 건설: 대의제 민주주의

통일 한국의 출현은 한반도에서 제2차 민주화 과정이 시작됨을 의미한다. 남한에서는 1987년 민주화를 위한 대타협을 이룬 후부터 지금까지 국민이 선택한 정부가 들어섬으로써 민주주의가 돌이킬 수 없는 '우리 동네 유일한 게임'(Rustow, 1970; Przeworski, 1988)이 되었다. 따라서 통일 한국의 등장은 민주주의의 지배 영역을 북한으로까지 확산시키는 것이며, 이로써 한국 역사상 최초로 모든 한국인이 주권자가 되는 시대를 맞이하게 되는 것이다.

통일은 분단 민족의 재통합인 동시에 한반도 전체에 인민주권을 확립하는 것을 의미하며 이는 민주주의의 건설을 의미한다. 어떤 민주주의를 건설할 것인가에 대해서는 타협이 가능할 수도 있다. 그러나 정치체제로서 민주주의는 타협의 대상이 될 수 없다. 통일 한국에서 국가권력은 기본적인 인권과 시민권을 보장받은 시민들에 의해서 창출되어야 하며, 시민들로부터 권력 위임을 얻기 위한 정치인들의 경쟁이 보장되어야 하고, 국가권력의 행사가 헌법에 의해 순화·규제되어야 한다. 이러한 기본적인 원칙들이 보장되지 않는 통일 한국은 의미가 없다. 따라서 통일은 최소한 남북 정치인들과 인민들이 '민주화된 통일 한국에서 살겠다'는 합의를 이룬 바탕 위에서 진행되어야 한다.[11]

그렇다면 통일 한국이 지향해야 할 민주주의는 어떤 민주주의여야 하는가? 통일 한국의 민주주의는 적어도 7,000만이 넘는 시민으로 구성된 대규모 민주주의이다. 따라서 인민이 스스로 통치하고 스스로 지배받는 직접 민주주의는 선택 가능한 민주주의가 아니다. 통일 한국의 민주주의는 '인민이 지배하나 인민은 자신이 선출한 대표를 통해 지배하는' 대의제 민주주의일 수밖에 없다.

대의제 민주주의는 기본적으로 인권과 시민권을 가진 인민의 자유로운 선택에 의해 정부가 구성되고, 이렇게 구성된 정부가 인민의 복지를 극대화하도록 강제될 때 완성된다. 그러므로 자유로운 인민의 선택에 의한 정부 구성은 민주주의가 실현되기 위한 가장 중요한 핵심 요건이다. 무엇보다도 가능한 많은 수의 인민이 정부 구성 과정에 참여할 수 있도록 허용되어야 하며 실제로 적극적으로 참여해야 한다. 그런데 인민의 참여는 민주주의 실현의 필요조건이나 충분조건은 아니다. 인민은 자신의 대표를 결정하는 데 참여하나 정치인들이 경쟁을 하지 않으면 인민주권은 실현될 수 없다. 따라서 정치인들이 인민의 지지를 받기 위해 경쟁하도록 하려면 자유주의적 시민권이

---

11 통일 한국의 정치체제와 정치 이념으로서 민주주의에 관한 논의는 이상우(1993)와 황병덕(1994) 참조.

보장되어야 한다. 주권자인 인민들에게 주어진 대안이 하나밖에 없다면, 인민의 선택은 진정한 선택이라고 볼 수 없다. 그러므로 복수의 대안이 조직 가능하도록 하게 하는 결사의 자유가 인민들에게 주어져야 한다. 결사의 자유가 주어졌을 때, 대안적 의제·프로그램·비전 등이 제시되고 조직될 수 있다. 그런데 대안이 조직되었다 하더라도 이러한 대안이 인민들에게 알려지지 않는다면 이는 대안이라고 할 수 없다. 침묵하는 대안은 유효한 대안이 아니다. 따라서 조직된 대안들이 인민들에게 유효한 선택의 대상이 될 수 있도록 언론의 자유와 집회의 자유를 보장하는 것 또한 필수적이다.

인민들이 자신의 충성스러운 대리인으로 대표를 선출하고, 정치인들이 인민의 지지(표)를 얻기 위해 경쟁할 수 있게 되면 대의제 민주주의의 일차적 단계는 마무리된다. 그러나 인민의 자유로운 선택에 의해 정부가 구성되었다는 것만으로 민주주의가 완성되었다고는 할 수 없다. 왜냐하면 인민에 의해 선출된 대표가 인민의 완벽한 대리인으로 행동하지 않을 가능성이 항상 존재하기 때문이다. 따라서 민주주의가 완성되기 위해서는 인민에 의해 선출된 정부와 대표가 인민의 복지를 극대화할 수 있도록 강제될 수 있어야 한다. 말하자면, '민주적 책임성' 확보가 민주주의 완성에 필수적이다.

대의제 민주주의하에서 주기적 선거는 민주적 책임성을 확보하기 위한 기본 장치이다. 민주주의에서 정치인들은 주기적으로 인민의 표로 심판을 받는다. 그러므로 민주주의하에서 재선을 추구하는 정치인은 인민들로부터 표를 얻기 위해 인민에게 약속한 정책과 프로그램을 실천에 옮기도록 강제된다. 그런데 주기적 선거는 민주적 책임성을 확보하는 데는 미흡한 장치이다. 왜냐하면 선거는 실적에 따라 정부와 정치인을 처벌하고 보상하는 데 무딘 도구이기 때문이다. 모든 선거가 정책 선거로 이루어지지 않는다. 인민들은 정책이 아닌, 인물 또는 정당을 기준으로 선거를 하기도 한다. 설령 인물 또는 정당의 선택이 특정 정책을 선택하는 것으로 연결된다는 것을 인정한다 하더라도 다음 선거에서 인민들이 특정 정책을 개별적으로 평가해 정부와 정치인들에게 처벌과 보상을 내리기는 어렵다. 인민들은 선거를 통해 정부와 정치인이 수행한 전체 정책 패키지에 대해서만 심판을 내릴 수 있을 뿐이다.

그러므로 민주적 책임성을 확보하기 위해서는 제도적 혁신이 필요하다. 현직에 있는 권력자로 하여금 재선을 추구하게 하는 유인을 더 많이 제공하고 야당으로 하여금 지속적으로 권력을 되찾는 노력을 기울이게 할 수 있는 유인을 증가시켜야 한다. 특히 건전하고 강력한 야당은 민주적 책임성을 높일 수 있는 중요한 행위자이다. 야당은 부단히 정부를 감시해 시민들에게 정부의 탈법행위뿐만 아니라 정부의 공약 실패를 알려줌으로써 현직에 대한 대안으로서 자신의 가치를 높이고 궁극적으로 권력 (재)탈환 기회를 증가시킬 수 있기 때문이다.

한편 야당의 육성과 함께 '수평적 책임성horizontal accountability'을 강화할 수 있는 제도적 혁신을 모색해야 한다. 선거는 '수직적 책임성vertical accountability'만을 확보할 수 있기 때문에 선출된 공직자와 대표 간에 일어나는 탈법적·불법적·태만적 행위에 대한 상호 감시와 견제는 수행할 수가 없다. 따라서 수평적 책임성을 확보하기 위해서는 대표 기구의 불법적 행동을 감시하거나 탄핵할 수 있는 법적 권한이 다른 대표(기구)에 부여되어야 한다. 즉, 권력의 분권화와 분산화를 통해 국가 대표 기구 간에 견제와 균형이 마련되어야 한다. 의회는 정책 형성과 정부 감독 기능을 강화해야 하고, 독립적인 사법부는 심사 기능을 강화해야 한다. 또한 정부 기구로부터 독립적인 '책임성 확보 기관accountability agencies'을 마련하는 제도 혁신을 고안하는 것도 생각해보아야 한다. 정부(행정, 입법, 사법)와 독립적인 선거 자금의 투명성 확보 기관, 독립적인 회계감사기관, 독립적인 통계 기관, 공영 매체에 대한 감시 기구 등은 정부의 투명성을 높일 것이며 이로써 시민들이 정부와 정치인의 책임성을 확보하는 데 도움을 줄 것이다.

　남한에서는 민주화의 진전으로 대의제 민주주의의 기본적인 제도적 장치가 마련되었다. 민주적 참정권은 1987년 민주화 대투쟁으로 확보되었고, 1997년 선거에서는 평화적 정권 교체를 이룸으로써 민주적 책임성이 실현되는 단계에 이르렀다. 반면 북한의 경우는 대의제 민주주의의 제도적 장치가 원칙적으로 존재하고 있지 않다. 북한은 1972년에 '사회주의 헌법'을 채택하면서 국가 주권state sovereignty을 대표하는 수령에게 권력을 집중시키고 세습적 권력 승계를 정당화하는 수령 중심의 유일 지도 체계를 제도화했다. 이에 따라 북한 인민들에게는 정부 구성권이 존재하고 있지 않다. 북한 인민들은 실질적 참정권을 가지고 있지 않을 뿐만 아니라 참정권을 행사하는 데 필수적인 시민권을 비롯해 결사·집회·언론의 자유를 갖고 있지 않다. 또한 지도자(대표)들로 하여금 인민에게 책임을 지게 할 수 있는 제도적 장치도 없다. 더욱이 정부를 직접 감시할 수 있는 시민사회도 형성되어 있지 않으며, 정당과 정부 기구 간 견제와 균형을 통해 민주적 책임성을 확보할 수 있는 제도적 장치도 원천적으로 봉쇄되어 있다.

　결론적으로 통일 한국의 헌정 제도 디자인은 헌정주의 틀 내에서 인민주권을 제도화하는 것을 기본 목표로 삼아야 한다. 우선 주민들에게 국가에 의해 지배되는 공공 영역과 구별되는 자율적인 사적 영역private sphere을 확보해주어야 한다. 국가에 의해 간섭받지 않는 개별 시민의 자율적 영역을 보장해주어야 한다. 시민의 민주적 기본권의 보장은 인민 정부를 구성하기 위한 참정권 행사에 필수적인 전제 조건이기 때문이다. 다음으로는 북한 주민들에게 개별적 차원에서뿐만 아니라 집단적 수준에서도 자율적 영역을 확보해주어야 한다. 그들이 '시민적 결사체civil association' 조직을 통해 정부가 자신들의 이익을 위해 행동하는지 감시할 수 있도록 해야 하고, 정당 조직을 바탕으로 한 직접적인 권력 장악을 통해 자신들의 집단적 프로젝트를 실현할 수 있는 기회도 주어야 한다.

3) 시장의 건설: 민주적 시장경제

마지막으로 제2건국의 아버지들은 통일 한국에 맞는 시장 제도를 디자인해야 한다. 시장경제로 전환하기 위해서는 가격 제도와 재산권(소유권) 제도의 개혁이 요구된다(이근, 1993; 신도철, 1993). 시장 제도를 디자인할 때 고려할 점은 순수한 자본주의 시장경제와 민주주의 간에 일어날 수 있는 갈등을 관리하고 여과할 수 있는 제도적 장치를 갖추는 것이다.

통일 한국의 시장 제도는 순수한 자본주의적 시장경제가 아니라 정치와 경제, 국가와 시장이 민주주의 틀 내에서 조화되고 통합되는 민주적 시장경제를 지향해야 한다. 민주적 시장경제는 시장 경쟁의 자율성과 소유권을 보장할 뿐만 아니라 자본주의 착취 제도에 대해 노동자들이 저항하지 않도록 시장 경쟁에 내재한 불평등을 시정해주어야 한다. 또한 시장을 규제해 노동자들에게 경제적 기회의 평등을 보장해주고 시장 경쟁과 관계없이 최소한의 복지를 누릴 수 있도록 보장해주어야 한다.

시장과 민주주의를 화해시키는 주체는 민주적으로 통제되는 국가이다. 국가는 먼저 '시장 친화적'인 경제사회의 틀을 마련해야 한다. 국가는 재산권을 보호하고 계약을 강제하는 최소한의 기능을 수행해야 함은 물론, 공정한 시장 경쟁 규칙을 확립하는 동시에 강제할 수 있어야 한다. 또한 기업들이 투명 경영을 하도록 감시하는 동시에 경쟁을 제한하는 행위 및 이러한 조직의 출현을 방지해야 한다.

시장 질서를 확립한 뒤에 국가가 해야 할 일은 시장의 자기 파괴적 효과를 치유하고 '시민 친화적people friendly' 시장 질서를 확립하는 것이다. 국가는 과도한 시장 경쟁으로 사회적 응집력이 약화되는 것을 제어해야 하며 사회적 통합을 복원·유지해야 한다. 시민권을 유효하게 행사할 수 있는 물질적 자원을 확보하지 못한 시민에 의해서는 의미 있는 민주주의가 실현될 수 없기 때문이다. 그러므로 민주적 시장경제하에서 국가는 시민들이 시민권을 유효하게 행사할 수 있는 사회적 조건을 창출하도록 노력해야 한다. 이 점에서 민주적 시장경제는 자본주의의 사적 재산권과 민주적 시민권 간의 충돌 가능성을 부인하지는 않되 양자가 조화를 이룰 수 있는 방법을 모색하는 데 초점을 맞춘다. 민주적 시장경제하에서 노동은 순수한 상품으로만 취급되지 않는다. 노동자들은 노동시장에서 자신의 노동력을 팔거나 아니면 굶어죽던가 하는 양자택일의 자유만 있는 것이 아니다. 오히려 노사정위원회와 같은 거시적 사회 협약 체제 또는 공동 결정제 등 비시장적 교섭을 통해 자신의 물질적 안정을 보장받을 수 있는 수단 또한 갖고 있다.

통일 한국이 지향하는 민주적 시장경제는 투명하고, 경쟁적이고, 개방적이며, 자율적인 시장 질서와 정치적 민주주의를 결합하려는 경제사회 모델이다. 기본적으로 국가는 시장을 통해 가장 효율적인 자원 배분이 이루어지는 사적 영역에 개입해서는 안 되며, 개인의 권리는 헌법적으로 보장해주어야 한다. 그렇다고 민주적 시장경제 모델이 신자유주의 가정(경제적 효율성은 국가의 경제적 역할을 최소화함으로써 달성될 수 있다)을 받아들이는 것은 아니다. 왜냐하면 시장 자체가 불완전할 뿐만 아니라 경제적 효율성과 사회적 형평성 차원에서 국가가 시장적 자원 배분을 개선할 수 있는 공간이 존재하기 때문이다. 즉, 시장이 바르게, 그리고 강력하게 작동하기 위해서는 역설적으로 능력 있는 국가가 필요하다. 시장으로부터 국가가 완전히 철수하게 되면 자유방임적이고 자기 파괴적인 시장주의만이 남을 뿐이다. 따라서 시장에 대한 국가의 개입은 필요하다. 그러나 이 말이 국가주의적 개입을 의미하는 것은 아니다. 국가의 시장 개입은 민주적으로 이루어져야 하며 이것이 민주적 시장경제 모델의 핵심 주장이다. 시민으로부터 자율적인 권위주의 국가가 아니라 시민으로부터 민주적 통제를 받는 민주 정부가 공익을 위해 경제를 규제하고, 공공재를 공급하며, 시장의 자기 파괴적 효과를 시정하는 역할을 해야 한다. 결론적으로 민주적 시장경제는 자유방임적 시장주의와 권위주의적 국가주의 간의 이분법적 대립 구도를 넘어서 민주주의에 의해 감시되고 통제되는 시장경제를 의미하며, 이러한 시장경제가 확립될 수 있는 토대를 마련하는 것이 제2건국의 아버지들의 역할이다.

3. 헌정 제도 디자인 원리

시민적 민족주의, 대의제 민주주의, 민주적 시장경제 수립이 헌정 제도 디자인의 목표라고 할 때, 통일 한국의 헌정 제도는 어떤 원리에 기초해 디자인되어야 하는가? 통일 한국의 갈등 구조와 균열 구조를 고려할 때, 헌정 제도 원리는 비다수결 민주주의non-majoritarian democracy, 연방주의, 협의주의에 기초해 디자인되어야 한다.

1) 통일 한국: 분절적 균열이 존재하는 다원 사회

만약 남북통일이 이루어졌을 때, 통일 한국은 과연 어떤 모습(또는 상태)일까? 한 번도 경험한 적이 없는 통일 한국의 모습을 상상하는 것은 쉬운 일이 아니다. 그러나 아렌트 레이파트Arend Lijphart의 '다원 사회plural society' 개념을 사용해 통일 한국의 모습을 예측해볼 수 있다(Lijphart, 1977: 3~4). 다원 사회란 '분절적 균열'에 의해 나누어져 있는 사회로(Eckstein, 1966), 정치적 편 가르기가 종교·이데올로기·언어·지역·문화·인종·종족 등의 분절적 균열선을 따라 형성된 사회이다.

통일 한국의 사회는 더 이상 분단 이전과 같은 동질적인 사회가 아닐 것이다. 반세기 이상 지속된 분단은 한국인들을 여러 갈래로 갈라놓았는데, 통일 한국에서 나타날 사회적 균열로 지역 균열을 생각해볼 수 있다. 남북이 체제 경쟁을 벌인 결과, 남한 지역과 북한 지역 간에 초지역적super regional 균열이 생긴 것은 물론, 남한 내부에도 지역 균열이 생겼다. 특히 남한 내 지역 균열은 남한 민주주의 공고화에 최대 장애 요인으로 작용하고 있다. 통일이 된다면, 북한에서도 지역 균열 구조가 나타날 가능성이 크다(박광주, 1993; 박종철, 1994). 특히 통일 후에 실시될 북한 지역을 대상으로 한 경제개발이 해안 지역에 존재하는 경제특구를 중심으로 이루어질 경우에는 경제개발을 둘러싼 지역 우월 의식과 소외 의식이 증폭될 것이고 이는 지역 간 균열을 더욱 심화시킬 것이다(박종철, 1994: 88~89).

둘째로 이데올로기적 균열을 예상할 수 있다. 남한의 시장경제와 자유민주주의는 북한의 주체사상이라는 민족주의적 사회주의와 충돌할 가능성이 높다. 시장경제가 북한에 확산되면 경제적 불평등의 증가로 북한 주민들이 이등 시민화될 수 있으며, 그러한 경향이 심해지면 이들은 이전 북한 체제에 대해 향수를 느낄 수도 있다. 또한 글로벌 자본가들의 무차별적 침투에 적대감이 커질수록 민족주의를 '호명appellation'해 통일 한국에 국수적인 민족주의와 사회주의가 결합한 민족주의적 사회주의 정당들을 출현시킬 수도 있다.

마지막으로 계급적·계층적 균열이 나타날 수 있다. 통일 과정은 한편으로는 남북을 섞는 과정이기도 하지만 다른 한편으로는 불평등한 계급 구조를 만들어내는 과정이기도 하다. 통일 후 남한 자본가들은 새로운 소비 시장을 비롯해 노동력, 천연자원, 관광자원 등을 발견, 통일의 최대 수혜자 집단이 될 것이다. 통일 후 북한 노동력의 유입은 기업가들에게 잘 훈련된 양질의 저임 노동력을 제공해줄 뿐만 아니라 남한의 조직 노동자들에게는 자본가들과 협상할 수 있는 능력을 제고시켜주는 역할을 할 수 있다. 반면 남한 노동자들은 북한 노동자들의 대량 유입으로 임금 인하 압력을 받을 수 있으며, 조직적 힘이 더 약화될 수도 있다. 북한 노동자들은 소비수준을 향상할 기회를 갖는 반면, 실업·인플레·주택난 등 새로운 문제에 직면하게 될 것이다. 남한 농민들은 기본 식량(쌀과 보리 등)의 대량 소비처를 발견하는 반면, 환금성 작물·채소·과일·약초 등의 농산물 시장에서 북한 농민이라는 새로운 경쟁자를 맞이하게 될 것이다. 그런데 통일이 경제성이 없는 상당 부분의 북한 농지를 폐기할 것을 강요하게 되면, 북한 인구의 40%를 차지하는 농민들의 대량 실업 사태는 불가피할 수밖에 없다. 계급 갈등이 계급 간에만 일어나는 것이 아니고 계급 내부(예를 들어 북한 노동자 대 남한 노동자)에서도 일어날 수 있다.

위와 같은 지역·이데올로기·계층 등을 중심으로 한 갈등은 중층적·복합적으로 배열될 가능성이 크다. 계층 간 갈등이 남북 지역을 횡단해 계층 간 귀속 의식을 중심으로 나타내기보다는 남북 각각에 이미 존재했던 지역 갈등과 중첩되는 형태로 나타나게 될 것이다. 계급 갈등 또한 전국적 규모의 계급 연대를 형성하기보다는 지역적 균열을 따라 표출될 가능성이 높다. 이렇게 될 경우, 남한 노동자와 자본가 간의 적대적 관계보다 남한 노동자와 북한 노동자 간의 적대 관계가 더 심각한 양상으로 나타날 것이다. 말하자면, 계급 갈등은 중심부와 주변부의 대립이라는 형태로 표출될 것이다.[12] 남북 지역 갈등은 심리적 차원의 박탈감이나 지역 정서 차원에서 그치지 않고 통일 후 인적·물적 자원 배분과 관련된 정치적 경쟁으로 표출될 수 있다.

---

12 통일 이후, 북한 주민들은 남한의 '내부 식민지'가 되었다는 박탈감과 좌절감을 느끼게 될 것이다. 이는 지역 갈등이 단순히 지역 정서 차원이 아니라 지역적 노동 분업 구조(regional division of labor)하에서 경제적 착취와 정치권력배분 차원에서 형성될 것이라는 것을 시사해준다.

결론적으로 통일 한국의 헌정 제도는 통일 한국이 지역 균열을 따라 형성·조직된 다원 사회라는 것을 가정한 상태에서 디자인되어야 하며, 비다수결 민주주의, 연방주의federalism, 협의주의 등과 같은 제도는 다원 사회인 통일 한국에 적용될 때 그 제도적 가치를 충분히 발휘할 수 있을 것이다.

2) 비다수결 민주주의: 정치적 경쟁의 불확실성 보호

집단적 균열 구조가 고착화된 민주주의 사회에서는 유동적 다수를 형성하는 것이 어렵다. 즉, 오늘의 다수가 내일의 소수가 되는 '역전성convertibility'이 일어나지 않는다. 따라서 이러한 경우에는 민주주의의 핵심인 정치적 경쟁의 불확실성uncertainty 요건이 침해받게 된다. 더욱이 역전성이 희박한 상황에 다수결주의가 적용되면 다수의 독재가 일어날 가능성이 높다. 다수결주의는 50+1%만으로 승자 독식이 가능하기 때문이다. 50+1%의 의사가 일반 의사가 될 경우, 다수파의 과잉 대표 현상은 물론, 정치적·경제적으로 우월한 다수파가 정치적·경제적으로 열등한 소수파 집단의 요구를 억압할 수 있는 '억압에 의한 결정'이 일어나고 다수의 독재가 가능해진다(Steiner, 1981).

다수파 정부 또는 다수파 의회는 항상 자신들의 재선 기회를 높이는 방향으로 정치적 권리를 조작하려 한다. 그 결과 소수파의 시민권, 재산권, 정치적 권리, 계약의 자유, 종족적·종교적 권리 등이 쉽게 침해된다. 미국 건국의 아버지들 중 한 사람인 매디슨이 지적한 바와 같이, "다수파가 공동의 이익이나 감정에 의해 단결할 때, 소수파의 권리는 위험에 빠진다"(Madison, Hamilton and Jay, 1987). 가난한 다수는 재산권에 반하는 법안을 제정하고 종족적 증오에 휩싸인 종족적 다수는 인종 청소ethnic cleansing 법안을 제정할 수 있다. 따라서 지역적 균열 구조가 고착화된 다원 사회에 다수결주의를 적용하는 것은 사회적 분열을 더욱 가속화시킬 가능성이 높다. 다수결에 의한 승자 독식 원칙이 적용될 경우, 소수파는 영원한 패자의 지위를 감수하면서 민주주의에 남기보다는 공동체로부터 철수하려 할 것이다.

통일 한국은 지역적 균열 라인을 따라 다수파와 소수파가 고착화될 가능성이 크다. 따라서 소수파가 정치 공동체에 계속 남아 있을 수 있도록 하는 유인을 제도적으로 보장해야 한다. 따라서 통일 한국의 헌정 제도는 다수결주의가 아니라 비다수결 민주주의가 되어야 한다. 이를 위해 먼저 헌법적 통제 장치를 통해 소수파의 권리를 보호하고 다수의 독재를 억제하는 반다수주의적countermajoritarian 권리 보호 장치를 디자인해야 한다. 반다수주의적 권리 보호 장치에는 헌법적 권리 보호의 참호 구축, 사법 심사, 권력분립, 견제와 균형 등이 있다(Elster, 1992). 지역적·종교적 소수파의 권리를 보장하고 보호하는 규정을 헌법에 명문화해야 한다(헌법적 권리 보호). 그리고 의회에서 다수파가 소수파의 권리를 침해하는 것을 방지하기 위해 의회가 제정하는 법을 헌법재판소가 심사할 수 있도록 하는 규정을 명문화해야 한다. 또한 권력을 여러 부서로 나누고 이들 간에 상호 견제와 균형이 이루어지도록 헌정 제도를 디자인해야 한다.

그러나 소수파에 대한 헌법적 보호 장치만으로 비다수결 민주주의가 완성되지는 않는다. 비다수결 민주주의 수립을 위해서는 중앙집권적·권력 집중적·단방주의적 헌정 구조를 분권적·권력 분점적인 연방주의와 협의주의에 기초한 헌정 구조로 바꾸어야 한다.[13]

---

13 레이파트에 의하면, 비다수결 민주주의는 여덟 가지 요소를 포함한다. ① 집행 권력의 분점, ② 집행부와 입법부의 균형, ③ 강한 양원제, ④ 다당제, ⑤ 다차원적 정당체제, ⑥ 비례대표제, ⑦ 연방주의와 분권화, ⑧ 성문헌법과 소수파의 비토(Lijphart, 1984; 1985).

3) 연방주의: 다양성 속의 통일

통일 한국의 상태가 다원 사회가 될 것임이 확실하다면, 단방 국가unitary state 모델은 바람직한 헌정 제도가 아니다. 단일한 민족과 영토, 일원적 정부, 단일의 중앙집권적이고 동질적이며 자급자족인 정치적 주권을 가진 정치체제는 웨스트팔리아 조약(1648년) 이후에 근대 유럽에서 표준화된 국가 모델이었다(Elazar, 1997: 237). 그리고 이러한 단일·단방 국가 체제는 유럽 국가들의 식민화 과정을 통해 지난 300년 동안 전 세계로 확산되었다. 단일민족국가를 유지할 수 있다면, 우리에게도 웨스트팔리아 국가 체제는 바람직한 제도 디자인 모델이 될 수 있다. 그러나 통일 한국이 다원 사회의 특징을 가질 가능성이 높다는 것을 고려할 때, 웨스트팔리아 국가 체제는 통일 한국에서 작동하기 어려운 모델이다. 그러므로 다원주의 통일 한국에 적용할 국가 체제로 연방주의를 고려해볼 필요가 있다.

연방주의 헌정 제도 원칙은 연방 정부와 지역 정부가 서로 동격으로 독립적 관계를 유지하면서 권력을 나누는 방식이다(Wheare, 1946).[14] 다시 말하면 연방제는 동일 영토 내에서 정부의 활동이 중앙정부(연방 정부)와 지방정부로 나누어져 있고, 두 정부가 동일한 영토와 인민을 지배하는 동시에 자신의 관할 영역에 대해서는 서로 독립적으로 최종 결정을 내리는 정치조직 형태이다(Riker, 1975: 101).

연방주의 헌정 제도 디자인의 기본 정신은 '다양성 속의 통일'이다. 따라서 연방주의는 연방의 부분을 대표하는 지방정부의 자율성과 다양성을 보장하면서 동시에 연방 전체를 대표하는 중앙정부에 의한 전체의 통일성을 보

---

14 대니얼 엘라자르(Daniel J. Elazar, 1987)에 의하면, 연방(federal)의 어원은 라틴어로 'Foedus'로, 협약(covenant)을 의미한다.

장한다. 그리고 연방주의하에서 중앙정부와 지방정부는 수직적·위계적 관계가 아니라 수평적·행렬적matrix 관계를 형성한다.[15] 또한 연방주의에서 중앙정부는 전체의 일반 이익을 대표하고 지방정부는 부분의 특수 이익을 대변하지만 중앙정부의 의사와 결정이 반드시 지방정부의 의사와 결정에 우선하거나 우위에 서지 않는다. 중앙정부와 지방정부는 동등한 지위를 가진 동반자이기 때문이다(Elazar, 1991; 성경륭, 1997).

엘라자르가 지적하듯, 연방주의는 '자기 통치self-rule'와 '공동통치shared rule'가 결합한 제도이다. 연방을 구성하는 단위 정부인 지방정부는 중앙정부(연방 정부)로부터 독립적이고 자율적인 고유 관할 영역을 보유(자기 통치)하는 동시에 연방의 주요 규칙 제정과 권한 행사에도 참여할 수 있기 때문에 공동 정책 결정과 집행 과정을 공유하는 공동통치가 가능하게 된다(Elazar, 1987). 요약하면, 연방주의는 다원 사회 내 부분 공동체들의 다양성을 수용하면서 전체 공동체의 통일성을 유지하기 위해 고안된 제도라 할 수 있다.

연방주의 모델을 적용한 스위스와 미국이 보여주는 바와 같이, 연방주의는 체제를 디자인하는 건국 아버지들의 의도적인 협약covenant에 의해 건설된다. 미국의 건국 아버지들이 연방주의라는 헌정 제도를 디자인한 이유는 개인의 자유 보장과 전체 국가의 안전보장이라는 두 가지 목적을 동시에 만족시키기 위해서이다. 즉, 국가가 외부 침략을 방어할 수 있는 충분한 자위력

---

15 엘라자르에 의하면, 연방주의는 단일한 중앙정부를 정점으로 중간 매개 정부와 지방 정부가 피라미드형으로 조직된 '위계적' 모델 또는 권력이 집중된 단일 중앙정부를 중심으로 모든 지방이 방사선형으로 '중심부-주변부'로 관계를 맺는 '유기체적' 모델이 아니다. 연방주의는 동등한 자격을 가진 중앙정부와 다수의 지방정부가 공동의 성문화된 헌정 제도와 공유된 커뮤니케이션 네트워크에 의해 서로 연결되고 결합되어 '다중적 중심(multiple centers)'을 이루는 행렬적 모델에 기초하고 있다(Elazar, 1997: 238~241).

을 갖추면서 다민족이라는 정체성을 유지하는 동시에 국가가 개인의 자유를 억압하는 리바이어던leviathan으로 변하지 않게 해야 한다는 시대적 요청에 따라 '주권국가 안에 주권국가'가 존재하는 연방주의를 고안하게 된 것이다(베일린, 1999).

헌정 제도 연구가들이 제시하는 연방주의의 제도적 덕목 중 대표적인 것들은 다음과 같다(Kincaid, 1995). 첫째, 연방주의는 실용적이고 유연한 정치제도이다. 연방주의는 인민의 다양한 선호를 수용해 인민의 공동 필요를 충족시키기 위한 유연한 정치권력의 조직과 배분을 가능하게 한다. 즉, 연방주의는 헌법의 기본 구조를 유지하면서도 헌정의 실제와 작동을 상황 변화에 따라 바꾸어나갈 수 있다. 둘째, 연방주의는 중앙정부에 걸린 과부하를 줄여줌으로써 효율적이고 효과적인 정부를 가능하게 한다. 지방분권적인 연방주의는 중앙집권적인 단방 정부를 유지하는 데 드는 비용(결정 비용, 지방정부에 대한 감시 비용 등)을 줄여주고 지방정부가 전 세계의 정부, 기업, 시민 단체 등을 상대로 다양한 교류와 협력을 할 수 있는 기회를 열어준다. 셋째, 연방주의는 공동의 평화와 안전, 경제적 번영을 실현하는 데 유리한 제도이다. 연방 국가는 외부 적의 공격에 대한 공동 방어를 가능하게 할 뿐만 아니라 공동시장, 공동 통화, 관세동맹 등을 형성해 경제적 번영을 도모할 수 있게 한다. 넷째, 연방주의는 정치적 다원주의를 촉진한다. 연방주의는 다양한 종족·종교·인종·언어 집단들이 그들의 자율성과 자치, 공동체적 정체성을 유지하면서도 정치적·경제적 연방에 참가해 이득을 추구하는 것을 가능하게 해준다. 다섯째, 연방주의는 다중적 정부로 구성되기 때문에 연방주의에서 시민들은 공공 권력에 대한 다양한 접근 통로를 가질 수 있다. 한 층위의 정부가 시민의 요구에 반응하지 않으면, 다른 층위의 정부에 호소할 수 있기 때문에 정부의 책임성을 높일 수 있다.[16] 또한 다중적 정부 간에 견제와 균형이 이루어지기 때문에 정부의 자의적 정책 결정과 소수파에 대한 차별 대우를 억제할 수 있다. 여섯째, 연방주의는 '획일주의 없는 통일unity without uniformity'을 촉진함으로써 시민적 다양성을 보호할 수 있다. 다양성의 보호는 시민들의 생활과 자유를 윤택하게 하고 혁신과 변화에 대한 적응력을 높여준다. 일곱째, 연방을 구성하는 단위는 사회적·경제적 실험을 위한 장이 될 수 있다. 한 구성단위가 실시한 실험이 성공적으로 이루어지면 다른 구성단위에서도 동일한 실험을 채택해 실시할 수 있으며 연방 전체로까지 확산될 수도 있는 것이다. 마지막으로 연방주의는 시민들에게 정부를 선택하는 자유를 준다. 시민들은 구성단위로부터 이탈하거나 또는 이탈을 할 수도 있다는 신호를 구성단위 정부에 보냄으로써 정부로 하여금 시민들의 선호에 맞는 공적 서비스를 효율적으로 제공하도록 강제할 수 있다.

이와 같이 연방주의는 정치적으로, 개인과 집단의 자유를 억압할 수 없을 정도로 중앙정부의 권력을 제한하면서도 외부로부터의 안전을 보장하는 크기와 능력을 확보할 수 있다. 또한 지방정부들 간 구조적 불균형을 해소할 수 있고 행정적 효율성과 정치적 책임성을 제고할 수 있게 할 수 있다. 사회적으로는 인종·종족·언어 집단들이 각자의 자율성을 유지하면서도 공동의 목표를 추구할 수 있게 하며, 다수 집단(인종, 종족 또는 언어)에 대한 소수 집단의 차별과 억압을 방지할 수 있다.[17] 경제적으로는 거대 시장을 창출함으

---

16 그러나 연방주의에서는 다중적인 정부들의 업무가 중복되어 각 층위에 있는 정부의 책임 소재, 범위, 한계가 분명히 드러나지 않을 가능성이 크다. 그 결과, 시민들의 정부에 대한 책임성 확보가 어려워지는 위험이 있다(Beam, Colan and Walker, 1983: 269).

17 윌리엄 리빙스턴(William S. Livingston)은 다양한 경제적·종교적·인종적·역사적 균열 집단이 지역적으로 형성되어 있는 사회를 '연방 사회(federal societies)'라고 부르는데, 연방 사회에서는 종족적·언어적·인종적 차이가 지역적으로 조직되고 형성되기 때문에 서로 다른 집단들이 각자의 자율성을 지역적으로 유지하는 가운데에서도 공동의 목적을 수행할 수 있는 연방제(union)를 구성하기를 원하는 충동이 일어

로써 규모의 경제로 말미암은 자유무역의 이득을 누릴 수 있을 뿐만 아니라 세계화와 정보화의 충격에 대해 유연하고 신속하게 대응할 수 있는 장점이 있다(Osaghae, 1998; Schechter, 1991).

이러한 연방주의를 실현하는 제도적 장치의 핵심은 중앙정부와 지방정부 간에 권력분립을 보장하는 것이다. 권력분립은 다음의 다섯 가지 조건을 충족할 때 보장될 수 있다. 첫째, 중앙정부와 지방정부 간 권력분립을 보장하는 성문헌법, 둘째, 전체 국민을 대표하는 국민의회(하원)와 연방을 구성하는 단위(주 또는 지방정부)를 대표하는 연방의회(상원)로 이루어진 대칭적 양원제 의회, 셋째, 연방의회 내에서 소수 주(지방정부)의 과잉 대표 또는 등가 대표, 넷째, 연방을 구성하는 주가 연방헌법 개정 과정에 참가할 수 있는 권리와 독자적인 주 헌법 개정권, 마지막으로 분권적 정부이다(Lijphart, 1984: 4).

중위 연방 구성

지금까지 한반도에서 논의되어온 연방제는 김대중 대통령이 야당 총재 시절에 제안했던 남북한 연방제와 북한이 제시한 고려연방제가 있다. 그런데 두 연방제 안은 엄밀한 의미에서 볼 때, '연방주의가 없는 연방제federation without federalism'라 할 수 있다. 특히 김대중 대통령의 남북 연방제는 예멘이 통일 과정에서 보여준 것과 같은 국가연합의 성격을 띠고 있다. 그래서 연방주의가 지향하는 권력 분점(공동 정부concurrent government), 하위 단위의 자치와 자율성 보장, 권력 이전, 분권화 등과 같은 실질적 내용이 빠져 있다.

남북 각각을 기본단위로 하는 남북 연방제가 만들어지면 두 자치 정부가 대치하는 상황이 발생하게 될 때, 이를 중화할 수 있는 방안(완충지대)이 없다. 그리고 이는 남북 간 폭력적 대결과 체제 붕괴로 이어질 가능성이 크다.

난다(Livingston, 1952; 1956).

연방 구성단위가 독자적 생존능력이 있게 되면 연방에 잔류해야 할 유인이 상대적으로 적고 상황 변화에 따라 연방으로부터 이탈할 가능성이 크다. 또한 구성단위 간에 주도권을 잡기 위한 투쟁이 극심해질 뿐만 아니라 구성단위 내부의 이질성과 불평등이 증가하는 문제도 발생하게 된다(성경륭, 1997; Lemco, 1993).[18] 따라서 거시 연방은 안정적이지 못하다. 대신 통일 한국의 연방제는 남북 각각을 기본단위로 해 연방을 구성하는 거시 연방보다는 미국식 연방제, 즉 다수의 주(스위스의 칸톤이나 독일의 란트)가 연방을 구성하는 중위 연방이 바람직하다.[19]

최초로 중위 연방제를 제시한 이상우(1993)의 통일 한국 연방제를 살펴보면, 서울, 기청강(경기, 충청, 강원), 영남, 호남(제주 포함), 평양, 평강(평안, 자강), 함강(함경, 양강), 황원(황해, 강원북도) 등 8개 주로 구성된 연방이다. 그러나 8개 주보다는 서울, 경기, 충청, 영남, 호남(제주 포함), 강원(강원북도 포함), 평양, 평안(평안, 자강), 함경(함경, 양강), 황해 등 10개 주로 연방을 구성하는 것이 지역적 균열 구조를 반영해 연방을 구성할 수 있는 방안이라 할 수 있다.

---

18 민주화 이후 체코슬로바키아는 두 개의 단위(체코와 슬로바키아)로 구성된 연방이 유지되지 못하고 두 개의 독립국가로 해체된 사례의 전형이다(Ambrosio, 1997). 캐나다 연방의 경우, 퀘벡 분리 운동은 퀘벡이 자급자족할 수 있는 규모의 인구와 경제력을 갖고 있다는 데서부터 출발한다. 따라서 퀘벡은 '과대 규모적인(oversized)' 구성단위라 할 수 있다(Lemco, 1993: 335).

19 연방을 구성하는 단위 정부 수를 살펴보면, 미국 50개(states), 스위스 26개(cantons), 캐나다 10개(provinces), 호주 6개(states), 독일 11+5개(landers), 인도 14개(states)+5개(territories), 말레이시아 14개(states), 나이지리아 4개(regions/30 states), 스페인 17개(autonomous communities), 벨기에 9개(provinces) 등이다(Herperger, 1991).

대통령제가 가미된 의원내각제

연방제는 단순 다수결주의가 지배하는 정치체제하에서는 꽃 피우기 어렵다. 연방제는 기본적으로 비다수결 민주주의이기 때문이다. 연방주의는 '복합 다수compound majority' 또는 '공동 다수'의 지배를 보장하는 권력 구조를 필요로 한다. 따라서 연방주의는 의원내각제 권력 구조와 상대적으로 높은 친화력을 갖고 있다. 그러나 미국 사례에서 보듯이 행정부와 입법부가 균형을 이루고 있는 대통령제에서도 연방제는 잘 작동할 수 있다. 반면에 영국의 웨스터민스터형 의원내각제처럼 의원내각제라 하더라도 내각의 권력이 공동 다수를 보장하지 않고 단순 다수결에 의해 사안들을 결정하게 되면 연방주의가 제대로 작동할 수 없다.[20]

통일 한국이 연방주의를 채택한다면, 통일 한국 연방의 권력 구조는 대통령제와 의원내각제 중 하나를 선택하는 방법보다는 의원내각제를 기본으로 하고 여기에 대통령제를 가미한 혼합정[21]이 바람직하다. 의원내각제가 기본이 되어야 하는 이유는 의원내각제가 다양한 사회집단들에 다중적인 접근 통로를 열어주기 때문이다. 또한 의원내각제에 협의주의적 요소를 도입하게 되면 의원내각제의 '복합적 대표성compounded representation'을 더욱 강화할 수 있기 때문이다.[22] 총리는 하원(국민의회)에서 선출되고, 상원(연방의회)에서 인준을 받는다. 이때 총리는 반드시 다른 지역 출신을 자신의 러닝메이트(부

---

20 미국의 경우, 강력한 상원이 존재하는 강한 대칭적 양원제가 연방주의를 강화하고 있다. 반면 강한 하원과 약한 상원(의전을 위한 형식적 존재)으로 구성된 비대칭적인 영국 양원제는 단순 다수 지배를 강화하고 있다.

21 의원내각제에다 대통령제를 결합한 통일 한국의 혼합정은 '총리-대통령제(premier-presidentialism)' 또는 총리 우위의 '반(半)대통령제(semi-presidentialism)'로 부를 수 있다.

22 '복합적 대표' 개념에 관해서는 Brzinski, Lancaster and Tuschhoff(1999) 참조.

총리)로 해서 선거에 나와야 한다. 그리고 총리로 당선된 뒤에 내각을 구성할 때는 각료를 주별 동수로 구성해야 하며, 상원(연방의회)으로부터 내각에 대한 승인을 받는다.

이렇게 의원내각제에 대통령제를 결합해야 하는 이유는 통일 한국 정치공동체의 연속성과 안정성, 통일성을 보장하기 위해서이다. 연방제에서 대통령은 국민들의 직접 또는 간접 투표에 의해 선출되고 고정된 임기를 갖고 있으며, 의회와 독립적 관계를 가진다. 비교 정치 시각에서 볼 때, 대통령제에서보다 내각책임제에서 헌정이 좀 더 더 안정화되는 이유 중 하나는 내각제를 채택하고 있는 국가들 대부분이 입헌군주제를 갖고 있기 때문이다. 투표에 의한 위임이 아니라 전통적 정당성에 기초한 군주가 국가의 연속성을 보장하고 있다. 그런데 한국의 경우는 군주제의 전통이 남아 있지 않다. 따라서 국가의 연속성을 보장할 수 있는 대통령직의 존속이 필요한 것이다. 한국에서 대통령은 전 국민적 위임을 근거로 공동체 전체를 대표하는 기능을 수행하는 동시에 국가의 연속성을 보장하는 역할을 수행한다. 대통령은 국가의 원수이자 군 통수권자이며, 국가를 대표해 외국에 대사를 파견하고 조약을 체결하는 권한 등을 가진다. 그러나 대외적으로 국가를 대표하는 상징적 권한을 제외한 모든 실질적 권력은 총리에게 귀속된다.

한편 의원내각제가 안고 있는 정부 불안정성을 보완하기 위해 강력한 총리제를 확립할 필요가 있다. 이를 위한 제도적 방법으로 독일의 '건설적 불신임제'를 고려해볼 수 있다. 독일은 후임 총리에 대한 의견 일치가 없으면 현직 총리에 대한 불신임 투표를 금지하고 있으며, 의원 과반수 이상의 찬성으로 후임 총리를 선출한 뒤에야 대통령에게 연방 총리의 해임을 요구하도록 하고 있다. 건설적 불신임제는 단순히 정부 퇴진만을 목적으로 하는 불신임 투표를 금지함으로써 바이마르공화국 헌법과 달리, 총리직을 외부의 영향력으로부터 안정적으로 보호하는 기능을 하고 있다.

또한 통일 한국 연방은 강한 대칭적 양원제를 채택할 필요가 있다. 국민을 대표하는 국민의회는 인구 기준으로 선출되며, 각 주를 대표하는 연방의회는 인구수에 관계없이 등가주의에 따라 각 주에서 동수의 대표가 선출되어 구성되어야 한다. 연방 국가들이 예외 없이 양원제를 채택하고 있다는 사실은 양원제가 연방주의적 헌정 제도에서 핵심적 요소라는 것을 말해준다. 그리고 이는 소수파가 과잉 대표 또는 등가 대표되는 연방의회에 국민의회와 동등한 권력과 권한을 부여함으로써 소수 주들에 자율성을 보장하려는 것이다.

보충성 원리에 바탕한 권력 분점과 권력 이양

연방주의적 헌정 제도는 보충성subsidiarity 원리에 기초한 권력 분점과 권력 이양을 근간으로 하고 있다. 보충성 원리는 외부 효과가 적은 문제와 정치 공동체의 일반 이익과 직결되지 않는 모든 문제는 가능한 낮은 수준에서 해결되어야 한다는 것이다.[23]

통일 한국 연방은 보충성 원리에 따라 외부 효과가 크고 일반 이익적 성격이 강한 문제를 제외하고는 모든 문제를 지방정부에 이양하는 분권화된 국가를 지향해야 한다. 연방 정부는 국방, 외교, 거시 경제, 지역 및 계층 간 격차를 해소하기 위한 재분배, 환경, 복지, 교육 등에 전국적 표준을 설정하고 관리하는 문제를 담당하는 반면에 그 외의 문제, 즉 지역개발, 주택, 도로, 민생 치안 등 지방정부가 담당할 수 있는 문제들은 모두 지방정부에 위임할 필요가 있다. 그리고 이를 가능하게 할 수 있도록 지방정부가 입법권, 과세권, 인사권, 행정권 등을 독자적으로 행사할 수 있도록 제도적·법적으로 보장해줄 필요가 있다.

---

23 보충성과 반대되는 개념은 '연대성(solidarity)'이다(Hueglin, 1994).

4) 협의주의에 기반을 둔 비영토적 권력 분점

통일 한국 연방은 기본적으로 협의주의 원리에 바탕을 두고 운영되어야 한다.[24] 연방제는 기본적으로 지역적 성격을 갖는 권력 분점 체제인 데 반해, 협의주의는 비지역적 성격의 권력 분점 체제이다.

협의주의는 사회의 균열 구조가 고착화된 다원 사회에서 민주주의의 기본 원리인 경쟁을 의도적으로 제한하고 경쟁 결과에 관계없이 최소한의 권력 분점을 제도적으로 보장해 집단 간 상호 대결을 피하고 공존·화합·합의의 정치를 모색하고자 고안된 것이다. 협의주의를 실현하기 위한 제도적 장치로는 공동 다수의 지배를 가능하게 하는 '대연합 정부grand coalition government', 소수파의 사활적 이익을 보장해주는 소수파의 비토권, 소수파의 일정한 몫을 보장해주는 비례주의proportionality, 단위집단의 배타적 문제에 대해 자율적 정책 결정권을 이전하는 '부분의 자율성segmental autonomy' 등이 있다(Lijphart, 1977; 임혁백, 1994).

더욱이 사회의 균열 구조가 지역을 기준으로 형성되었을 때, 협의주의는 연방주의와 잘 결합할 수 있다(Lijphart, 1985). 다시 말해 연방 구성단위의 지리적 경제와 고착화된 사회 또는 문화 집단의 지리적 경계가 일치할 때, 협의주의적 연방제 디자인이 가능해진다. 그러므로 통일 한국의 경우, 지역적 균열선을 따라 다원 사회가 형성될 가능성이 크기 때문에 협의주의 요소를 도입한 연방주의 헌정 제도를 고안할 수 있다.

협의주의적 요소를 연방주의에 접목할 수 있는 제도적 대안으로 다음과 같은 것을 고려해볼 수 있다. 첫째, 스위스형의 집단 대통령제collegial presidency

---

24 요하네스 알투지우스(Johannes Althusius)에게서 유래한 협의주의는 'con-associational', 즉 사회를 구성하는 집단 간 협약이라는 의미를 가진다(Lakoff, 1996: 225).

이다. 이는 협의주의의 제도적 장치인 대연합 정부를 연방주의에 접목한 대표적 사례이다. 스위스 연방의 집행부는 7인으로 구성된 연방 위원회가 담당하며 연방 위원회의 대표인 대통령은 순환제 원칙에 따라 교대로 맡는다. 집단 대통령제는 연방 정부 구성에 여러 집단이 공동으로 참가하는 것을 보장해줌으로써 통일 한국의 안정성, 정통성을 높여줄 수 있을 것으로 예상된다. 이 외에 내각을 주별 동수의 각료로 구성하는 것 또한 대연합 정부의 요소를 연방주의와 결합하는 것이라 할 수 있다.

둘째, 연방의회를 구성할 때 소수파가 과잉 대표 또는 등가 대표되는 것을 보장하는 것, 국민의회에서 선출한 연방 총리에 대한 인준 권한을 연방의회에 부여하는 것, 연방 구성단위인 주가 주의 사활이 걸린 문제에 대해서는 국민투표를 실시할 수 있도록 하는 것 등은 협의주의의 제도적 장치 중에서 소수파의 비토권을 연방주의에 접목하는 방법이라 할 수 있다.

셋째, 보충성 원리에 따라 연방을 구성하는 단위(주)에 최대한의 자치권과 자율적 정책 결정권을 부여하는 것도 협의주의가 지향하는 부분 자율성과 부합된다. 마지막으로 국민의회(하원)를 선출할 때 비례대표제를 실시하거나 관직과 연방 기금을 분배하는 데 비례성 원칙을 적용하는 것 또한 협의주의의 비례성 원리를 연방주의와 결합하는 방법이라 할 수 있다.[25]

---

25 스타인 로칸(Stein Rokkan)은 19세기 말에서 20세기 초, 서구의 여러 나라에서 도입한 비례대표제가 계급들의 합리적 선택의 산물이라고 설명한다. "노동계급은 의회에 진출하기 위해서 대표의 문턱을 낮추기를 원했고, 구(舊) 기득권 세력의 정당은 보통선거권과 평등선거권에 의해 새롭게 동원되는 투표자 물결의 위협으로부터 자신의 지위를 보호하기 위해 비례대표제를 요구했다(Rokkan, 1970)." 이러한 로칸의 논리는 통일 한국에도 적용될 수 있다. 절대적 소수로 전락하지 않고, 의미 있는 전국적 정치 세력이 되려는 북한 지역의 정당과 북한 지역에 선거 교두보를 마련하려 하는 남한 지역의 정당 모두에 비례대표제는 유용한 제도적 대안이 될 수 있다. 레이파트는 동구의 민주화 이후, 동구권 국가들 내에서 신흥 민주화 세력과 구(舊) 기득권 공

협의주의는 비다수결주의에 의거해 인구수에 관계없이 북한 주민들이 통일 정부에 참가하는 것을 보장함으로써 북한이라는 소수파 지역이 남한 내부의 식민지가 되는 것을 방지할 수 있다. 또한 북한 주민들의 사활이 걸린 문제에 대해서는 북한 주민들의 비토권을 보장함으로써 북한 주민들이 통일 한국에 참가하는 데 느낄 수 있는 불안감을 덜어줄 수 있다.[26]

4. 맺는말: 연방주의 제도 실험과 학습을 통한 통일 한국 헌정 제도 준비

지금까지 기본적으로 헌정 제도가 정치 공동체 내 행위자의 기회와 제약의 범위 및 확률을 정해줌으로써 특정한 결과가 일어나게 하는 개연성에 영향을 미친다는 제도주의적 관점을 수용하면서 통일 한국이 지향하는 세 가지 전환(민주주의, 민족 통합, 민주적 시장경제)을 위해 바람직한 제도 디자인에 관해 논의했다. 그리고 통일 한국의 주역들이 어떤 형태의 헌정 제도에 타협할 것인가라는 경험론적 예측이 아니라, 통일 한국이 되었을 때 제2건국의 아버지들이 부여받게 될 역사적 임무(3중적 전환)를 수행할 때 어떠한 헌정 제도를 디자인해야 하는가에 대한 당위론적 처방을 중심으로 내용을 전개했다.

산당 세력들이 타협을 통해 비례대표제를 채택한 사례를 제시해 로칸 가설의 현실 가능성을 증명해보였다(Lijphart, 1992).

26 한편으로 헌정 제도 디자이너들은 협의주의가 초래할 정부의 효율성과 안정성 문제도 함께 고려해야 한다. 대연합 정부는 신속한 정책 결정을 저해할 가능성이 있고, 상호 비토는 정책 결정 과정을 복잡하게 만들 가능성이 높으며, 비례주의와 부분 자치는 행정의 효율성을 희생시키고 과다한 비용을 지불하게 하는 등 역효과를 일으킬 수도 있다.

제도 디자이너가 제도 디자인에 관한 당위론적 처방을 내릴 때 흔히 범하기 쉬운 위험은 과거로부터 이어져온 역사, 전통, 관습, 정치 문화 등을 간과하면서 디자이너 개인의 '소망적 사고wishful thinking'와 몰역사적인 합리적 계산과 판단을 과도하게 제도 디자인에 개입시킬 수 있다는 것이다. 제2차 세계대전 이후 신생 독립국들은 예외 없이 서구 민주주의 제도를 도입했으나 거의 대부분 실패로 끝났다. 동구 사회주의 몰락 이후, 동구의 모든 나라 역시 민주주의와 시장경제를 도입했다. 그러나 여전히 제도 정착에 많은 어려움을 겪고 있다. 이는 제도 디자이너들이 '과거로부터 이어져온 긴 역사의 무게long arm of the past'를 느끼지 않고, 자신의 합리적 계산에 의거해 선진국 제도를 이식한 데서 나온 것으로 '제도의 실패institution failure'라고 할 수 있다.

통일 한국 헌정 제도 디자이너들이 느낄 '과거의 무게'는 앞서 제기한 비다수결적이고 분권형의 헌정 제도와 반대편에 서 있다. 현존하는 분단국가의 헌정 제도는 남한(대통령제)과 북한(유일 지도제) 모두 중앙집권형이다. 남북 각각에서 반세기 이상 지속되어온 권력 집중적 헌정 제도 유산은 통일 한국을 분권형 헌정 제도로 정착시키는 데 방해 요소로 작용되어 새로운 제도의 실패를 야기할 가능성이 있다. 그럼에도 불구하고 분권형 헌정 제도를 디자인할 것을 주장하는 이유는 권력 집중형 헌정 제도가 체제 경쟁(대결)을 벌이고 있는 분단국가에는 적합할지 몰라도 통일 한국이 지향하는 민족 통합, 민주주의, 민주적 시장경제라는 목표를 달성하는 데는 부적합하기 때문이다. 연방주의와 협의주의에 기초한 분권형 헌정 제도는 분단 체제로 말미암아 형성되고 고착화된 갈등 구조를 해소하고, 중앙집권적 국가에 의해 억눌려왔던 시민사회를 번성하게 할 뿐만 아니라 통일 한국 경제의 효율성과 경쟁력을 높여줄 수 있는 제도적 틀을 제공해줄 수 있을 것이다.

연방주의와 협의주의는 한국인들이 한 번도 실험해본 적이 없는 혁신적인 헌정 제도이다. 따라서 연방주의와 협의주의 실험은 불확실성이 높은 제도적 실험이 될 가능성이 크다. 그러므로 통일 한국의 제도적 실험이 성공하기 위해서는 남한부터 연방주의형 국가개혁을 시도할 필요가 있다(성경륭, 1997). 연방주의형 또는 분권형 국가개혁은 남한이 안고 있는 지역 갈등, 중앙집권적 정치, 경제체제의 비효율성과 비민주성 등의 문제를 해결할 수 있는 유용한 대안이 될 수 있다. 남한에서 연방주의형 헌정 제도를 먼저 실험하고 학습한다면 남북통일 이후에 연방주의형 헌정 제도를 디자인하는 데 유용한 도움을 얻을 수 있을 것이다. 또한 디자인된 헌정 제도를 실행할 때 나타날 수 있는 불확실성과 시행착오를 줄이는 데도 도움이 될 것이다.

제 4 부

동아시아 지역주의의 전망과 한국의 역할

제**11**장

21세기 동아시아 지역주의의 장애·기회·전망*

미국 월 스트리트에서 시작된 금융 위기는 전 지구적으로 확산되고 있다. 금융 위기는 금융의 세계화로 말미암아 그것이 발생한 특정 나라에만 국한되지 않고 퍼져나가며, 대부분의 나라와 지역이 이러한 금융 위기의 전염성에 대해 면역력을 갖고 있지 못하다.

　동아시아 국가들은 1997년에 이미 금융 위기의 전염 효과를 경험했다. 1997년 태국과 인도네시아에서 시작된 금융 위기는 말레이시아를 거쳐 한국을 강타했다. 금융 위기에 감염된 네 국가는 아시아 금융 위기에 서로 다르게 대응했다. 한국, 인도네시아, 태국은 신자유주의적 경제개혁을 조건으로 국제통화기금IMF의 구제금융을 받아들였고, 이와는 달리 말레이시아의 마하티르 빈 모하마드Mahathir Mohamad는 전반적인 은행, 금융 시스템을 개혁하는 한편 국제 투기성 금융자본의 유입을 억제하면서 IMF의 구제금융을 거부하

---

*　이 글은 다음 논문을 수정·보완한 것임. 임혁백, 「동아시아 지역통합의 조건과 제약: 제3장 탈냉전기의 동북아 지역 거버넌스: 동아시아 지역주의의 태동」, ≪아시아연구≫, Vol. 47, No. 4(2004), 128~132쪽.

고 자신만의 독자적 해법을 제시했다.

동아시아 금융 위기 이후에 동아시아 국가 사이에서는 치앙마이 이니셔티브CMI: Chiang Mai Initiative, 아시아 채권시장 이니셔티브ABMI: Asian Bond Market Initiative, 동아시아 정상 회의EAS: East Asia Summit, 상하이 협력 기구SCO, 6자 회담 등과 같은 경제, 금융, 안보에 관한 지역 협력과 집합행동이 논의되었다. 동아시아 지역주의는 국제금융 변동성과 같은 외적 충격, 동아시아 시장의 양립 가능성과 같은 내생적 기회(Pempel, 2008), 북한의 핵무기 개발과 같은 내생적 안보 위협, 'bring in the U.S.'와 같은 외생적 기회(Pempel, 2008) 등에 의해 부활했다.

그럼에도 불구하고 동아시아 지역주의는 유럽의 지역주의와 비교해서 여전히 낮은 수준의 제도화에 머물러 있다. 동아시아 지역주의는 여전히 기본적으로 "아래로부터의, 기업(시장)에 의해 추동되는 지역주의"이다(Pempel, 2005).

이 장에서는 냉전의 종식과 세계화의 도래 이후 동북아시아 국가들이 지역주의와 관련해 직면한 장애물과 기회가 무엇인지에 대해 논의할 것이다. 냉전 기간에는 지역주의를 위한 토양이 제대로 갖추어지지 못한 반면, 냉전이 종식되고 세계화가 급격히 진행되면서 동북아 지역 통합은 경제 영역에서 특히 빠르게 진행되었다. 지역 내 무역, 투자, 아웃소싱은 눈부시게 성장했고 지역적 생산 네트워크가 형성·발전되었으며 동북아시아, 특히 중국은 '세계의 공장'이 되었다.

그럼에도 불구하고 동북아 지역 통합의 수준은 여전히 낮아, 동북아를 지역공동체로 규정하기 어렵다. 동북아 지역 통합의 장애 요인으로서는 첫째, 동북아 지역주의의 낮은 제도화 수준을 들 수 있다. 둘째, 여전히 풀리지 않고 남아 있는 북한 핵 문제이다. 셋째, 민족주의가 다른 지역에서는 약해지고 있는 반면, 세계화 시대임에도 불구하고 동북아시아에서는 민족주의가 되살아나고 있고 이것이 지역주의의 발전을 저해하고 있다. 마지막으로, 언어, 지역, 문화 영역에서의 이질성, 경제 발전 수준의 차이, 민주주의에서부터 권위주의, 전체주의에 이르는 다양한 정치 레짐, 전근대, 근대, 탈근대를 아우르는 다양한 사회구조 등이 지역적 정체성과 협력이 형성되고 발전되는 것을 막고 있다.

그러나 이러한 장애 요인들에도 불구하고, 우리는 동북아 지역주의를 위한 여러 기회 요인들을 발견할 수 있다. 첫째, 북한 핵 문제는 대화로 푸는 것을 원칙으로 국가들 간 합의가 이루어졌다. 둘째, 지역 내 무역과 투자의 급격한 증가는 정치, 문화, 사회 영역에 대한 경제통합의 낙수 효과trickling-down effect를 확대한다. 셋째, IT 혁명은 동북아 지역 내 커뮤니케이션 문제에 대한 해결 방안을 제시해줄 수 있다. 마지막으로, 미국 월 스트리트로부터 촉발된 국제금융 위기는 동북아 지역이 카지노 자본주의casino capitalism에 감염되는 것을 막을 수 있는 지역적 해법을 찾기 위한 집합행동을 촉진할 것이다.

1. 냉전 시대의 중추와 부챗살 체제: '지역주의 없는 지역'[1]

냉전 시대에 미국은 동아시아에서 미국이 단일 중추이고 동북아 국가들이 부챗살인 '중추와 부챗살 체제'를 구축했다(Cumings, 2002: 167; Calder, 2004: 226~227). 중추와 부챗살 체제에서는 미국의 중계 없이 동아시아 국가들 간에 어떠한 대화와 협력도 이루어질 수 없었다. 동아시아의 중추와 부챗살 체제는 미국과 부챗살 국가들 사이의 쌍무적 안보, 경제 관계에 의해 미국의 일방주의가 강화되는 '일방적 양자주의'에 기초한 시스템이었다. 냉전 시기 이

---

1   임혁백(2006: 158~160).

러한 수직적 '단일 중추, 다수의 부챗살' 시스템은 동북아시아 국가들 간의
교류와 소통을 막았고 지역적 분할과 분립을 심화시켰다. 냉전 시기 동안 중
국과 타이완 사이에는 대화가 없었고, 한국과 북한 사이에는 휴전선을 넘는
개인 간 서신 왕래조차 이루어지지 않았다. 동북아 국가들은 단지 미국을 통
해 대화할 수 있었을 뿐이다. 이 지역의 자본주의 국가들은 주로 미국을 통
해 공산주의 국가들과 의사소통할 기회를 얻었다. 타이완해협에서 군사적
위기가 발생했을 때, 중국과 타이완은 미국의 중재를 통해 간접적으로 대화
했고, 북한과의 분쟁이 발생했을 때 한국 정부는 주한 미군의 중재를 거쳐 북
한과 대화했다(Cumings, 2002: 167). 북한 또한 한국과의 분쟁을 해결하기 위
해 미국과의 직접적인 양자 간 대화를 지속적으로 요구했다. 이것은 북한이
부챗살 국가들 간 의사소통은 오직 미국의 중재와 전달을 통해서만 가능함
을 내포하는 냉전 시기의 중추와 부챗살 체제를 잘 이해하고 있었다는 것을
뜻한다.

2. 원초적 지역주의의 출현

이러한 견고하고 수직적인 중추와 부챗살 체제는 1960년대 초반까지 지속되
었고 동북아 지역주의를 질식시켰다. 그러나 1960년대 중반 이래로 미국과
공산주의 국가인 중국, 소련 사이에서 데탕트가 무르익으면서 동아시아의
중추와 부챗살 체제의 강력한 일방주의가 완화되었고 초기적 형태의 지역
내 대화, 협력, 교류의 출현을 이끌어냈다. 동북아 국가들 간의 연계를 강화
한 주된 힘은 경제 교류의 눈부신 성장이었다. 경제적 힘은 안보 장벽을 극
복했다. 케네디 정부의 압력하에 한국과 일본 정부는 국교 정상화를 단행했
다. 리처드 닉슨 정부는 1971년 중국과 교류의 문을 열었고, 동북아 국가들

은 미국의 중재 없이 서로 직접 접촉하고 대화하기 시작했다. 그러나 지역 내 교류, 협력, 대화의 제도화 수준은 여전히 낮고 상호 의존망은 매우 취약하다.

냉전 시기 동안 이 지역의 지배적인 유일 중추 국가로서 미국은 동북아 지역의 엘리트와 민중들의 행동반경을 정해왔다. 냉전 시기 동안 지역주의를 위한 토양은 척박했지만, 동북아 지역주의는 1989년 냉전 체제의 붕괴 이후 숨 쉴 공간을 얻었다. 첫째, 국제 냉전 체제의 붕괴는 동북아시아에서 미국을 위시한 안보의 중추와 부챗살 체제를 약화시켰다. 미국은 냉전 종식 이전에도 베트남전 패배와 닉슨독트린 선언 이후 동아시아에서 발을 빼기 시작했다. 이 지역에서 미국의 안보 이해가 감소함에 따라 한국, 필리핀, 타이완은 민주주의로의 이행을 위한 여지를 얻게 되었다. 탈냉전 시기 동북아에 대한 미국 대외 정책의 초점이 지정학에서 지리경제학으로, 권력에서 풍요로움으로 이동함에 따라, 냉전 기간에 미국이 소련과 중국의 공산주의를 차단하기 위해 전략적으로 가치가 있던 동아시아 국가들과 안보 연계를 맺음으로써 발생했던 프리미엄은 사라졌다. 탈냉전 시기에 미국은 동북아 국가들이 발전 국가 모델을 포기하고 대신 신자유주의적 경제모델을 채택해, 보호받고 있던 국내시장을 미국에 열어주도록 압박했다. 동아시아에 대한 미국의 대외 정책의 관심사가 안보 문제로부터 경제문제로, 즉 미국 기업과 그들의 전 지구적 자본축적 시스템을 위해 세계 경제를 개방하고 그것을 안전하게 만드는 것으로 크게 이동한 것이다. 경제가 우선이라며, 미국은 양자 간 동맹의 중요성을 격하해왔다. 결과적으로 "워싱턴의 주요 동아시아 동맹국들은 미국 안보를 위한 핵심에서 시장을 개방하기 위한 수단으로 전락했다"(De Castro, 2000). 엄격했던 중추와 부챗살 체제가 느슨해지고 미국의 동아시아 대외 정책이 지리학에서 지리경제학으로 옮겨감에 따라, 동아시아 국가들은 이데올로기를 넘어서는 다자적 협력과 교류를 발전시키기 시작했다.

동아시아 지역에서 동남아시아 국가들은 1967년에 아세안ASEAN을 만들며 일찌감치 지역 거버넌스를 제도화하기 시작했다. 반면 동북아시아 국가들은 여전히 "아세안에 참여하라는 초대도 받지 못했고 아세안과 대등한 그들만의 협력체를 만들 생각조차 하지 않았다"(Pempel, 2008). 아세안 국가들은 내부적 안보 문제, 베트남전, 냉전에의 개입 등과 같은 안보 문제를 정착시켰고, 이어서 무역자유화, 시장개방, 해외직접투자 유치 등과 같은 경제적 사안에 눈을 돌렸다. 아세안 국가들은 일본, 미국, 중국 등과 같은 강대국과의 협상력을 강화하고 집합행동을 가능하게 하기 위해 지역 기구를 설립하는 것이 매우 유용하다는 것을 알아차렸다(Pempel, 2002: 111). 이러한 방식으로 아세안 국가들은 서로 더 가까이 연결되었다.

둘째, 공산주의 중국의 거대한 변환은 동아시아 지역주의의 가능성을 열었다. 문화대혁명의 잿더미 위에서 중국 지도부는 친서방, 친자본주의적인 '사회주의 시장경제'로 이행할 것을 결심했다. 그들은 미국, 일본과의 관계를 정상화했고 전반적인 안보 상황을 개선했으며 지역 간 경제적 유대를 강화했다(Pempel, 2002: 110). 중국의 경제개혁과 개방은 미국 자본주의와의 마찰을 줄였고 그럼으로써 동아시아의 지역 내 무역, 교류, 협력을 위한 장을 마련했다.

중국의 개방뿐만 아니라, 일본은 동아시아의 초기적 지역주의 출현에 중요한 역할을 수행했다. 일본은 미국의 빈자리를 채우려고 노력했다. '기러기식 성장 모델flying geese model'로 무장한 일본은 아세안 국가들에 대한 영향력을 강화했다. 기러기식 성장 모델은 날아가는 기러기 떼의 대형에서 일본을 선두 기러기로 위치시키고 날아가는 기러기 떼의 대형을 상호 의존적으로 잘 연결된 지역적 네트워크로 간주한다. 냉전의 전성기에는 이러한 모델을 상상하기 어려웠다. 기러기식 성장 모델과 함께 일본의 다국적 기업은 아세안 국가들, 중국, 타이완, 한국을 포함해 경계를 가로지르는 네트워크를 구축했다. 그리고 이러한 종류의 생산 네트워크는 이전에 매우 단단히 묶였던 국내경제의 경계를 뚫고 침투해 지역 경제의 통합을 촉진했다(Katzenstein and Shiraishi, 1997). 개방 이래로 중국은 '세계의 공장'이 되었고 전 지구적 생산 네트워크의 중심부로 성장했다. 광둥, 상하이, 항저우, 쑤저우, 홍콩을 포함하는 삼각지대에는 정치적 경계를 초월한 거대한 생산 복합 단지들이 얽혀 있다(Pempel, 2002: 117).

냉전 종식 이래로 동아시아에서 지역 통합은 특히 경제 영역을 중심으로 빠르게 진행되었다. 1985년과 1994년 사이, 개도국에 대한 해외직접투자에서 아시아가 차지하는 비율은 39%에서 57%로 증가했고, 일본의 전체 해외투자 중 아시아 지역에 대한 투자는 1985년 12%에서 1994년 24%로 증가했다. 그럼에도 불구하고 1990년대 중반 전체 투자 자본 중 일본이 차지하는 비중은 14%밖에 되지 않은 반면, 다른 아시아 국가들의 비중은 58%로 증가했다. 이것은 해외직접투자의 영역에서 다자주의의 경향이 강해졌음을 보여준다. 아시아 지역 내 무역은 훨씬 더 극적으로 성장했다. 1986년과 2006년 사이 동아시아 국가들의 수출 중에서 지역 내 비중은 34%에서 56%로 증가했고, 이는 유럽연합EU의 역내무역 비중보다 높은 수치이다. 1986년과 1992년 사이에 미국 시장에 대한 의존도는 34%에서 24%로 하락한 반면(Pempel, 2002: 116~120), 중국의 수출이 1996년 1,500억 달러에서 2006년 1조 달러로 빠르게 성장함에 따라 중국의 중요성이 부각되었다.

3. 세계화 시대 동아시아 지역주의의 특징

1997년, 동아시아 지역 전체를 전염시킨 금융 위기는 동아시아 지중해地中海 지역 내에서 글로벌 또는 지역적regional 금융 위기의 충격에 집단적으로 대응하고 지역 내 경제협력과 교류를 촉진하기 위해서 지역 기구, 제도, 포럼, 대화dialogues 등을 설립할 자극, 인센티브, 명분을 제공했다. 시작은 동아시아 지중해가 아니라 후후발국인 아세안 국가들에서 했고, 동아시아 지중해 국가들이 뒤따랐다. 동아시아 금융 위기 이후 치앙마이 이니셔티브를 시작으로 아시아 채권시장 이니셔티브, 아시아 채권 기금ABF: Asian Bond Fund, 동아시아 정상 회의(아세안+3APT+인도, 호주, 뉴질랜드), 상하이 협력 기구(중국, 카자흐스탄, 키르기스스탄, 러시아, 타지키스탄, 우즈베키스탄), 6자 회담 등 다양한 지역 대화, 포럼, 제도, 기구가 생겨났다.

하지만 이러한 지역 기구와 제도의 창궐에도 불구하고 동아시아 지역 거버넌스의 제도화 수준은 낮은 상태이고, 안보와 정치 영역에서의 지역주의는 매우 취약하고 최소한의 수준에 머물러 있다. 동아시아 지역주의는 주로 경제적 동기에 의한 사적 기업들에 의해 추동되어왔다. 따라서 동아시아 지역주의는 시장에 의해 추동되는 아래로부터의 비형식적이고 비정부적·비공식적인 낮은 제도화 수준의 지역주의이다.

1) 낮은 제도화 수준

세계화의 물결 속에서 동아시아 국가들은 점차 제도화된 협력의 장점을 배워나갔고 작은 규모의 자유무역협정FTA을 경험하면서 제도화된 형태의 경제협력에 익숙해져갔다(Choi, 2005). 동남아시아 국가들이 그 포문을 열었는데, 그들은 아세안을 조직했고 이를 한국, 중국, 일본을 포함하는 아세안+3으로 확대했다. 동아시아 지중해 국가들은 이를 이어받아 아시아·태평양경제협력체APEC, 아세안지역안보포럼ARF, ASMAsian Summit Meeting의 설립을 주도했다. 그럼에도 불구하고 유럽과 비교해 동아시아는 상호 의존성의 연결망이 매우 취약하고 낮은 제도화 수준의 지역주의만이 보인다. 정부에 의해 위로부터 후원을 받는 지역주의의 제도화는 동아시아에서 매우 취약하다(Pempel, 2005). 유럽과 비교해 동아시아는 여전히 국가 간 강력한 수평적 접촉이 부족하고, 다자주의적 제도의 중재가 없는 국가 간 접촉과 협상만이 지속되고 있다. 지역 내 국가들이 좀 더 깊이 있는 제도화와 법제화로 향해가는 EU와 달리, 동아시아 지중해 국가들은 비공식적informal 네트워크와 APEC, 아세안지역안보포럼, 아세안+3 같이 최소주의적minimalist 규칙, 사무국, 제도, 회원국 의무 조건을 가진 정부 주도 지역 기구에 의존하고 있다(Pempel, 2006: 245). 동아시아 지중해 국가들 내에서는 민족주의가 여전히 우세하기 때문에 어떤 나라도 자발적으로 그들의 주권을 초국가적 지역 기구에 양도하거나 이전하려 하지 않는다. 따라서 동아시아 국가들은 공식적인 규칙과 의무 사항이 거의 없는 지역 기구를 만들고 운영하려 하고 있다. 동아시아 지중해의 지역 기구들은 비공식성, 합의, 열린 지역주의라는 세 가지 핵심적 특징을 갖고 있다(Solingen, 2005: 32).

APEC은 여전히 '말만 무성한 곳talking shop' 또는 기껏해야 서로 자주 교류하지 않는 열여덟 개 동아시아 국가들의 정상들이 모이는 자문 집단으로 남아 있다(Cumings, 2002: 169). 최소한의 법규범과 직원으로 구성된 APEC은 회원국 간의 분쟁 해결을 위해 지배력을 행사하는 데 제한을 받는다(Pempel, 2008; Kahler, 2000). 지역 내 안보 문제를 다루기 위해 설계된 아세안지역안보포럼은 회원국 간 신뢰 형성과 북한, 미국, 캐나다를 포함한 더욱 열린 지역주의를 강조하지만, '토론장'으로 남아 있을 뿐 좀 더 제도화된 조직이나 기구로 나아가려는 노력은 하고 있지 않다. 아세안+3 또한 다양한 조합의 회원국들이 양자적 문제 또는 협력적 협의 사안을 처리하는 지역적 토론장일 뿐이다.

2) 시장 추동적 지역주의

동북아 지역주의를 유인해온 힘은 무역, 투자, 생산과 같은 역내 경제 교류였고, 따라서 동북아 지역주의는 '시장 추동적 지역주의market-driven regionalism'라고 부를 수 있다. 동아시아 지역주의에서 경제는 정치를 능가했다. APEC은 국가 정부들이 아닌 아시아와 태평양에 위치한 경제주체들 간의 경제협력을 촉진하기 위해 만들어진 지역 포럼이므로, 하나의 회원 경제주체로서 타이완과 홍콩의 가입을 허락했다. APEC의 세 가지 목표는 ① 무역과 투자 자유화, ② 경제 발전, ③ 경제원조로서 모두 경제에 관한 것이다.

주로 동남아에 국경을 넘는 지역 생산 네트워크를 건설한 것은 일본의 다국적 기업들이었다. 1985년과 비교해 1989년에 일본 기업들은 타이완에 4배 이상의 돈을, 말레이시아와 한국에는 5배, 싱가포르에는 6배, 홍콩에는 15배, 태국에는 25배 이상의 돈을 투자했다(Fallows, 1994: 264). 일본의 투자가 '동아시아의 기적'을 낳는 데 중요한 역할을 수행한 것이다. 그리고 개방 이후 중국이 선두를 빼앗았다. 중국의 부상은 일본, 한국, 홍콩, 타이완과의 경쟁보다는 경제적 기회를 확대시켰다(Perkins, 2007: 47).

국경을 넘는 투자와 생산이 크게 증가함에 따라 동아시아 역내 무역이 증가했고 동아시아 지역주의 또한 심화되었다. 2006년에 모든 상품에 대한 동아시아 역내 수출은 56%를 차지했고, 이는 EU보다 높은 수준이다. 그러므로 동아시아 지역주의는 주로 정부에 의해 만들어진 최소한의 형식적 기구들과 시장, 기업 간의 연계로부터 나왔다. 동아시아 지역주의는 아래로부터의, 시장 또는 기업에 의해 추동되는 지역주의이다(Pempel, 2008).

그러나 1997년과 1998년을 관통한 동아시아 금융 위기는 이러한 아래로부터의 시장 추동적인 동아시아 지역주의의 성격을 바꾸어놓았다. 엄청난 외부적 충격을 경험한 이후 동아시아 국가들은 더욱 심화된 위로부터의 형

〈표 11-1〉 아시아 지역에서 FTA의 확산

FTA	2000		2006	
	WTO에 통보됨	통보되지 않음	WTO에 통보됨	통보되지 않음
전체 협정	23	20	40	143
쌍무 협정	18	20	32	116
지역 내	8	8	15	29
동아시아	1	0	7	16
남아시아	1	1	1	6
중앙아시아	4	7	5	7
태평양	2	0	2	0
지역 간	0	0	2	18
남아시아-동아시아	0	0	0	13
기타	0	0	2	5
비아시아 국가와 맺은 협정	10	12	15	69
다자간 협정 (최소 1개국 이상의 아시아 국가 포함)	5	0	8	27

자료: Baldwin(2006).

식적인 제도와 명시적인 정부 차원의 행동을 통해 지역 밖으로부터의 힘에 집합적으로 대응할 필요성을 느꼈다. 정부에 의해 신설된 지역 기구들은 단일 지역 경제 블록을 만드는 것보다 금융과 관련된 협력을 위한 새로운 메커니즘을 모색하는 데 집중했다. 2000년 5월 6일에 설립된 치앙마이 이니셔티브는 아세안+3의 주도하에 비상시 유동성을 제공하기 위해 기존의 아세안 통화 스왑 계약ASA: ASEAN currency swap arrangements을 확대하고 쌍무적 스왑 계약BSA: bilateral swap arrangements 네트워크를 추가한, 금융 분야의 취약성에 대비하기 위한 최초의 정부적 대응 중 하나였다(Pempel, 2008). 치앙마이 이니셔티브뿐만 아니라 아시아 채권시장 이니셔티브, 아시아 채권 기금 또한 역내 금융 협력을 위해 발족되었다. 그리고 대부분의 동아시아 정부들은 쌍무적이거나 다자주의적인 FTA를 체결하기 위해 노력했다. 아시아 국가들에 의해 체결된 FTA는 2000년 43개에서 2006년 183개로 증가했다. FTA의 확산은 특히나 동아시아에서 두드러졌는데, 이 지역 국가들이 맺은 FTA 수는 1개에서 23개로 늘어났을 뿐만 아니라, 동아시아와 남아시아 간 FTA 체결 또한 0개에서 13개로 증가했다.

그러나 이처럼 전 지구적 금융 취약성이 동아시아 정부들이 외적 충격에 효과적으로 대응하기 위해 지역 내 집합적 기구를 창설하도록 유도했다 하더라도, 대부분의 동아시아 정부는 국가 간 무역을 확대하기 위해 FTA를 적극적으로 추진했을 뿐 지역 기구 창설에는 소극적이었다. 예를 들어 동아시아 국가들이 체결한 FTA는 아시아 내 국가 간보다 아시아 국가와 비아시아 국가 간(일본·멕시코 EPA, 한·칠레 FTA, 한미 FTA)에서 더 많았다. 그리고 세계화가 기업 간 접촉과 협력을 더욱 용이하게 만듦으로써, 개별 국가 정부의 중심 역할은 축소되어왔고 국가는 정부가 후원하는 지역주의를 강화하는 데 더는 자신의 역할을 확대하기 어려워졌다.

결론적으로, 비록 동아시아 지역주의가 좀 더 제도화 되고 좀 더 위로부터 정부가 후원하는 형식이 되었다 할지라도, 그것은 여전히 아래로부터의 시장 추동적인 지역주의로 남아 있다. 동아시아 지역주의는 냉전 이래 미국이 구축해놓은 양자주의적 안보와 경제 관계를 대체할 정도로 성장하지 못했다.

4. 동아시아 지역주의의 장애물

세계화 시대에 동북아 지역 통합은 경제 부문에서 특히 빠른 성과를 이루어 냈다. 역내 무역, 투자, 아웃소싱은 눈부시게 성장했고 지역 생산 네트워크가 만들어졌으며 동북아, 특히 중국은 '세계의 공장'이 되었다. 지역 기구는 1997년 동아시아 금융 위기의 발발 이래 확산되었고, 냉전 종식 이후 개선된 안보 상황은 국경을 넘는 지역적 분야, 특히 경제 분야에서의 협력과 교류를 가능하게 했다.

그럼에도 불구하고 지역 통합의 수준은 지역공동체라고 부르기에는 너무 낮은 수준에 머물러 있다. 동아시아 지역주의는 민족주의의 부상, 북핵 문제, 낮은 수준의 지역적 동질성, 동아시아 지역주의에 대한 리더십·정체성·비전의 부족 등 여전히 극복해야 하는 많은 장애물을 가지고 있다.

1) 세계화 시대에 부상하는 민족주의

동아시아 지역주의의 부상을 가로막는 주된 장애물 중 하나는 동아시아에서의 민족주의 부활이다. 세계화로 말미암아 EU를 비롯한 다른 지역에서는 민족주의가 후퇴해온 반면, 동아시아에서는 민족주의를 부활시키려는 운동들이 분출했고 이러한 움직임이 이 지역에서 지역공동체와 지역 통합의 발전을 저해했다.

동북아에서 고등학교 역사 교과서를 개정하려는 움직임은 일본이 과거 자신들의 동아시아 침략을 정당화하기 위해 시작했다. 고이즈미 준이치로 전 총리의 야스쿠니 신사 참배뿐만 아니라 한일 독도 분쟁, 중일 센카쿠 열도 분쟁, 중국의 동북공정 등은 지역적 협력과 교류에 찬물을 끼얹었다.

동남아시아에서는 민족주의가 동북아시아에서만큼 만연하지는 않다. 그러나 IMF와 같은 세계기구와 미국과 같은 외국 세력이 동아시아가 당면한 경제적·사회적 문제의 원인으로 비난받으면서 이것이 민족주의적 감정의 촉발로 이어지고 있다. 또한 이 지역의 민주화가 대중적인 민족주의를 자극했고, 정치인들은 대중의 관심사를 그들이 잘못 관리한 자국의 경제, 안보 이슈로부터 다른 곳으로 돌리기 위해 민족주의적 레토릭과 보호주의적 정책에 더욱 의존한다(Stubbs, 2002: 451).

민족주의는 여러 측면에서 동아시아 지역주의의 발전을 저해한다. 첫째, 민족주의는 다자주의적 협력보다 국가 간 경쟁을 부추긴다. 일본과 중국은 아세안 국가들과의 협력에 관한 이슈에서 협력하기보다는 경쟁한다. 동아시아 국가들 간 경쟁은 역내 다자주의적 무역 기구의 창설을 저해하고 대신 동아시아 국가와 비동아시아 국가 간 쌍무적 형태의 FTA의 확산으로 이어지고 있다.

그리고 아시아에서 가장 큰 경제주체인 일본, 중국, 한국 간 경쟁은 다자주의적 자유화를 위한 상호 협력이 아닌, 무역과 투자에서 그들 각자의 '중추와 부챗살' 체제를 건설하려는 움직임을 유발한다. 중추와 부챗살 체제 내에서의 협상들은 모든 참가자에게 동일한 시장 접근을 허용하지 않는다. 비록 중추 국가와 각 부챗살 국가 간의 관세가 모두 철폐된다 할지라도, 부챗살 국가들은 중추 국가의 시장에 자유롭게 접근할 수 있을 뿐 여전히 다른 부챗살 국가의 시장에는 자유롭게 접근할 수 없다(Pangestu and Gooptu, 2002). 중추와 부챗살 체제는 다자주의적 자유화에 반대한다. 각각의 부챗살 국가들은 중추 국가에 우선적으로 접근할 수 있는 권한을 누리는 대가로 비용을 지불한다. 따라서 이들은 최혜국 대우 조항에 근거해 더 큰 관세 축소에 저항할 것이다. 아시아의 중추 국가인 중국, 일본, 한국 세 나라 모두 미국과 EU와 같은 역외 시장에 더 신경 쓰기 때문에 역내 경제통합은 손상을 입어왔다. 중추와 부챗살 체제 내에서 무역은 중추 국가와 각 부챗살 국가들 사이에서 쌍무적으로 만들어지고, 한 부챗살 국가는 다른 부챗살 국가와의 자유무역으로부터 이득을 얻지 못한다(Pangestu and Gooptu, 2002). 중국, 일본, 한국이라는 세 거대한 힘들 간의 경쟁은 쌍무적인 FTA만을 확산시켰을 뿐, 다자주의적인 FTA의 출현과 궁극적으로 범아시아 지역 통합을 방해했다.

2) 북한 문제

동아시아에서 경제적 지역주의와 비교해볼 때 안보 영역에서의 제도화 수준은 훨씬 뒤처져 있다. 동아시아의 안보 상황은 이 지역을 경쟁에 적합하도록 만든 반면, 강화되고 있는 경제적 연계는 반대로 협력에 적합하도록 만들고 있다(Pempel, 2008; Freiberg, 1993).

안보 영역에서 동북아 지역주의의 가장 큰 장애물 중 하나는 이른바 해결되지 않은 '북한 문제'이다. 1876년 이래 한반도의 평화는 동북아 평화의 전제 조건이었다. 20세기 한반도는 동아시아의 적대감과 불화의 진원지로서 동아시아의 평화와 지역 통합을 방해했다. 새로운 밀레니엄이 시작된 2000년 6월 15일 남북 정상회담을 계기로 동아시아와 미국은 북한 문제를 해결할 기회를 가졌다. 김대중 정부와 빌 클린턴 정부는 양국 간 정상회담을 통해 북한에 대한 인도주의적 개입에 합의했다.

그러나 조지 W. 부시 행정부는 대북 강경책으로 선회했다. 9·11 테러의 발발과 북한의 핵 개발은 동북아 지역 안보 거버넌스에 대한 전망을 물거품으로 만들었다. 부시 행정부는 클린턴 정부의 북한에 대한 개입 정책을 포기하고 체제 전환 또는 김정일 국방 위원장 축출이라는 정책 노선을 분명히 했다. 반면 한국 정부는 한반도 평화를 위한 잠재적 파트너로서 북한을 바라보는 시각을 견지했다. 미국은 북한을 핵 확산을 막는 데 가장 위험한 적으로 간주하고 북핵 문제를 최우선 정책으로 상정했으나, 한국 정부는 북한의 핵 개발보다 오히려 북한의 핵 개발 열망에 대해 보이는, 이러한 미국의 과잉 반응을 우려했다(Armacost, 2004: 16~17).

2005년 가을, 협상을 하려면 북한이 모든 핵무기를 우선적으로 폐기해야 한다는 조건을 내걸었던 부시 행정부의 태도가 변화했다. 미국의 태도 변화와 함께 제4차 6자 회담이 재개되었고, 지체되었던 회담 과정에 돌파구를 열어준 여섯 개항의 공동성명이 채택되었다. 공동성명의 주요 내용은 다음과 같다. ① 한반도의 검증 가능한 비핵화를 평화적인 방법으로 달성하는 것, ② 북한은 핵확산금지조약NPT과 국제원자력기구IAEA의 안전조치에 복귀할 것, ③ 미국은 북한을 공격하지 않을 것을 보장하고 주권을 존중하며 한반도의 영구적 평화를 위해 노력할 것, ④ 6자는 에너지, 교역 및 투자 분야에서 경제협력을 양자 및 다자적으로 증진할 것 등이다.

하지만 풀리지 않은 문제들이 여전히 남아 있다. 북핵 문제는 동아시아 지역주의의 발전을 가로막는 장애물이었다. 이것은 동아시아 국가들 간, 특히 미국, 중국, 일본, 한국, 북한 간의 경쟁심과 적대감, 불신을 강화해왔다. 그러므로 북핵 문제는 동북아 지역주의에 대한 '내생적 위협endogenous threat' 이다.

3) 지역적 이질성

동아시아 지역주의에 대한 아래로부터의 장애물 중 하나는 문화적 이질성이다. EU와 비교해 동북아는 지역적 동질성이, 특히 언어, 종교, 문화, 경제 발전 수준, 정치 레짐, 사회구조(전근대, 근대, 탈근대의 공존) 등의 동질성이 크게 떨어진다.

경제 발전의 측면에서 동아시아에는 라오스, 캄보디아와 같은 세계에서 가장 가난한 나라와 일본과 같은 가장 부유한 나라가 공존한다. 동아시아에서는 정치체제 또한 각양각색인데, 억압적인 군부독재 체제부터 자유민주주의까지 그 스펙트럼이 한 끝에서 다른 끝까지 뻗어 있으며, 대다수의 국가가 비자유주의적이고 권위주의 체제를 유지하는 사회주의 국가 또한 남아 있으며 북한은 독특한 전체주의 체제를 유지하고 있다. 경제모델 또한 계획경제에서부터 자유시장 도시국가까지 그 범위가 매우 넓다. 사회구조 또한 이질적이다. 저발전 국가의 많은 사람이 전근대적 시간을 살고 있는 반면, 많은 후기 개도국의 사람들은 그들의 나라를 근대화하려고 노력하고 있고, 한국, 일본과 같은 선진 자본주의 국가의 사람들은 이미 탈근대로 접어들었다.

그러나 동아시아 지역의 이질성이 가장 심각한 부분은 문화와 언어 영역이다. 많은 사람이 동북아의 세 나라는 공통된 유교 문화와 한자로 말미암아 연결되어 있다고 말하는데, 식민주의와 전쟁으로 비롯된 끝나지 않은 적대감 때문에 유교적 유산은 일본과 한국, 일본과 중국 간의 끈끈한 연계를 만들지 못했다(Cumings, 2002: 170~171). 그리고 동아시아의 공용어는 사실상 영어이지, 한자는 더는 획일적이지 않다. 중국에서는 획수를 줄인 간자체를 사용하고 타이완에서는 원래 한자를 사용한다. 한국에서는 글쓰기에서 한자 사용을 없애려고 노력했고, 북한에서는 이미 1948년에 한자 사용을 폐지했다. 베트남어는 로마자로 쓰이고 있으며, 일본어에는 'Sino-japanese script'가 남아 있다(Cumings, 2002: 170). 따라서 언어들이 서로의 방언과도 같아서 다른 나라 사람들 간에도 서로 의사소통하는 데 별문제가 없는 유럽과 달리, 동아시아 사람들에게는 서로 의사소통할 수 있는 공통된 언어가 존재하지 않는다. 쓰기와 말하기 둘 모두에서 나타나는 언어적 이질성은 동아시아 사람들의 의사소통을 방해함에 따라 동아시아만의 정체성을 형성하는 데 걸림돌이 된다.

4) 비전과 리더십의 부재

리더십은 지역 협력의 구조적 방해물들을 극복하는 데 가장 중요하다. 초국가적 지역 연합의 성공 스토리인 EU는 장 모네의 비전과 리더십이 없었다면 불가능했을 텐데, 기능주의적 지역 통합에 대한 모네의 아이디어는 유럽석탄철강공동체ECSC를 만들었고, 이것은 유럽 통합 발전의 초석이 되어 지역

공동체로부터 공동시장, 그리고 마침내 초국가적 연합이 EU로까지 확대되었다. 프랑스와 독일은 지역적 이익을 국가이익 위에 올려놓음으로서 EU를 만드는 데 함께 리더십을 발휘했다. 특히 독일은 유럽의 회원국으로 복귀하고 그들의 오래된 독일 민족주의를 포기함으로써 EU의 성공에 기여했다.

그러나 동아시아에는 모네처럼 범아시아 지역주의를 위한 비전과 전략, 실천 계획을 제시할 리더십이 존재하지 않는다. 말레이시아의 마하티르와 싱가포르의 리콴유李光耀는 아세안과 아세안이 시작한 지역 기구들을 수립하는 데 핵심적 역할을 수행했다. 하지만 마하티르는 동아시아 지역주의에 대한 단기적이고 좁은 시각만을 가지고 있다. 마하티르는 동아시아는 지리적으로 규정되어야 하고 따라서 동아시아의 헤게모니 국가인 미국은 배제되어야 하며 동아시아 지역주의는 아세안의 방식으로, 아시아적 방식으로 운영되어야 한다는, 매우 최소주의적이고 배타적이고 지리적인 관점을 계속해서 견지해왔다.

1998년 11월 베트남에서 열린 아세안+3 회의에서 한국의 김대중 대통령은 동아시아 비전 그룹EAVG: East Asia Vision Group의 설립을 제안했고, 동아시아 비전 그룹은 1999년 10월 서울에서 발족되어 동아시아 공동체를 추구하고 있다. 2000년 11월에 싱가포르에서 열린 제4차 아세안+3 정상회담에서 김대중 대통령은 아세안과 중국, 일본, 한국 간에 이미 존재하는 협력을 더욱 강화하고 확대하기 위한 현실적인 방식과 수단을 탐색하고 다양한 영역에서의 긴밀한 협력을 위한 실행계획을 준비하기 위해 동아시아 연구 그룹EASG: East Asia Study Group의 설립을 제안했다. 동아시아 연구 그룹은 초기적 형태의 동아시아 공동체로서 동아시아 정상 회의를 준비했다. 동아시아 정상 회의는 아세안+6(일본, 한국, 중국, 호주, 뉴질랜드, 인도) 국가들로 구성되고 경제, 금융, 정치, 안보, 환경, 에너지, 사회, 문화, 교육, 제도 등과 같은 다양한 어젠다를 다룬다. 그러나 동아시아 정상 회의의 비전은 범위가 너무 넓고(최대주의적)

아세안+3과 중첩되는 부분이 많으며, 경제와 안보 문제를 융합시키는 바람에 초점이 흐려진 문제점을 지니고 있다.

한국, 호주, 아세안과 같은 중간 국가와 달리, 일본의 리더십은 매우 수동적이며 어떠한 비전과 리더십도 제공하지 못했다. 비록 이 지역의 세 강대국 중 한 나라가 경제적 중추 국가가 되거나(일본의 경우), 정치와 경제 둘 모두에서 중추 국가가 되거나(중국의 경우), 안보 영역에서의 중추 국가가 될(미국의 경우) 가능성이 있다 하더라도, 이 세 강대국이 지역 공동체 발전을 위한 공통된 비전과 어젠다를 공유하고 있지는 않다.

5. 동아시아 지역주의의 기회

1) 다자주의적 안보 대화의 인큐베이터로서의 6자 회담

이러한 장애물들에도 불구하고 우리는 동아시아 지역주의를 위한 여러 기회들을 찾을 수 있다. 첫째, 북한 문제는 압력과 정권 교체보다 대화(6자 회담과 북미 양자 대화)와 개입을 통해 풀기로 합의되었다. 2005년 9월 19일 여섯 개 조항 공동성명을 통해 6자 회담이 돌파구를 연 이후, 미국이 북한의 방코델타아시아 은행BDA 자금을 동결하고, 이에 대한 대응으로 북한에서는 2006년 7월 4일과 5일에 미사일을 발사했으며, 같은 해 10월 9일에 핵폭탄을 실험함에 따라 6자 회담은 곧 정체되었다. 이러한 교착 상태를 해결하기 위해 미국과 북한은 6자 회담 내에서의 양자 대화를 추진했으나, 돌파구는 미국이 6자 회담의 틀 밖에서 북한 협상가들과 만나기로 동의함으로써 찾았다. 마침내 2007년 2월 13일, 미국은 북한에 방코델타아시아 은행에 동결되어 있던 자금을 돌려주고 북한은 양자 대화에 복귀하기로 합의했다. 양자 대화를 통해 북한은 영변 핵 시설을 폐쇄하고 핵 프로그램을 해체하며 제3국으로 핵 기술을 이전하지 않기로 약속했다. 이에 대한 대가로 미국은 북한을 테러 지원국 리스트에서 삭제하고 북한과의 외교 관계를 정상화할 것을 약속했다. 현재 영변 핵 시설의 해체와 불능화 작업은 열한 개 단계 중 아홉 개 단계가 완료되었지만, 미국이 약속한 연료 공급이 지연되고 있다고 북한이 주장함에 따라 이 작업 속도 또한 느려지고 있다.

비록 북한 문제가 동아시아 안보 공동체의 가장 심각한 장애물이라 할지라도, 오히려 북한 문제가 동아시아의 주요 행위자들에게 북핵 이슈를 풀기 위해 다자주의적이고 쌍무주의적인 공식들의 적절한 혼합물을 찾을 수 있는 기회를 제공했다고 생각해볼 수 있다. 다자주의적 6자 회담은 동아시아 지중해에서 최초의 안보 공동체의 실험이고 6자 회담이라는 다자주의가 성공할 경우 동아시아 지중해 지역의 평화 안보 공동체로 발전할 수 있다는 점에서 관련당사국들은 6자 회담의 성공에 배전의 노력을 기울여야할 것이다.

2) 정치·안보 영역에 대한 경제통합의 파급효과

둘째, 지역 내 무역과 투자의 급격한 증가는 경제통합의 정치, 문화, 사회 영역에 대한 파급효과를 강화한다. 자유주의자들은 경제적 상호 의존성의 증가가 역내 정치, 문화, 안보 통합에 대한 논의를 부추길 것이라고 주장한다. 예를 들어 이수훈(2006)은 에너지 공급 분야에서의 협력은 유럽석탄철강공동체와 유사하게 파급효과를 발휘했다고 주장한다. 다른 이들은 한중일 FTA 타결, 아시아 통화 기금AMF: Asian Monetary Fund 창설, 역내 상품과 커뮤니케이션 네트워크 구축 등을 제안해왔다.

경제통합의 다른 영역에 미치는 파급효과에 대한 가능성과 효율성은 에른스트 하스Ernst B. Haas와 함께 지역 통합의 신기능주의 이론을 창시한 필립 슈미터의 지지를 받는다(Schmitter, 2002a). 슈미터는 EU 거버넌스의 제도화라는 창을 통해 동아시아 공동체 설립의 공식을 제안한다. 슈미터는 EU는 기본적으로 점진적인 과정의 산물이므로 EU의 제도화 과정은 신기능주의적 방식에 의해 만들어졌다고 주장한다. 첫 번째 단계에서 행위자들은 상호 협정을 충실히 준수할 만큼 서로를 신뢰하지 않기 때문에 초국적 비서국과 사법부를 설치한다. 그리고 EU를 형성한 행위자들은 공통된 정체성을 가지고 있지 않았기 때문에, 그들에게 동일한 기구의 단일한 방식을 부과하는 것이 아니라 다차원적 책임성을 지닌 기구들을 다양한 공간에 확산시킨다. 그 결과 EU 기구들의 기능은 흘러넘침의 경향성을 발생시킬 만큼 충분히 상호 의존적이 된다. EU의 회원국들은 영토의 크기, 능력, 사회경제적 구성 등이 다르기 때문에, 초기의 EU 거버넌스는 이러한 종류의 다양성을 반영했고 EU가 확대될수록 다양성은 더 증가했다. 초기의 통합 전략은 고위 국가 관료, 위원회 관리, 기업 대표 등과 같은 특권층들 간의 '분절된 상호작용'을 기반으로 했다. 이러한 특권층들의 분절된 상호작용은 국가주의적 이데올로기와 정당들에 의한 다차원적이고 다중심주의적인 거버넌스의 붕괴를 막아냈다.

EU를 만들면서 유럽인들은 제2차 세계대전 이후 산업의 핵심 축이었던 석탄과 철강의 공통된 기능을 발견했다. 슈미터는 경제통합으로부터 정치통합으로의 파급효과를 만들어낼 수 있고 특히 러시아, 한국, 북한, 중국, 일본, 미국에서 '평화로 인한 이득'을 창출할 수 있는 가장 가능하고 효과적인 기능으로서 역내 에너지 공동체(또는 동아시아 공동 에너지 시장)를 지목했다. 동아시아 국가들의 중동 에너지 자원에 대한 의존도는 매우 높고, 이들은 대체 자원을 가지고 있지 않기 때문에 중동 석유에 동아시아 프리미엄을 지불해왔다. 최근 동아시아 국가들은 엄청난 양의 석유와 천연가스를 함유하고 있는 러시아 극동 지역에서 새로운 에너지 원천을 발견했다. 그러므로 고위 관료, 정부 관리, 대기업 경영자와 같은 특권층들은 극동 러시아와 카자흐스탄과 같은 옛 독립국가연합CIS: Commonwealth of Independent States의 에너지 자원 개발과 공급에 공통된 관심사를 공유하며, '동아시아 공동 에너지 시장' 또는 '동아시아 에너지 공동체'를 형성하기 위해 상호 협력하고 있다. 이곳에서 러시아와 카자흐스탄은 석유와 가스의 공급자로서, 한국·일본·중국은 소비자로서, 미국의 거대 석유 기업들은 개발자로서, 북한은 자국을 지나가는 가스관을 통해 한국과 일본에 가스가 공급됨에 따라 소비자뿐만 아니라 공물 징수원으로서도 이득을 본다. 만약 성공적인 에너지 공동시장이 러시아, 미국, 중국, 일본, 한국, 북한과 같은 주된 이해당사자들에게 '평화로 말미암은 이득'을 창출한다면, 동아시아 공동 에너지 시장 또는 에너지 공동체는 동아시아 안보 공동체로 번질 것이다. 평화로 말미암은 이득이 창출되는 원리는, 공동 에너지 시장을 안전하게 운영하기 위해서는 이 지역의 평화가 반드시 유지되어야 하고 따라서 평화와 안보를 위한 지역 기구가 조직되어야 한다는 것이다.

3) 동아시아 국가 간 커뮤니케이션의 촉매제와 촉진제로서 IT 혁명

셋째, IT 혁명은 동북아시아 국가들에 그들의 역내 커뮤니케이션 문제에 대해 가능한 해결책을 제시한다. 디지털 커뮤니케이션과 인터넷을 통해 동북아시아 국가들은 현재 지역적 커뮤니케이션의 효과적인 수단을 가지게 되었다. 인터넷, 모바일 폰, 소셜 네트워크 서비스SNS, 소셜 미디어는 '인접하지 않은non-contiguity' 동아시아 지중해 국가들을 연결해주고 동북아시아만의 공통된 지역 문화와 정체성의 형성을 돕는다.

전 지구적 헤게모니는 대서양 문명에서 태평양 문명으로 이동해왔다. 냉전의 종식과 디지털 혁명, 세계화와 함께 더 넓은 태평양 지역 안에서 이질적인 문명들이 만나 태평양 시대를 만들어왔다. 태평양 시대를 열기 위해서는 몇 가지 조건들이 충족될 필요가 있다. 첫째, 태평양 시대는 문명의 충돌이 아닌 문화적 관용에 의해 나아갈 수 있다. 종교적 관용, 민주주의, 귀족정, 왕정 간의 공화주의적 혼합 정체, 인종과 태어난 곳과는 상관없는 보편적 시민권이 로마가 천년 이상 지속되는 것을 가능하게 했다. 태평양에서 대서양으로 뻗어나가면서 인종적·종족적·종교적 차이를 녹여버린 '용광로'가 된 미국은 20세기의 세계 제국이 되었다. 그리고 미국의 헤게모니가 21세기에도 지속될 것이라는 믿음에는 의심의 여지가 없다. 그러므로 태평양 시대를 열기 위해서는 우리는 몇몇 강대국이 대동아공영권과 같은 배타적인 지역문명을 건립하는 것을 막아야 하고, 동아시아 지중해 시대를 열기 위해 이질적인 동아시아 지중해 국가 간에 일어나는 문명의 충돌이 아니라 문화적 관용이 지배하도록 해야 하며, 동시에 '대동아공영권'처럼 배타적인 제국empire을 건설하려는 시도를 저지해야 하고, 대신 IT 혁명이 제공하는 지역 내intra-regional, 지역 간inter-regional 소통 메커니즘을 통해 포괄적comprehensive이고, 다중심주의적polycentric이고, 다원주의적pluralistic이며, 다종족적multi-ethnic인 문명을 발전시켜야 한다. 동아시아 IT 혁명은 아시아와 미 대륙 간 지리적 거리를 극복해 왔다. 동아시아인들은 그들이 바다에 인접한 아시아인이든 대륙에 거주하는 아시아인이든 상관없이 사이버공간에서 자유롭게 만나 서로 의사소통하고 교환하고 협력할 수 있다. 인터넷, 핸드폰, MP3, 노트북, PDA와 같은 신유목적 기기들은 동아시아인들이 지역적 이질성의 문제를 해결할 수 있도록 도와준다.

IT 혁명은 동아시아 지중해 국가들에 소통의 문제에 대한 실현 가능한 해결책을 제시하며, 동아시아 지중해의 정체성 형성을 도울 것이다. IT 혁명은 동아시아와 태평양 너머 있는 미국과의 지리적 거리를 극복해줄 것이고, 섬(일본), 반도(한국), 대륙(중국)에 관계없이 동아시아 지중해인들이 사이버공간에서 자유롭게 만나 서로 의사소통하고 교환하고 협력할 수 있게 해줄 것이다.

4) 종교적 공존과 협력의 롤 모델로서 한국

마지막으로 한국은 동아시아에 종교적 이질성 문제에 관한 답을 제시할 수 있다. 한국은 개신교, 가톨릭, 불교, 유교가 평화롭게 공존하는 나라로서 동북아 국가들에 종교적 다원주의와 평화 공존에 관한 롤 모델을 제시한다. 김대중 전 대통령은 "세계의 다른 여러 지역에서 발발하고 있는 문명의 충돌이라는 점에서, 이러한 다양한 종교의 공존과 협력은 아시아 통합과 관련하여 큰 희망의 원천으로 남아 있다"라고 지적했다(김대중, 2006).

한국은 세계에서 가장 종교적으로 활기차고 역동적이며 다원주의적이다. 신도 수를 기준으로 전 세계에서 가장 큰 교회의 대부분이 한국에 위치하고 있지만, 특정 종교가 우세하지 않으며 불교, 개신교, 가톨릭, 유교가 평화롭게 공존하고 있다(Im, 2000: 28). 아시아의 신생 민주주의 국가들이 종교적 갈등과 불관용으로부터 고통을 겪고 있다는 점에서, 한국의 종교 간 조화는 아시아의 종교 간 평화를 위한 롤 모델이 될 수 있을 것이다.

제12장

동아시아 정치 변화와
동아시아 지중해 시대의 구상

1. 서론: '동아시아 지중해 시대'의 도래

21세기에 들어서서 세계 권력world power은 동해, 남해, 황해, 동중국해를 중심으로 미국, 중국, 일본, 한국, 극동 러시아가 경쟁하고 협력하는 '동아시아 지중해'로 이동하고 있다. 유럽 중심으로 세계사를 보았을 때, 역사의 첫 번째 중심 무대는 남유럽과 북아프리카, 소아시아Asia Minor(터키와 근동Near Asia)로 둘러싸인 지중해Mediterranean Sea였다.[1] '지중해 시대'는 기원전 500년경에서 시작해 '긴 16세기long sixteenth century: 1450~1640'까지 오랜 기간 지속되었다. 초기 '지중해 시대'의 패자는 아테네를 맹주로 하는 그리스 도시국가polis였고, 로마(로마 공화국과 로마제국)로 지중해의 패권이 이어져 1,000년 동안 지속되었다. 로마제국의 몰락 이후 지중해의 패권은 스페인 제국과 베네치아, 피렌

---

1 이러한 세계사적 관점은 유럽 중심주의(Euro-centricism), 오리엔탈리즘이라는 비난에서 벗어날 수 없으나, 동아시아 지중해의 개념을 도출하기 위해 사용하고 있다는 점을 양해하기 바란다.

체, 제노바와 같은 르네상스 이탈리아의 자유무역 도시국가로 이동했다가 1588년에 스페인 펠리페 2세Philippe II가 꾼 제국의 꿈이 무산되면서 지중해 시대도 끝이 났다.

유럽 지중해 시대의 공통점은 지중해 시대의 패권 국가들이 자리 잡았던 그리스, 이탈리아, 스페인이 반도라는 것이다. 이 반도들은 지중해 중심부에 위치해 있으면서 동시에 유럽, 북아프리카, 중근동 아시아Near East and Middle East Asia(터키와 중동) 대륙과 연결되어 있다는 공통점이 있다. 그러나 '무적함대Armada'로 로마제국의 영광을 부활시키려는 합스부르크 왕가 출신인 스페인의 펠리페 2세의 꿈을 1588년 칼레Calais 해전에서 영국 여왕 엘리자베스 1세Elizabeth I의 함대가 산산이 부수면서 지중해 시대는 끝났고(Braudel, 1974), 대서양의 네덜란드, 벨기에, 북구의 한자동맹 도시들(브뤼헤, 앤트워프, 암스테르담, 함부르크, 브레멘, 뤼벡 등)과 영국으로 이동했다. '대서양 시대'에 자유무역과 산업혁명이 일어나 대영제국을 중심으로 근대 자본주의가 꽃을 피웠다. 그러나 20세기에 들어서서 대서양 시대는 두 차례에 걸친 세계대전으로 힘과 자원이 소진되었고 미국을 중심으로 하는 '팍스 아메리카나' 시대로 대체되었다. 미국은 태평양과 대서양을 모두 연안으로 가지고 있는 전천후 제국이었다. 제2차 세계대전 종전 후 냉전Cold War이 도래하면서, 초기에는 미국과 서유럽 동맹국들이 결합한(예: 북대서양조약기구NATO, 유럽안보협력회의 CSCE) 대서양 다자 동맹 체제Atlantic Multilateral Alliance System가 팍스 아메리카나의 중심축이었으나, 미국과 소련이 '적대적으로 공존'했던 냉전 체제의 이완, 미국의 월남전 패배, 유럽의 케인지언 황금기Keynesian Golden Age의 종료, 일본의 부흥(Vogel, 1981), 중국의 개방, 동아시아 네 마리 용(한국, 타이완, 홍콩, 싱가포르)의 승천, 미국의 상대적 쇠퇴(예: 리처드 닉슨의 1972년 금 태환 정지령, 동아시아 군사기지 축소) 등이 복합적으로 작용해 팍스 아메리카나의 중심축이 미국과 태평양 연안국이 주로 경제적으로 연결되고 결합되는 '아시아·태평양'으로 이동했다.

그러나 1989년 동구 사회주의가 붕괴하고 1991년 소련이 해체되면서 국제적 냉전 체제는 종식되었다. 그 결과 미국 중심의 일극 체제가 다시 공고화되었고 미국을 중심으로 신자유주의적 세계화가 시작되었다. 영미 중심의 금융자본주의가 글로벌 스탠더드가 되자 튼튼하던 일본의 대형 금융기관이 순식간에 부실화되었다. 반면에 세계 자본주의 시장경제에 편입된 중국은 글로벌 연안 제조업global offshore manufacturing의 중심이 되었고 글로벌 다국적 기업들의 집중적 투자로 '세계의 공장'이 되었다. 세계 제조업의 중심이 미국, 일본에서 중국으로 옮겨가면서 중국이 부상했다. 중국은 현재 세계 2위의 무역 대국이고, 세계 최대의 제조업 국가이며, 세계 최대의 달러와 미국 국채 보유국이다. 군사력만 뺀다면 중국은 미국과 경쟁할 수 있는 명실상부한 G2 대국이다. 한국과 타이완, 홍콩, 싱가포르 이 네 마리 용은 하이텍 기술의 개발과 수입을 통해 세계 자본주의의 '제조업 사슬manufacturing chain'에서 상위 수준으로 업그레이드되었고, 특히 한국은 디지털화된 IT 혁명을 수용하고 스스로 발전시켜 현재 모든 IT 지수Digital Index에서 더는 선진국을 '따라잡는catch-up' 후발국이 아니라 IT 혁명을 선도하고 IT 부문에서 글로벌 스탠더드를 설정setting global standard하는 디지털 기술 경제의 나라로 올라섰다. 일본은 두 차례의 '잃어버린 10년'을 겪고 있지만, 여전히 자동차와 같은 전통적 제조업과 하이텍 부품 산업에서 세계 최강자이며, 그동안 쌓아놓은 거대한 외환 보유액은 어떠한 글로벌 금융 위기에도 견딜 수 있는 면역력을 가지고 있다.

1588년 무적함대의 침몰과 함께 종말을 고했던 '지중해 시대'가 동아시아의 부상과 함께 400여 년 뒤 냉전 종식과 1989년~1991년 소련 제국의 해체, 세계화, 패권 국가인 미국의 태평양 세력화로 '동아시아의 지중해'에서 새롭게 부활하고 있다. '동아시아 지중해 시대'의 도래를 이야기할 수 있는 이유는 첫째, 유로존 금융 위기와 함께 통합 유럽연합인 EU가 현재의 패권 국가인 미국을 대체할 잠재적 패권 경쟁자의 자격을 상실했다는 것이다. 당분간 EU는 유로존 위기를 수습하고 흐트러진 내부의 이반, 균열, 불화를 치유하고 다시 유럽 통합을 업그레이드하는 데 몰두할 것이다.

둘째, 유럽과는 반대로 동아시아 지중해의 역동성dynamics은 증대하고 있다. 미국은 이미 21세기에 들어서기 전 1980년대 말에 대서양 국가에서 태평양 국가가 되었으며, 많은 '미국 쇠퇴론'에도 아시아·태평양 국가로서 미국의 패권은 최근의 금융 위기에도 불구하고 도전받지 않을 것으로 보인다. 왜냐하면 미국은 현재 진행 중인 IT 혁명을 선도하는 '지식 제국Empire of Knowledge' 이고, 지구촌에서 유일하게 보유하고 있는, 항공모함 전단을 기축으로 한 대양 해군과 세계 132개국에 산재한 700~1,000개의 미군 기지military bases를 바탕으로 지구촌 분쟁 지역에 언제라도 즉시 군사력을 투사할 수 있는 '군사기지 제국empire of military bases'이다. 또한 19세기 유럽의 제국들과 달리 영토적 야심이 없는 탈영토적 제국이기 때문에 기지 주둔국들이 미국에 대해 수용적이고 우호적이며, 하드 파워보다는 소프트 파워로 제국을 경영하는 탈근대적 제국인 미국에 도전할 수 있는 국가도 없고 가까운 장래에 패권 국가 미국을 대체할 수 있는 국가도 현재로서는 보이지 않기 때문이다.

중국은 이미 경제적으로, 그리고 정치적으로 미국의 잠재적 경쟁자가 될 수 있는 G2 국가가 되었고 중국의 지위는 유로존 금융 위기와 미국의 불황이 계속되면서 상승하고 있다. 그러나 중국의 치명적 약점은 원천 기술을 보유하지 못해 아직 북미, EU, 동아시아 선진국(일본, 한국, 타이완, 싱가포르)의 하청기지로 머물고 있다는 점과 전 세계에 중국의 군사력을 투사할 수 있는 대양 해군을 보유하고 있지 않다는 것이다.[2]

---

2 중국은 동북 3성의 앞바다인 동해(일본은 일본해로 명기)에 중국 군함을 띄울 수 없

한국은 아직 통일을 이루지 못하고 세계 유일의 분단의 섬으로 남아 있는 어려움에도 불구하고 IT 혁명의 선도 국가가 되었다. 한국은 동아시아 지중해의 십자로로서 해양 세력(미국, 일본)과 대륙 세력(중국, 러시아) 간의 가교 국가架橋國家 역할을 할 수 있는 지정학적 이점을 갖고 있다.

일본은 중국의 부상으로 상대적으로 중요성이 감소하고 있지만, 제조업에서는 세계 최강이며, 미국 다음으로 원천 기술을 많이 보유한 나라이고, 전통적 제조업뿐 아니라 IT 분야에서도 부품 산업을 장악하고 있기 때문에 무역 흑자 대국의 명성은 사라지지 않을 것으로 보인다. 그러나 일본은 여전히 메이지 시대의 탈아론脫亞論과 민족주의를 '동아시아 지중해 시대'에도 고집해 입아론入亞論과 국제주의로 복귀하지 않고 미일 안보 동맹을 강화해 일본 민족주의의 부활을 시도함으로써 동아시아 지중해 시대의 도래에 찬 물을 끼얹고 있다.

이와 같이 세계 3대 경제 대국(미, 중, 일)과 GDP 기준으로 세계 13위이면서 세계 7대 무역 대국인 한국이 핵심 구성원인 '동아시아 지중해'는 단연 EU와 북미North America를 압도하고 있다. '동아시아 지중해 시대'는 꿈이 아니라 현실이 되고 있다.[3]

이 장에서는 먼저 '동아시아 지중해 시대'를 열어나가기 위한 기본적 전제 조건이 무엇인가를 논의할 것이다. 둘째, '동아시아 지중해 시대'를 열어

을 정도로 해군이 취약하다. 그래서 중국은 북한으로부터 나진항과 선봉항을 얻어내고자 북한에 경제원조는 물론 시대착오적인 3대 세습까지 지원하고 있는 것이다.

3 세계화 시대에 글로벌 생산 네트워크, 무역, 기술이전, 금융거래가 북미, EU, 동아시아(한국, 일본, 중국, 홍콩, 타이완, 싱가포르) 세 지역에 집중되면서 이 세 지역에서 생산, 무역, 금융, 사회 문화 구조의 수렴 현상이 일어나고 있는데 이를 '글로벌 삼각화'라고 부른다(Petrella, 1996: 77). '동아시아 지중해'는 동아시아와 태평양 미국을 포함하는 가장 거대한 경제권이다.

나가기 위해 동아시아인들이 맞이하고 있는 기회는 무엇이며, 그들에게 가해지고 있는 제약들을 구조와 행위자 측면에서 살펴볼 것이고, 셋째, 민주화와 함께 동아시아에서 국내정치內政, 특히 선거 정치가 대외 정치外政에 냉전기의 권위주의 시대보다 더 많은 영향력을 미치고 있다. 이러한 내정과 외정 간의 상호 결정codetermination의 성격 변화가 '동아시아 지중해 시대'를 열어나가는 데 어떤 영향을 미칠 것인가를 검토할 것이다. 특히 정권 교체기를 맞은 2012년에 한·미·중·일의 국내정치에서 나타난 변화가 동아시아 지역 정치에 어떤 변화를 몰고 올 것인가를 탐구할 것이다. 마지막으로, '동아시아 지중해 시대'를 열어나가기 위해 어떻게 민족주의의 소용돌이에 휘말려 최악의 상태에 있는 한일 관계를 정상화하고 협력 관계를 복구해 양국이 동아시아 지중해 시대를 열어나가는 데 지주支柱, pillars가 될 수 있는가를 모색할 것이다.

2. '동아시아 지중해 시대'의 전제 조건

1) 소통

첫째, 지중해 시대를 열기 위해서는 지중해를 구성하는 다양한 섬나라, 반도 국가, 그리고 대륙 국가 간에 원활한 소통communication[4]이 이루어져야 한다.

---

4 지역 통합에서 소통의 중요성을 강조한 국제정치학자로 카를 도이치(Karl Deutsch) 를 들 수 있다. 도이치의 저서인 *The Nerves of Government*(New York: Free Press, 1964)와 *Nationalism and Social Integration*(Cambridge: MIT Press, 1966) 등에 의 하면 소통(communication)은 정보와 메시지를 효율적으로 전달함으로써 행위자 간 에 정형화된 관계(patterned relationship)를 형성하는 데 기여한다. 소통 네트워크는

최초의 지중해 패권 국가인 그리스의 아테네 도시국가는 델로스Delos동맹을 통해 가상의 적인 페르시아 제국에 대한 '안보 딜레마'의 해소라는 공동의 이익을 확보했고, 민주주의라는 소통에 강한 헌정 제도를 창안해 동맹 국가들에 전파해 델로스 동맹 도시국가들 간에 원활한 소통을 확보했다. 지중해의 두 번째 패권 국가인 로마는 소통의 제국이었다. 로마는 라틴어라는 공용어로 지중해에서 이집트, 그리고 유럽 대륙의 갈리아(프랑스)로 구성된 로마 임페리움 내의 원활한 소통을 가능케 했고, 로마법을 통해 모든 로마제국 구성원들에게 동일한 '법의 지배' 원칙을 적용했다. 로마는 언어적 소통뿐 아니라, 아피아 가도街道, via같은 고속도로를 거미줄처럼 건설해 물리적 소통을 가능하게 했다.

동아시아 지중해는 지리적 속성상 유럽의 지중해보다 소통이 어려운 조건을 갖고 있다. 먼저 동아시아 지중해 국가 간에 존재하는 비인접성非隣接性, non-contiguity이 소통의 장애 요인이다. 대륙 국가인 중국, 반도 국가인 한국, 섬나라인 일본, 태평양 건너 원거리에 있는 미국으로 구성되어 있는 동아시아 지중해의 국가들은 인접해 있지 않고 대륙과 섬이 이어져連陸 있지 않다. 따라서 지리적으로 동아시아 지중해 국가들은 내해內海 같은 작은 바다인 지중해 연안에 모여 살고 있는 유럽의 지중해 국가들보다 훨씬 어려운 소통을 하고 있다.

다음으로, 언어적 이질성이 소통의 장애 요인이 되고 있다. 동아시아 지중해 국가들인 한국, 중국, 일본, 미국은 사용하고 있는 문자도 다르고, 특히

정보의 환류(feedback), 균형(equilibrium)을 통해 사회체제(social system)의 통합을 완성한다. 도이치는 탤컷 파슨스(Talcott Parsons)의 사회체제 통합 과정(pattern maintenance, adaptation, goal attainment, integration)의 개념을 이용해 지역 통합을 훌륭하게 설명하고 있는데, 도이치의 핵심적 매개 개념이 소통이다.

'말하는 언어口語'가 달라 통역 없이는 거의 소통을 하지 못하고 있다. 유럽의 지중해 국가들이 로마 알파벳에 기초한 문자를 쓰면서 라틴어라는 동일한 어원을 가진 언어로 상대적으로 쉽게 소통을 할 수 있는 상황과 대조적이다.

그러나 최근 동아시아 지중해 국가들의 엘리트들 간에 영어가 보편화되고 IT 혁명이 빠르게 진행되면서 신유목적 소통 도구neo-nomadic communi cation devices(스마트폰, 인터넷, 소셜 네트워크 서비스SNS, 소셜 미디어)를 이용해서 동아시아인들은 이질성에도 불구하고 소통의 문제를 상당한 정도로 해결하고 있다.

2) 관용, 포용, 개방

둘째, 동아시아 지중해 시대를 열기 위해서는 관용, 포용, 개방성이 필요하다. 최초의 지중해 시대를 연 아테네를 중심으로 하는 그리스 도시국가들은 동맹을 통해 서로를 포용하고, 마케도니아와 같은 대륙의 군사 국가들에도 그리스의 헬레니즘 문명을 개방하고 관용해 지중해 시대의 경쟁자인 페르시아 제국의 도전을 물리쳤다.[5] 그러나 진정한 지중해 시대의 정신을 실현한 나라는 로마였다. 로마는 로마의 관습, 매너, 습속, 정신ethos을 받아들인 민족과 종족에 관용을 베풀었다. 이러한 다문화적 다양성은 로마를 '행복한 용광로happy melting pot'로 만들었다. 로마는 종교에도 사해동포주의적cosmopolitan으로 접근해 피정복 국가의 종교에 대해 관용을 베풀었다. 로마의 관용은 제

---

5   그리스 반도의 내륙에 있는 마케도니아 출신 알렉산드로스 대왕은 헬레니즘 문명을 중동과 이집트, 아프가니스탄을 넘어 인도까지 전파하려는 코스모폴리탄주의를 실천에 옮기려 했다. 이와 같이 배타주의, 민족주의가 아니라 개방주의, 국제주의가 첫 번째 지중해 시대를 연 기본 동력이었다.

국 내의 모든 남성에게 시민권을 부여하는 것으로까지 확장되어 미국 '건국의 아버지'들에게 국가 건설의 모델이 되었다.[6]

반면에 동아시아 지중해 국가들은 관용과 포용의 정신이 부족하다. 세계화가 진전되자 유럽은 두 차례의 재앙적인 세계대전을 불러일으킨 민족주의를 버리고 대신 국제주의를 채택해 EU와 같은 '초민족적 국가연합supranational confederation'을 만들 수 있었고, 독일 민족주의를 버리고 유럽의 일원이 되겠다고 약속하고 선언한 분단국가 독일의 재통일을 관용했다. 그러나 동아시아 지중해 국가들은 세계화가 진전될수록 국제주의보다 민족주의를 강화하고 있다. 탈영토적 세계화 시대에 독도, 센카쿠 열도, 남사군도를 둘러싼 영토 분쟁이 가열되고 있다. 태평양 건너 미국에는 모든 민족의 차이를 녹이는 용광로melting pot로 불렸던 미국적 관용이 9·11 테러 이후 약화되거나 사라져버렸다.

동아시아 지중해의 한국, 중국, 일본, 미국은 기술, 금융, 군사력, 경제, 문화 등 다방면에서 혁신의 선봉장이었고 그것이 동아시아 지중해 시대를 열었다. 그러나 소통, 관용, 개방, 국제주의가 동아시아 지중해 국가 간, 그리고 동아시아 지중해 국가와 다른 지역의 국가 간을 지배하지 않으면, 동아시아 지중해 시대는 '장기 지속longue duree'(Braudel, 1974)될 수 없는 내구성과 지

---

6 바울(Paul)이 두 차례나 로마제국 전역을 돌아다니면서 선교 활동을 할 수 있었던 것은 그가 유대인임에도 불구하고 로마 시민권을 얻을 수 있었기 때문이다. 로마의 관용은 최고 집정관인 황제의 자리를 인종, 종족, 민족에 관계없이 모든 교육받은 남성에 개방한 데서 드러난다. 하드리아누스(Hadrianus) 황제는 스페인, 안토니누스 피우스(Antoninus Pius) 황제는 프랑스, 마르쿠스 아우렐리우스(Marcus Aurelius) 황제는 안달루시아 출신이다. 특히 셉티미우스 세베루스(Septimius Severus) 황제는 북아프리카 출신의 흑인으로(부인은 시리아 출신) 미국이 흑인 출신 버락 오바마를 대통령으로 선출하기 2,000년 전의 인물이다.

속성의 문제를 노출할 것이다.

3) 다양성의 공존[7]

지중해 시대의 기본적 특징은 '다양성의 공존'이다. 고대 그리스의 아테네가
주도한 지중해 시대에는 그리스 반도, 동지중해와 에게 해의 섬나라(크레타,
키프로스 등), 소아시아 대륙의 도시국가 등 다양한 도시국가들이 공존하면서
자유무역을 통해 번영을 이루었다. 다양성과 이질성이 공존하면서 하이브리
드 문명을 구축한 것이다. 로마가 주도한 지중해 시대의 특징도 다양성이다.
로마인, 이탈리아인, 에트루리아인, 그리스인, 갈리아인, 페니키아인, 켈트
족, 유대인, 스페인인, 시리아인, 터키인, 이집트인 등 다양한 종족들로 구성
된 이질적인 로마제국에서 지중해 문명이 탄생한 것이다.

동아시아 지중해도 동질성보다는 이질성이 강하다. 동아시아 지중해를
구성하는 한국인, 일본인, 중국인, 미국인, 러시아인, 베트남인, 필리핀인 사
이에는 공통점보다는 차이점이 많다. 정치체제, 경제체제, 문화, 문자와 언
어가 다르다. 그런데 동아시아 지중해 시대를 열기 위해서는 이러한 이질성
이 공존할 수 있는 국제 체제를 만들어내어야 한다.

이질적인 다양성이 공존하기 위해서 필요한 국제 체제는 이질적인 것들
을 동질화하는 제국empire이 아니라, 각 단위 국가의 자유와 자율성을 보장하
는 연방federation이나 국가연합 또는 국가 네트워크이다. 포스트 웨스트팔리

---

7 도이치는 '합병(amalgamation)'과 '다원주의적 안보 공동체(pluralistic security com-
   munity)'라는 두 가지 유형의 지역 안보 공동체를 이야기하고 있는데, 다원주의적 안
   보 공동체의 전제 조건은 회원국의 필요를 충족해줄 수 있는 능력과 주요 가치의 양
   립 가능성이다(Deutsch et al., 1968). 동아시아 지중해는 전형적인 다원주의적 안보
   공동체를 지향한다.

아post-Westphalia 시대에 웨스트팔리아 체제가 보장한 절대적 국가 주권을 단위 국가에 보장해줄 필요는 없으나, 그렇다고 해서 단위 국가의 배타적 주권을 부정하고 제국에 흡수해 이질성을 인위적으로 제거하려는 제국empire 체제는 동아시아 지중해 시대를 열지 못한다. 동아시아 지중해 시대를 열기 위해서는 이질성을 인정할 뿐만 아니라 이질성의 평화적 공존을 보장하는 국제 체제를 구축해야 한다. 이질성의 공존과 다양성 속의 통합을 보장하는 적절한 국제 체제는 영토와 대내외적 주권을 보유한 국민국가를 기본 단위로 하는 현존하는 웨스트팔리아 체제도 아니고 과거의 제국帝國도 아니라 연방, 연합, 네트워크와 같은 탈근대적이고 신중세적新中世的, neo-medievalism인 체제일 것이다.[8]

3. 내정과 외정의 상호 결정론: 국내정치는 동아시아 지중해에 어떤 영향을 미치며 동아시아 지중해는 국내정치를 어떻게 모양 짓는가?

일찍이 프로이센 정치사학자인 오토 힌체는 내정의 연장이 외정이고, 외정은 다시 내정을 규정한다는 내정과 외정의 상호 결정론을 설파했다. 외정은 내정의 결과이자 원인이다. 내정은 외정과 독립적으로 존재하지 않으며 상호 연관되고 상호 결정하는 관계에 있다(Hintze, 1975; Gourevitch, 1978: 911;

---

8 스페인의 펠리페 2세의 제국 건설 시도가 지중해 시대의 막을 내리게 하고 영국(엘리자베스 1세)이 주도하는 대서양 시대의 막을 올리게 했다. 그리고 '대동아공영권'이라는 이름으로 진행된 일본 군국주의자들의 동아시아 제국 건설의 시도가 태평양전쟁을 유발했고 팍스 아메리카나의 시대를 열어주었다.

Zolberg, 1981).

한국과 일본의 지도자들도 선거를 앞두고 국내정치에서의 지지도가 바닥을 헤매자 오랫동안 영토 분쟁하에 있던 한국 영토인 독도(일본인들은 다케시마竹島로 부름)를 둘러싼 영토 분쟁을 격화시켜 탈근대적이고 탈영토적인 세계화 시대에 철지난 민족주의의 감정과 열망을 부추겨서 국내정치적 곤궁에서 벗어나려 하고 있다. 중국의 지도자들이 시진핑으로의 차기 정권 이양을 앞두고 중국 지배 엘리트의 도덕성을 흔드는 보시라이薄熙來 사건이 일어나자 국내정치적 곤궁에서 벗어나기 위해 외정을 이용하려 한 결과로 센카쿠 열도의 국제분쟁화가 시도되었고 중일 관계는 긴장 관계에 들어갔다. 중국의 지배 엘리트들이 순조로운 권력 이동에 문제가 발생하자 이를 타개하기 위해 국민의 관심을 센카쿠 열도라는 국제정치 문제로 돌린 것이다. 쿠릴 열도를 둘러싼 러시아와 일본 간의 영토 갈등도 마찬가지이다. 전형적인 내정의 연장으로서 국제분쟁이 계획되고 도발되고 확산되고 있는 것이다. 현재 동아시아 지중해의 핵심 국가인 한국, 일본, 중국, 러시아가 모두 양자 간또는 다자간 영토 분쟁에 들어가 있고 패권 국가인 미국이 중일 분쟁에서 동맹국인 일본의 입장을 지지하는 모습을 보임으로써 동아시아 지중해의 평화가 불안한 모습을 보이고 있다. 그러나 이러한 국제정치의 국내정치적 이용은 동아시아 지중해 시대의 개막과 지속을 매우 어렵게 만드는 위험한 정치적 행위이자 선택이다.

내정의 변화가 외정의 변화를 가져오고, 국제정치의 구조와 행위자의 변화가 내정으로 역류해 국내정치의 구조와 선택을 바꾼다는 힌체, 피터 구레비치Peter Gourevitch, 아리스티드 졸버그Aristide R. Zolberg의 상호 결정론을 받아들인다면 2012년은 동아시아 지중해에 매우 중대한 변화를 가져온 '글로벌 권력 교체global power shifts'의 해였다.

1월에 타이완에서 치러지는 총통 선거와 총선에서부터 시작해 3월에는 러시아, 4월에는 프랑스, 11월 6일에는 세계 초강대국 미국의 대통령 선거가 실시되었으며, 12월 19일 한국에서 대통령 선거가 치러짐으로써 글로벌 선거의 대단원의 막을 내릴 때까지 68개국에서 권력의 향배를 결정하는 선거가 있었고, 중국의 시진핑, 북한 김정은의 권력 세습이 이루어졌으며, 일본에서도 아베 신조 자민당 정권이 새로 출범했다. 이처럼 2012년에는 동아시아 지중해의 지도자들의 세습, 교체, 선출에 따라 동아시아 지중해의 국제정치를 움직이는 주역들이 바뀌고 동아시아 지중해의 정치, 안보, 경제의 구조적 변동이 일어났다. 선거를 통한 국내정치의 변화가 동아시아 지중해의 국제정치의 변화를 야기하고 동아시아 국제정치의 변화는 동아시아 지중해 국가들의 국내정치로 역류해 새로운 지도자들의 정치적 결정과 정책적 선택에 영향을 주었다.

민주주의의 꽃으로 불리는 선거라는 광장에서 주로 논의되는 화두는 외정이 아니라 내정이다. 유권자들은 후보들의 원대한 미래 국가 비전과 전략보다는 일자리, 복지, 경제민주화, 교육비의 절감 등 국내정치와 경제에 관한 공약에 더 관심을 가진다. 그리고 선거 과정에서 민족주의적인 열망, 배타적인 인종주의가 표출될 가능성이 크다. 그러나 이러한 민족주의적 열망의 표출은 동아시아 지중해 시대를 여는 데 장애가 될 것이다. 2012년 3월 대통령 선거 결과 예상대로 블라디미르 푸틴이 러시아의 대통령으로 복귀하면서 러시아 민족주의가 강화되고 있으며, 한국의 이명박 대통령이 독도를 순시한 뒤, 한국과 일본의 모든 정치인이 초당적으로 민족주의적인 언술, 성명, 수사를 남발했다. 어느 누구도 용감하게 동아시아 지중해 시대의 도래를 위해 상호 자제하고 미래의 비전을 이야기하지 않았다. 한국과 일본에서 모두 민족주의가 국제주의를 압도하고 있다.

그러나 동아시아 지중해에서도 내정이 일방적으로 외정을 결정하지 않는다. 2011년 세계 자본주의의 심장부인 '월가를 점령하라'는 시위로 시작해 유럽과 동아시아 지중해 국가인 한국과 일본으로 확산된 '글로벌 앵거global anger'는 2012년 총선과 대선을 치른 한국에서 모든 정치인이 보수와 진보를 막론하고 복지를 이야기하게 하고 경제민주화를 이야기하게 했으며, 일본과 타이완에서도 선거 정치에 영향을 미쳐 보수 정치인들도 더 많은 복지를 이야기했다. 그러나 남유럽발 유로존 금융 위기가 동아시아에도 상륙할 기미가 보이자 보수 정치인들은 복지와 경제민주화 공약을 슬며시 거두어들이는 모습을 보였다. 유럽에 비해서 유난히 민족주의가 강렬한 동아시아에서도 여전히 외정은 내정에 깊은 영향을 미치고 있다. 일찍이 프로이센 정치사학자인 오토 힌체가 이야기한 내정과 외정의 상호 결정론은 동아시아 지중해에서도 여전히 유효하다.

4. 맺는말: 동아시아 지중해 시대를 열기 위한 과제

이상과 같이 동아시아 지중해 시대를 여는 데 제약 요인과 기회 요인을 논의했다. 이론적으로 볼 때, 동아시아 지중해 시대는 동아시아 국가들의 국내정치(내정)의 결과만으로 도래하지 않으며, 동아시아 국가들의 내정과 외정의 상호 결정에 의해 만들어질 것이다.

동아시아 지중해 안보 체스판의 지각변동, 주요 국가의 권력 교체power shifts, 유로존 금융 위기의 동아시아 상륙 등 동아시아 국제정치의 행위자와 구조의 변동에도 불구하고 필자는 조심스럽게 동아시아 지중해 시대의 미래에 대해 낙관적인 전망을 해본다. 필자가 동아시아 지중해 시대에 대해 조심스럽게 낙관하는 이유는 첫째, 증가하는 역내 경제 교류는 특히 공동 에너지 시장 부문에서 시장에 의해 추동되는 경제적 지역주의를 심화시키고, 이것은 신기능주의적 원리에 따라 정치, 사회, 문화의 영역으로까지 확산될 것이기 때문이다.

둘째, 동아시아 IT 혁명은 동북아 국가 간 소통을 촉진하고, 한류 현상에서도 보이는 바와 같이 초국가적 역내 문화 교류를 도울 것이다. 문화적 교류, 소통, 상호 협력의 증가는 지역 내intra-regional의 이질성을 줄이고 동아시아 지중해 지역주의의 장벽을 제거하며 동아시아 지중해 국가들의 '공유된 정체성shared identity'을 형성하는 데 일조할 것이다.

셋째, 동아시아 지중해의 지역주의는 북아메리카 지역주의(북미자유무역협정NAFTA, FTAA)와 유럽 지역주의(EU의 확대)의 발전에 대한 방어적 대응으로서 번성할 것이다. 아세안+3APT과 같은 동아시아 지역 기구는 동아시아 금융 위기에 대한 워싱턴의 늦장 대응에 분개하며 만들어진, 일종의 '대항 지역주의'이다(Capie, 2004: 155). 이러한 점에서 현재의 전 지구적 금융 위기는 동아시아 국가들, 특히 중국, 일본, 한국 사이에서 공통된 대응을 낳을 것이고, 이러한 공통된 대응 중 하나가 800억 달러 규모의 '아시아 통화 기금AMF' 조직 논의이다.

그럼에도 불구하고 필자는 동아시아 지역주의의 전망에 대해 '조심스럽게 낙관적'일 수밖에 없다. 첫째, 동아시아 지역주의를 방해해온 주된 정치적 문제가 당분간 해결될 기미가 보이지 않기 때문이다. 풀리지 않은 문제들은 팽팽한 중미 관계, 북핵 문제, 동북아에서의 민족주의의 부상과 한일, 중일, 러일 간의 영토 분쟁, 남사군도를 둘러싼 중국, 타이완, 필리핀, 베트남 간의 복잡한 영토 갈등, 동아시아 협력을 촉진하기 위한 일본의 호의에 대한 오래된 의심 등이다.

둘째, 미국에 대한 서로 다른 태도, 포지션, 전략이 동아시아의 단일하고 통일된 동아시아 지역주의의 출현을 방해하고 있다. 지리적으로 미국은 동아시아에 포함될 수 없으나, 지정학적·지리경제학적으로 미국은 1945년 이래로 이 지역에서 가장 중요한 국가였다. 특히 동북아에서 미국은 중국, 일본, 한국과 가장 중요한 관계국이었다. 미국은 여전히 아시아·태평양의 몇몇 나라와 쌍무적인 동맹 관계를 유지하고 있다. 동남아에서 또한 미국의 '테러와의 전쟁'은 싱가포르와 같은 몇몇 나라에서 미국과의 외교적·군사적 관계를 더욱 가깝게 만들었다. 하지만 여전히 마하티르와 같은 지도자는 오직 지리적으로 동아시아의 경계 안에 있는 나라들만이 동아시아 지역 기구의 회원국이 될 자격이 있고 따라서 미국, 캐나다, 러시아는 동아시아 지역주의로부터 배제해야 한다는 '동아시아인들의 동아시아', '아시아 가치Asian Values'를 내걸고 지리적 개념으로서의 동아시아인 소동아시아론Minimalist East Asia, Asians' Asia, Geographical East Asia을 주장하면서 미국을 동아시아 공동체, 지역 기구에서 배제하려 해왔다.

반면 미국, 특히 빌 클린턴 행정부는 동아시아를 지리적 차원에서 배타적으로 개념화해서는 안 되며, 좀 더 포괄적 방식으로, 즉 정치적·경제적·문화적 차원에서 동아시아를 정의함으로써 호주, 뉴질랜드, 미국, 캐나다, 멕시코, 칠레, 페루, 러시아의 극동 지방까지 동아시아의 경계에 포함하는, '대동아시아greater East Asia'를 주장했다. 일본과 한국은 정치, 안보, 경제에서 미국은 엄연히 동아시아에서 가장 중요한 행위자이고 지리적으로도 아시아·태평양 지역의 일원이기 때문에 당연히 동아시아 지역에 포함되어야 한다는 정치적·안보적·경제적 개념으로서의 동아시아를 주장해 미국의 '대동아시아론'을 지지했다. 상충하는 동아시아의 정체성에 관한 상충하는 두 견해가 아시아·태평양경제협력체APEC 창설 과정에서 부딪혔고, 결국 '대동아시아론'이 미국의 지원과 압력에 의해 승리했다. 그러나 정체성 전쟁은 끝나지 않았고 '누가 동아시아인가'를 정의하기 위한 투쟁은 여전히 동아시아의 지역적 경계와 정체성 형성에 주된 방해물로 남아 있다.

APEC의 설립 과정과 뒤이은 동아시아 지역 기구에 미국이 포함되면서 아시아·태평양의 일원으로서의 미국이 대서양의 일원으로서의 미국을 경제적·군사적·정치적으로 압도하고 있다. 미국은 이제 더 이상 '대서양 연안 국가trans-Atlantic nation'(Deutsch et al., 1968)가 아니라 아시아·태평양 국가이다.

그렇다면 이러한 동아시아 지중해 시대에 대한 제약을 극복하고 기회를 최대한으로 활용하기 위해 무엇을 해야 할 것인가What is to be done?

첫째, 한국과 일본은 불화를 끝내고 협력을 논의해야 한다. 왜 동아시아 지중해 시대를 열기 위해 한일 간의 협력이 중요한가? 첫 번째로, 한국과 일본은 동아시아 지중해 국가들 중 가장 표준적인 민주주의와 시장경제를 갖고 있고, 양국의 국력을 합치면 충분히 중국을 누르고 동아시아 지중해의 정치체제와 경제체제의 지역 표준regional standard를 설정할 수 있기 때문이다.[9] 두 번째로, 한국과 일본은 패권 국가인 미국의 강력한 동맹국으로서의 안보 이익을 공유하고 있고 미국, 한국, 일본의 남방 삼각동맹 네트워크는 중국, 북한(그리고 러시아)의 북방 삼각동맹과 동아시아 지중해에서의 군사적 균형을 보장해 동아시아 지중해를 장기 지속의 평화의 바다로 만들고 있기 때문이다. 셋째, G2로 부상한 중국은 그 규모의 경제력, 군사력, 정치력으로 말미암아 동아시아 지중해에서 차지하는 비중이 압도적이다. 동아시아 지중해 시대의 가장 큰 장애물이 제국empire의 형성 시도이다. 이점에서 한국과 일본은 차이를 치유하고 협력해 중국의 패권화를 저지해야 동아시아 지중해 시대가 도래하고 유지된다.

둘째, 그렇다면 한국과 일본은 협력을 위해 무엇을 해야 하는가? 먼저 한국은 일본과 협력하기 위해서라도 일본과 힘의 균형을 이루기 위해 노력해야 한다. 약자의 입장에서 협력은 진정한 협력이 아니라 구걸이다. '힘이

---

9 한국과 일본은 영국 ≪Economist≫의 '민주주의 지수'에서 아시아에서는 유일하게 30위 안에 들어가는 '완전한 민주주의(Full Democracy)' 국가이며, 1인당 국민소득 2만 달러가 넘는 자본주의 시장경제의 선진국이다.

있는 한국'만이 일본과 진정한 협력을 할 수 있다(cooperation from strength). 한국은 동아시아 지중해 시대의 핵심 국가(중국, 일본, 한국) 중 가장 약한 핵심 국가라는 것을 명심하고 대국인 중국, 일본과 균형을 이루기 위해 노력해야 한다. 한국은 '동아시아 지중해 시대'를 여는 주역이 될 수밖에 없다. 유럽의 지중해 시대를 이끈 나라가 그리스, 이탈리아, 스페인과 같은 반도 국가였듯이 동아시아 지중해 시대도 반도 국가인 한국이 열어야 할 것이다. 한반도는 동해, 남해, 서해의 중심부에 위치해 있으면서 태평양과 중국 대륙을 연결할 수 있는 지정학적 중추이다. 그러나 동아시아 지중해의 강대국인 중국, 일본과 어느 정도 균형을 이루지 않고서는 한국은 중추 국가가 될 수 없다. 한국이 중추 국가가 되기 위해서는 한중일 동북아 삼각 균형 체제를 구축해야 한다. 그런데 현 시점에서 한국의 국력은 일본과 중국에 균형을 이야기조차 할 수 없을 정도로 취약하다. 균형을 이루기 위해서는 내적으로 힘을 키우는 자강을 통한 내적 균형 전략이 있으나 이는 단시일에 이룰 수 없는 비현실적 전략이다. 따라서 현실적이고 실현 가능한 균형 전략은 미국과의 동맹 강화를 통한 외적 균형 전략이다(Pape, 2005). 현재 유일한 초강대국이고 앞으로도 예측 가능한 시간 내에는 유일 패권국으로 남을 수밖에 없는 미국의 힘을 한미 동맹 강화를 통해 얻음으로써(狐假虎威), 우리는 중국과 일본과 거의 대등한 균형을 이룰 수 있다. 북한과의 화해를 통해 7,000만 한반도 경제권을 형성한다면 일본과는 인구수와 시장에서 균형을 이룰 수 있다.

셋째, 일본은 전간기戰間期에 재앙을 가져다주었던 탈아론을 버리고 아시아로 귀환해(입아론) '아시아 속의 일본'이 되었다는 것을 이웃 국가들에 진정성을 가지고 보여주어야 한다. 그러기 위해서 일본은 국내정치적 목적으로 이웃 국가들과의 영토 분쟁을 벌이는 위험한 대외 정책을 즉각 중단해야 한다. 일본은 독도, 센카쿠 열도, 쿠릴열도를 둘러싸고 한국, 중국, 러시아와 좌충우돌 영토 분쟁을 동시에 벌이고 있고, 동아시아 지중해에서 왕따가 되어 고립될 처지에 놓여 있으며, 종군 위안부와 역사 교과서 문제에서 한국, 중국에 대해 아직 진정한 사과조차 하지 않고 있다. 동아시아 지중해 시대에도 일본은 아직 이웃 나라들에 좋은 이웃이 되지 못하고 있다. 그래서 일본은 보통 국가화, 평화 헌법 개정 등을 통해 정상적인 주권국가로 복귀하려 하나, 이웃 나라들이 동의하지 않아 국가적 숙원을 아직 이루지 못하고 있다.

정상 국가로 복귀하기 위해서 일본은 독일의 경험에서 배워야 한다. 독일은 두 차례의 세계대전을 일으킨 독일 민족주의를 버리고 전쟁과 학살에 대해 이웃 나라에 사죄하고, 이제부터는 유럽의 일원이 되겠다고 약속하고 그것을 행동으로 보여줌으로써 독일이 진정성을 가지고 독일의 유럽화를 추진하고 있다는 인상을 유럽인들에게 심어주었다. 독일은 희생된 이웃 나라 폴란드에 사죄했을 뿐 아니라 전쟁 전의 오데르-나이세 국경을 인정해 영토적 양보까지 함으로써 아직도 영토적 야심에 얽매어 있는 일본과 대조적인 과감한 결단을 내렸다. 그리고 독일은 유럽의 일원으로서의 독일을 확신시켜주기 위해서 유럽 통합을 주도했고 유럽석탄철강공동체ECSC에서 유럽공동시장, 유럽공동체를 거쳐 EU와 유로 통화 통합을 이루어냄으로써 이웃 나라뿐 아니라 소련과 미국의 의심을 해소했다. 독일의 통일은 냉전의 붕괴와 함께 급작스럽게 온 것이 아니라, 오랫동안의 통일을 위한 준비 끝에 기회가 찾아오자 그 기회를 포착한 것이다(임혁백, 2010).

일본도 평화 헌법을 개정하고 정식 군대를 갖춘 정상 국가가 되고 국제연합UN 안보리 상임이사국이 되려면 독일이 했던 것처럼 '아시아의 일원으로서의 일본'으로 돌아가기 위한 노력을 경주해야 한다. 일본은 과거사 문제에 대해 도대체 몇 번이나 사과해야 하는가 하면서 '과거사 피로감'을 호소하고 있다. 그러나 일본은 '과거사 피로감'을 호소하기 전에, 과거사에 대해 사과하면서도 사과에 반하는 행동을 하는 일본의 과거사 사과의 진정성을 동아시아의 희생국들이 모두 의심하고 있다는 사실을 알아야 한다. 일본은 사과가 자신의 약함weakness을 보여주는 것이라는 강박관념에 사로잡혀 있다. 그러나 한국의 김대중 대통령은 객관적으로 한국의 대중문화가 일본의 대중문화에 비해 취약하기 때문에 문화 개방을 할 경우 문화 교류 역조 현상이 발생할 것이라는 예측에도 불구하고 일본 방문 시 오부치 게이조小淵惠三 총리와 한일 전면 문화 개방이라는 단안을 내림으로써 한일 간에 가장 행복한 동거 시대를 열었다. 문화 교류 역조 현상도 일어나지 않았고 지금 일본에서는 한류가 휩쓸고 있다.

성경은 "무릇 자기 목숨을 보전하고자 자는 잃을 것이요, 잃는 자는 살리리다Whoever tries to keep his life will lose it, and whoever loses his life will preserve it"(누가복음 17장 33절)라고 가르쳐주고 있고, 김훈의 소설 『남한산성』에는 "서울로 돌아가기 위해서는 서울을 버려야 한다는 말이 그럴 듯하게 들렸다"라는 말로 서울(남한산성)을 버리고 청淸 태종太宗에게 항복해야 서울(창덕궁)로 돌아갈 수 있고 종묘와 사직을 보전할 수 있다는 최명길崔鳴吉의 고언을 인조仁祖가 받아들이는 이야기가 나온다. 얻으려면 버려야 한다. 일본은 자신의 것은 버리지 않고 이웃들에게 오히려 옛날 내 땅을 내놓으라고 우격다짐을 하고 있으니 이웃 나라와 화평한 선린 관계를 맺을 수 있겠는가? 만약 일본이 군국주의적 민족주의 과거를 보전하고자 하면 동아시아 지중해 시대에 고립되어 민족의 보전마저 어렵게 될 것이요, 일본이 군국주의 과거를 버리면 일본 민족은 다시 살아나 이웃 나라와 선린을 유지하면서 동아시아 지중해 시대의 주역으로 다시 태어날 것이다. 전후 독일이 한 것처럼 일본도 국수주의적 민족주의를 버림으로써 일본 민족을 다시 살릴 수 있다.

결자해지結者解之라는 말에서 보듯이 과거사 문제를 만든 장본인이 과거사 문제를 해결하는 것이 당연하다. 현재 한일 간, 한중 간 과거사 문제는 20세기에 일본 군국주의가 저지른 악행이다. 물론 현재의 일본 지도자들이 과거사 문제에 직접적인 책임은 없다. 그러나 일본 정부가 넘겨받은 과거사의 유산은 현재의 일본 지도자들이 해결해야 할 과제이다. 일본이 과거사 문제를 해결하지 않고 철지난 민족주의 방식을 고집한다면 일본은 미래로 나갈 수 없고, 동아시아 지중해 시대를 열 주역이 될 수 있는 기회를 상실하고 고립될 것이다.

통합 이론의 창으로 본
남북 관계와 양안 관계 비교*

냉전 종식 이후, 세계적으로 한반도와 양안만이 분단국가로 남았다. 남한과 북한, 중국과 타이완은 종교, 민족성, 인종 또는 계급이 아닌 이념적 노선에 따라 분단되었다는 점에서 매우 유사하다. 그럼에도 불구하고 남북 관계와 양안 관계는 크게 다른 특징을 보이고 있다.

남북 관계와 양안 관계를 연구하는 전문가들은 종종 남북 관계의 특징을 "no actions, talk onlyNATO", 양안 관계의 특징을 "no talk, many actionsNTMA"으로 설명한다.[1] 그동안 한반도에서는 여러 차례의 공식적인 대화와 조약,

---

* 이 글은 Hyug-Baeg Im and Yu-Jeong Choi, "Inter-Korean and Cross-Strait Relations through the Window of Regional Integration Theories," *Asian Survey*, 51: 5(2011. 11)를 번역한 것임.

1 1991년 이래로 양안 간에는 해양 범죄 예방에 관한 대화(1991년 11월 4일), 1993년 싱가포르에서 열린 '쿠-왕 대화(Koo-Wang Talks)'와 2008년 6월 11일부터 2010년 6월 29일 까지 다양한 기능주의 이슈에 대해 다섯 차례 열린 '쟝-천 대화(Chiang-Chen Talks)' 등 여러 차례 대화와 협상이 있었지만, 이 모두는 비공식 정부 차원의 대화로서 중국과 타이완의 비정부기구[해협양안관계협회(ARATS)와 해협교류기금회(SEF)] 사이에서 이루어진 대화이다(Mainland Affairs Council, 2010).

공동선언이 이루어졌으며, 1991년 국제연합UN 동시 가입으로 남한과 북한은 상대방의 주권을 사실상 인정했다. 그러나 남북 간의 대화는 기능주의가 가정하는 '파급효과' 대신 상호 불신과 반감의 축적을 통해 역류 효과를 야기했다.[2]

반면 중국과 타이완의 지도자들은 각각의 영토가 중국을 대표하는 유일 주권 국가라고 주장하면서 상대방을 합법적인 독립 국가로 인정하지 않고 있다. 이러한 분위기 속에서 양안 간에 공식적인 대화가 이루어지지는 않았지만, 비공식적인 방문, 투자 등 광범위한 교류가 확대되고 있다.

남북 관계에서는 '정부 간 주의inter-governmentalism'가 제대로 작동하지 않고 있으며, 양안 관계에서는 기능주의가 신기능주의 또는 정부 간 주의로 발전하지는 못하고 있다.[3]

이 글의 목적은 첫째, 왜 기능주의의 성공적 사례인 양안 관계가 정치적 '일괄 타결'을 통해 경제적 교류가 정치적 협력으로 발전하는 신기능주의로 전환하는 데 실패했는지 밝히는 것이다. 그리고 왜 남한과 북한의 대화와 조약(양자 또는 다자간의 조약), 경제적 협력과 인적 왕래가 교착 상태로 이어졌는지를 밝히는 것 역시 이 글의 목적이다. 둘째, 냉전 시기 대립하고 있던 남한과 북한이 어떻게 냉전 종식 후 상호 대화와 경제협력의 관계로 변화했는지 밝히고, 셋째, 중국과 타이완이 어떻게 '자주'라는 민감한 사안을 배재한 채 기능주의 방식으로 문호를 열고 경제협력을 강화했는지를 알아본다. 결

---

2 파급은 다른 영역으로 확산되는 긍정적 효과인 반면, 역류는 부정적 효과이다.

3 기능주의는 비정치적 영역에서의 협력이 국제사회에서의 정치적 통합과 평화를 이
   끄는 접근법이다. 신기능주의는 국가들에 의해 만들어진 협약이 시행되거나 유지될
   수 있게 하는 공식적 기구를 구축하는 것을 목표로 하는 지역 통합 이론이다. 이 초국
   가적 기구는 기능주의의 잠재된 문제점들을 해결한다. 정부 간 주의는 통합 과정에서
   중앙정부의 역할을 강조하는 통합에 대한 접근법이다.

론 부분에서는 남북 관계와 양안 관계에 대한 분석을 바탕으로 분단국가들의 일반화된 통합 패턴을 밝히고, 이것이 지역 통합 이론에 미치는 영향에 대해 알아보고자 한다.

1. 지역 통합 이론의 시각에서 본 남북 관계

냉전 시기 미국이 동아시아에 구축한 지역 질서는 서유럽의 그것과 매우 달랐다. 워싱턴은 동아시아에서 다자적이고 협력적인 정책을 추구했다. 동아시아에서 공산주의를 방지하고 자본주의 국가들을 보호하기 위한 미국의 선택은 일방주의였다(Cumings, 2002).[4] 미국은 동아시아에서 미국을 중추로 하고 아시아 국가들을 부챗살로 하는 '중추와 부챗살 체제'[5]를 구축했다(Cumings, 2002: 226~227).

'중추와 부챗살 체계'에서는 중추 국가인 미국과 일본, 남한, 타이완, 필리핀 등 동아시아 부챗살 국가들 간에 상호 방위조약에 따른 수직적 안보 체

---

4 브루스 커밍스는 동아시아에서 중추와 부챗살 체제를 구축하는 미국 정책에 더해, 해방 이후 오래 지속된 한반도에서의 계급투쟁이 한반도의 분단과 한국전쟁을 초래했다고 주장했다(Cumings, 1981: 19~29). 그러나 계급투쟁이 한국전쟁의 기원이라는 커밍스의 주장은 사회주의 명령하에서 한반도를 통일하려는 김일성의 야망이 남한과의 전쟁을 초래했다는 "김일성이 한국전쟁의 주범이다"라는 주장에 의해 압도당했다. 전쟁으로 비롯된 고통과 불신은 남북 간의 기능주의 대화와 거래를 매우 어렵게 만들었다.

5 중추와 부챗살 체제는 간단하게 설명할 수 있다. 세 개의 국가 A, B, C 가 있다고 할 때, A 국가는 B, C 국가와 각각 협정을 맺었지만 B와 C는 서로 협정을 맺지 않았을 경우 A 국가는 중추 국가이고 B, C 국가는 부챗살 국가이다(Pangestu and Gooptu, 2004: 90).

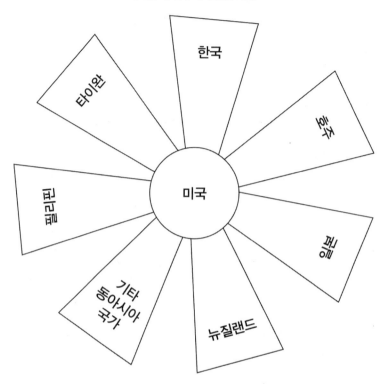

〈그림 1〉 중추와 부챗살 체제

계가 수립되었다(Cumings, 2002). 부챗살 국가들은 하나의 중추 국가와 수직적·위계적·비대칭적 유대 관계를 맺고 있는 것이다(Calder, 2004: 227). 중추 국가의 중재 없이는 부챗살 국가 간의 대화와 협력은 일어나지 않는다. 이처럼 양자주의에 기반을 둔 동아시아의 중추와 부챗살 체계는 상호 방위와 경제적 관계에 따른 미국의 일방주의를 강화시켰다.

따라서 냉전 시기 작동한 '단일 중추와 다수의 부챗살' 체계에서 부챗살 국가들 간에 비공식적 협력이 존재함에도 불구하고 협력에 따른 성과는 찾아보기 어렵다.

2. 통일의 게임

냉전이 종식될 때까지 남한은 통일 정책을 수립하지 않았으며, 단지 수사에 지나지 않는 일종의 기능주의적 통일 정책을 북한에 제안했을 뿐이었다. 반면 북한은 재통일과 지역 통합에 대해 연방주의 접근법을 택했다. 게임이론의 시각에서 보면 연방주의 접근법은 집단행동의 문제collective action problem에 대한 토머스 홉스Thomas Hobbes적 해결이다(Hobbes, 1962).[6] 이는 경쟁하는 국가들이 그들 간의 문제를 해결하고 통합을 달성하기 위해 자신들의 주권을 초국가적 권위체supernational authority에 양도하는 것을 말한다. 〈표 1〉에서 알 수 있듯이 적대 관계에 있는 두 행위자가 가각 일방적인 해결책을 신호할 내 그들의 실리를 극대화할 수 있다. 또한 경쟁하는 두 행위자들은 각각 사리 추구 전략에 따른 국가의 분단이라는 안정적 균형 상태에 도달할 수 있다

분단의 지속은 균형을 위한 해결책으로서 죄수의 딜레마 게임의 지배적인 전략이다. 만약 두 국가가 재통일로 두 국가에 더 나은 상황을 만들 수 있다고 하더라도 그들은 재통일을 원하지 않을 것이다. 왜냐하면 각 국가는 상대 국가에 흡수되는 것을 두려워하기 때문이다. 그러나 이 게임의 가장 중요한 문제는 국가의 분단이 각 국가들의 합리적 전략이기는 하지만 집단적으로는 차선 전략에 지나지 않는다는 것이다. 집단적으로는 통일이 최선의 전략적 선택이다. 두 행위자 모두 통일이 공공선public good이라는 것을 알고 있지만 그들은 집단행동의 문제 때문에 그것을 선택하지 않는다. 홉스적 해결책은 각각의 행위자들이 자신들의 주권을 연방 국가의 초국가적 권위자인 제3의 행위자에게 양도하고, 연방 국가는 적대적인 두 행위자들로 하여금 통일이라는 공공선을 추구하도록 하는 것이다. 연방은 각 행위자가 무임승차

---

6 김종림(1989)은 국가주의적 해결(statist solution)이라고 한다.

<表 1> 통일의 게임

		B	
		타협	대결
A	타협	통일(3,3)	B에 의한 흡수 통합(1,4)
	대결	A에 의한 흡수 통합(4,1)	분단(2,2)

* 보상(payoff)의 크기: 4 〉3 〉2 〉1

하는 것을 막을 수 있다. 왜냐하면 연방은 폭력의 수단과 자원의 분배를 조절할 수 있는 권위와 권력을 위임받았기 때문이다. 그러므로 연방주의 접근법은 연방 국가를 통일의 해결책으로 여기는 행위자들의 자주권 포기를 가정한다.[7]

반면 기능주의 접근법은 반복적 죄수의 딜레마 게임iterate prisoners' dilemma game에 따른 해결책을 찾는다. 죄수의 딜레마 게임에서 행위자들은 국가 통일을 위한 각각의 최선책으로 국가 분단을 선택한다. 그러나 반복되는 게임은 통일이 모든 사람의 이익, 즉 공공선이라는 것을 모든 행위자에게 알려준다. 계속되는 거래, 교류, 소통은 모든 사람에게 통일이 가져오는 이익을 가르치고, 국가 분단을 지속하고 있는 현 상황에 대해 우려하는 행위자들이 자발적으로 통일을 선택하게 하는 반복적 죄수의 딜레마 게임과 매우 유사하다.[8] 상호적 교류transaction와 소통의 증가는 행위자들로 하여금 상호 의존과 협력으로 말미암은 이익을 인식하게 한다. 그리고 한 영역에서의 통합은 전체 사회로 확산된다. 즉, 한 영역의 부분적 통합sectoral integration이 다른 영역으로 확산됨으로써 최종적으로는 전체 사회의 정치적 통합이 이루어진다는

---

7 연방주의와 관련해서는 Riker(1975: 93~172), Friedrich(1968), 김명기(1988)를 참조.
8 '반복적 죄수의 딜레마 게임'을 통한 협력에 관해서는 Taylor(1987), Axelord(1984)를 참조.

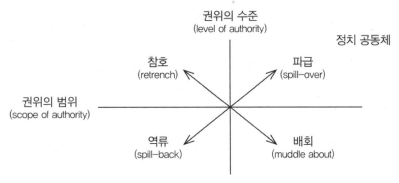

〈그림 2〉 대안적 통합 전략

권위의 수준
(level of authority)

정치 공동체

참호
(retrench)

파급
(spill-over)

권위의 범위
(scope of authority)

역류
(spill-back)

배회
(muddle about)

자료: Schmitter(1970: 845).

것이다.[9]

연방주의 접근법은 정치적 해결을 강조한다는 점에서 가치를 지니고 있다. 그러나 폭력과 무력의 수단을 효과적으로 조정하는 것은 통일을 위한 전제 조건일 것이다. 왜냐하면 분단된 국가들이 자발적으로 그들의 무력적 수단을 연방에게로 양도한다는 것은 매우 어려운 일이기 때문이다. 반면 기능주의의 장점은 연방주의의 딜레마와 문제들을 해결할 수 있다는 점이다. 연방주의는 초국가적인 국가를 건설하는 것을 목표로 하지만 그 목표를 달성하기 위한 과정이나 절차에 대해서는 확실한 답을 제공하지 않는다. 반면 기능주의(그리고 신기능주의)는 통일에 도달하는 것보다는 상호 교류와 소통을 증가시킬 수 있는 방법을 찾는 것에 더욱 초점을 맞추고 있다.

기능주의의 주요 문제점은 교류와 소통의 증가가 반드시 상호 의존과 협력에 따른 이익을 제공하지는 않으며, 협력으로부터 얻을 수 있는 이익의 공정한 분배 역시 보장해주지 않는다는 것이다(Schmitter, 1970: 836~868). 또한

---

9 기능주의 이론에 관해서는 Mitrany(1966), Haas(1964)를 참조.

교류의 증가는 상대방의 세력에 대한 멸시와 질투를 증폭시켜 새로운 긴장을 만들어낼 수 있기 때문에 통일은 공공선이 아닌 '공공악public bad'으로 간주될 수 있다. 만약 행위자들이 통일을 공공악으로 인식한다면 그들은 이전에 그들이 협력하기로 한 약속과 재통일을 철회하기 쉽다.

3. 냉전 시기 남북 관계

1) 1950년~1960년대: 현실주의 vs. 연방주의

냉전 시기 남북 관계에서는 현실주의가 지배적이었다. 한국전쟁 이후 남한의 이승만 대통령은 북한에 대한 강경 정책을 펼쳤다. 이승만은 한반도에서의 총선거를 제안했다. 이 제안은 남한이 한반도 인구의 과반수임에 따라 남한의 후보자가 당선될 가능성이 큰 상황에서 선거를 통해 북한을 흡수하기위해 의도된 것이었다. 또한 이승만은 남한의 군사력이 북한보다 약했음에도 불구하고 '평양으로 행진' 또는 '무력에 의한 통일'을 주장했다. 이승만 정부의 공격적인 대북 정책은 1950년대 남한이 직면한 '안보 딜레마'를 해결하기 위해 디자인된 것으로 진정한 의미의 통일 정책은 아니었다. 이승만의 정책은 세력 균형 유지, 안보 딜레마 해결, 한미 동맹의 강화와 체제 생존을 위한 전형적인 현실주의 정책으로 미국이라는 후원 국가의 영향이 크게 작용했다(Cha, 2002: 261~291).

장면 정부(1960~1961년)와 박정희 정부(1963~1979년)는 기본적으로 이승만의 현실주의적인 '통일 없는 정책'을 계승했다. 장면, 박정희 정부에서는 북한이 남한보다 군사적·경제적으로 앞서있다고 생각해 '선 경제 발전, 후 통일'이라는 슬로건을 내걸고 통일 정책을 미루어두었다. 당시 박정희는 남한을 산업화하는 데 그의 모든 노력을 쏟아부은 동시에 연방주의 방식과 같은 북한 김일성의 공격적인 통일 정책을 막기 위해 노력했다.

　이처럼 통일에 대한 남한의 소극적인 '결정 없는 결정decision of non-decision' 정책에 대해 북한은 공격적인 태도를 보였다. 1950년 김일성은 전쟁을 통한 '흡수통일' 전략을 내세웠다. 한국전쟁 당시 북한의 군사적 침공은 군사적 힘을 이용해 남한에 혁명 기지를 건설하는 '혁명 기지 이론'에 기반을 두고 있었다. 그러나 북한이 구상했던, 전쟁을 통한 흡수는 실패했다. 전쟁 이후 남한과 북한 모두는 흡수통일이 실현 가능한 해결책이 아니라는 것을 깨닫게 되었고, 통일을 지연시키는 대신 전쟁으로 피폐해진 경제를 재건하는 데 노력을 집중했다. 경제적 우위에 있던 북한은 통일에 연방주의 접근법을 채택했고, 1960년 8월 15일에 남북 연방제를 제안했으며, 북한이 남한보다 경제적 우위에 있다고 확신한 김일성은 경제적 교류, 경제 공동위원회와 같은 기능주의적 요소를 포함한 낮은 단계의 연방제를 구상했다.

2) 1970년대와 1980년대: 연방주의와 기능주의 사이에서의 수사(修辭) 전쟁

박정희 정부가 높은 경제성장을 이룩함에 따라 통일에 대한 정치적 양상 역시 크게 변했다. 1970년대 초, 남한은 북한의 경제 수준에 도달했고, 산업화에서는 북한보다 앞서나갔다. 이로 인한 통일 구상의 변화로 '통일의 게임the game of unification'에서 우위를 차지하기 위한 치열한 경쟁이 시작되었다. 먼저 남한과 북한은 1972년 7·4 남북 공동성명에 합의함으로써 통일 게임의 원칙에 동의했다. 공동성명에서 양측은 통일은 반드시 자주·평화·민족 대단결이라는 3대 원칙에 기초해야 한다고 공식 천명했으나, 통일에 대한 원칙만을 제시했을 뿐 자세한 내용에 대해서는 거론하지 않았다.

　그러나 통일 원칙에 동의한 서울과 평양의 통일에 대한 접근법은 크게 달랐다. 북한은 계속해서 연방주의 접근법을 주장했던 반면, 남한의 박정희 대통령은 1970년 8월 15일 광복절 기념 연설에서 '선 평화, 후 통일'이라는 슬로건을 내세워 기능주의 방식을 제안했다. 남북 교류를 통해 남북 간 신뢰를 구축하고 상호 이해를 증진해 평화적 통일을 이룩하기 위한 것이었다. 반면에 북한은 군사비 지출 경쟁의 중단, 남한의 미군부대 철수 촉구, 평화조약 서명을 목표로 정치적 일괄 타결을 주장했다. 결국 점진적 교류와 협력을 골자로 하는 남한의 기능주의 접근법은 정치적 일괄 타결에 의한 남북 연방제를 주장하는 북한의 접근법과 충돌함에 따라 두 국가 간 대화는 단절되었다.

남한은 남한과 북한 모두 40년 동안 독립된 주권 국가였기 때문에 통일의 과정은 비정치적 영역에서 정치적 영역으로, 구체적으로는 이산가족 상봉과 같은 인적 교류[10]에서부터 비정치적인 경제·문화의 교류와 협력으로 발전해 한반도의 통일에 가까워지는 점진적인 방식으로 진행해야 한다는 인식을 바탕으로 기능주의 접근법을 주장했다.

1970년대 중반 남한의 통일 접근법은 점차 기능주의에서 신기능주의로 변화했다. 박정희는 1974년 '평화통일 3대 기본 원칙' 연설에서 남북 간에 대화와 교류를 통해 상호적 신뢰를 구축하고, 통일 정부를 위한 자유 총선거 추진을 위해 불가침조약에 서명할 것을 제안했다(Koh, 1985: 229~266). 또한 그는 북한이 한반도 내에 20년 이상 두 개의 독립적 국가가 존재해왔다는 것을 인정해야 한다고 주장했다. 이후 1982년 1월 22일 남한의 전두환 대통령은 국정 연설을 통해 민족통일협의회의를 구성할 것을 북측에 제안했다.

반면 김일성은 1980년 10월 열린 조선로동당 제6차 당 대회에서 '고려민주연방공화국' 창립 방안을 제시했고, '선 통일, 후 기능주의 통합'을 주장

---

10 1980년대 초반 전두환 정부는 북한에 이산가족 상봉에 관한 회의와 정상회담 개최를 제의했다.

했다(Ji, 2001). 이처럼 경제적·군사적으로 남한보다 우위에 있을 당시에는 연방 국가를 선호했던 북한이 '낮은 단계' 연방을 주장한 것은 남한과 북한의 입장 변화를 보여준다.

4. 탈냉전 시기의 남북 관계

1) 노태우의 대북 정책: 정부 간 주의에 대한 남북 합의

동유럽과 소련의 사회주의 블록의 붕괴 이후, 북한은 자주권 확보를 위한 정책을 강조했다. 김일성은 1991년 9월 남북 UN 동시 가입에 동의함으로써 남한에 대해 양보하는 태도를 보였다. 또한 그는 노태우 정부와 화해 및 불가침, 교류 협력 등에 관해 공동 합의하는 '남북 기본합의서'를 체결했다. 1991년 12월 31일에 체결된 남북 기본합의서는 '한반도 비핵화 공동선언'과 함께 1992년 2월 19일부터 효력이 발생했다(Ji, 2001). 이에 따라 무력으로 남한을 통합할 수 없게 된 북한은 독립적인 정치적 국가로서의 평화와 자주권을 추구하기 시작했다.

김일성의 아들이자 후계자인 김정일은 통일 정책에 대해 아버지의 연방주의 접근법을 채택했다. 남북 기본합의서 이후 북한은 '낮은 단계의 연방제'로 부르는 '남북 연합North-South Confederation' 구축을 제안했고, 이에 남한은 영국연방British Commonwealth과 비슷한 형태이면서도 북한이 제안한 남북 연합보다 느슨한 형태의 국가연합인 '한민족 공동체'를 제시했다. 이를 통해 남북한 모두 미래 통일 국가가 느슨한 국가연합 형태일 것이라는 점에 찬성하고 있다는 것을 알 수 있다.

2) 김대중의 햇볕 정책: (신)기능주의

2000년 6월 15일 평양에서 열린 남북 정상회담에서 통일 방식에 대한 합의
가 이루어졌다. 남북 정상회담에서 김대중과 김정일은 다섯 개항의 내용을
담고 있는 6·15 남북 공동선언에 합의했다. 그중 두 번째 조항은 남과 북은
나라의 통일을 위한 남측의 연합 제안과 북측의 낮은 단계의 연방제 안이 서
로 공통성이 있다고 인정하고, 앞으로 이 방향에서 통일을 지향해나가기로
한다는 내용을 담고 있다. 나머지 조항들 역시 이산가족 상봉, 경제협력과
같은 다양한 기능주의 요소들을 포함하고 있다. 정상회담 이후 남한과 북한
은 다양한 수준에서 활발한 대화를 추진했다. 남북은 한국전쟁으로 절단된
도로와 철로의 연결과 이산가족 상봉에 대해 합의했다. 또한 국경의 긴장 완
화를 위한 최고위층 군 관계자들의 만남이 이루어졌으며, 남한 사업가들의
대북 투자에 대한 안전과 이중과세 방지를 보장하는 데 합의했다. 그리고 남
한 기업들은 서울에서 60km 떨어져 있고 비무장지대에서는 불과 7km 떨어
진 개성공업단지에서 상품을 생산하게 되었다(Im, 2006: 175).

남북 정상회담은 기능주의 파급효과에 따른 결과이다. 지속적인 교류와
상호 간의 신뢰 구축이 두 국가의 지도자들로 하여금 한반도 평화와 통일을
위해 과감한 정책을 추진하도록 한 것이다. 남북 정상회담 이후 양측은 제도
적 협정에 서명했고, 대화를 시작했으며, 상호 경제협력에 대한 원칙들을 정
비하고 공동 조직을 설치했다. 이로써 경제적 협력이 남북 통합을 이끌어낼
수 있는 정치적 협력으로 발전할 수 있다고 가정하는 신기능주의가 시작되
었다.

김대중은 폐쇄되어 있는 북한 사회 내부의 정치적 변화를 유도하기 위해
무조건적인 경제적 협력을 추진했다(Kahler and Kastner, 2006: 528). 그리고
그는 정상회담 이후 미국, 일본을 비롯해 한반도와 인접해 있는 중국, 러시아

등 이웃 국가들의 협력을 이끌어내기 위해 노력했다. 후원 국가들로부터의 협력, 지지, 동의는 김대중의 햇볕 정책의 중요한 열쇠였기 때문이다. 또한 미국 빌 클린턴 정부가 햇볕 정책과 유사한 소프트 랜딩 정책을 추진함으로써 미국과의 협력 역시 어렵지 않았다. 만약 북한이 군사적 도발과 핵 개발을 중단하고 경제개혁을 추진했다면, 미국은 북한에 식량, 연료뿐만 아니라 체제 붕괴를 막을 수 있는 여러 가지 이익을 제공했을 것이다(Im, 2006).

3) 노무현의 평화 번영 정책 vs. 부시의 강경 포용 정책

미국의 조지 W. 부시 행정부는 대북 강경 정책을 펼쳤다. 미국 행정부의 신보수주의자들은 북한에 대해 햇볕 정책 지지자들과는 매우 다른 인식을 갖고 있었다. 햇볕 정책의 지지자들은 북한의 적대적인 행동이 불안에서 비롯된 것이고, 포용 정책은 위협의 인식을 줄이는 데 도움을 줄 것이라고 믿었던 반면, 딕 체니 부통령과 같은 신보수주의자들은 대북 포용 정책은 단지 김정일의 독재를 연장시켜줄 뿐이라고 주장했다. 그들은 북한 체제는 서구적 가치와 공존할 수 없으며, 북한은 생존을 대가로 적대적 행동을 절대 포기하지 않을 것이라고 주장했다. 도널드 럼즈펠드 전 국방부 장관과 폴 울포위츠 전 국방부 부장관을 비롯한 신보수주의자들 역시 김정일과 그의 지지자들을 제거하는 것이 북한의 위협을 종식시키는 마지막 해결책이라고 주장했다.

2002년 10월 북한의 한 관리는 제임스 켈리 당시 미 국무부 동아시아·태평양 차관보에게 고농축우라늄HEU: Highly Enriched Uranium 프로그램의 존재를 밝혔다. 이러한 북한의 폭로는 부시 행정부를 극도로 자극해 동북아시아 안보 문제를 위해 1994년 체결된 제네바 협정이 무산되는 상황에 이르렀다. 부시 행정부는 대북 원유 제공을 중단했고, 예멘으로 미사일 운반을 시도하던 북한 선박을 붙잡았으며, 남한에 병력을 재배치했다.

그러나 신보수주의자들이 항상 강경 정책을 펼쳤던 것은 아니다. 당시 이라크에 대한 행정부의 우려와 대화를 통한 북핵 문제 해결을 주장하는 남한, 일본, 중국 그리고 러시아의 압박으로 부시 대통령은 2003년 1월 국정 연설에서 북한 문제를 외교적으로 해결하겠다는 의사를 밝혔다. 연설 이후 미국과 남한은 상호 대화 및 첫 6자 회담(미국, 남한, 북한, 중국, 일본, 러시아)을 제안했고, 회담은 제네바 협정 이후 두 번째로 다자주의가 시험대에 오르는 계기가 되었다.

부시는 두 번째 임기 중에 북핵 문제 해결에서 외교적 접근법을 강조했다. 양자 대화 이후, 부시 행정부는 북한이 핵을 개발하거나 소유하는 것을 허용하지 않겠다는 결론을 내렸지만, 군사적 해결은 마지막 선택이라는 입장을 고수했다. 노무현 정부 역시 같은 입장을 취했다.

이후 북한의 모든 핵 포기를 협상의 선조건으로 요구했던 부시 행정부는 태도를 바꾸어 실질적인 논의에 참여하기로 결정했다. 이러한 미국의 태도 변화에 따라 오랫동안 정체되었던 제4차 6자 회담이 재개되었고, 검증 가능하고 평화로운 한반도의 비핵화, 북한의 핵확산금지조약NPT과 국제원자력기구IAEA로의 복귀, 미국은 북한을 공격하거나 침공하지 않고, 한반도 내의 지속적인 평화를 협상하겠다는 공약, 6자에 의한 경제협력의 촉진 등의 내용을 포함하는 6자 회담 공동성명을 이끌어냈다.

4) 이명박의 조건부 포용과 포용 철회: 현실주의로의 회귀

김대중, 노무현 정부의 (신)기능주의 접근법은 2008년 2월 취임한 보수주의 이명박 정부에서는 채택되지 않았다. 2006년 10월 9일 북한의 핵실험은 남한의 유권자들을 긴장시켰고, 그들로 하여금 북한의 도발에 대해 단호한 입장을 취할 수 있는 강한 지도자를 원하게 함으로써 2007년 대통령 선거에서 이명박 대통령의 당선에 유리한 영향을 미쳤다.

이명박 정부는 김대중과 노무현의 기능주의 접근법이 남한이 직면해 있는 안보 딜레마를 극복하는 데 실패했다고 확신했다. 딜레마 극복을 위한 이명박 정부의 선택은 '외부' 균형[11]에 중요한 역할을 하는 미국과의 연대 강화였다. 남한은 경제적 협력과 교류의 선조건으로 북한의 비핵화를 강조했다. 이명박 정부는 김정일의 반복적인 도발 행동에 대해 '비핵·개방 3000'이라는 조건부 포용 정책을 강조함으로써,[12] 북한에 대해 엄격한 제재를 가했다.

이명박 정부의 새로운 정책은 기본적으로 전임 대통령들의 대북 포용 정책과는 반대되는 것이다. 방법론적으로 이명박의 정책은 재통일에 대한 기능주의와 신기능주의 접근법의 종식을 의미하고, 냉전 시기 현실주의로의 회귀를 나타낸다.

북한은 이명박의 '비핵·개방 3000'을 친미적·반통일적 선언이라는 이유로 거절했다(Jung and Rector, forthcoming). 결과적으로 남북 간의 대화는 물론 금강산 관광 역시 중단되었고, 개성공단 폐쇄 역시 논의되었다. 남북 관계는 2010년 일어난 천안함 피격 사건과 연평도 포격 사건 이후 더욱 악화되었다. 천안함 침몰 이후 이명박의 조건부 포용은 강경 정책으로 전환되었고, 통일의 시계는 냉전 시기로 되돌아갔다.

---

11 로버트 페이프(Robert Pape)는 국가들이 "'내부' 균형[재무장(rearmament) 또는 재무장을 지원하기 위한 경제성장의 가속 등] 또는 '외부' 균형(균형을 위한 동맹의 조직 등)"을 통해 경쟁 국가들의 팽창주의 위협에 대항할 수 있다고 주장했다(Pape, 2005: 15).

12 국제 합동 조사단에 따르면 남한의 천안함은 2010년 3월 26일에 북한의 어뢰 공격으로 침몰해 선원 46명의 사망자를 낳았다. 또한 북한은 2010년 11월 23일에 연평도를 포격해 수 채의 집과 군사시설을 파괴했고, 두 명의 해군과 두 명의 시민 사망자를 낳았다.

5. 중국-타이완 양안 관계:
   현실주의, 기능주의, 연방주의, 부정적 구성주의

1) 냉전 시기 양안 관계: 현실주의

냉전 시기 남북 관계와 마찬가지로 양안 관계에서도 현실주의가 지배적이었다. 타이완은 미국과 상호방위조약을 체결했고, 동아시아에 구축한 미국의 안보 네트워크에 편승했다. '외적external' 균형을 통해 섬의 군사적 취약성을 보완하고자 했던 것이다.

1950년 미국이 타이완을 보호하기 위해 타이완해협에 병력을 파견했을 당시, 중국의 지도자들은 수치심을 느끼고, 다자적인 국제 관계 정책과 동아시아의 세력 균형을 추구하기 시작했다. 그러나 다극화의 환상은 미국이 구축한 중추와 부챗살 체계로 말미암아 현실화되기 매우 어려웠다.

이처럼 냉전 시기 타이완은 미국의 안보 네트워크 편승을 통한 내적 균형 정책과 외적 균형 정책을 선택함으로써 군대 확대, 미국과의 상호 방위 동맹 강화 등을 통해 군인과 군대 규모에서 우위에 있는 중국과의 안보적 차이를 좁히기 위해 노력했다.

2) 닉슨독트린, 데탕트, 원초적 기능주의의 출현: 1971~1978

1972년 리처드 닉슨 대통령의 중국 방문 이후, 양안 관계에 대한 미국의 정책은 중국을 지지하는 방향으로 전환되었다. 미국은 1971년 UN 제26차 총회에서 중화인민공화국을 유일한 주권국가로 인정한다는 것에 동의했고, 중국의 우세dominance를 인정, 타이완에서 외적 균형의 주요 수단이었던 미국과의 방위 동맹을 방어를 위한 선택으로 축소함으로써 외적 균형을 위한 전략

적 수단을 박탈했다.[13]

국제사회와 미국은 국제사회에서의 타이완의 입지를 축소시켰다. 타이완은 UN에서 축출되었고, 미국을 비롯해 동아시아 동맹 국가인 일본, 한국, 필리핀과의 공식적 외교 관계가 끊어졌다. 반면 국제사회에서 입지가 강화된 중국은 타이완과 커뮤니케이션을 시도했고, 1979년에는 타이완에 '3통(무역, 우편, 교통)'과 '4교류(학술, 문화, 스포츠, 과학기술)'를 제안했다(Swanström and Ledberg, 2005).

중국의 공격적인 기능주의 정책에 대해 효과적으로 대응할 준비가 되어 있지 않았던 타이완은 장징궈蔣經國에 의해 채택된 '3불통no contact, no negotiation, no compromise' 정책을 주장했고, 중국에 대해 투자할 수 있는 자본, 질 좋은 상품, 서비스 등 경제적 강점을 협상에 이용했다. 다른 한편으로 타이완은 군사적으로 미국에 의존할 수 없게 됨에 따라 공격적인 군사적 전략을 포기하고, 중국의 군사력 증강을 대비하기 위한 동원, 준비readiness, 군대 근대화 등을 강조함으로써 방어적 입장을 취했다.

반면 중국은 기능주의 정책을 통한 경제 개방과 시장경제개혁으로 시장 규모가 크게 확대되었고, 값싼 노동력과 넓은 영토를 갖고 있는 중국의 잠재적인 성장 가능성은 높게 평가됨에 따라 타이완에 대한 중국의 기능주의적 교류·협력 제안은 국제사회의 자연스러운 현상이 되었다.

3) 양안 관계 기능주의 교류·협력의 우호적 관계: 1987~1998

1987년, 타이완 정부는 타이완 국민들의 중국 대륙 방문을 허락했다. 이는

---

13 그럼에도 불구하고 미국은 방어적 개입을 구실로 타이완 관계법(Taiwan Relations Act)을 자신들의 편의를 위해 이용하기도 한다.

타이완의 중국에 대한 '3불통'의 전환을 알리는 신호였다. 양안 간의 물적·인적 교류는 교류·협력 규정에 대한 제도적 장치가 구비되지 않은 상태에서 크게 증가했다. 타이완 국민당KMT: Kuomintang of China 출신 총통 리덩후이李登輝는 주권 문제에 대한 어떠한 타협 없이 중국과의 교류·협력에 대해 협상하기 위해 대륙위원회Mainland Affairs Council가 운영하는 NGO 단체인 해협교류기금회SEF: Straits Exchange Foundation를 설립했다. 해협교류기금회는 중국 국무원 타이완 사무판공실Taiwan Affairs Office of the State Council이 이끄는 해협양안관계협회ARATS: Association for Relations Across the Taiwan Straits에 대응하는 조직이다. 이와 같은 반공식적 NGO들이 주권에 대한 타협 없는 우호적 관계 유지를 가능하게 했으며, 이 시기는 양안 관계의 '허니문honeymoon'이라고 불리고 있다. 이러한 기능주의 접근 방법은 양안 관계를 더욱 안정시켰고, 공식적인 조약에 서명하지 않고도 교류와 협력을 가능하게 했다. 이 시기 타이완은 중국의 가장 큰 투자자가 되었고, 1987년 타이완 정부는 타이완 국민들의 중국 방문 금지를 해제했다. 1989년 중국 정부는 푸젠성福建省에 타이완 기업들을 위한 두 개의 투자지역investment zones을 설치했고(Swanström and Ledberg, 2005), 타이완은 군사적 힘으로 중국 대륙을 되찾겠다는 의도를 버리고 오로지 조국의 방어에만 초점을 맞추겠다고 선언했다. 또한 타이완은 1991년 양안에 대한 적대 행동을 중단하고, 중국공산당CCP이 지배하는 중국 대륙의 실질적 주권을 인정한다고 선언했다.

4) 적대적 행동의 재개, 1998~2008: 연방주의 vs. 구성주의

1990년대 중반부터 양안 관계는 다시 악화되기 시작했다. 타이완은 외교적 고립에서 벗어나기 위해 노력했던 반면, 중국은 타이완의 독립 시도 움직임을 차단하기 위해 노력했다. 1995년 리덩후이가 미국을 방문함에 따라 중국은 해협교류기금회와 해협양안관계협회 간의 모든 대화를 중단시켰다. 1996년 3월 중국 인민 해방군PLA: People's Liberation Army은 타이완해협을 향해 미사일 발사 훈련을 실시했고, 이는 1996년 타이완 대통령 선거에 영향을 끼치기 위한 시도였다.

1998년에는 중국과 타이완이 점진적으로 노력한 결과 양안 관계가 안정됨에 따라 해협교류기금회와 해협양안관계협회 간의 대화가 재개되었다. 그러나 화해의 분위기는 1999년 '양국론two-states'이 발표되기 전까지만 유지되었다. 양국론의 발표로 대화는 다시 중단되었고, 새로운 군사훈련이 시작되었다. 또한 2000년 타이완 대통령 선거에서 타이완 독립을 주장하는 천수이벤陳水扁이 당선됨에 따라 양안의 정치적 관계는 매우 악화되었다.

천수이벤은 60년이라는 오랜 시간의 분단으로 타이완 국민들이 민족적으로 다르게 발전해왔기 때문에 타이완이 독립해야 한다고 주장했다. 타이완 국민들은 민족적으로 뿐만 아니라 사회화socialization 측면에서도 다르다는 것이다.[14] 또한 그는 '타이완 중심의 민족 주체성Taiwan-centered national identity'과 대륙으로부터 분리될 수 있는 타이완의 권리를 주장했다.[15]

사실 천수이벤의 집권 시기 양안 간 충돌의 원인은 중국 민족주의와 타이완 정체성의 충돌이었다(Yang, 2006). 타이완이 정체성을 강하게 강조하는 것에 대해 중국은 다양하게 퍼져 있는 여러 민족을 통합하기 위한 이념적 통

---

14 리처드 부시(Richard Bush)에 따르면 외성인(ethnic mainlanders), 민남인(타이완 본토인, Minnan people), 학가인(Hakka), 원주민을 포함하는 타이완 사람들은 복잡한 민족 정체성을 가졌고, 그들은 자신들이 중국인, 타이완인, 또는 양쪽 모두라고 여기며, 독립, 통일 또는 현상 유지를 원한다고 말한다(Bush, 2004).

15 하지만 타이완 중심의 민족 정체성에는 '지역 타이완 정체성'과 '현상 유지 타이완 정체성'이라는 두 가지 부류가 있다. 이 두 부류는 타이완의 국내정치와 양안 관계에 대해 다른 시각을 가지고 있다(Wang and Liu, 2004: 568~590).

합 수단으로서 민족주의를 주장했다. 중국공산당 지도자들은 중국 민족주의를 기반으로 타이완의 독립 시도는 중국 분단을 지속시키려는 서구 열강의 의도라며 맹공격했다.

또한 천수이볜은 중국에서 추진하는 '하나의 중국 정책one China policy'을 인정하는 '1992 합의1992 Consensus' 용어 사용을 거부했으며, 1992 합의를 '항복 합의Surrender Consensus'라고 불렀다.

반면 중국은 타이완의 구성주의 공격에 연방주의로 대응했다. 중국은 중국의 분단은 서양의 식민지 정책에 의해 만들어진 것이고, 중국 인민들에게 수치스러운 일이라고 주장했다. 그러므로 중국 인민들은 결코 '양국two states'을 받아들이지 않고, '일국 원칙one China principle'을 고수할 것이라고 밝혔다. 중국 지도자들은 중국이 나누어질 수는 없으며, 1997년 반환된 홍콩과 같이 '일국 양제one country, two systems' 형태의 연방주의를 받아들이겠다고 주장했다. 그럼에도 불구하고 중국은 2005년 3월 4일 「반분열국가법」을 제정함에 따라 타이완에 대한 '일국' 정책을 강화했으며, 이는 '비非평화적 방법'을 통해서라도 타이완의 독립을 저지하겠다는 의도를 드러내는 것이었다.

5) 마잉주 정부와 신기능주의, 2008~현재

마잉주馬英九가 타이완의 총통으로 선출되었을 당시, 마잉주는 미국 대통령 부시와 중국 주석 후진타오로부터 양안 관계 대화 재개의 열쇠인 '1992 합의'와 '일국 양제'를 재촉하는 요청을 받았다. 2008년 3월 23일 마잉주는 그의 첫 국제적 기자회견에서 양안 관계에 대해 마잉주의 '3불통no unification, no independence, no use of force'으로 불리는 '상호 부정 금지'와 부통령인 샤오완창蕭萬長(빈센트 시우Vincent Siew)의 '양안 공동시장兩岸共同市場'[16]을 주장함으로써 잠정적 협정modus vivendi 방식을 되풀이했다. 마잉주는 중국에 특사를 보내지 않는 대신 해협교류기금회를 통해 해협양안관계협회와 경제, 정치, 평화 문제에 대해 직접적 협상을 하겠다고 밝혔다.

마잉주의 양안 정책은 기능주의, 신기능주의적 교류, 협력, 정치적 협상을 포함하고 있다. 마잉주의 취임 이후 타이완, 중국, 미국의 여론은 양안 협상이 여섯 단계로 진행될 것이라고 예상했다.

① 전세기와 직항기
② 투자, 무역과 같은 경제와 금융 협력
③ 타이완의 IGOs와 NGOs의 참여와 외교적 문제에서 '상호 부정 금지'
④ 양안 간의 시장 조성과 동아시아 경제통합에 대한 타이완의 참여
⑤ 평화 합의와 신뢰 구축 방법CBMs과 같은 정치적 문제
⑥ 중국 대륙과 국제사회 내에서의 타이완의 정치적 위치

마잉주의 접근법은 해협교류기금회, 해협양안관계협회와 같은 비정부적 주체가 협상에서 중요한 역할을 했다는 점에서 신기능주의의 형태이다. 댜오위타이釣魚臺 귀빈관에서 열렸던 첫 번째 미팅에서 해협교류기금회와 해협양안관계협회 대표자들은 다음의 조항에 동의했다. 첫째, 2008년 7월 4일부터 매주 주말 직항기의 운행, 둘째, 양안 간 직항기 협상과 비행 항로 조정을 위한 직접 창구 구축, 셋째, 중국인들의 타이완 관광 허용 등이었다. 2008년 11월 3일 타이완에서 있었던 두 번째 미팅에서 양측은 양안 간 교류·협력에 대해 해운 운송, 화물 전세기, 직통 우편 서비스, 식품 안전에 대한 협력, 직항기 서비스, 양안 간 항로 개방 등 더 구체적인 안건에 대해 논의했다.

---

16 '양안 공동시장'은 ① 경제적 관계의 정상화, ② 양안 간 자유무역협정(FTA), ③ 양안 공동시장이라는 세 단계로 점진적으로 진행될 것이라는 것이 샤오완창의 시각이다.

양안 관계 협상의 첫 번째 단계에서는 비공식적 NGO들이 중요한 역할을 했으며,[17] 두 번째 단계에서 중국과 타이완의 두 지배 정당은 정치적 이해 촉진 및 정치적 합의 도출의 역할을 맡고 있는 '국민당-중국공산당KMT-CCP 포럼'을 통해 대화했다. 이에 따라 세 번째 단계에서는 정부가 NGO와 정당을 대체해 직접 대화에 나서게 되는 것이다.

마잉주의 신기능주의 전략은 경제 교류와 정치적 대화를 크게 증가시켰고, 경제적 상호 의존, 정당 간 협력, 엘리트들의 상호작용, 비공식적 군사 교류, 비밀 협상과 비밀 특사 교류의 증가를 이끌어냈다. 기능주의 이론에서 가정했듯이 양안 관계에서의 엘리트 상호작용은 상호 이해에 긍정적 영향을 미쳤고, 상대방에 대한 인식을 바꾸었으며, 평화를 이끌어냈다(Weissmann, 2009).

2009년 탕샤오청湯紹成은 타이완, 중국, 미국 간 관계가 로웰 디트머의 '로맨틱 트라이앵글romantic triangle'에서 '삼각 애정 관계ménage à trois'로 바뀌었다고 주장했다(Tang, 2009: 248~262). 중미 간 협력은 점진적으로 증가했고, 양안 관계는 마잉주가 '특별한 관계special relations'라고 말할 정도에 이르렀다. 리덩후이가 1999년에 제안했던 '특수한 국가 대 국가special state-to-state'와 천수이볜이 2002년 제안했던 '일변일국론一邊一國論, one state on each side of the Taiwan Strait'에 대적하는 마잉주의 '특별한 관계'는 중국이 생각하는 양안 관계와 잘 맞아떨어지는 것이었으며,[18] 마잉주 집권 당시 중국과 타이완은 평화적 공존과 상호 부정 금지에 대해 서로 암묵적으로 동의하고 있었다(Tang, 2009).

---

17 '마카오 모델(Macao model)'은 교섭의 한 종류로서 정부로부터 신임받은 개인이 논쟁 사항의 기술적·기능적 측면에 대해 협상을 진행하게 되는 형태이다.

18 2002년에 중국은 타이완과 중국 사이의 항로를 '양안 사이의 항로(cross-Straitroutes)'라고 정의한 반면 천수이볜은 '국제 항로(internationalroutes)'라고 명명했다.

2008년 12월 15일 중국과 타이완은 해로sea, 공로air, 우편로를 재개했다. 이에 따라 60년간의 양안 간 여행 금지는 해제되었으며, 경제적 상호 의존은 양안 관계를 어떠한 공식적·정치적 합의 없이 크게 향상시켰다.

마잉주의 경제적 상호 의존과 통합에 대한 성공적인 정책은 기능주의의 긍정적인 모습을 보여주었다. 그러나 양안 간의 높은 단계의 경제적 상호 의존과 통합에도 불구하고, '경제적 열정economic zeal, 정치적 냉담political chill' 현상이 지속되었던 점에서 알 수 있듯이 정치적 영역에 대한 경제적 통합의 파급효과는 제한되어 있는 것이 사실이다(Weissmann, 2009). 이에 따라 경제적 통합의 정치적 영역으로의 확산과 평화적 공존을 위해 마잉주의 '3불통' 정책은 제도화되어야 했다.

6. 맺는말: 남북 관계와 양안 관계의 비교

냉전 시기, 두 개의 한국, 두 개의 중국 간에는 대화는 물론 인적 교류와 물적 교류도 전혀 이루어지지 않았다. '안보 딜레마'에 직면한 남한과 북한, 중국과 타이완에서는 현실주의 패러다임이 지배적이었으므로 대화와 교류가 이루어질 수 없었다. 그러나 1970년대 닉슨독트린의 시작과 함께 수직적이고 적대적이었던 동아시아의 안보 구조가 완화됨에 따라 분단 지역 간의 대화와 교류가 시작되었다. 당시 남한은 경제적 우세를 이용해 기능주의 전략을 지속적으로 추진했던 반면, 북한은 연방주의 통일 정책을 국가연합 또는 '낮은 단계의 연방제'로 전환했다. 중국의 경우에는 타이완으로부터 무역, 투자, 관광객을 유도하는 기능주의 정책을 채택했던 반면, 타이완에서는 장징궈의 '3불통' 정책과 같은 반기능주의 정책으로 대응했다. 중국이 세계적인 경제 강국으로 부상함에 따라 타이완의 투자와 무역은 더는 타이완의 입지를 강화할 수 없었다. 타이완은 중국 시장에서 경쟁하는 수많은 국가 중 하나가 되었고, 타이완의 사업가들은 중국 투자에 대한 규정을 완화하고, 기능주의적 교류와 협력을 촉진하도록 타이완 정부를 압박했다.

남북 관계와 달리, 양안 관계에서는 정부 차원의 공식적인 대화나 정상회담이 성사되지는 않았지만 투자, 무역, 관광, 이산가족 상봉은 매년 빠르게 증가하는 모습을 보였다. 중국과 타이완은 양안 관계에 대해 비정치적이고 실용적인 방법을 추구했다. 반면 남한과 북한은 오랫동안 냉전 시기의 이념적 원칙을 고수했다. 만약 남한과 북한의 정부가 계속해서 그들의 이념적 원칙을 주장한다면 그동안의 남북대화, 정상회담, 공동선언에도 불구하고 남북 간의 경제적 교류, 협력, 이산가족 상봉은 불가능할 것이다.

남북 관계와 양안 관계 사이에는 무역, 투자, 인적 교류 면에서 중요한 차이가 있다. 양안 관계에서는 기능주의가 매우 잘 작동했음에도 불구하고, 타이완의 주권 문제가 해결되지 않음에 따라 중국의 기능주의가 신기능주의로 발전하는 것에 실패했다. 남북 관계에서는 남한의 햇볕 정책의 실패가 기능주의의 실패로 여겨졌다.[19] 기능주의는 경제적·사회적 교류와 협력이 정치적 일괄 타결과 교류·협력을 위한 조직 구축을 통해 제도화될 때 신기능주의로 발전할 수 있다. 1991년 남북 기본합의서와 2000년, 2007년 두 차례의 정상회담은 기능주의가 신기능주의로 나아가는 중요한 순간이었다. 그러나 이명박 대통령의 취임으로 기능주의 교류·협력과 신기능주의 형태의 정

---

19 마일스 칼러(Miles Kahler)와 스콧 카스너(Scott L. Kastner)는 김대중에 의해 제안되고 실행된 기능주의 햇볕 정책이 다음과 같은 이유로 실패했다고 주장했다. 첫째, 북한 정부는 남한 전략의 수동적인 대상이 아니다. 그러나 최소한의 정치적 변화와 경제적 교류를 통해 경제적 이익을 극대화 하는 데 최선을 다했다. 둘째, 동맹국들과 북한의 잠재적 경제협력자와의 조화를 달성하기 어려웠다(Kahler and Kastner, 2006: 532~533).

치적 일괄 타결은 더 이상의 진전이 없었으며, 오히려 냉전 시기의 현실주의가 부활했다. 남북 관계에서의 (신)기능주의 종말과 현실주의 부활은 몇 가지 요인으로 설명할 수 있다.

첫째, 김대중 정부와 노무현 정부의 기능주의 교류·협력이 정치적 협력과 화해로 확대되지 못했기 때문이다. 오히려 남북한 사이의 깊은 불신과 군사적 대립으로 기능주의 교류는 역류 효과를 낳음으로써 기능주의가 약화되었다.

둘째, 북한 김정일의 행동은 기능주의 실패 원인을 제공했다. 김정일은 기능주의적 통합을 진정으로 받아들인 것이 아니라 단지 기회주의적으로 이용했을 뿐이었다. 김정일은 금강산 관광객과 개성공단의 남한 입주 기업들로부터 경제적 이익을 취했음에도 불구하고 북한의 체제 안보와 생존을 위해 천안함 피격, 연평도 포격, 핵무기 개발과 같은 군사적 도발을 그치지 않았으며, 이에 이명박 정부에서 강경하게 대응하면서 기능주의는 실패하게 되었다.

셋째, 북한 체제의 취약성은 기능주의의 성공을 어렵게 했다. 김정일의 선군 정치는 두 가지 목표를 갖고 있다. 첫째, 대중 봉기와 친위 쿠데타palace coup로부터 불안정한 체제를 보호하기 위해 북한 주민들을 위협하는 것이고, 둘째, '내부internal' 균형(Pape, 2005: 15)을 위한 군대 증강과 핵무기 개발을 통해 안보 딜레마에서 벗어나려는 것이다. 이처럼 체제 생존을 위한 북한 체제의 현실주의 정책은 기능주의 확산을 어렵게 했다.

넷째, 한국 이명박 정부와 미국 부시 행정부의 강경한 대북 정책은 기능주의 역류에 영향을 미쳤다. 미국의 클린턴 행정부와 한국의 김대중·노무현 정부는 지속적으로 북한과의 상호 신뢰 구축을 위해 노력했지만, 이명박 정부와 부시 행정부는 전임 대통령의 대북 포용 정책을 거부했고, 오히려 '매파 포용 정책hawkish engagement'과 조건부 포용 정책 '비핵·개방 3000'을 채택했다. 이명박 정부의 비핵·개방 3000은 북한이 핵을 완전히 폐기하고 경제를 세계시장에 개방할 경우, 10년 안에 북한 국민소득이 3,000달러가 되도록 지원한다는 구상이었다. 이와 같은 대북 포용 정책 중단은 미국과 남한 지도자들에 대한 김정일의 신뢰를 무너뜨렸고, 이에 김정일은 군사적 도발로 대응했다. 이에 따라 남북 관계는 결국 1991년 남북 기본합의서 체결 당시 수준으로 악화되었고, 상호 불신과 증오, 군사대립은 냉전 시기 수준에 달하면서 기능주의의 역류가 나타났다.

이러한 현실주의의 부활은 남한과 북한뿐만 아니라 동북아시아의 군사적 긴장을 고조해 안보 딜레마를 증가시키고 기능주의를 약화하는 결과를 낳았다. 한반도와 주변 해역에는 위험할 정도로 초강대국의 군사력이 밀집해 있으며, 미국 핵무장 항공모함의 서해Yellow Sea 진입은 북한뿐만 아니라 중국까지 위협을 느끼게 하고 있다. 또한 한일군사협정 논의는 중국과 러시아를 자극해 신북방 삼각동맹 구축을 정당화하는 구실이 되고 있다.

양안 관계의 경우 역시 타이완에서는 천수이벤 집권 시기에 반통일 정책을 고수했다. 천수이벤은 중국과 비대칭적인 관계하에서 부정적 구성주의를 기반으로 타이완의 정체성을 강조하고, 중국으로부터의 독립을 주장했다.

이상의 연구를 통해 분단국가의 일반화된 통합 패턴을 도출해낼 수 있다. 〈표 2〉처럼 통합 패턴을 결정하는 중요한 요소 두 개는 세력 균형과 민족 정체성이다. 세력 균형은 대칭과 비대칭으로 분류될 수 있고, 민족 정체성은 동질적과 이질적으로 분류될 수 있다. 이러한 분류를 통해 총 네 개의 통합 패턴을 도출할 수 있다. 동질적 민족 정체성과 비대칭적 세력 균형에 따른 첫 번째 패턴에서는 강자는 기능주의와 신기능주의를, 약자는 국가연합주의를 채택하게 된다. 이런 특징은 1998년부터 2007년 사이까지의 남북 관계와 2008년부터 현재까지의 양안 관계에서 찾아볼 수 있다. 대칭적 세력 균형과 이질적 민족 정체성에 따른 두 번째 패턴에서는 현실주의가 지배적

〈표 2〉 통합 이론을 통해 본 양안 관계와 남북 관계

	세력 균형		
	비대칭	대칭	
	양안 관계: 2008~현재 남북 관계: 1998~2007 기능주의와 신기능주의 vs. 연합주의 1	남북 관계: 1960~1980, 2007~현재 현실주의 2	동질적
민족 정체성	양안 관계: 1996~2008 연방주의 vs. 구성주의 3	분리주의 운동 4	이질적

이며, 1960년부터 1980년도, 2007년부터 현재까지의 남북 관계에서 증명된다. 이질적 민족 정체성과 비대칭적 세력 균형에 따른 세 번째 패턴에서는 강자는 연방주의를, 약자는 구성주의를 채택하게 되는데, 1996년부터 2008년까지의 양안 관계가 이에 해당된다. 마지막으로 네 번째 패턴은 대칭적 세력 균형과 이질적 민족 정체성으로 만들어지며, 남북 관계나 양안 관계에서는 찾아볼 수 없는 패턴이다. 이 패턴의 국가에서는 분리주의 운동이 일어나기 쉽기 때문에 분단된 국가 통합에는 최악의 조합이다. 이 패턴은 1991년 소비에트 연방으로부터 독립하자마자 체코와 슬로바키아로 분리된 체코슬로바키아의 사례에서 찾아볼 수 있다. 따라서 재통일과 재통합에는 첫 번째 패턴이 가장 유리하다는 결론을 내릴 수 있다.

보론 2

한중 관계의 과거, 현재, 미래

한국과 중국은 지리적으로나 인적으로 가까운 나라이다. 1950년대에는 전쟁까지 치렀지만 지금은 사람 간의 거리도 가까워졌다. 중국은 한국의 최대 교역국이고 최대 투자국이며, 최대 방문국이고 가장 많은 유학생이 공부하러 가는 나라이다. 그러나 여전히 한국은 정치적으로 아메리칸 임페리움의 영향권 아래 있고 남북이 아직 대치 상태에 있기 때문에 중국과 경제적·문화적 교류와 협력을 넘어 정치적·안보적 협력을 할 수 있는 단계로까지 도약하지는 못하고 있다.

그런데 우리는 경제 교류와 방문을 통해서 중국을 많이 아는 것 같지만 사실 중국을 잘 모른다. 중국을 제대로 알기 위해서는 한중 관계의 과거를 알아야 하고 그 과거를 알면 우리와 중국이 나아가야 할 미래가 보일 것이다. 공자孔子는 『논어論語』 학이學而 15에서 "지나간 것을 일러주니 올 것을 안다告諸往而知來者"라고 했고, 『주역周易』 계사하전繫辭下傳 6장章에 "옛것을 바르게 하면 미래를 통찰할 수 있다고 했다彰往而察來"라고 했다. 그래서 한중 관계의 미래를 정립하기 위해 한중 관계의 과거와 현재를 바로 보는 것彰往이 중요하다.

1. 고조선 시대: 조한전쟁

『사기史記』에 보면 한중 관계는 고조선에서부터 시작된다. 시작은 순탄하지 않고 전쟁의 연속이었다. 한漢 무제武帝 당시 조선은 건국의 아버지의 이름을 따서 위만조선衛滿朝鮮으로 불렸는데, 위만조선은 중국의 성인인 기자箕子의 나라로 자처하면서 한의 외신外臣이 되어 한과 외교 관계를 정상화, 진번과 임둔을 복속시켜 강력한 국가로 성장하고 있었다. 그런데 조선의 우거왕右渠 王이 한 제국의 황제 입견入見을 거부하고 왕권 강화 정책을 쓰며 주변 소국들이 한 제국에 조공하는 것을 막음으로써 한나라와 충돌했다. 이에 한 무제가 사신 섭하涉何를 보내어 우거왕에게 한나라의 세계 체제에 편입되라고 회유했으나 우거왕은 한 무제의 제의를 거부하고 사신 섭하를 죽였다. 이에 무제가 격노해 조선 정벌에 나섰다. 한 무제의 군대는 기원전 109년 조선을 침공하고 수도 왕검성을 공격했다. 그러나 한나라의 조선 정벌은 순조롭게 진행되지 않았다. 먼저 한나라 군대 내부에 분열이 일어나 좌장군 순체荀彘는 공격을 주장하고 누선장군 양복楊僕은 반대했다. 이 기록은 조선의 저항이 거셌다는 것을 보여준다. 이에 한 무제는 제남태수 공손수公孫遂로 하여금 전쟁을 지휘하도록 명령했고, 공손수는 공격을 반대한 양복을 체포하고 수륙 양군을 통합한 뒤 무제에 보고했으나, 한 무제는 오히려 공손수를 참하고 다시 왕검성 공격 명령을 내렸으나, 조선의 우거왕은 한나라 군대의 공격을 방어하는 데 성공했다.

　분열은 한나라 진영에서만 일어난 것이 아니었다. 한나라의 이간책으로 조선 지도부에 내부 분열이 일어나 이계상尼谿相 삼參이 우거왕을 살해했다. 그러나 성기成己가 우거왕을 대신해 한나라 군대의 공격을 막아냈다. 한나라는 다시 이간책을 써서 우거왕의 아들 장항長降과 로인路人의 아들 최最로 하여금 성기를 죽이게 해서 마침내 왕검성이 함락되었고, 기원전 108년 고조선은 멸망했다. 한나라에 항복한 이계상 삼은 회청후澅淸侯로, 로인의 아들 최는 저양후沮陽侯로, 상相 한도韓陶는 추저후秋苴侯로, 장군 왕협王唊은 평주후平州侯로, 우거의 아들 장항도 제후로 봉해졌다. 이는 한 무제가 고조선의 지배층이 그대로 고조선 옛 지역을 다스리게 해서 민심의 안정을 꾀했다는 것과 그만큼 지배층과 백성이 일치단결해 한나라의 침공에 저항했다는 것을 보여준다. 한 무제도 이러한 조선의 힘을 두려워해 지배층을 갈아치워 민심을 이반하게 하는 행동을 하지 않는 조심성을 발휘했다.

2. 삼국시대

1) 고수 대전

고구려와 수隨나라 간에 두 차례에 걸친 대전은 동북아의 패권 전쟁이었다. 수나라는 오랜 분열 끝에 중국 대륙의 중원에 수립된 통일 제국帝國이었다. 그러한 강력한 통일 제국과 동북아 지역의 강대국인 고구려 제국 간의 패권 전쟁이 벌어진 것이다.

1차 고수 대전高隨大戰(598년)은 수 문제文帝가 중원을 통일한 후 고구려 영양왕嬰陽王에게 조서를 보내어 위협하자 분노한 영양왕이 직접 말갈병 1만 명과 친위대를 이끌고 수나라 영주성을 공격함으로써 발발했다. 이에 수에서는 30만 대군을 편성해 한왕漢王 양량과 왕세적王世積에게 고구려를 침공하게 했으며, 수 문제는 8만의 군대를 영주성에 파견해 전쟁이 확전되었다. 수나라 군대는 요하를 건너 고구려를 침공했으나 고구려 군대에 의해 거의 전멸했고, 해상에서도 수군 총관 주라후周羅睺가 이끄는 대함대는 영양왕의 동생 고건무高建武가 이끄는 고구려 수군에 의해 격침되면서 황해 대전은 고구려의 승리로 끝났다. 599년 수 문제는 패전을 설욕하기 위해 30만 대군을 편성해 고구려를 공격하게 했으나, 그 당시 계절이 여름이어서 늪지대를 건너던 수나라 30만 대군은 역병과 풍토병에 걸려 태반이 전멸했고, 결국 수나라 30만 대군은 싸워보지도 못한 채 퇴각해 제1차 고수 전쟁은 고구려의 완승으로 끝났다.

2차 고수 대전은 612년에서 614년 사이에 일어났는데 수 양제煬帝는 1차 고수 전쟁에서의 패배를 설욕하고 동북아의 패권국인 고구려를 정복하기 위한 전쟁을 604년부터 꾸준히 준비했다. 군수물자 수송을 위해 대운하를 파고, 만리장성을 재축조했으며, 611년 돌궐의 계민가한啓民可汗을 위협해 동맹을 맺어 고구려 공격에 합세하도록 하는 외교적 노력을 기울였다. 전쟁 준비가 완료되자 전국 동원령을 내려 612년 초 113만 대군을 편성해 요하를 건너 고구려를 침공했다. 그 뒤를 이어 내호아來護兒가 이끄는 수나라의 수군들도 황해로 출병했다. 수나라 113만 대병이 요동성을 포위했으나 요동성은 몇 달간을 버티면서 더 강건해졌다. 분노한 수 양제는 별동군 30만을 편성해 평양으로 직공했으나, 고구려의 명장 을지문덕乙支文德 장군이 수군을 살수(청천강)로 유인해 우중문于仲文, 우문술宇文述, 내호아 장군이 이끄는 30만 별동대군을 살수(청천강)에서 수장했다. 이를 살수대첩薩水大捷(611년)이라 이른다. 살수대첩으로 30만의 수나라 별동군은 거의 전멸되었고 약 2,700명이 중국으로 돌아갔다고 한다.

을지문덕 장군은 수나라의 총사령관인 우중문에게 패전한 장수로 조롱하면서 이제 그만 돌아갈 것을 권고하는 시를 보냈다.

與隋將于仲文詩 여수장우중문시

神策究天文 그대의 신묘한 책략策略은 천문을 깨쳤고,

妙算窮地理 오묘奧妙한 계산은 지리의 이치에 닿았노라.

戰勝功旣高 전쟁戰爭에 이겨서 이미 그 공功이 높으니,

知足願云止 만족滿足해야 할 때를 알고 이제 멈추기를 바란다.[1]

수 양제는 613년과 614년에 제3차, 제4차 고수 전쟁을 벌였으나 고구려
에 큰 피해를 가하지도 못한 채 퇴각했다. 614년의 경우 수 양제는 고구려를
침공했으나 오랜 기간의 전쟁으로 매우 지쳐 있는 고구려는 수나라의 4차 공
세를 일단 피하기 위해 항복하겠다고 거짓 약속하고 수나라군을 퇴각시킨
후 약속을 이행하지 않았다. 그러나 수 양제는 네 차례에 걸친 고구려 정복
전쟁으로 국력을 소진해 각지에서 민란이 일어났고 그중 가장 강력한 반란
군을 이끈 이연李淵과 이세민李世民에 의해서 멸망당했다.

2) 고당 대전

고수 대전은 동북아의 패권을 결정하는 동북아 패권 전쟁의 전초전이었다.
이연과 이세민이 세운 당唐 제국은 당시 지구상에서 가장 광대하고 인구가
많은 최대, 최강의 제국이었다. 이연의 뒤를 이어 즉위한 당 태종太宗 이세민
은 국내를 평정한 뒤 제국의 변경을 안정시킬 필요를 느꼈다. 자연히 가장
강력한 동북아 변방 제국인 고구려가 정리 대상이 되었다. 고구려를 제압하
지 않고서는 당 제국 동북부 지역의 안정을 기할 수 없었기 때문이다.

---

1 이 시의 마지막 구절인 '知足願云止'는 노자(老子)의 『도덕경(道德經)』 44장에 나오
   는 '知足不辱 知止不殆(만족할 때를 알면 욕을 당하지 아니하고 멈출 때를 알면 위태
   롭지 아니하다)'를 연상하게 한다. 을지문덕 장군이 경서와 시문에 능한 문무겸전의
   지장이자 덕장임을 알 수 있다.

당 태종이 고구려를 진압하고 복속시킬 계교를 모색하던 중 고구려의 지배자인 연개소문淵蓋蘇文[2]이 쿠데타를 일으켜 대당 유화파인 영류왕營留王을 시해하고 보장왕寶臧王을 세웠다. 고구려에 대당 강경파 정권이 등장하자 당 태종은 외교보다는 전쟁을 통해 고구려를 정복해 복속시킬 것을 결정한다. 정관의 치貞觀之治를 이루었다는 당 제국의 영웅 이세민이 직접 대병을 이끌고 고구려를 침공했다. 동북아의 패권을 다투는 고당 전쟁이 발발한 것이다.

고당 대전高唐大戰은 중원 제국(당)과 동북아 제국(고구려) 간의 패권 전쟁이라는 역사적 성격이 있다. 고구려는 호태왕好太王으로 불리는 광개토대왕 때 거란, 숙신, 동부여, 후연, 백제, 신라, 왜를 정벌하거나 속국으로 복속시켰다. 이러한 광대한 제국을 건설한 뒤 광개토대왕은 자신을 천자이자 사해의 지배자로 인식했고, 고구려 중심의 천하관을 드러냈다. 연개소문은 이러한 광개토대왕이 건설한 제국을 훌륭하게 유지하고 넓혀가고 있었다. 단지 외교 문제에서 광개토대왕은 신라를 도와 왜를 쳤으나 연개소문은 신라와의 동맹을 깨고 백제와 연합을 맺어 신라를 공격하려 했다. 신라는 위기를 느끼고 김춘추金春秋를 고구려에 보내 화친을 요청했는데, 연개소문이 거절하자 당나라로 사신을 보내 고구려를 견제해줄 것을 요청했다. 당 태종은 고구려 제국에 대한 간섭의 구실을 나당동맹羅唐同盟의 당사자인 신라에 대한 고구려의 공격에서 찾았다. 당 태종은 사농승司農丞 상리현장相里玄奬을 사신으로 삼아 고구려에 보내 신라를 치지 말 것을 요구했다. 이러한 당 태종의 제의에 대해 연개소문은 "우리가 신라와 간극이 벌어진 지는 벌써 오래이다. 지난번 수나라가 쳐들어왔을 때 신라는 그 틈을 타 우리 땅 500리를 빼앗아 그 성읍을 모두 차지했으니 그 땅을 돌려주지 않으면 싸움은 그칠 수 없을 것이다"

2　김부식(金富軾)은 삼국사기(三國史記)에서 연개소문을 천개소문(泉蓋蘇文)으로 부르고 있다.

라고 하면서 당 태종의 제의를 거절했다.

이러한 연개소문의 대당 강경책에 대해 당 태종은 수나라의 네 차례에 걸친 고수 전쟁의 패배를 설욕하고 "사방이 크게 평정되었는데 오직 고구려만 평정되지 않았으니 내가 더 늙기 전에 이를 취하려 한다"라는 명분으로 군사를 일으켜 고구려 정벌에 나섰다. 결국 645년 10월, 당 태종은 연개소문의 시역을 성토한다는 명분으로 고구려를 침공했다. 고구려를 직접 침공한 당 태종은 바로 평양으로 직행하지 않고 요동을 비롯, 평양으로 가는 길에 있는 성을 모두 점령하면서 나아가려 했다. 그래서 고구려 변방의 요새인 안시성安市城에서 대회전大會戰이 벌어지게 되었다. 당시 안시성 성주인 양만춘楊萬春 장군은 안시성을 끈질기게 수성해 마침내 세계 최강의 이세민이 이끄는 당나라 군대를 퇴각시켰다.

고당 전쟁은 고구려와 연개소문의 당나라와 이세민에 대한 승리였다. 당시 세계 최강의 당 제국과 맞서서 고구려는 동북아의 패권을 수호했던 것이다. 그러나 고구려는 전투에서 이기고 전쟁에서도 이겼으나, 승리는 상처뿐인 영광이었다. 당 제국에 비해 국력에서 엄청난 차이가 있는 중위 제국인 고구려는 장기간 지속된 고수 전쟁과 고당 전쟁으로 국력이 고갈되어 결국 연개소문 사후 멸망하게 되었던 것이다.

3) 나당동맹: 최초의 순망치한 외교

삼국시대에 한반도에 존재했던 삼국 중 신라는 가장 약소국이었다. 따라서 신라는 외적 균형 정책을 통해 삼국 정립의 균형을 유지하려 했다. 그 외적 균형의 대상은 당이 등장하기 전에는 고구려의 광개토대왕이었고 이세민의 당 제국이 등장한 이후에는 최강의 동북아 세력인 당나라로 동맹의 대상을 옮겼다.

신라는 지정학적으로 삼국 중 가장 변방에 위치하고 있었으나 이러한 지정학적 족쇄를 벗어나기 위해 창조적인 외교를 펼쳤다. 신라는 먼저 한반도 동남부의 변방에서 삼한三韓의 중심인 한강 유역으로 진출하기 위해 부단히 뉴프런티어를 개척하려 한 진취적인 국가였다.

신라의 뉴프런티어 정책의 방법론은 니콜로 마키아벨리적인 동맹과 연합이었다. 초기에 신라는 백제와 나제동맹羅濟同盟을 맺어 한반도의 최강자인 고구려의 남하를 공동으로 저지하려 했다. 다음으로 고구려 광개토대왕과 나려동맹羅麗同盟을 맺어 일본과 백제와 균형을 이루고 일본(왜)를 견제했다.[3]

마지막으로 나당동맹으로 삼국을 통일했다. 삼국 중 가장 약소국인 신라가 창조적 외교와 뉴프런티어 정책으로 삼국을 통일한 최종적인 승자가 되었다. 나당동맹은 중국(당 제국)에 대한 조공을 통해 '외적 균형'을 이루려는 신라의 창조적 외교의 소산이다. 약소국 신라는 중국의 힘을 빌려 고구려, 백제와 균형을 이룰 수 있었다. 나당동맹 전략은 신라가 고구려, 백제 (그리고 일본) 간의 삼각 균형 체제를 유지하기 위해서 필수적인 전략이었다.

이러한 외적 균형 전략과 함께 신라는 자강과 자립을 통해 안으로부터 힘을 키워 경쟁국과 균형을 이루어 내적 균형을 이루려는 노력도 게을리 하지 않았다. 신라 진흥왕眞興王은 한강 유역 장악을 통해 중국으로 열린 프런티어를 개척했고, 환동해와 환황해의 중심 국가로서 기틀을 마련했으며, 사실상 삼한을 제패했다.

나당동맹은 군사적인 목적뿐만 아니라 변방국인 신라의 국제화와 선진화를 위한 필수적인 외교정책이었다. 나당동맹을 통해 당시 세계 최강의 제국이었던 당 제국의 선진 제도를 도입할 수 있었고 많은 유학생을 당의 수도 장안에 보내 선진 문화와 학문을 교육·훈련하고, 당 제국의 지배층과의 네

---

3 나려동맹에 관해서는 '광개토대왕비'에 잘 나와 있다.

트워킹해 미래의 외교자원으로 활용하고 당의 선진 학문과 문화뿐 아니라 장안에 있는 신라인들을 통해 당나라의 선진 문물, 물자, 무기를 수입할 수 있었다.

『삼국사기』를 보면 국비로 당나라에 유학을 보내는 이야기가 나온다. 선덕여왕善德女王 9년(640) 왕족 자제들을 장안의 태학太學에 유학시켰고, 신라의 최고 전성기에 당의 수도 장안에서 공부하던 한국 유학생 수는 3,620명으로 당시 장안에 온 여러 변방국가 중 가장 많은 수라는 것이 밝혀지고 있다.[4] 지금 미국에 유학을 다녀온 학생들이 한국을 이끌어가고 있듯이 당시 당에서 공부한 유학생들이 신라의 삼국 통일을 이끈 주역이었다. 태종무열왕太宗武烈王이 된 김춘추, 김춘추의 아들로 삼국을 통일한 문무왕文武王 김법민金法敏, 문무왕의 동생이자 나당동맹을 관리한 외교관 김인문金仁問, 김유신金庾信의 아들, 통일 후 격황소서檄黃巢書로 중국에 이름을 날린 최치원崔致遠이 대당 유학파이고 신라의 해외파 최고승인 의상義湘 대사도 당의 장안에서 유학했다. 이들은 당시 아시아의 로마제국, 현재의 미국과 같은 글로벌 제국인 당 제국의 문물을 배우고, 당의 지배층과의 네트워킹을 통해 통일의 기반을 쌓았다.

3. 통일신라 시대의 한중 관계

1) 당 제국에서부터 청일전쟁 이전까지 지속된 한중 관계의 특징

통일신라 시대의 한중 관계를 논하기 이전에 당 제국에서 청일전쟁 이전까

---

4   837년[희강왕(僖康王) 21년] 당의 국학에 유학 온 신라 학생 수는 216명, 840년 한 번에 귀국한 신라 학생 수는 105명이었다(『삼국사기』권10).

지 공통적으로 나타나는 두 가지 한중 관계의 특징을 먼저 이야기할까 한다. 두 가지 특징은 중추와 부챗살 체제와 순망치한의 관계이다.

중추와 부챗살 체제

먼저 한국과 중국의 관계는 중추와 부챗살 체제에 의해 작동되었다. 이 체제 하에서 중국은 세계의 중심 즉, 중화中華이고 한국은 여러 부챗살 국가 중 하나인 제후 국가諸侯國家(한국, 베트남)이다. 그런데 중화 체제中華體制는 다층적 중추와 부챗살 체제였다. 제후 국가는 중화권 질서에서 최상위의 국가인 외신外臣이었고 그 아래에는 중화권 질서에 편입되지 못한 야만국이 있었다. 야만국은 중화 체제(중추와 부챗살 체제)에 속하지 못하거나 들어가기를 거부한 국가들로서 일본倭, 여진女眞, 흉노匈奴, 강姜, 티베트吐蕃, 남만南蠻 등을 지칭한다. 그래서 야만국들은 스스로 황제를 칭하나 이는 중화 체제에 편입되지 못한 한과 열등감을 황제라는 호칭으로 보상하려는 심리가 들어 있다.

　중추와 부챗살 체제를 움직이는 원리는 사대주의事大主義와 사대자소事大字小의 원리이다. 사대자소는 작은 나라가 큰 나라를 섬기고, 큰 나라는 작은 나라를 사랑하면 천하가 평화로울 것이라는 맹자孟子의 이론에서 나왔다. "어질다는 것은 큰 것이 작은 것을 사랑하는 것이고 …… 지혜롭다는 것은 작은 것이 큰 것을 섬기는 것이다 …… 큰 것이 작은 것을 사랑하는 것은 하늘을 즐겁게 하는 것이고, 작은 것이 큰 것을 사랑하는 것은 하늘을 두려워하는 것이다惟仁者 爲能以大事小 …… 惟智者 爲能以小事大 …… 以大事小者 樂天者也 以小事大者 畏天者也(『맹자』 양혜왕梁惠王 하편下篇)"라고 맹자는 사대자소의 관계를 호혜주의적互惠主義的 개념으로 보았지 패권주의覇權主義의 개념으로 보지 않았다.

　이러한 사대자소의 관계를 유지하는 기본 수단은 조공朝貢이었다. 조공은 공무역公貿易의 성격을 띠고 있었고 중화 세계 질서에서 서열이 높은 국가에 더 많은 조공을 할 기회가 부여되었다. 왜냐하면 제후국에서 황제에게 조공을 바치면 황제는 그 이상에 상당하는 문물과 기술을 제후국에 하사해야 하기 때문에 조공국tributary state은 더 많은 조공의 기회를 얻으려 경쟁했다. 황제는 금은보화, 말, 여성과 같은 물질을 얻고 제후국은 문방사우와 학문, 기술과 같은 문화를 얻게 된다. 조공 무역은 이윤 극대화를 목적으로 하는 시장 교환 원리에 의한 교역이 아니고 상대방이 필요로 하는 것을 주는, 상호 간 필요needs를 충족시켜주는 호혜주의적 교역 원리에 기초하고 있었다.

따라서 각 제후국은 교역을 늘리기 위해 중국에 조공할 기회를 더 많이 달라고 경쟁했고 중국은 공무역 적자를 발생시키는 조공의 횟수를 줄이려고 했다. 중국 남송南宋의 예부상서 소식蘇軾(소동파蘇東坡)은 "고려 사절단이 가져온 물품이 시장을 어지럽힌다(물건 품질이 좋기 때문에). 우리에게 큰 이익이 없는데 고려는 큰 이익을 얻는다"라는 논리로 남송의 무역역조를 발생시키는 고려에 조공할 기회를 더 많이 주는 데 반대했다. 조선조에서도 한국은 중화 세계 질서에서 가장 높은 서열(소중화小中華)을 부여받았고 그 때문에 가장 많은 조공을 할 기회를 얻었다.[5] 소동파의 상소는 고려가 남송에 대해 무역수지 흑자를 내고 있었다는 증거이다. 특히 고려와 송의 공무역에서 고려는 문화적 수요(서적과 금박), 자기, 비단, 종이, 선박 제조업과 목판인쇄업 기

---

5   소동파의 상소는 "서적과 금박을 달라는 그들의 요구를 모두 허락하지 말 것"을 요구하고 있다(『송사』 권 487 「고려전」). 소동파는 그 이유로 고려와의 무역 비용이 과다하다는 것을 들었다. 송은 관대(館待) 비용[성, 배, 사신을 수용하기 위한 정관(亭館) 건립 보수비], 사여(賜與) 비용을 부담해야 했기 때문이다. 소동파가 지적한 고려와의 무역이 낳는 다섯 가지 해악은 ① 고려의 조공품은 '쓸모없는 완구류(玩好無用之物)', ② 인마(人馬)와 집물(什物) 차차(差借)하고 정관 보수 비용, ③ 고려에 보내는 하사품을 거란에게 나누어 보내지 않으면 거란이 고려의 송에 대한 내공(來貢)을 묵인하겠는가?, ④ 고려는 명목상으로 모의(慕義)한다고 하면서 내조(來朝)하나 본심은 이(利)를 위한 것, ⑤ 고려에 빈번하게 입공(入貢)을 허락하면 거란[요(療)]이 문제 삼을 것이라고 지적하고 있다.

술을 획득하고 송은 거란을 억제하는 정치적 이익을 얻는데 소동파는 경제적 손실에 대해 우려하고 있는 것이다.

사대자소를 기본으로 하는 중화 질서는 중화 질서 내부와 외부를 구별하는 동심원적同心圓的 구조를 갖고 있었다. 동심원의 중앙에는 황제가 있고 그 주위를 내신內臣, 즉 중국의 직접적 지배 질서에 포함된 왕과 후가 둘러싸고 있다. 내신의 원을 외신外臣의 원이 둘러싸고 있는데 외신은 외부적으로는 황제의 신하이나(황제로부터 관작官爵을 받음, 종주국의 연호와 달력 사용, 세자, 왕비 승인), 내부적으로는 독자적으로 자신의 나라를 다스리는 독립국의 왕이다. 외신은 조공국으로서 종주국인 중국과 수직적인 동맹 관계를 맺고 있다. 종주국은 조공에 대한 대가로 조공국의 안보를 보장한다. 조선은 동이東夷로 칭했는데 중국 성인 기자의 후예가 모여 사는 나라이다. 서융西戎은 요堯 임금의 신하들인 사악四嶽의 후예가 모여 사는 나라이다. 북적北狄과 흉노匈奴는 우禹 임금의 후손인 순유淳維의 후손이 사는 나라이고 남만南蠻, 越南은 우禹 임금의 후예가 사는 나라이다. 이렇게 중국은 제후국의 계보lineage를 중국 성인들의 후예로 연결해놓음으로써 가족의 동심원적 확장으로서 국가와 천하(세계)의 계보를 만들었다.

그런데 사대자소의 세계에서 사대 질서에 포함되지 않는 오랑캐의 나라들이 존재한다. 일본과 같은 절역 조공국絶域朝貢國은 중화 세계의 바깥外界에 존재하고 있는데, 황제의 은덕을 바라면 중화 체제에 들어오는 것을 허용하나, 들어오지 않는다고 해서 징벌할 필요성을 느끼지 못하는 나라이다.

인대국隣對國은 인접해 있는 국가로 중국과 대등한 관계를 요구하는 대등국으로 기본적으로 중국과 적대적인 국가이다. 인대국은 중국 황제의 지배력이 못 미치는 곳으로 인대국은 독자적인 세계를 형성, 스스로 황제를 자칭하거나 참칭하며, 입공하거나 조공 관계를 맺지 않는 거란, 여진(만주), 몽골, 왜구 등을 지칭한다.

중화 체제는 기본적으로 위계적인hierarchical 국제 질서이기는 하나 서양처럼 패권주의적이고 군사적인 위계질서가 아니라 문화주의적(군사력에 대한 문화력 우위, 문민 지배 질서) 위계질서에 의해서 유지된다. 따라서 문화 수준이 높은 신라, 고려, 조선이 중화 질서하에서 높은 지위를 유지했고 특별한 대우를 받았던 것은 맹자의 사대자소의 원리에 비추어볼 때 자연스러운 일이었다.

천년 이상 조공 관계에 있었던 중국에 대한 한국인의 감정보다 불과 36년 동안 지배했던 일본에 대한 감정이 더 나쁜 것은 중국 제국의 문화주의적 대외 정책이 일조했다고 볼 있다. 중국의 문화주의 외교가 일본 제국주의의 군국주의와 패권주의 식민 지배에 승리를 거둔 것이다.

순망치한의 관계

순망치한이라는 말은 『춘추좌씨전春秋左氏傳』에 나오는 '보거상의 순망치한輔車相依 脣亡齒寒(덧방나무와 수레바퀴는 서로 의지하고 입술이 없어지면 이가 시리다)'이라는 성어에서 나온 말이다. 춘추전국시대에 진晉 헌공獻公이 서괵西虢을 치기 위해 준비하면서, 우虞나라에 길을 빌려달라고 요청했다. 우는 서괵과 진 사이에 있는 나라로, 괵을 치려면 우를 거쳐 가야 했기 때문이다. 우공이 헌공의 진상품에 탐이 나 이를 승낙하려 하자 신하인 궁지기宮之奇가 나서 말하기를, "괵은 우리의 담장과 같습니다. 괵이 망하면 우리도 함께 망할 것입니다. 남을 치는 군대를 도우는 것은 좋지 못한 일입니다. 덧방나무와 바퀴는 서로 의지하며輔車相衣, 입술이 없으면 이가 시린 법脣亡齒寒이니, 우리와 괵이 이와 같습니다"라고 했다. 그러나 우공은 끝내 진상품의 유혹을 떨치지 못하고 진의 요청을 승낙했으니, 이후 진은 길을 빌려 괵을 멸망시키고假途滅虢, 군사를 돌려 진으로 돌아오는 길에 우까지 쳐서 멸망시켰다.[6]

신라 시대에는 신라라는 입술이 없으면 발해와 일본의 공격으로 중국의 이가 시리다는 외교 원리로 신라와의 동맹을 굳건히 했고, 남송, 금, 고려가 삼각 체제를 구축하고 있었던 남송 시대에 고려 사신이 남송 사신에게 고려는 금으로부터 남송을 지켜주는 입술 같은 존재라고 설득해 고려의 외교적 가치를 높였다. 임진왜란 시에는 쇠퇴해가는 중국의 명明 제국이 어려운 사정에도 불구하고 가도정명假道正明(명을 정복하기 위한 길을 빌려달라)을 구실로 조선을 침공한 도요토미 히데요시豊臣秀吉와 전쟁을 벌이고 있는 조선에 출병한 이유는 야사에 나오는 여러 삽화나 개인적 인연이 아니라 냉엄한 국가이익을 지키기 위한 고뇌에 찬 결정이었다는 것이 밝혀지고 있다.

한국전쟁 때, 1950년 말 인천 상륙작전으로 궁지에 몰린 김일성을 지원하기 위한 중공군 파병 문제를 놓고 논쟁이 붙었을 때, 마오쩌둥의 부하 장군들은 1949년에 간신히 중국 대륙을 통일하고 아직도 국내에 불안 요인이 많아 해야 할 일이 많은데 김일성을 도우려 북한에 가야 하느냐고 항의하자 마오쩌둥은 바로 이러한 순망치한에 근거해 북한은 사회주의 중국을 지켜주는 입술이며 이제 입술이 없어지려 하고 있는데 가서 도와주지 않을 수 없다는 논리를 가지고 부하들에게 조선 파병을 설득했다고 한다.

2) 통일신라와 중국 당 제국 간의 특수 관계: 조공국이자 동맹국

영토는 고구려와 비교도 안 되게 작았고, 인구는 백제보다 적었고, 경제력에서는 삼국 중 가장 약했고, 군대의 수도 가장 적었던 신라가 이 두 국가를 제압하고 최초로 삼한을 통일할 수 있었던 이유는 무엇인가? 시오노 나나미鹽

---

6   춘추전국시대 조(趙) 양자(襄子)가 조가 없으면 한(韓), 위(魏)도 위험해진다고 설법할 때에나 제갈량이 화용도(華容道)에서 유비에게 조조(曹操)를 살려주라고 한 이유를 설명할 때도 순망치한의 논리를 동원했다.

野七生가 로마의 제국 건설에서 제기한 질문과 비슷한 질문을 신라의 삼국 통일의 비밀에 적용해보면 해답은 신라의 무역과 개방을 통한 번영 전략, 고구려와 당나라와의 동맹과 연합, 통일 이후 타국의 백성들에 대한 포용과 관용에서 찾아야 한다.[7] 물론 신라는 소국이지만 일찍이 철기 문화를 발전시켰고 기마민족이라는 장점이 있었다.

통일신라는 당 제국과 유일하게 조공국이면서 동맹국이었다. 신라는 당 제국의 동맹국으로서 전통적인 위계적 조공 체제에 편입되지 않고 대등한 동맹 관계에서 무역, 교역, 교류를 하는 아시아의 중추 국가였던 것이다.

동아시아에서 당의 조공 국가 중 신라가 최상위의 지위를 부여받았다. 당에서 관리를 했던 최치원의 「사불허북국거상표謝不許北國居上表」(『동문선東文選』)에 의하면 최치원은 신라는 당 제국의 입술에 해당하는 나라이라 북국北國(발해)과 같은 대우를 해서는 안 되며 발해나 일본과 비교할 수 없는 특별한 예우와 지위를 부여해야 한다는 표를 올렸다. 그만큼 신라는 다른 조공국과는 다른 특별한 대우를 당 제국으로부터 부여받았던 것이다. 실제로 당의 장안에서 신라는 '소중화', '군자君子의 나라'로 불렸다.

신라는 당나라의 동맹국이자 최상급의 조공국의 지위를 이용해 당으로부터 선진 문물과 물자를 수입해 동아시아의 선진국이 되었다. 신라의 무역은 유럽에까지 미쳤다. 『삼국유사三國遺事』 진한辰韓조에 의하면 신라 전성시대 수도인 서라벌 안의 호수戶數는 17만 8,936호라고 기록되어 있다. 이 때문에 당시 경주는 인구가 100만에 달하는 광역 도시였다고 추정하고 있는데[조선 숙종 43년(1717년)에서야 한성 인구가 20만을 넘음], 당시 100만이 넘는 광역 대도시는 장안과 로마 밖에 없었다. 그리고 『삼국유사』 사절유택四節遊宅조에

---

7 원효(元曉)의 화쟁 사상(和爭思想)은 통일신라의 백제, 고구려 유민들을 통합하는 데 기본적인 사상적 원리가 되었다.

보면 49대 헌강왕憲康王이 "성중에 초가집이 한 채도 없고, 추녀가 맞붙고 담장이 이어졌고, 노래와 풍류 소리가 그치지 않는다"라는 시를 읊었다는 기록이 있고, 『삼국사기』 신라본기 헌강왕 6년조에도 월상루에서 헌강왕이 신하에게 "집이 연이어 있고, 노래와 풍악 소리가 그치지 않고, 집을 기와로 잇고, 밥을 숯으로 짓고 나무로 짓지 않는다는 게 사실인가?"라고 신하에게 묻는 기록이 있다. 이 모든 기록은 당시 신라가 경제적으로 풍요로운 국제화된 나라라는 것을 알려준다.

당시 신라는 동아시아 무역 허브였는데 통일신라의 3대 무역로에는 남해 항로, 대운하 무역로, 북방 실크로드가 있다. 첫째, 남해 항로는 일명 해양 실크로드로 불리는데, 아라비아 상인과 페르시아 상인을 통해서 중국 광주廣州와 양주揚州, 일본, 신라로 이어지는 항로로서 향료와 약제 교역을 하는 '향약香藥의 길'이라 부른다. 신라 고분에서 출토되는 유리 제품은 유럽에서 해양 실크로드를 통해 수입된 것으로 추정된다. 신라의 해양 실크로드를 통한 교역이 유럽까지 미쳤음을 보여주는 유물이다. 그리고 삼국유사의 '연오랑延烏郎, 세오녀細烏女' 설화는 당시 신라와 일본 간의 교역이 활성화되었음을 보여준다.

둘째, 대운하 무역로는 산동 반도山東半島, 등주登州, 장안長安, 낙양洛陽, 초주楚州, 사주泗州, 양주, 소주蘇州, 영파寧波, 주산군도舟山群島로 이어지는 무역로인데, 장보고張保皐를 비롯한 신라 상인들은 이 지역에 신라 무역 거점인 신라방新羅坊, 신라소新羅所, 신라촌新羅村을 형성했다. 신라방 네트워크는 일종의 재당在唐 신라인들의 자치구로서 신라, 중국, 일본 동아시아 삼국을 잇는 삼각무역의 핵심 거점이었다. 그중에서도 특출한 인물이 장보고이다. 장보고는 청해진대사淸海鎭大使로서 환황해권의 거점 도시들을 유기적으로 연결해 군항이자 자유무역항인 청해진을 중심으로 신라 정부, 재당 신라인, 본국 신라인들을 관리해 그들을 제조업, 상업, 운송업, 보세가공업, 삼각중계무역,

문화 교류, 이데올로기 전파 등으로 업무 분담을 시켜 엄청난 부와 해상로를 장악할 수 있었다.[8]

셋째, 북방 실크로드는 당과 아랍 제국과의 육상陸上 무역로로서 최근 발굴된 신라 승 혜초慧超의『왕오천축국전往五天竺國傳』이나 당의 학승 의정義淨의『대당구법서역고승전大唐求法西域高僧傳』에 잘 묘사되어 있다. 또한 돈황敦煌 동굴 벽화 속의 깃털 꽂은 두 신라인이나, 사마르칸트의 사신 행렬 속의 신라 사절(고구려 사절로 추정하기도 함)을 묘사한 그림을 통해 그 번영을 짐작할 수 있다.

신라가 얼마나 국제화되어 있었는가는 향가인「처용가處容歌」에 잘 나와 있다.「처용가」는 신라 왕국의 개방성, 국제성, 관용성, 포용성을 보여준다.

서울 밝은 달에 이슥히 놀고 다니다가
들어와 자리를 보니 다리가 넷이어라
둘을 내 것인데 둘을 누구 것인가
본디 내 것이건만 빼앗긴 걸 어찌 하리요

처용處容은 신라 수도 서울인 경주의 외항인 국제도시 울산에 정착한 아라비아 상인으로 추정되고 따라서 당시 신라가 아라비아 상인과도 무역을 활발히 했다는 증거가 될 수 있다.「처용가處容歌」는 경주가 자체 무역항인 울산을 포괄하고 있는 광역도시인 동시에 국제적인 무역도시라는 것을 보여준다. 그리고「처용가」의 가사에서는 신라가 아내까지 나누는 유목민적 포용력과 개방성을 지녔음을 보여주고 있다.[9]「처용가」와『삼국유사』는 신라

---

8 『당회요(唐會要)』에 의하면 당나라 사람들은 "신라가 보내온 특산물은 제번(諸蕃) 가운데 으뜸이다"라고 높이 평가했다(『당회요』 신라).

가 서역의 외방인인 처용에게 급간級干 벼슬을 주어 정사를 돕게 하고 미녀를 아내로 맞게 해주었다는 사실을 전한다. 그만큼 신라는 포용, 관용, 다원주의, 국제주의의 왕국이었다는 것을 보여주는 사례이다. 처용의 이야기와 더불어 경주와 울산의 중간에 있는 원성왕릉元聖王陵으로 추정되는 괘릉掛陵의 무인석은 아랍인의 형상을 하고 있는데, 이는 신라에서 외국인인 아랍인들이 고위 관직을 하사받았다는 것을 보여줌으로써 원래 지독한 카스트와 같은 혈통주의를 고집하던 신라가 개방적인 속지주의를 수용하기 시작했다는 것을 알 수 있다.

또한 신라는 통일 이후 외래 종교에 대해서도 개방적이고 관용적이었음을 보여준다. 고대 동방 기독교(네스토리우스파景敎)가 경주 일원에 초전初傳, 私傳된 조짐을 보여주는 유물들이 발견되었다. 1965년 경주 불국사 경내에서 출토된 돌 십자가와 경주 지방에서 발견된 두 점의 철제 십자 무늬 장식, 성모 소상塑像(아기 예수를 품에 안은 성모 마리아상Statue of Virgin Mary)과 경주 석굴암 전실 내벽의 십일면관음상과 십나한상 등의 옷 무늬나 신발, 능묘 호석의 십이지상과 괘릉 무인석상의 의장이 경교의 영향을 받고 있음을 보여준다(김양선, 1971).

---

9 이슬람제국의 역사지리학자 알 마수디(Al-Masudi, ?~956)는 저서인 『황금초원과 보석광』에서 "신라국은 공기가 맑고 물이 좋고 토지가 비옥하고 또 자원이 풍부하고 보석이 일품이라 아랍인들이 떠나지 않는다"라고 묘사하고 있고, 이븐 쿠르다지바(Ibn Khurdadhibah, 820~912)는 "금이 많은 신라에 들어간 아랍인들은 이 나라의 훌륭함 때문에 정착했고 절대로 떠나지 않는다"라고 신라를 묘사하고 있다.

4. 고려 시대의 한중 관계

1) 해동 천자의 나라, 고려

몽골이 전 세계를 휩쓸기 이전만 하더라도 신라를 이어 한반도를 통일한 고려는 중국과 대등한 관계를 유지했다. 건국 후 고려는 세 차례에 걸친 거란과의 전쟁을 승리로 이끌면서 고려는 해동海東(동북아)의 황제국이 되었다. 거란과의 전쟁을 통해 국력을 과시했고, 거란이 몰락하고 금, 남송, 고려의 삼각 체제가 되면서 고려는 동아시아 세력균형의 한축을 담당하는 강소국의 반열에 올랐다. 동여진의 부족들이 거란을 버리고 고려에 귀속했고, 고려는 귀부한 여진족에 책봉을 내리는 황제국으로 승격했다. 이에 북송北宋은 거란을 물리친 고려와 동맹을 원했다. 왕건王建이 후삼국을 통일할 당시 단교한 지 80년 만인 1077년에 고려와 송은 국교를 재개했다. 그러나 고려는 형식적으로 요遼와 사대 관계를 유지하는 것을 송으로부터 묵인 또는 허락을 받았다. 송은 고려의 국격을 높여 조공사朝貢使가 아닌 국신사國信使로 높여서 대우했다. 이는 송이 고려를 조공국이 아니라 동맹국으로 격상했다는 것을 보여주는 것이다. 조공 질서에서 고려의 서열은 서하의 상위에 있고 거란과 동급이어서 고려, 송, 거란은 동등한 동북아 삼국 균형 체제를 형성하고 있었다.

고려는 한국 역사상 최초로 국제 질서가 인정하는 천자의 나라가 되었다. 『고려사』 악지高麗史 樂志에는 '해동 천자海東天子'라는 말이 나오며, 금의 국서에는 "대금大金 황제皇帝 아골타阿骨打가 고려국高麗國 황제皇帝에게 글을 보낸다"라는 구절이 나온다. 그리고 당시 일본에서는 고려의 의종毅宗을 황제로 불렀다.

2) 동아시아 무역 허브

고려는 가장 국제적인 나라이고, 무역 국가이고, 다원주의적 국가이고, 개방적인 국가였다. 고려는 3대 무역로를 갖고 있었는데, 북방 무역로는 예성강구 벽란도, 대동강구의 숙도, 옹진구에서 산동반도의 등주와 밀주를 통해 송, 요, 여진과 교역을 했다. 남방 무역로는 흑산도, 군산도, 마도, 자연도(인천)에서 명주, 천주, 항주, 광주와 교역했다. 송나라가 북송에서 남송으로 천도한 후에는 남로로 통일했다. 또 다른 남방 무역로는 합포(마산, 창원)을 중심으로 주로 일본과 교역했다. 원거리 해양 무역은 예성강 하구를 중심으로 베트남, 태국, 캄보디아, 대식국(이란)과 교역을 했다(고려사). 고려 가사 중 「雙花店(솽하뎜)」을 보면 고려에 '회회아비', 즉 아라비아 상인들이 대거 내한해 장사하고 사업을 하는 모습을 상상할 수 있다.

雙花店(솽하뎜)
작자 미상(충렬왕 때 창작 추정, 1274~1308년)

雙花店(솽하뎜)에 솽화사라 가고신된
휘휘回回 아비 내 손모글 주여이다
이 말싸미 이 말이 밧긔 나명들명
나로러거더러 죠고맛간 샷기광대 네 마리라 호리라
더러듕셩 다리러디러 다리러디러 다로러거더러 다로리
그 자리예 나도 자라 가리라
위 위 다로러거더러 다로러
그 잔 되가티 덤거츠니 업다
(하략)

또한 고려조의 대시인인 이규보李奎報의 「예성강루상관조시(예성강 누각에서 조수를 관람하다)」를 보면 예성강 하구가 동북아의 세계적인 무역항인 것을 알 수 있다.

禮成江樓上觀潮詩

潮水復來去 조수가 들고 나매
來船去船首尾相連 오고 가는 배는 머리와 꼬리가 잇대어 있고
朝發此樓底 아침에 이 누각 밑을 떠나면
未午棹入南灣天 한낮이 채 못 되어 돛대는 남만 하늘로 들어간다

이러한 무역에 힘입어 고려는 부유한 나라가 되었고 수도 개경은 국제도시가 되었다. 당시의 고려 수도인 개경의 인구는 호구로 10만 호 이상이고 인구수로는 50만의 대도시였다.

3) 고려와 몽골제국과의 관계

그러나 고려의 전성기는 칭기즈 칸成吉思汗의 충격에 의해 끝났고, 오고타이 칸窩闊台汗의 몽골제국을 상대로 독립을 지키고자 오랜 항몽 전쟁(1231~1260년)을 벌여야 했다. 항몽 전쟁은 다른 국가와는 달리 화친으로 끝났다. 유목 정복 국가인 몽골이 고려의 주권과 고려 왕의 통치권을 승인한 것은 예외적인 특혜였다. 쿠빌라이 칸忽必烈汗은 고려에 특혜를 주는 이유로 "당 태종이 친정해도 굴복시키지 못했는데 이제 고려 세자가 스스로 내귀했으니 하늘의 뜻이다"(『고려사』권 25, 원종 25년)라고 하면서 고려의 잠재력을 높이 평가한 결과라는 이야기를 했다. 그러나 고려가 특혜를 받은 다른 이유는 쿠빌라이

칸이 일본과 남송 침공을 위한 교두보로서 고려의 전략적 가치를 평가했기 때문이 아닌가 생각된다. 원나라에 복속한 후 고려는 원나라 황제의 부마국이 되어 원의 공주와 고려 왕은 혼인을 맺고 고려는 많은 처녀와 환관을 공납해야 했다.

원나라와의 무역도 활발했다. 원나라와 고려 간의 무역은 서적의 수입이 중심이었다. 충숙왕忠肅王 당시(1314년) 박사博士 유연중柳衍曾은 1만 800권의 책을 수입했고, 원元의 인종仁宗은 고려에 송비각宋秘閣 장서 1만 7,000권을 증여했다. 고려의 대학자 이제현李齊賢은 원에서 실시된 과거에 합격해 베이징에 만권당萬卷堂을 짓고 연구했다.

5. 조선 시대의 한중 관계

조선조에 들어서면서 한중 관계는 고려조보다 덜 수평적이 되고 더 수직적이고 위계적이 되었다. 조선조는 유교를 국시로 하면서 맹자의 사대자소 이론에 의한 호혜적인 조공국으로 규정해 국익을 극대화하려 했으나, 내향적인 제국인 명은 사대자소의 원리에 의한 조공 무역의 확대를 원하지 않았다. 자연히 사대자소 관계를 둘러싸고 명과 조선의 시각에 차이가 있었다.

1) 조명 관계

명의 시각

명과 조선은 전형적인 사대자소의 관계였다. 조선의 태종과 세종은 사대를 공식적 외교의 기본 원리로 설정했고, 중화 세계에서 조선을 일등 제후국(소중화, 동방예의지국)으로 상승시키는 것을 외교의 목표로 삼았다. 그런데 명과 조선은 사대자소의 관계를 두고 상이한 시각을 갖고 있었다.

명 제국은 중국 역사상 가장 내향적이고 비경쟁적인 제국(황인우, 1997)이었다. 명의 태조太祖 주원장朱元璋은 내적으로는 고도의 중앙집권 체제를 구축하면서 외적으로는 주위의 열여섯 나라를 침공하지 말 것을 유훈으로 남겼다. 외부와의 접촉은 조공(공무역)으로 한정하고 아직도 완성되지 않은 만리장성을 축조했다. 만리장성의 대부분은 명대에 축조된 것이다. 명 제국은 만리장성으로 오랑캐로부터 자국을 보호하고 외부로 확장을 꾀하지 않았다. 내향적인 명 제국에는 예외가 있었는데 영락제永樂帝 치하의 명 제국이었다. 영락제 주체朱棣는 안남에 파병하고, 몽골로 친정하고, 정화鄭和에게 남양 원정을 명령하고, 베이징을 국도國都로 정하고 고궁古宮을 건설했다. 그러나 영락제는 명 제국의 기준에서 볼 때 정상적이 아니라 예외적인 외향적 황제였고, 영락제 이후 다시 정체된 내성內省의 시대로 돌아갔다.

그런데 임진왜란 시 명의 신종神宗은 예외적으로 조선 출병을 결정했다. 신종은 순망치한의 원리에 따라 출병했으나 내향적인 명으로서는 무리한 출병이었고 결국 명의 멸망으로 이어졌다.

조선의 시각

조선을 건국할 때 건국의 아버지(태종太宗, 정도전鄭道傳 등)들은 사대자소의 관계를 대중 외교의 핵심 원리로 삼았을 뿐 아니라 국가를 운영하는 원리, 다시 말해 국시로 삼았다. 그런데 조선 초기에 사대주의 이론을 정립한 정도전, 변계량卞季良, 양성지梁誠之 등 건국의 아버지들의 초기 사대주의는 유교 이념에 바탕을 두었지만 조건부적 사대주의였다. 말하자면 국익에 기반을 둔 사대주의였다.

조선의 사대주의자들은 조선은 정치적인 영토적 특권을 보유하고, 조공이 유지되는 한 책봉은 유지되며, 국제적으로 인정받는 국가라고 주장했다.

명과 조선의 관계는 주권국가sovereign state 대 번국(속국)vassal state이 아니라 종주국 대 조공국(책봉국)의 관계였다.

그런데 조선 중기 이후 상국인 명에 대한 절대적 사대, 이념적 정당성을 강조하는 경향이 조선 유학을 대표하는 이황李滉과 이이李珥에게서 나타났다. 대명 사대가 국익이고 정체성이라는, 주자학적인 화이관華夷觀이 유포되었다. 이러한 절대적 사대주의는 명 제국의 안정적 지속(100년)을 예상한 사대주의였다.

2) 조청 관계

명의 구원병의 도움으로 임진왜란을 치르면서 명에 대한 사대주의는 이데올로기화되었다. 조선조에는 새로이 떠오르는 중국 대륙의 청나라를 무시하고 책봉국인 명에 대한 의리를 지켜야 한다는 근본주의적 사대주의가 강하게 남아 있었다. 명이 출병해 조선을 구해준 재조지은再造之恩의 의리를 지키고 사대의 의리를 지켜야 한다는 것이 지배 이데올로기화되었다. 이러한 명에 대한 사대주의는 청에 의해 명이 멸망한 뒤에도 계속되었다. 이러한 명에 대한 사대의 의리를 지켜야 한다는 이데올로기화된 사대주의가 병자호란을 불러왔다.

원래 선조宣祖를 이은 광해군光海君은 실리주의 외교로 이러한 동아시아 국제 질서 변동에서 조선이 생존할 수 있는 지혜를 찾았으나(예: 강홍립姜弘立의 항복) 인조반정으로 등장한 서인 정권은 정통성의 결핍을 근본주의적 사대주의로 복귀해 메꾸려 했고, 광해군과 정반대로 친명 배금 정책親明排金政策을 폄으로써 조선의 안보를 위태롭게 했다.

청나라의 사실상 건국자인 홍타이지皇太極(청 태종)는 조선으로 하여금 청을 선택하도록 유도하기 위해 1627년 정묘호란을 일으켜 조선의 인조로부터

'형제지국의 맹약'을 얻어냈으나 계속된 조선의 약속 위반에 분노해 직접 10만 군대를 이끌고 조선을 침략해 1636년 병자호란을 일으켰다. 인조는 남한산성에서 저항했으나 추운 겨울에 청 태종 홍타이지에게 삼전도에서 삼배구고두三拜九叩頭의 예를 갖추어 머리를 세 번 찧는 굴욕적인 항복을 했다. 두 왕자와 척화파 대신들, 그리고 많은 남녀 백성이 인질로 잡혀갔다. 인질로 잡혀갔던 소현세자昭顯世子의 귀국 후에도 서인 정권은 이데올로기적인 근본주의적 사대주의를 버리지 않고 서양 문물을 도입하고 조선을 개방하려 하는 소현세자를 살해하고, 능력도 없으면서 북벌론을 추진했으며(효종, 송시열), 조선의 국제적 지위를 약화시켰다. 그 후 조선은 서서히 멸망의 길로 들어가게 되었다.

6. 동아시아 웨스트팔리아 체제의 등장:
19세기 말~20세기 초의 한중 관계

아편전쟁의 패배로 청나라는 유럽 열강들과 1648년 유럽에서 형성된 웨스트팔리아 체제로 편입되었다. 근대 민족(국민)국가 간의 국제 관계 체제로 들어간 것이다. 사대자소의 위계적 질서 체제에서 주권국가 간의 세력균형에 의해서 평화가 유지되는 세력균형 체제勢力均衡體制가 동아시아에서 형성되기 시작했다. 세력균형 체제는 전쟁을 통해서 형성되고 유지된다. 동아시아에서는 1895년의 청일전쟁과 1905년의 러일전쟁露日戰爭으로 세력균형 체제가 형성되었다.

1895년 4월 17일, 시모노세키조약(청일전쟁을 결산하는 조약)에 의해 중국은 조선이 완전한 독립 자주국임을 보장하고 조선의 중국에 대한 조공 관행을 폐지했다. 그 후 대한제국과 중국의 청 제국도 웨스트팔리아 체제에 편입되어 동등한 주권국가 간 외교 관계를 맺게 되었다. 이에 따라 1898~1904년 사이에 중국에서는 세 명의 공사公使를 대한제국에 파견했고, 1902년부터 1904년 사이에 대한제국도 세 명의 공사를 청에 파견했다.

이로써 조청 관계는 종번조공宗藩朝貢 관계에서 대등 독립對等獨立 관계로 변화하게 된다. 동아시아 웨스트팔리아 체제하에서 대한제국과 중국의 관계는 천자-제후국天子-諸侯國 간의 조공 관계에서 주권을 가진 대등한 독립국가의 관계로 전환되었다.

7. 일본 제국주의하의 한중 관계

1919년 3·1 독립운동을 계기로 수립된 상하이 대한민국 임시정부는 기본적으로 장제스蔣介石가 이끄는 국민당 정부의 도움을 받고 국민당 정부와 국교 관계를 수립했으나 중국공산당CCP과도 선린 관계를 맺었다.

1941년 10월 대한민국 임시정부 주석 김구는 중국공산당 마오쩌둥과 '동아시아 각 민족 반파시스트 대회'에 대회주석단大會主席團의 일원으로 참가했고, 1942년 10월 11일 충칭重慶에서 창립된 한중문화협회에 중국공산당 저우언라이周恩來가 이사로 취임했다. 또한 김일성을 비롯한 조선공산당朝鮮共產黨은 중국공산당 8로군에 참여해 대일 항전을 같이 벌였다.

8. 해방 후 냉전 시대의 한중 관계: 한국전쟁과 대결 관계

1949년 10월 5일 마오쩌둥과 중국공산당은 중국 대륙을 통일했고 중국공산당 정권이 출범했다. 그러나 한국전쟁(1950~1953년)에 중국 인민 해방군PLA

이 참전하면서 중국공산당 정권은 다시 한국에 개입했다. 중국 인민 해방군의 참전은 전쟁의 흐름을 바꾸어놓았다. 1951년 1월 4일에 한국군과 국제연합UN군(미군 주축)은 북한 지역에서 철수했다. 1·4 후퇴로 불리는 고난의 철수 작전이 실시되었다.

냉전기(1949~1989년)의 한중 관계는 대결 관계였다. 한미 동맹과 조중 동맹朝中同盟 의 군사적 대결과 대치 관계가 냉전이 해체될 때까지 지속되었다.

9. 탈냉전 이후 한중 관계: 수교, 화해, 협력, 교류, 교역관계

1989년~1991년 동구와 러시아 사회주의 정권의 붕괴와 민주화로 한국과 동구권의 수교와 협력이 시작되었다. 노태우 정권은 동구권과의 국교 재개 성공을 바탕으로 중국과 러시아를 상대로도 수교를 추진했다. 노태우의 '북방정책'으로 불리는 대중, 대러시아 수교 노력은 결실을 맺어 1992년 8월 24일, 노태우 정부는 한중 수교를 성공시킬 수 있었고, 그 후 한중 관계는 경제적·정치적·문화적으로 비약적인 발전을 기록하게 된다.

10. 중국과 한국의 교역, 투자, 교류

1) 중국은 한국 제1의 교역국

2006년 말 통계로 보면 한중 간의 교역 총액은 1,343억 달러(중국 측 통계)이다. 그중 수출은 898억 달러이고 수입은 445억 달러여서 한국이 453억 달러 흑자를 기록했다. 2006년 말 통계로 보면 대중 무역 흑자 누계는 2,600억 달러이다. 이는 수교 당시(1992년)의 교역액인 50억 달러의 50배가 넘는 엄청난 액수이다.

현재 중국은 한국의 제1교역국이고 교역 액수는 다른 4대 교역국인 일본, 미국, 독일과의 교역액을 합한 것보다 더 많다. 반면에 한국은 중국의 네 번째 교역 대국이다. 중국의 4대 교역국은 미국, 일본, 홍콩, 한국의 순이다. 2012년에 한중 교역액은 2,000억 달러를 돌파했다. 중국은 한국의 부동의 제1교역국이고 당분간 이 순위는 바뀌지 않을 것이다.

2) 중국은 한국의 제1의 투자 대상국

2006년까지 한국의 대중국 투자는 4만 3,130건에 350억 달러에 달했다. 이는 수교 35년을 자랑하는 일본의 투자 누계인 580억 달러에는 미치지 못하지만 엄청나게 빠른 속도로 일본을 추격하고 있음을 알 수 있다. 참고로 중국의 총 외국 투자액은 7,000억 달러이다. 아직 한국은 중국에 투자할 여력이 많이 남아 있다고 볼 수 있다.

대중국 투자 순위를 2005년을 기준으로 보면 홍콩, 버진 제도(다국적 자본), 일본, 한국, 미국 순이다. 그런데 이미 2007년도 상반기에 대중국 투자에서 한국이 일본을 추월했다. 한국의 대중국 투자 열기는 대단하다. 중국의 외자 기업 60만 개 중 한국 기업이 4만 개에 달한다.

3) 중국은 한국의 제1의 인적 교류국

중국과 한국의 인적 교류는 엄청나게 빠른 속도로 증가하고 있다. 2006년 400만 명에 달했던 인적 교류가 2007년 500만, 2008년 800만, 그리고 2010년에는 1,000만 명을 넘어섰다. 또한 인적 교류는 쌍방향적으로 일어나고 있다. 중국은 한국인의 최다 방문국이 되었고 멀찌감치 아래로 일본이 두 번째로 한국인들이 많이 가는 방문국이 되었다.

또한 중국은 가장 많은 한국인 유학생이 공부하는 나라이다. 2006년을 기준으로 중국에서 공부하는 유학생이 5만 7,000명인 데 반해, 일본은 1만 7,000명, 미국은 1만 2,000명이었다. 그리고 중국에 상주하는 한국인 수는 70만에 달하고 있고 베이징 올림픽 후 100만 재중 교민 시대가 열렸다. 인적 교류를 보여주는 또 하나의 지표는 항공편 운항 수이다. 중국과 한국을 오가는 항공편 운항은 매주 804편(한국 6개 도시와 중국 30개 도시 간)으로 중국과 일본을 오가는 550편을 큰 차이로 능가하고 있다.

11. 한중 관계의 급속한 발전 원인

1992년에 다시 수교한 이래 한중 관계가 양과 질에서 급속하게 발전을 이룩한 원인은 무엇인가? 여러 가지 요인을 지적할 수 있겠지만 대체로 지리적 인접성contiguity, 역사적 유대성, 문화적 유사성, 신유목주의neo-nomadism를 들 수 있다.

1) 지리적 인접성

가장 먼저 지적할 수 있는 것은 중국과 한국이 지리적으로 가깝다는 것이다. 한국 기업이 가장 많이 진출해 있는 산둥성山東省에서는 한중 간 거리를 '일의대수一衣帶水(옷을 걸어놓으면 닿는 거리)'의 가까운 거리라고 부른다. 아니면 새벽닭이 울면 들리는 거리라고 표현하기도 한다.

황해(서해)는 아시아의 지중해이다. 황해에 한국, 북한, 중국, 일본, 타이완의 선박들이 떠 있다. 이러한 황해 해안 도시들, 목포, 군산, 인천, 진남포,

신의주, 다롄, 톈진, 칭다오, 옌타이, 상하이로 이어지는 환황해 경제 문화권이 활발하게 소리 없이 형성되고 있다.

한국의 인접 지역은 중국에서 가장 급성장하고 있는 지역인 동부 연안이다. 덩샤오핑은 동부 연안을 중심으로 하는 선부론先富論을 주장해 오늘의 중국을 만들었다. 동부 연안은 국토의 9.7%이나 인구는 35%를 차지하는 도시화된 인구 밀집 지역으로 중국 GDP의 60%를 생산하고 있다.

2) 역사적 유대성

중국과 한국은 근대에 들어와서 서구열강으로부터 서세동점西勢東漸의 아픔과 일본 제국주의의 지배를 받은 공동의 경험을 갖고 있다는 '공유된 정체성'을 보유하고 있다.

2,000년 이상 한중 간의 평화적 교류의 역사는 서구와 비교해볼 때 이례적이다. 물론 한중 간에 전쟁(수·당과 고구려, 원과 고려, 청과 조선)이 있었으나 서구에서 일어난 민족국가 간의 전쟁 횟수에 비하면 극히 적은 횟수이다. 한국이 속해 있던 중화 질서가 문화권을 바탕으로 문화적 수준으로 측정되는 위계질서였기 때문에, 기본적으로 평화적인 국제 질서였기 때문이기도 하다. 그래서 중화 질서에 속해 있지 않았던 일본과 왜구와는 잦은 무력 충돌이 있었지만 한중 관계는 장기 지속의 평화가 유지되었다.

3) 문화적 유사성

한국과 중국은 한자 문화漢字文化를 공유하고 있다. 한국의 많은 지명과 인명이 한자화漢字化되어 있다. 유교는 한국의 통치 이념을 제공했고 중국 문학(특히 당송 문학唐宋文學)은 한국의 시문학에 엄청난 영향을 미쳤다. 또한 중국은 한국의 외래 문명, 종교, 문화 도입의 통로였다. 불교, 도교, 유교가 중국을 통해 한국으로 전파되었다.

이제 문화의 흐름이 한국에서 중국으로 흐르기도 한다. 한국의 한류는 중국 문화와 서구 문화의 퓨전이기도 하다.

4) 신유목주의

한국은 IT 혁명의 선두 주자이다. 한국의 인터넷, 모바일 폰, 스마트폰, 소셜 네트워크 서비스SNS는 지금 중국이 가장 닮고 모방하고 싶어 하는 모델이 되고 있다. 한국의 IT 혁명은 한국인의 '빨리빨리' 정신과 'can do spirit(하면 된다 정신)'이 중국인들에게 압축적 근대화의 모델을 제공하고 있다.

반면에 중국인의 우공이산愚公移山은 묵묵히 목표를 향해서 매진하면 산도 움직일 수 있다는 정신으로 '만만디'의 중국인이 한국인에 가르쳐 준 '느림의 미학'이자 지혜이다. '만만디 정신'은 여유와 인내, 관용의 정신인 동시에 '힘이 들면 쉬어가고, 둘러가라'는 중국인의 지혜를 담고 있다. 한국의 '빨리빨리'와 중국의 '만만디' 정신이 결합하면 속도전의 위력과 느림의 미학을 동시에 갖춘 가장 경쟁력 있는 문화를 만들어낼 수 있을 것이다.

12. 한중 관계의 미래를 결정하는 요인

현재 순풍에 돛 단 듯이 가고 있는 한중 관계에 먹구름이 끼지 않는다는 보장은 없다. 미국 정치학 원로인 가브리엘 아몬드Gabriel Almond가 정치학은 변덕스럽고 예측 불가능한 '구름'이라고 한 데서 보듯이 한중 관계도 '시계'와 같이 정확히 예측 가능하게 가지만은 않을 것이다. 기본적으로 국제 관계를 포함해서 정치 현상은 불확실성이 가득한 '구름'이다. 그러나 구름 속에서도 햇살을 보려면 사회과학적 분석과 상상력이 필요하다. 한국과 중국의 관계는 북한 문제라는 부정적 변수와 경제협력이라는 긍정적 변수에 의해 좌우될 가능성이 크다.

1) 북한 문제

북중 관계를 분석하는 많은 학자는, 특히 미국 학자들은 북한과 중국이 순망치한의 관계라는 것을 간과한다. 순망치한의 관계는 삼국시대부터 한반도 내의 중국의 동맹국과 중국의 관계를 규정짓는 기본 틀이었다. 입과 입술의 관계는 중국이 미국과 패권 경쟁을 하는 G2로 올라선 이래 더욱 강화되고 있다. 따라서 순망치한의 관계가 지속되는 한 중국은 동맹국인 북한을 포기하지 않을 것이다. 왜냐하면 순망치한과 북한과의 동맹의 강화가 중국의 국익이기 때문이다.

그럼에도 불구하고 북한의 급작스런 붕괴崩壞와 같은 급변 사태가 발생해 북한 난민이 대거 동북 3성東北3省으로 몰려올 경우의 수를 중국에서는 준비하고 있을 것이다. 그러한 징후가 중국의 동북 지역과 북한 국경에서 탈북자가 몰려올 경우에 대비한 군사훈련을 한다거나 '동북공정'과 같은 역사 공정을 통해 북한의 붕괴로 한국과 북한을 누가 차지할 것인지를 둘러싸고 마찰과 분쟁이 일어날 경우에 대비하고 있는 것이다.

북한 핵 문제 해결과 동북아 공동체 형성에서 한국과 중국은 동상이몽을 꾸고 있다. 한국이 미국의 주도하에 북한 핵 문제를 해결하고 북한을 미국이 주도하는 동북아 안보 공동체에 편입시키기를 희망하는 데 반해, 중국은 북한 핵 문제를 해결해놓으면 북한이 미국 주도의 동아시아 질서에 편입됨으로써 입술이 없어지는 순망치한의 상황을 우려하고 있다. 그래서 중국은 북한 핵 문제 해결에 관해서 '무결정의 결정' 전략decision of non-decision strategy을 선택하고 현재의 상태를 변경하려 하지 않는 현상 유지를 선호하고 있다.

북한 문제 해결의 불확실성을 가중시키고 있는 다른 변수는 중국 지도부 내부의 대북 정책 논쟁이다. 외교부를 비롯한 국제주의자들은 국제 공조 노선을 선호하고 있다. 외교부 외교관, 중미 문제 전문가들은 북한을 대미 외교의 종속변수로 보고 북한에 대한 적극적 설득과 강압적 압력을 병행해 북한으로 하여금 핵을 자진해서 포기하도록 해야 한다고 주장한다. 반면에 북한의 혁명 1세대와 같이 대일 항전을 경험한 공산당 노장 간부와 군 지휘관들은 북한과의 전통 우호 노선을 선호하고 있다. 공산당 대외연락부 요원들과 한반도 전문가, 그리고 혁명 1세대 군 장교들과 공산당 지도자들은 북중 양국은 전통적 우의와 동맹에 기초한 특수 관계라는 것을 강조하면서, 동시에 북한은 지정학적으로 중국의 안보에 핵심적 전략적 가치를 갖고 있다는 순망치한의 논리를 전개해 북한 정권의 안정을 위해 북한을 지원해야 한다고 주장한다.

이러한 두 노선 사이에서 중국의 새로운 지도부가 왔다 갔다 하는 것처럼 보이나, 결국 태자당 출신인 시진핑은 장쩌민의 충고와 중국의 안보 중심 세력이 선호하는 순망치한의 논리에 근거해 북한을 계속 지원할 것으로 보인다. 북한에 대해 압력을 행사하는 것처럼 보이는 행동은 중국이 미국의 체면을 세워주기 위한 흉내에 지나지 않으며 북한이 중국의 가장 중요한 동맹국이라는 사실에는 당분간 변동이 없을 것이다.

2) 한중 경제협력

북한 문제가 한중 관계의 진전을 가로막는 부정적 변수임에 반해 한중 경제 관계는 한중 관계를 밝게 해주는 긍정적 변수이다. 한중 경제 관계는 대체 또는 경쟁 관계가 아니라 보완, 협력 관계이다. 기본적으로 한국은 자본, 기술, 개발 경험을 보유하고 있는 반면, 중국은 거대한 시장, 노동력, 토지와 공업 용지를 보유하고 있다. 그러므로 한국과 중국의 관계는 보완관계가 경쟁 관계를 압도하고 있다고 보는 것이 맞다.

이 점에서 한중 자유무역협정FTA은 무역 거래 비용을 감소시키고 한국과 중국의 산업구조를 고도화하며, 무역과 투자를 획기적으로 증대할 수 있는 기회를 준다는 점에서 어느 FTA보다 양국에 공동 이익이 된다.

중국과 FTA를 맺을 수 있는 최적의 나라는 한국이다. 현재 세계 경제 10위권인 한국만이 중국과 FTA 체결이 가능하다. 왜냐하면 미국과 일본, 유럽연합EU 등 선진국은 소극적인 데 반해, 한국은 이미 미국, EU, 아세안ASEAN과 FTA를 체결했고 일본과도 FTA 체결을 논의하는 중에 있다. 중국은 미국이 주도하는 환태평양 경제 동반자 협정TPP이 중국을 포위하려는 의도를 갖고 있다는 것을 알고 있고 따라서 한국과 FTA를 체결할 경우 환태평양 경제 동반자 협정에 대항할 수 있는 큰 무기를 갖게 된다. 한국의 GDP는 아세안 국가들의 GDP를 합한 규모이다. 따라서 한국은 아시아의 경제 대국이고 한국이 중국과 FTA를 체결한다면 동아시아의 경제 중심축의 변화를 가져다줄 것이다.

그리고 한국과 중국이 보완관계에 있는 또 하나의 이유는 한국은 미국이나 일본과 달리 개발 경험을 통해 벤치마킹할 수 있는 실현 가능한 모델을 제공할 수 있기 때문이다. 한국은 세계 최빈국에서 경제 10위 대국으로 성장한 나라이고, 개발독재의 경험, 도농 분배 불균형을 기반으로 산업화, 민주화, 그리고 형평성 있는 발전을 한 모델 사례이다. 그리고 한국의 '새마을운동'은 중국의 '신농촌운동新農村運動'에 모델을 제공할 수 있다. 미래의 한중 관계는 어떻게 지금까지 쌓아온 경제협력 관계를 더 발전시켜 한중 경제 공동체로 도약시키느냐에 달려 있다.

참고문헌

구영록. 1986. 「남북한 거래의 분석들」. 경남대학교 극동문제연구소 엮음. 『남북한 정치통합과 국제관계』. 마산: 경남대학교출판부.

국가안전보장회의. 2004. 『평화번영과 국가안보: 참여정부의 안보정책구상』. 서울: 국가안전보장회의 사무처.

국토통일원. 1988. 『남북한 통일·대화 제의비교: 1945-1988』. 서울: 국토통일원 남북대화사무국.

김경태. 1991. 「남북한 통일정책」. 『민주통일론』. 서울: 통일연수원.

김광수. 1990. 「북한경제계획에 대한 평가」. 『북한경제의 전개과정』. 마산: 경남대학교 출판부.

김낙중. 1989. 「현단계 주요 통일방안에 관한 비교검토」. 김낙중·노중선 엮음. 『현단계 제통일방안』. 서울: 한백사.

김명기. 1988. 『연방제에 관한 종합적 연구』. 서울: 일해연구소.

김병기. 1990. 「연방국가, 국가연합, 체제연합 비교연구」. 민병천 엮음. 『전환기의 통일문제』. 서울: 대왕사.

김성남. 1989. 「통일정책 진술서」. 김낙중·노중선 엮음. 『현단계 제통일방안』. 서울: 한백사.

김양선. 1971. 『한국기독교사연구』. 서울: 기독교문사.

김영명. 1997. 「유신체제의 수립과 전개」. 한국정치외교사학회 엮음. 『한국현대정치사』.

서울: 집문당.

김우상. 2004. 「한미 동맹의 미래」. 육군 제3사관학교 주최 학술회의 발표논문.

_____. 2005. 「한국 & 미국, 동맹인가?」. ≪월간중앙≫, 8월호.

김종림. 1989. 「남북한 통일을 위한 민족공동체 형성이론」. 국토통일원 엮음. 『한민족 공동체 통일방안 논집1』. 서울: 국토통일원.

김학준. 1986. 「제2공화국 시대의 통일논의」. 양호민·이상우·김학준 엮음. 『민족통일 론의 전개』. 서울: 형성사.

_____. 1987. 「정치적 통합방안으로서의 연방제: 북한이 제의한 연방제 통일안의 분석」. 이상우 엮음. 『통일한국의 모색』. 서울: 박영사.

김호진. 1990. 『한국정치체제론』. 서울: 박영사.

나이, 조지프(Joseph Nye). 2004. 『소프트 파워』. 홍수원 옮김. 서울: 세종연구원.

남궁영. 2000. 「민족공동체 통일방안: 평가 및 시사점-'남북연합'과 '낮은 단계의 연방제' 관계」. 한국통일포럼 주최 "남북 통일방안의 모색"(2000년 7월 25일).

노중선. 1989. 『4·19와 통일논의』. 서울: 사계절.

노중선 엮음. 1985. 『민족과 통일 I 』. 서울: 사계절.

류재갑. 1989. 「6·25전쟁과 북한의 통일정책」. 신정현 엮음. 『북한의 통일정책』. 서울: 을유문화사.

민병철. 1988. 『90년대를 전망한 우리의 통일방안 연구』. 서울: 일해연구소.

박광주. 1993. 「통일한국의 정치적 갈등구조」. 한국정치학회편집위원회 엮음. 『통일한 국의 새로운 이념과 질서의 모색』. 서울: 한국정치학회.

박도태. 1988. 『연방제 통일론』. 서울: 정경숙.

박명림. 2004. 「동북아 평화공동체의 형성과 전망」. ≪IT의 사회·문화적 영향 연구: 21 세기 한국 메가트렌드 시리즈≫, 04-36.

_____. 2005. 「동북아시아 공동체 구상과 3중 중추, 가교 국가전략」. 정보통신정책연 구원. ≪IT기반 미래국가발전전략연구≫, 02-05.

박영호. 2003. 「평화번영정책'과 한반도 평화프로세스」. 통일연구원 주최 "한반도 평화 번영과 국제협력"(2003년 6월 13일).

박종철. 1994. 『통일한국의 정당제도와 선거제도』. 서울: 민족통일연구원.

배긍찬. 1988. 「닉슨 독트린과 동아시아 권위주의체제의 등장: 한국, 필리핀, 그리고 인 도네시아의 비교분석」. ≪한국정치학회보≫, 제22집, 2호.

배정호. 2004. 「주일미군의 재편과 미일동맹의 강화」. 미발표 논문.

베일린, 버나드(Bernard Bailyn). 1999. 『미국혁명의 이데올로기적 기원』. 배영수 옮김. 서울: 새물결.

보냐노, 마리오(Mario F. Bognanno)·양성철. 1989. 「남북한 통일협상 모델의 새 시도」. 양성철 엮음. 『남북통일 이론의 새로운 전개』. 마산: 경남대학교출판부.

서동만. 2000. 「남북한 통일방안의 접점, '남북연합'과 '낮은 단계의 연방제'」. 고려대학교 아세아문제연구소 주최 "남북정상회담과 패러다임의 전환: 통일과정과 통일체제"(2000년 6월 26일).

서재정. 2003. 「이라크 전쟁 이후 미국의 세계전략: 봉쇄에서 신롤백으로」. '2003 제주평화회의' 발표 논문.

서진영. 1988. 「남한사회에서 통일정책과 통일논의의 변화와 문제점」. ≪사회비평≫, 창간호.

성경륭. 1997. 「분권형 통일국가모델의 탐색: 연방주의의 논리」. 『숭실대 사회과학연구원 연구보고서』. 서울: 숭실대 사회과학연구원.

신광영. 1999. 『동아시아의 산업화와 민주화』. 서울: 문학과 지성사.

신도철. 1993. 「통일한국의 재산권제도」. 『통일한국의 새로운 이념과 질서의 모색』. 서울: 한국정치학회.

신정현. 1989. 「북한의 연방제 통일방안의 전개와 목표」. 신정현 엮음. 『북한의 통일정책』. 서울: 을유문화사.

아태평화재단. 2000. 『남북정상회담: 이해의 길잡이』. 서울: 아태평화재단.

안병준. 1992. 「남북기본합의서 후의 남북한 관계와 평화체제」. ≪통일문제연구≫, 13, 50~70쪽.

양성철. 1989. 「학문 외적 통일논의 총점검」. 양성철 엮음. 『남북통일 이론의 새로운 전개』. 마산: 경남대학교출판부.

양영식. 1990. 「북한의 연방제 통일방안 변화에 관한 연구」. 『통일논총: 교수논문집』. 서울: 통일연수원.

이근. 1993. 「통일한국의 경제질서」. 『통일한국의 새로운 이념과 질서의 모색』. 서울: 한국정치학회.

이달희. 1990. 「북한경제와 군사비」. 경남대학교 극동문제연구소 엮음. 『북한경제의 전개과정』. 마산: 경남대학교출판부.

이문규. 1988. 「남북한 통합의 이론적 모색」. ≪통일연구논총≫, 8(1).

이상우. 1993. 『함께 사는 통일』. 서울: 나남.

이상현. 2003. 「미국의 대중·대일정책과 동북아 질서」. 김성철 엮음. 『미중일관계와 동북아 질서』. 서울: 세종연구소.

이수훈. 2004. 『세계체제, 동북아, 한반도』. 서울: 아르케.

이장희. 2001. 「남북정상회담이 남긴 국내적 과제」. 세종연구소 주최 "남북정상회담과 한반도 평화"(2001년 5월 11일).

이종석. 1998. 『분단시대의 통일학』. 서울: 한울.

이해영. 1991. 「독일통일과 노동운동」. ≪경제와 사회≫, 9, 100~127쪽.

이호재. 1986. 『한국외교정책의 이상과 현실』. 서울: 법문사.

이홍구. 1989. 「한민족공동체 통일방안의 정책기초와 실천방향」. 국토통일원 엮음. 『한민족 공동체 통일방안 논집』. 서울: 국토통일원.

임혁백. 1992. 「남북한 통일정책의 비교분석」. 『남북한 통합론: 이론적 및 경험적 연구』. 서울: 인간사랑.

_____. 1994. 「선진형 갈등해결기제의 모색: 탈개인주의적 모델로서 신조합주의와 협의주의」. 『시장, 국가, 민주주의』. 서울: 나남.

_____. 1998. 「한국 자본주의의 성장, 위기, 개혁」. 아세아문제연구소. ≪아세아연구≫, 41(2).

_____. 1999. 「통일한국의 헌정제도 디자인」. ≪아세아연구≫, 101호, 301~335쪽.

_____. 2000a. 「총론: 아시아 중추국가론」. 임혁백 엮음. 『아시아 중추국가의 위상과 역할 제고 방안』. 대통령자문 정책기획위원회.

_____. 2000b. 「미국의 새천년 비전과 전략」. 『세계의 새천년 비전』. 서울: 나남.

_____. 2000c. 「남북철도 연결사업: 아시아 중추국가의 혈맥」. ≪통일시론≫, 제3권 제3호(통권 8호), 176~186쪽.

_____. 2003. 「미국의 세계전략과 한반도 정책」. 구본학·신범철 엮음. 『전환기의 안보상황과 자주국방의 비전』. 서울: 한국국방연구원.

_____. 2004a. 「21세기 한국정치의 비전과 과제」. ≪IT의 사회·문화적 영향 연구: 21세기 한국 메가트렌드 시리즈≫, 04-05.

_____. 2004b. 「평화통일정책과 남남갈등의 극복」. 경남대학교 극동문제연구소 엮음. 『남남갈등: 진단 및 해소방안』. 서울: 경남대학교 출판부.

_____. 2004c. 「동아시아 지역통합의 조건과 제약」, 제3장 탈냉전기의 동북아 지역 거버넌스: 동아시아 지역주의의 태동. ≪아세아연구≫, 제47권 4호(통권 118호), 128~132쪽.

_____. 2005a. 「유신의 역사적 기원: 박정희의 마키아벨리적 시간(下)」. ≪한국정치연구≫, 제14집 제1호, 115~146쪽.

_____. 2005b. 「한반도 평화정착을 위한 한미협력관계의 강화」. 제6회 세계한민족포럼, "21세기 한민족 한반도의 선택과 실현"(8월 12~15일).

_____. 2006. 「신중세적 국제사회로의 전환」. 『메가트렌드 코리아』. 서울: 한길사.

_____. 2010. 「서장: 한반도는 또 다른 통일 독일이 될 수 있을까?」. 임혁백·이은정 엮음. 『한반도는 통일 독일이 될 수 있을까?』. 서울: 송정출판사.

장명봉. 2007. 「남북통일방안의 접합점 확대를 위한 새로운 남북통일방안 모색」. 한국통일포럼주최 "남북 통일방안의 모색"(2007년 7월 25일).

정대화. 1990. 「90년대 남북통일문제의 조망」. ≪동향과 전망≫.

정연선. 1990. 「한국의 통일정책과 방안」. 민병천 엮음. 『전환기의 통일문제』. 서울: 대왕사.

정용길. 1989. 「북한통일정책의 특성과 한반도 통일전망」. 신정현 엮음. 『북한의 통일정책』. 서울: 을유문화사.

_____. 1990. 「정치적 측면」. 연합통신 엮음. 『독일통일에서 무엇을 배울 것인가』. 서울: 연합통신.

정용석. 1989. 『전환기의 통일논쟁』. 서울: 나남.

제성호. 2004. 「남북평화협정의 체결방향과 법적문제」. 심지연·김일영 엮음. 『한미 동맹 50년: 법적 쟁점과 전망』. 서울: 백산서당.

조정원. 1989a. 「제네바회담과 북한의 평화통일론」. 신정현 엮음. 『북한의 통일정책』. 서울: 을유문화사.

_____. 1989b. 『남북한 통합론』. 서울: 희성출판사.

최광영. 1984. 「한국전쟁의 원인에 관한 연구」. 서울대학교 대학원 석사학위논문.

최봉윤·노승우. 1988. 『민중주체 중립화 통일론』. 서울: 전예원.

최성. 2004. 『남북통합과정의 시나리오』. 서울: 정보통신정책연구원.

최장집. 1996. 『한국 민주주의의 조건과 전망』. 서울: 나남.

통일연수원. 1991. 『민주통일론』. 서울: 통일연수원.

한국정치연구회. 1990. 『북한정치론』. 서울: 백산서당.

해리슨, 샐리그(Selig S. Harrison). 1991.6.11. "남북한 유엔가입과 한반도 평화구조". ≪한겨레신문≫.

홍성국. 1990a. 「분단상황하의 경제구조」. ≪북한≫, 223, 128~137쪽.

_____. 1990b. 「한국의 분단과 경제발전」. ≪북한≫, 224, 100~109쪽.

_____. 1990c. 「현실적 사례별로 본 한국의 분단손실: 통일문화 창조를 위한 특별기고」. ≪북한≫, 225, 94~104쪽.

홍현익. 2003. 「부시 행정부의 한반도 전략과 한미 동맹의 장래」. 『남북화해시대의 주한미군』. 성남: 세종연구소.

황병덕. 1994. 『통일한국의 정치이념』. 서울: 민족통일연구원.

≪동아일보≫. 2004.5.19. "美, 해외주둔미군 등급 분류…주한미군 1.5~2등급 基地".

≪세계일보≫. 2003.1.7.

≪중앙일보≫. 2004.8.19.

Adelman, Jeremy. 2013. *Worldly Philosopher: The Odyssey of Albert O. Hirshman*. Princeton University Press.

Ambrosio, Thomas. 1997. "The Breakup of Czechoslovakia and the Calculus of Consociationalism." unpublished paper.

Armacost, Michael H. 2004. "The Future of America's Alliances in Northeast Asia." in Michael H. Armacost and Daniel I. Okimoto(eds.). *The Future of America's Alliances in Northest Asia*. Stanford: Asia-Pacific Research Center.

Armitage, Richard L. 1999. "A Comprehensive Approach to North Korea." *Congressional Record*. Washington, D.C.: National Defense University.

Axelord, Robert. 1984. *The Evolution of Cooperation*. New York: Basic Books.

Axtmann, Roland. 1996. *Liberal Democracy into the Twenty-First Century: Globalization, Integration and the Nation State*. Manchester: Manchester University Press.

Baldwin, Richard E. 2006. "East Asian Regionalism: A Comparison with Europe." unpublished paper.

Barry, Brian. 1975. "Political Accommodation and Consociational Democracy." *British*

Journal of Political Science, 5.

Beam, David R., Timothy Colan and David B. Walker. 1983. "Federalism: The Challenge of Conflicting Theories and Contemporary Practice." in Ada W. Finifter(ed.). *Political Science: The State of Discipline*. Washington, D.C.: American Political Science Association.

Beard, Charles A. and Mary R. Beard. 1944. *A Basic History of the United States*. Garden City, NY: Doubleday and Co.

Bendix, Reinhard. 1977. *Nation Building and Citizenship*. Berkeley: University of Califiornian Press.

Berger, Samuel. 2000. "Building on the Clinton Record." *Foreign Affairs*, 79.

Bork, Ellen. 2003. "No War With Pyongyang." *Asian Wall Street Journal*.

Bratton, Michael and Nicolas Van de Walle. 1997. *Democratic Experiments in Africa: Regime Transitions in Comparative Perspective*. New York: Cambridge University Press.

Braudel, Fernand. 1974. *Capitalism and Material Life, 1400-1800*. London: Fontana.

Brzinski, Joanne B., Thomas D. Lancaster and Christian Tuschhoff. 1999. *Compounded Representation in West European Federations*. Routledge.

Bush, Richard. 2004. "Taiwan's Domestic Politics and Cross-Strait Relations." presented at the Asia-Pacific Research Center, Stanford University, December 8.

Calder, K. E. 2004. "US Foreign Policy in Northeast Asia." in S. S. Kim(ed.). *The International Relations of Northeast Asia*. Lanham, MD: Rowman & Littlefield.

Capie, D. 2004. "Rival Regions? East Asian Regionalism and Its Challenges to the Asia-Pacific." in Jim Rolfe(ed.). *The Asia-Pacific: A Region in Transition Honolulu*. HI: Asia-Pacific Center for Security Studies.

Cha, Victor D. 2002. "Abandonment, Entrapment, and Neoclassical Realism in Asia: The U.S., Japan and Korea." *International Studies Quarterly*, 44: 2, June, 2002.
_____. 2004. "Shaping Change and Cultivating Ideas in the US-ROK Alliance."

Chehabi, H. E. and Juan J. Linz. 1998. *Sultanistic Regimes*. Johns Hopkins University Press.

Choi, Jin Woo. 2005. "Benchmarking Europe?: Conditions of Regional Integration

and Prospects for East Asia." paper presented a tinternational conference on
"European Union and the World." IPSA Research Committee on European
Unification, May 5-6.

Choi, Kang. 2004. "Restructuring the Alliance for Regional and Global Challenges."
INSS(Institute for National Strategic Studies) Special Report, March.

Chu, Yun-han, Fu Hu and Chung-in Moon. 1997. "South Korea and Taiwan: The
International Context." in Larry Diamond, Marc Plattner, Yun-han Chu, and
Hung-mao Tien(eds.). *Consolidating the Third Wave Democracies: Regional
Challenges.* Baltimore: Johns Hopkins University Press.

Crawford, Sue E. S. and Elinor Ostrom. 1995. "The Grammar of Institutions." *American
Political Science Review,* 89(3).

Cumings, Bruce. 1981. *The Origins of the Korean War: Liberation and the Emergence
of Separate Regimes 1945-1947.* Princeton: Princeton University Press.

_____. 1997. *Korea's Place in the Sun: A Modern History.* New York: W. W. Norton.

_____. 1999. "The Korean crisis and the end of 'Late' development." in T. J.
Pempel(ed.). *The Politics of Asian Economic Crisis.* Ithaca, NY: Cornell
University Press.

_____. 2002. "Historical, Economic and Security Realms in East Asian Community
Buildings: Regional Regimes in Search of a Future." paper presented at
International Conference on 'Building and East Asian Community: Visions and
Strategies.' Asiatic Research Center, Korea University, Seoul, December 11.

Daalder, Hans. 1974. "The Consociational Democracy Theme." *World Politics,* 16.

De Castro, Renato Cruz. 2000. "Whither geoeconomics? Bureaucratic inertia in the
US post cold war foreign policy toward East Asia." *Asian Affairs,* 26(4).

Deutsch, Karl. 1964. *The Nerves of Government.* New York: Free Press.

_____. 1966. *Nationalism and Social Integration.* Cambridge: MIT Press.

Deutsch, Karl et al. 1968. *Political Community and the North Atlantic Area.* Westport,
CT: Greenwood Press.

Doran, Jim. 2002. "Axis of Evil, Asian Division: Liberation of North Korea Should be
the Goal." *The Weekly Standard.*

Eckstein, Harry. 1966. *Division and Cohesion in Democracy*. Princeton: Princeton University Press.

Elazar, Daniel J. 1987. *Exploring Federalism*. Tuscaloosa: University of Alabama Press.

_____. 1991. *Federal Systems of the World*. Essex, UK: Longman Group.

_____. 1997. "Contrasting Unitary and Federal System." *International Political Science Review*, 18(3).

Elster, Jon. 1992. "On Majoritarianism and Rights." *East European Constitutional Review*, 1(3).

_____. 1997. "Ways of Constitution Making." in Axel Hadeius(ed.). *Democracy's Victory and Crisis*. Cambridge: Cambridge University Press.

Fallows, James. 1994. "Rebuilding the Economy: an Interview with James Fallows." *Critical Intelligence*.

Fazal, Tanisha M. 2004. "State Death in the International System." *International Organization*, 58(2).

Feith, D. J. 2003. "Transforming the United States Global Defense Posture." *The DISAM Journal*, Winter, 2003-2004.

Freiberg, Aaron. 1993. "Ripe for Rivalry: Prospects for Peace in a Multipolar Asia." *International Security*, Vol. 18, No. 3.

Friedman, Thomas. 2000. *The Lexus and Olive Tree: Understanding Globalization*. New York: Anchor Books.

Friedrich, C. J. 1968. *Trends of Federalism in Theory and Practice*. New York: Praeger.

Funabashi, Yōichi. 1999. *Alliance Adrift*. Council on Foreign Relations.

Giddens, Anthony. 1984. *The Constitution of Society: Outline of the Theory of tructuration*. Cambridge: Polity Press.

Gills, B. 1993. "Korean Capitalism and Democracy." in B. Gills, J. Rocamora and R. Wilson(eds.). *Low Intensity Democracy*. London: Pluto Press.

Glysteen, William. H. 1999. *Massive Entanglement, Marginal Influence*. Washington D.C.: Brookings Institute.

Goodin, Robert E. 1996. "Institutions and Their Design." in Robert E. Goodin(ed.). *The Theory of Institutional Design.* Cambridge: Cambridge University Press.

Gourevitch, Peter A. 1978. "The Second Image Reversed: the International Sources of Domestic Politics." *International Organization*, Vol. 32, No. 4, Autumn.

Granovetter, Mark. 1978. "Threshold Models of Collective Behavior." *American Journal of Sociology*, Vol. 83, No. 6(May), pp. 1420~1443.

Gregg, D. P. 2004. "The United States and South Korea: an Alliance Adrift." in M. H. Armacost and D. I. Okimoto(eds.). *The Future of America's Alliances in Northeast Asia.* Stanford, CA: Asia-Pacific Research Center.

Haas, Ernst. 1964. *Beyond the Nation State.* Stanford: Stanford University Press.

Hall, Peter. 1986. *Governing the Economy: The Politics of State Intervention in Great Britan and France.* New York: Oxford University Press.

Han, Yong Sup. 2005. "Approaches to North Korea's Nuclear Issue and Peace in Northeast Asia." paper presented at KAIS International Conference on 'Non-Governmental Six-Party Talks on Cooperation in Northeast Asia.' October 6-7, Seoul, Korea.

Harrison, S. S. 1987. *The South Korean Political Crisis and American Policy Options.* Washington, D.C.: Washington Institute Press.

Heginbotham, Eric and Richard J. Samuels. 1998. "Mercantile Realism and Japanese Foreign Policy."*Security*, 22(4).

Herperger, Dwight. 1991. "Distribution of Powers and Functions in Federal Systems." *Minister of Supply and Services Canada.*

Hersh, J. 1993. *USA and the Rise of East Asia.* London: St. Martin's Press.

Hintze, Otto. 1975. *The Historical Essays of Otto Hintze.* New York: Oxford University Press.

Hirschman, Albert O. 1971. "Political Economics and Possibilism." *A Bias for Hope: Essays on Development and Latin America.* Yale University Press.

_____. 1988. *The Strategy of Economic Development.* Boulder. CO: Westview Press.

_____. 1997. *The Passions and the Interests.* Princeton: Princeton UP.

_____. 1998. *Crossing Boundaries: Selected Writings.* New York: Zone Books.

Hobbes, Thomas. 1962. *Leviathan.* in Michael Oakeshott(ed.). London: Collier MacMillan.

Hueglin, Thomas O. 1994. "Federalism, Subsidiarity and the European Tradition: Some Clarifications." *Telos*, 100.

Im, Hyug Baeg. 1987. "The Rise of Bureaucratic Authoritarianism in South Korea." *World Politics*, Vol. 34, No. 2(January).

_____. 1997. "Politics of Democratic Transition from Authoritarian Rule in South Korea." in S. Y. Choi(ed.). *Democracy in Korea: Its Ideals and Realities.* Seoul: KPSA.

_____. 2000. "South Korean Democratic Consolidation in Comparative Perspective." in Larry Diamond and Byung-Kook Kim(eds.). *Consolidating Democracy in South Korea.* Boulder, CO: Lynne Rienner.

_____. 2006. "The US Role in Korean Democracy and Security since Cold War Era." *International Relations of the Asia-Pacific*, Vol. 6, No. 2.

_____. 2008. "East Asian Regionalism in the Era of Globalization: Obstacles, Opportunities and Future Prospects." Paper prepared for Beijing Forum 2008, "The Harmony of Civilization and Prosperity for All." November, 6~9, Lake View Hotel of Peking University, Beijing, China.

Im, Hyug Baeg and Yu-Jeong Choi. 2011. "Inter-Korean and Cross-Strait Relations through the Window of Regional Integration Theories." *Asian Survey*, Vol. 51, No. 5.

Ji, Young-Sun. 2001. "Conflicting Visions for Korean Reunification." unpublished paper presented at The Weatherhead Center for International Affairs, Harvard University, June.

Johnson, C. 2000. *Blowback: The Costs and Consequences of American Empire.* New York: Metropolitan Books.

Jung, Jai-Kwan and Chad Rector, "The Origins and Trajectories of Unification Strategies in South Korea." *International Journal of Korea Studies*, forthcoming.

Kahler, Miles. 2000. "Conclusion: The Cause and Consequences of Legalization." *International Organization*, Vol. 54, No. 3.

Kahler, Miles and Scott L. Kastner. 2006. "Strategic Uses of Economic Interdependence: Engagement Policies on the Korean Peninsula and across the Taiwan Strait." *Journal of Peace Research*, 43: 5.

Katzenstein, Peter J. and Takashi Shiraishi. 1997. *Network Power: Japan and Asia*. Ithaca and London: Cornell University Press.

Katzenstein, Peter J. and Nobuo Okawara. 2001/2002. "Japan, Asian-Pacific Security, and the Case for Analytical Eclecticism." *International Security,* Vol. 26.

Katzenstein, Peter J. and Rudra Sil. 2004. "Rethinking Asian Security: A Case for Analytical Eclecticism." in J. J. Suh, Peter J. Katzenstein and Allen Carlson(eds.). *Rethinking Security in East Asia: Identity, Power, and Efficiency*. Stanford, Ca.: Stanford University Press.

Katznelson I. and K. Prewitt. 1979. "Constitutionalism, Class, and the Limits of Choice in US Foreign Policy." in R. Fagen(ed.). *Capitalism and the US-Latin American Relations*. Stanford, CA: Stanford University Press.

Kihl, Young Whan. 1984. *Politics and Policies in Divided Korea*. Boulder: Westview Press.

Kim, Dae Jung. 2006. "Regionalism in the Age of Asia." *Global Asia*, Vol. 1, No. 1.

Kim, Hyung-A. 2004. *Korea's Development Under Park Chung Hee: Rapid Industrialization, 1961~79*. NY: Routledge.

Kim, Ki-Dae. 1989. "A Suggestion for Unification: An Application of A Consociational Government Model." 한국정치학회편집위원회 엮음. 『민족공동체와 국가발전』. 서울: 한국정치학회.

Kim, Won Soo. 2004. "Challenges for the ROK-US Alliance in the Twenty-First Century." in Michael H. Armacost and Daniel I. Okimoto(eds.). *The Future of America's Alliances in Northeast Asia*. Stanford: Asia-Pacific Research Center.

Kim, Young Myung. 1988. "Political Change in South Korea and the United States." (in Korean) *Korean Political Science Review*, Vol. 22, No. 2.

Kincaid, John. 1995. "Values and Value Tradeoffs in Federalism." *Publius*, 25(2).

Kirchheimer, O. 1969. "Confining conditions and revolutionary breakthroughs." in F. S. Burin and K. L. Shell(eds.). *Politics, Law, and Social Change-Selected*

Essays of Otto Kirchheimer. New York: Colombia University Press.

Kissinger, Henry. 2011. *On China.* New York: Penguin Press.

Koh, Byung-Chul. 1985. "North-South Korean Relations in the Year 2000." *Journal of Asiatic Studies*, 74: 1.

Kolko, Joyce and Gabriel Kolko. 1972. *The Limits of Power.* New York: Harper and Row.

Kristol, William. 2002. "Lessons of a Nuclear North Korea." *The Weekly Standard*, October 28.

Lakoff, Sanford. 1996. *Democracy: History, Theory, Practice.* Boulder: Westview Press.

Lampton, David M. 2004. "China's Growing Power and Influence in Asia: Implications for U.S. Policy." unpublished paper.

Laponce, Jean and Bernard Saint-Jacques. 1997. "Special issue of 'Contrasting Political Institutions'." *International Political Science Review*, 18(3).

Lee, Jung Min. 2004. "Domestic Politics and the Changing Contours of the ROK-US Alliance." in Michael H. Armacost and Daniel I. Okimoto(eds.). *The Future of America's Alliances in Northest Asia.* Stanford: Asia-Pacific Research Center.

Lemco, Jonathan. 1993. "Political Secession Threats in Federal Governments." 제3회 한국정치세계학술대회 발표논문.

Lepenies, Philipp H. 2008. "Possibilism: An Approach to Problem-Solving Derived from the Life and Work of Albert O. Hirschman." *Development and Change*, Vol. 39(3).

Lijphart, Arend. 1977. *Democracy in Plural Societies.* New Haver: Yale University Press.

_____. 1984. *Democracies: Patterns of Majoritarian and Consensus Government in Twenty-One Countries.* New Haven: Yale University Press.

_____. 1985. "Non-majoritarian Democracy: A Comparison of Federal and Consociational Theories." *Publius*, 15(2).

_____. 1992. "Democratization and Consitutional Choice in Czecho-Slovakia, Hungary and Poland, 1989~1991." *Journal of Theoretical Politics*, 4(2).

Lindblom, Charles E. 1977. *Politics and Markets.* New York: Basic Books.

Linz, Juan J. 1975. "Totalitarian and Authoritarian Regimes." in F. I. Greenstein and Nelson W. Polsby(eds.). *Handbook of Political Science*, Vol. 3. Reading, MA: Addison-Wesley.

Lipset, Seymour Martin. 1959. "Some Social Requisite of Democracy." *American Political Science Review*, 53.

_____. 1977. *Why No Socialism in the United States*. Boulder: Westview Press.

_____. 1981. *Political Man,* Expanded Edition. Princeton: Princeton University Press.

Livingston, William S. 1952. "A Note on the Nature of Federalism." *Political Science Quarterly*, 67.

Madison, James, Alexander Hamilton and John Jay. 1987(1788). *The Federalist Paper.* London: Penguin Books.

Mainland Affairs Council. 2010. What's New, Opening Up and Guarding the Country: Benefits of the 14 cross-Strait Agreements, 2010.12.14. Retrieved September 1, 2011, from http://www.mac.gov.tw

March, James G. and Johan P. Olsen. 1989. *Rediscovering Institutions.* New York: Free Press.

McDevitt, Michael. 2001. "The Quardrennial Defense Review and East Asia." *PacNet Newsletter*, Pacific Forum, CSIS, 43.

Mead, Walter Russell. 2004. *Power, Terror, Peaceand War: America's Grand Strategy in a World at Risk.* New York: Councilon Foreign Relations.

Midford, Paul. 2002. "The Logic of Reassurance and Japan's Grand Strategy." *Security Studies.*

Miles, Donna. 2005. "Leaders Meet on Future of U.S.: South Korea Alliance." *American Forces Information Service News Articles.* October 30.

Mitrany, David. 1966. *A Working Peace System.* Chicago: Quadrangle Books.

Moon, Chung In. 1991. "Managing the Inter-Korean Conflict and Confidence Building Measures." *Korea Observer*, 22(1).

Moon, Katharine. H. S. 2003. "Korean Nationalism, Anti-Americanism, and Democratic Consolidation." in Samuel. S. Kim(ed.). *Korea's Democratization.* Cambridge: Cambridge University Press.

Moore, Jr., Barrington. 1966. *Social Origins of Dictatorship and Democracy.* Beacon Press.

North, Douglas. 1993. *Institutions, Institutional Change, and Economic Performance.* Cambridge: Cambridge University Press.

Nye, Joseph. 1971. *Peace in Parts: Integration and Conflict in Regional Organization.* Boston: Little Brown.

_____. 2004. "Smart Power." *Foreign Affairs*, Vol. 83, No. 2.

O'Donnell, Guillermo. 1994. "Delegative Democracy." *Journal of Democracy*, 5(1).

O'Hanlon, Michael and Mike Mochizuki. 2003. *Crisis in the Korean Peninsula: How to Deal with a Nuclear North Korea.* Washington, D.C.: Brookings Institution.

Offe, Claus. 1996. "Designing Institutions in East European Transitions." in Goodin(ed.). *The Theory of Institutional Design.* Cambridge: Cambridge University Press.

Osaghae, Eghosa E. 1998. "Federal Solution in Comparative Perspective." unpublished paper.

Osgood, Charles E. 1959. "Suggestions for Winning the Real War with Communism." *Journal of Conflict Resolution*, Vol. 3.

Pangestu, Mari and Sudarshan Gooptu. 2002. "New Regionalism: Options for China and East Asia." unpublished paper.

_____. 2004. "New Regionalism: Options for China and East Asia." in Kathie L. Krumm and Homi J. Kharas(eds.). *East Asia Integrates: A Trade Policy Agenda for Shared Growth.* Washington, D.C.: World Bank & Oxford University Press.

Pape, Robert A. 2005. "Soft Balancing against the United States." *International Security*, 30(1).

Park, Myung Rim. 2000. "Post-Korean War, Democracy and Unification in Korea." (in Korean) Paper presented at International Conference on "the Korean War and Searching for Peace on the Korean Peninsula in the 21st Century," Korean Political Science Association, Seoul, Korea, June 24.

Pempel, T. J. 2002. "The Soft Ties of Asian Regionalism." paper presented at International Conference on Building an East Asia Community: Visions and Strategies, Asiatic Research Center. Korea University. December 11, 2000.

_____. 2005. *Remapping East Asia: The Construction of a Region*. Ithaca, Cornell: Cornell University Press.

_____. 2006. "The Race to Connect EastAsia: An Unending Steeplechase." *Asian Economic Policy Review*, Vol. 1.

_____. 2008. "Exogenous Shocks and Endogenous Opportunities: The Economic-Security Tradeoff and Regionalism in East Asia." unpublished paper.

Perkins, Dwight H. 2007. "East Asian Economic Growth and its Implications for Regional Security." *Asia-pacific Review*, Vol. 14, No. 1.

Perry, William. 1999. *Review of United States Policy Toward North Koea: Findings and Recommendations*, October 12.

Petrella, Ricardo. 1996. "Globalization and Internationalization: The Dynamics of the Emerging World Order." in Robert Boyer and Daniel Drache(eds.). *States against Markets: The Limits of Globalization*. London: Routledge.

Posen, Barry R. and Andrew L. Ross. 1996. "Competing Visions for U. S. Grand Strategy." *International Security*, 21(3).

Przeworski, Adam. 1986. "Some Problems in the Study of Transition to Democracy." in Guillermo O'Donnell, P. C. Schmitter and L. Whitehead(eds.). *Transitions from Authoritarian Rule 3: A Comparative Perspective*. Baltimore: Johns Hopkins University Press.

_____. 1988. "Democracy as a Contingent Outcome of Conflicts." in Jon Elster and Rune Slagstad(eds.). *Constitutionalism and Democracy*. Cambridge: Cambridge University Press.

_____. 1991. *Democracy and the Market*. Cambridge: Cambridge University Press.

Riker, William H. 1975. "Federalism." in F. Greenstein and N. W. Polsby(eds.). *Governmental Institutions and Processes*. Reading, MA: Addison Wesley.

Rokkan, Stein. 1970. *Citizen, Elections, and Practices*. Olso: Universitetsforlaget.

Rustow, Dankwart A. 1970. "Transition to Democracy: Toward a Dynamic Model." *Comparative Politics*, Vol. 2, No. 3 (Apr., 1970), pp. 337~363.

Safran, William. 1997. "Citizenship and Nationality in Democratic System: Approaches to Defining and Acquiring Membership in the Political Community." *Inter-*

national Political Science Review, 18(3).

Schechter, S. L. 1991. "Beyond the Nation State: Federalism in the Post-Modern Era." *Working Paper*. Center for the Study of Federalism. Temple University.

Schedler, Andreas. 1995a. "Under and Over Institutionalization: Some Ideal-typical Propositions Concerning New and Old Party System." Helen Kellogg Institute for International Studies, University of Notre Dame, Working Papers, No. 213.

_____. 1995b. "Credibility: Exploring the Bases of Institutional Reform in New Democracies." Paper presented at 19th International Congress of Latin American Studies Association.

Schelling, Thomas C. 1978. *Micromotives and Macrobehavior*. New York: W. W. Norton.

Schmitter, Philippe C. 1969. "Three New-Functional Hypotheses About International Integration." *International Organization*, 23(1).

_____. 1970. "A Revised Theory of Regional Integration." *International Organization*, 24(4), pp. 836~868.

_____. 2002a. "Neo-Neo-Functionalism." *European Integration Theory*. Oxford: OxfordPress(2003, in preparation).

_____. 2002b. "Virtues and Vices of Alternative Strategies for Regional Integration: Lessons from the European Union." paper presented at International. Conference on Building an East Asia Community: Visions and Strategies. Asiatic Research Center. Korea University. December 11.

_____. 2012. "Two Pieces of Unfinished Business." Working Paper, Helen Kellogg Institute for International Studies, University of Notre Dame.

Shepsle, Kenneth A. 1989. "Studying Institutions: Some Lessons from Rational Choice Approach." *Journal of Theoretical Politics*, 1(2).

Shorrock, T. 1996. "Debacle in Kwangju." *Nation*, 263(19).

Sigur, G. 1987. "Korean Politics in Transition." *Korea Scope*, 7(1).

_____. 1993. "South Korea and the Triumph of Democracy." in G. Sigur(ed.). *Korea's New Challenges and Kim Young Sam*. New York: Carnegie Council on Ethics and International Affairs.

Sil, Rudra and Katzenstein, Peter J. 2010. *Beyond Paradigms Analytic Eclecticism in the Study of World Politics.* Palgrave Macmillan.

Simmons, R. 1975. *The Strained Alliance: Peking, Poyiongyang, Moscow, and the Politics of the Korean Civil War.* New York: Free Press.

Sohn, Hak-Kyu. 1988. "Political Opposition and the Yushin System: Radicalization in South Korea, 1972~1979." PhD diss. University of Oxford.

Solingen, Etel. 2005. "East Asian Institutions: Characteristics, Sources, Distinctiveness." in Pempel T. J.(ed.). *Remapping East Asia: The Construction of a Region* Ithaca. NY: Cornell University Press.

Steinberg, David I. 1995. "The Republic of Korea: Pluralizing Politics." in L. Diamond, J. Linz, and S. M. Lipset(eds.). *Politics in Developing Countries: Comparing Experiences with Democracy.* Boulder: Lynne Rienner.

Steiner, Jurg. 1981. "Consociational Theory and Beyond." *Comparative Politics*, 13(3).

Stepan, Alfred and Cindy Skach. 1992. "Meta-Institutional Frameworks and Democratic Consolidation." Paper presented at East-South System Transformation Project. Toledo, 4~7.

Stubbs, Richard. 2002. "ASEAN Plus Three: Emerging East Asian Regionalism?." *Asian Survey*, Vol.42, No. 3.

Swanström, Niklas L. P. and Sofia K. Ledberg. 2005. "The Role of CBMs in Cross-Strait Relations." policy report from the Central Asia-Caucasus Institute & Silk Road Studies Program workshop in Uppsala, Sweden, December 15.

Tang, Shao-Cheng. 2009. "Relations across the Taiwan Strait: A New Era." Unidad de Investigación sobre Seguridad y Cooperación Internacional(UNISCI), Discussion Papers 21(October, 2009).

Taylor, Michael. 1987. *The Possibility of Cooperation.* Cambridge: Cambridge University Press.

The Whitehouse. 2002. *The National Security Strategy of the United States.*

US DOD. 1998. *The United States Security Strategy for the East Asia-Pacific Region.* from http://www.dod.gov/pubs/easr98/easr98.pdf

_____. 2001. *Quadrennial Defense Review Report*(September 30). from http://

www.defense.gov/pubs/pdfs/qdr2001.pdf

U.S. House of Representatives. 1987. "Fraser Report of United States House Subcommittee." translated by Korea-US Study Group.

U.S. Senate. 1973. "U.S. Senate Staff Report." 1973.2.8.

Von Clausewitz, Carl. 1832. *On War*. New York: Penguin.

Wang, T. Y. and I-Chou Liu. 2004. "Contending Identities in Taiwan: Implications for Cross-Strait Relations." *Asian Survey*, 44:4(July-August).

Weber, Max. 1978. *Economy and Society*. Berkeley: University of California Press.

Weissmann, Mikael. 2009. *Understanding the East Asian Peace: Informal and Formal Conflict Prevention and Peacebuilding in the Taiwan Strait, the Korean Peninsula, and the South China Sea 1990–2008*. Gothenburg: University of Gothenburg.

Wheare, K. C. 1946. *Federal Government*. London: Oxford University Press.

Wilson, James Q. 1980. *The Politics of Regulation*. New York: Basic Books.

Wolfowitz, Paul. 1995. "Paul Wolfowitz's testimony before the Senate Foreign Relations Committee."

Woo, Jung-en. 1991. *Race to the Swift: State and Finance in the Industrialization of Korea*. New York: Colombia University Press.

Yang, Philip. 2006. "The Rise of China and Cross-Strait Relations." *Tamkang Journal of International Affairs*, 9: 4.

Yun, S. C. 2000. "Third wave and Democratization in South Korea: Possibilities and Realities of Mutual Contagious Effects." paper presented at KPSA Conference on the National and World Historical Meaning of Korean Democratization, Seoul, 20 May.

Zolberg, Aristide. 1981. "Origins of the Modern World System: A Missing Link." *World Politics*, Vol. 33(2).

찾아보기

432

지은이

임혁백(任爀伯)

서울대학교 정치학과 졸업
미국 시카고 대학교 정치학 석사·박사
미국 조지타운 대학교, 듀크 대학교, 스탠퍼드 대학교, 존스 홉킨스 대학교 국제대학원
초빙교수
대통령 자문 정책기획위원회 위원(1998~2005)
대통령 소속 사회통합위원회 위원(2009~2013.2)
고려대학교 정책대학원장(2008~2012)
고려대학교 정치외교학과 교수(1998~현재)
세계정치학회(IPSA) 집행위원(2008~현재)

주요 저서
『시장·국가·민주주의: 한국민주화와 정치경제이론』(1994)
『세계화시대의 민주주의: 현상·이론·성찰』(2000)
『신유목적 민주주의: 세계화·IT혁명 시대의 세계와 한국』(2009)
『1987년 이후의 한국 민주주의: 3김 정치시대와 그 이후』(2011)
『대선 2012: 어떤 리더십이 선택될 것인가?』(2012)

한울아카데미 1706

한반도와 동아시아의 안보와 평화
불가능주의에서 가능주의로

ⓒ 임혁백, 2014

지은이 ㅣ 임혁백
펴낸이 ㅣ 김종수
펴낸곳 ㅣ 도서출판 한울
편집책임 ㅣ 조수임
편집 ㅣ 이황재

초판 1쇄 인쇄 ㅣ 2014년 7월 10일
초판 1쇄 발행 ㅣ 2014년 7월 25일

주소 ㅣ 413-756 경기도 파주시 광인사길 153 한울시소빌딩 3층
전화 ㅣ 031-955-0655
팩스 ㅣ 031-955-0656
홈페이지 ㅣ www.hanulbooks.co.kr
등록번호 ㅣ 제406-2003-000051호

Printed in Korea.
ISBN 978-89-460-5706-7 93340(양장)
ISBN 978-89-460-4891-1 93340(학생판)

* 책값은 겉표지에 표시되어 있습니다.
* 이 책은 강의를 위한 학생용 교재를 따로 준비했습니다.
  강의 교재로 사용하실 때에는 본사로 연락해주시기 바랍니다.